国家社科基金
GUOJIA SHEKE JIJIN HOUQI ZIZHU XIANGMU
后期资助项目

彭 婷 ◎ 著

RUJIA
QINQINXIANGYIN
LUNLI GUANNIAN
BIANZHENG

儒家

『亲亲相隐』伦理观念辨正

中西书局

国家社科基金后期资助项目"儒家'亲亲相隐'伦理观念辨正"
（项目号：20FZXB031）成果

湖南师范大学教育部人文社会科学重点研究基地
中华伦理文明研究中心、
中国特色社会主义道德文化省部共建构同创新中心、
湖南师范大学哲学系学科建设经费资助成果

国家社科基金后期资助项目
出版说明

后期资助项目是国家社科基金设立的一类重要项目,旨在鼓励广大社科研究者潜心治学,支持基础研究多出优秀成果。它是经过严格评审,从接近完成的科研成果中遴选立项的。为扩大后期资助项目的影响,更好地推动学术发展,促进成果转化,全国哲学社会科学工作办公室按照"统一设计、统一标识、统一版式、形成系列"的总体要求,组织出版国家社科基金后期资助项目成果。

全国哲学社会科学工作办公室

序

21 世纪初以来,学界就儒家"亲亲相隐"相关问题展开了长达近二十年的学术论争与探讨,发表了数百篇论文。这场论争涉及儒家伦理诸多方面的问题,包括儒家伦理的经典文本解读、历史考察、哲学基础、伦理特征与价值评判、政治哲学意涵及价值和法理基础及法制实践运用。这场论争还关涉儒家伦理文化的古今之变与现代转化的重大问题。

我与友人就上述问题与论者展开了数回合论辩,结集出版了《儒家伦理争鸣集——以"亲亲互隐"为中心》《〈儒家伦理新批判〉之批判》《正本清源论中西——对某种中国文化观的病理学剖析》三书。通过这些学术论争,我们深入辨析与论证了儒家伦理思想的固有意涵与伦理特征、儒家政治哲学的特质及其合理性和中国古代亲属容隐制度的合法性,展现出儒家伦理文化的复杂内容与多维视角,厘清了儒家"亲亲相隐"思想及儒家伦理中的诸多问题,揭示了正确认识儒家伦理文化应有的理论视角与诠释方式。这对人们恰当理解儒家伦理文化的思想内容及其价值,大有裨益。但受不同论题和论者们各自思维、视野与关切点诸因素的限制,少数论者的观点也存在疏漏或不当之处。对学者们探讨的诸多问题,还可以再辨析。此外,论者们虽然反复探讨了儒家"亲亲相隐"相关伦理思想的诸多问题,但缺乏全面的总结、反思与系统论证。

彭婷博士的著作《儒家"亲亲相隐"伦理观念辨正》就是在系统总结与反思这场学术争鸣的基础上,继续研究儒家"亲亲相隐"相关伦理问题的成果。该书回顾和总结了儒家"亲亲相隐"伦理思想的多元论争与三个发展阶段,剖析和反思了有待进一步辨正的六个方面问题。基于此,该书返回经典诠释深度耕耘,系统梳理与辨析历代儒家"亲亲相隐"经典诠释之异同及其意义得失,发掘出儒家"亲亲相隐"思想的历史诠释、汉学训诂诠释与宋学义理诠释的不同诠释范式及特色,分析与概括了不同历史时期经典诠释的思想意涵,呈现了该思想的历史发展脉络。同时,该书深入探讨了儒家"亲亲相隐"思想的理论依据,揭示出儒家情理融贯思维的伦理特征及其表现形式,儒家仁爱思想与权变思想的伦理意涵及特征。其中,情理融贯思维体现出儒家伦理重情的特征以及情理(道德理性)合一和情理(礼义)协调统一的不同表现形式,突出儒家伦理思想中情感与理性统一的特点。这极有助于人们恰当理解儒家血亲情理精神的伦理内核与实践展开。儒家仁爱思想展现出爱亲与泛爱众、特殊性与普遍性、差等施爱的程度差别与普泛爱人的价值倾向的统一。儒家权变思想彰显出特殊伦理情境下原则性与灵活性的统一,彰显出依伦理原则合宜变通的特点。该书对儒家情理思维、仁爱思想与权变思想的深入辨析,极有益于人们准确把握儒家伦理思想的深层意涵与实践智慧,为人们社会生活中的诸多伦理冲突提供伦理实践原则与方法指导。

中国古代社会中儒家思想家关切人们的道德实践与社会伦理生活,提出了一系列伦理、政治与法律思想,体现出强烈的经世致用色彩与伦理本位,对社会政治生活与民间社会的方方面面都起到积极的价值引导作用。然而,随着中国社会结构与人们生活方式的巨变、西方伦理文化的冲击与中国现代化的展开,儒家"亲亲相隐"思想与儒家伦理能否适用于现代社会,并继续为现代人提供伦理规范与价值引导,却饱受争议。

在这一特殊时代背景下,儒家伦理能否为当代中国公民道德和社会公共生活的建设提供理论支持与价值指导,成为儒家伦理的现代诠释与价值转化的题中应有之义。这构成儒家"亲亲相隐"伦理争鸣的重要议题。其中,儒家伦理与公德的关系,儒家伦理是不是一种美德伦理,儒家思想的公共性问题,也是近年来学界热议的话题。该书在回顾与梳理前人论辩的基础上,结合儒家伦理的相关内容与基本特色和相关西方伦理思想,尝试从"亲亲相隐"与儒家道德的公德私德之辨、儒家"亲亲相隐"思想的德性意涵和儒家"亲亲相隐"公私理论的公共哲学意涵等不同维度,探讨儒家伦理的现代诠释与价值转化问题。该书不仅阐释了儒家道德与社会公德的贯通,还论证了二者统一的人性、道德形而上学和道德修养基础。同时,该书提出,儒家伦理是一种关注心性修养与德性境界的特殊德性伦理思想。这意味着,儒家"亲亲相隐"思想中的孝观念其实是以爱敬之心为伦理内核的综合德性品质,"父子互隐"之直德囊括了内在道德品性、多重德性实践品质与德性修养诸方面内容。

与此同时,儒家"亲亲相隐"伦理观念的现代展开又涉及儒家德治理念、家国观、公私观与忠孝观的内容、特点及现代启示和中国古代亲属容隐制度的法理依据、特色及现代重构问题。对此,该书结合当下中国社会伦理、政治、法制建设的大背景,借鉴了现代西方伦理思想、政治哲学与法哲学的相关理论,尝试从儒家德治理念、儒家政治伦理制度、立法思维及法学原理和当代立法实践诸角度,分别探讨了儒家"亲亲相隐"思想的政治伦理意涵和儒家"亲亲相隐"制度的合法性及现代法律重构方面的现代诠释、价值转化与实践运用问题。这充分展现出儒家"亲亲相隐"伦理观念多层面、多维度的丰富思想意涵,凸显儒家伦理思想的现代诠释与现实关切。这不但丰富了学术观点,而且拓展了儒家伦理的学术视野与认识范式。

总之,该书不仅细致探讨了儒家"亲亲相隐"伦理思想的固有意涵,努力实现正本清源的学术史与哲学理论发掘,还注重儒家"亲亲相隐"伦理思想的现代诠释与创造性价值转化。这就彰显出由点到线、由线到面而成体系的研究方法与视角,并体现出由古到今,由经典、理论到实践展开的逻辑层次。

彭婷博士好学深思,潜心学术。她的著作是在博士论文的基础上修善而成。该论文主题集中,同时论域宽泛,可拓展和讨论的问题众多。她能够将这些复杂的内容一一梳理,并深入展开,实属不易。当然,该书中有的论题还可以继续深入辨析与探讨。比如,儒家情的哲学及情理思想、家国观、公共性思想、法理思想等。但是,作为一位年轻学者,其努力与成果是值得充分肯定的。

希望她在今后的学术生涯中继续勤恳耕耘、稳步提升,取得更大的成就!

是为序。

郭齐勇
癸卯年冬月于武昌珞珈山

目　　录

绪　　论

一、研究缘由

以儒家伦理文化的现代反思、现代诠释与价值转化为主题,2000 年以来,哲学界围绕儒家"亲亲相隐"相关伦理文化展开的争鸣,是近 30 年来最重大的一场学术论争。其中,学者们围绕《论语》《孟子》中"父子互隐""封象有庳"与"窃负而逃"三段经典文本及相关伦理、政治、法律思想文化,广泛论争了儒家伦理的历史考察、价值评判、现代诠释与现代意义诸方面内容,关涉当今社会的腐败问题与国民道德建设、社会正义价值观的阐释、传统儒家伦理政治与现代民主和法治的比较、儒家公私观的公共哲学诠释等诸多热点问题。这场论争还涉及相关理论与现实问题的中西之辨与古今之变。

通过这一论争,学者们各抒己见,充分展现出各自的问题意识与时代关怀,厘清了许多问题,但也存在不足,值得继续辨析与拓展。职是之故,在全面总结这场伦理论争的基础上,从经典诠释、伦理理论基础、公德私德观、德性伦理学、政治伦理学和法哲学诸视角,综合探究儒家"亲亲相隐"伦理观念,有助于深化对儒家伦理的历史考察与价值评判,推进传统儒家伦理的现代诠释创新与价值转化。

二、研究现状

(一) 论文(集)中有关儒家"亲亲相隐"思想的研究

2002 年以来,学界对儒家"亲亲相隐"伦理观念有大量研究。其中,学术论文有数百篇,结集出版的论文集有《儒家伦理争鸣集——以"亲亲互隐"为中心》《儒家伦理新批判》《〈儒家伦理新批判〉之批判》《正本清源论中西——对某种中国文化观的病理学剖析》和《"亲亲相隐"问题研究及其他》。

学者们对儒家"亲亲相隐"伦理思想的探讨与论争可以被分为三个阶

段,包括儒家"亲亲相隐"伦理思想的基本意涵、价值倾向与道德合理性,与儒家"亲亲相隐"观念相关的伦理、政治与法律问题,以及前两阶段论争的反思与新探讨。这三个阶段的论争及相关论题,本书第一章有详尽梳理,兹不赘述。

与此同时,郭齐勇在《中华人文精神的重建》中,强调"亲亲互隐"源于宗法伦理与保护私领域,重申了儒家"亲亲"原则的道德性命及仁义与经权智慧的价值依据,批评了刘清平通过暴力诠释梁启超公私德理论,任意分析、解构儒家伦理的错误。他认为,"亲亲"并非私欲,而是私权与私德,非但不导致权力腐败反而限制权力,比基于绝对公正与普遍原则的法律更能维系善与公正,能避免公正的僵化、空洞以及公正名义下的情面与私心自用。在《守先待后创造转化》与《如何解读孔孟的亲情伦理》中,他一再申明儒家的"人情"不是情面或私情,而是人性、公德之基,可以与公共理性、法制建设达成一致,并体现权利与义务统一的公正与尊重隐私。他还认为,要正确解读文本及全面辩证地认识儒家道德哲学与伦理学及其整体价值体系,并作创造转化,以诠释"亲亲相隐"中公私德、人权、人情与法理等问题,积极提倡恢复亲属容隐制的法制建议。郭齐勇对儒家"亲亲相隐"中"亲亲"与普遍道德心性的理解,对"亲亲"、"私德"、"己"与"私"、经权等概念及关系的辨析,以及对儒家"亲亲"家庭伦理观和公正观的诠释,见解深刻。他将儒家"亲亲相隐"思想的道德哲学内涵及其伦理特质的丰富面向提点出来,极有助于纠正人们在理解儒家思想时平面化、片面化的倾向,对本书的研究有重要参考价值。

(二)关于儒家"亲亲相隐"思想的研究著作

1. 儒家"亲亲相隐"思想的研究专著

随着儒家"亲亲相隐"伦理论争的展开,少数学者开始对儒家"亲亲相隐"思想及相关伦理问题展开专题研究。

在《中国儒学之精神》第六讲中,郭齐勇详细分析了孔孟"亲亲相隐"文本的要旨,指出挖掘其中具体、历史与普遍价值的重要性。并且,他重申"亲亲相隐"体现出人情与法律相统一、"私恩"与"公义"不偏废以及仁与义互补的特质,强调只有在普遍人性、仁德和人情的基础上,法律与制度才能更好地贯彻,人权与民众隐私空间才能更好地被尊重与维护。郭齐勇对"亲亲相隐"中人情、仁义、法治与人权的分析见解深刻,对本书的研究有极大的参考价值。孙向晨在《论家:个体与亲亲》一书中,从自然法的角度论证家庭伦理的合法性,并探讨了"亲亲相隐"之"隐"的机制及其本体论承诺。在《忠孝与仁义——儒家伦理批判》一书中,刘清平虽然肯定儒家仁义的正面价值,但将"隐"理解为隐瞒、包庇或沉默,认为这是"损人利亲"、舍仁成孝以及重私恩、违反仁义和徇情枉法,值得深入反思。

陈壁生在博士论文《经学、制度与生活——〈论语〉"父子相隐"章疏证》中,从经学史的角度,借"父子互隐"案例对儒家"亲亲相隐"相关的历史背景、思想、伦理、制度和生活诸方面进行疏证,有一定参考价值。在《公私辨:历史衍化与现代诠释》一书中,陈乔见基于"私人领域"和"政治公共领域"的恩、义二分,分析了孔子"父子互隐"与"不隐于亲"的分别;并从公法与私情的角度分析了舜负父而逃、封象有庳和周公诛管叔的案例。陈乔见对"亲亲相隐"问题的分析比较有新意,但是,关于儒家"亲亲相隐"处理"门内""门外"的关系,还可以探讨。

2. 其他涉及儒家"亲亲相隐"及相关伦理思想的论说

一些学者的著作涉及对孔子的"父子互隐"思想的理解,还有一些学者论及儒家"亲亲"伦理思想,对我们了解儒家"亲亲相隐"及相关伦理思想有一定参考价值。

蒙培元先生在《性感与理性》一书中指出,"父子相隐"体现了"天理人情"之直,既涉及父亲攘羊事实,又涉及父子情感价值,更包含"情"(人的存在)与"法"(社会制度)的冲突。他认为,孔孟虽选择"情",但不简单地反对"法治"的合理性或以"权"压"法",体现了父子之情既是人最原始、最基本的存在方式,又可推为普遍化、理情化的"仁"。蒙培元对"父子相隐"中"情"与"法"、"天理人情"的分析见地独道,对本书的研究有重要参考价值。

除此之外,部分学者对儒家"亲亲"伦理有所论述。如王国维的《观堂集林》与侯外庐的《中国思想通史》均对"亲亲"与"尊尊"的关系有细致探讨。陈来在《古代宗教与伦理:儒家思想的根源》一书中阐述了重孝对维护西周宗族共同体的重要性及建构社会共同体的道德启示。龚建平在《意义的生成与实现——〈礼记〉哲学思想研究》一书中强调,"亲亲"之爱是推己及人的仁爱、人道现实化、普遍化的出发点;而"亲亲为大"的本质是普遍恻隐之情的仁爱,不是孤立的爱亲,并以"尊贤为大"作为补充,从而使仁爱超出个体的恻隐之爱,成为社会性的人道或现实的礼。这些研究有助于人们继续深入探讨儒家"亲亲"原则与"亲亲相隐"伦理观念的关系。

三、研究价值

(一) 本研究的理论价值

第一,从思想史、儒家伦理理论、公德私德之辩、德性理论、政治伦理和法哲学诸视角,揭示儒家"亲亲相隐"思想的不同理论面向、丰富意涵与伦理特质,努力实现正本清源。

第二,发掘儒家"亲亲相隐"经典诠释脉络中的不同诠释形态与固有意涵,避免对儒家经典与儒家思想的望文生义与主观臆断。

第三,以儒家伦理文化的现代反思、现代诠释与价值转化为主题,挖掘传统儒家伦理文化的固有意涵,并在中西方伦理思想对话的基础上,揭示传统儒家伦理文化的内涵、特质与价值,有助于推进儒家伦理文化的现代诠释与创造性价值转化。

(二)本研究的应用价值

第一,本研究能澄清人们对儒家伦理观念的诸多误解,有助于人们更好地继承与弘扬中华优秀传统文化,强化当代中国人的民族认同感与文化自信。

第二,本研究体现出儒家优秀伦理文化的价值观及其现代意义。本研究探讨了儒家的仁爱理念、正直德性、民本理念、家国观、忠孝观与公私观。它们可以与中国特色社会主义核心价值观相接洽,有助于人们更好地理解与践行友善、诚信、民主、爱国、敬业、公正等价值观,凝聚社会价值共识。

第三,本研究探讨了儒家道德助益公德的方式、儒家孝德与直德的德性意涵及价值、儒家德治理念的现代价值、儒家公私理念的公共性意涵和儒家"亲亲相隐"制度的法理依据与当代重构,能为当代中国的国民道德修养、民主政治建设、公共哲学建构和法制建设提供有益参考与借鉴。

第四,本研究探讨了儒家伦理与公德、儒家公私理论、儒家公共性思想和儒家法制思想诸方面,有助于人们树立公德意识、公共权力与私人权利的边界意识和守法意识,帮助人们自觉遵守公共领域的社会政治伦理规范,并捍卫私人领域的权利。

四、思路方法

本书第一章总结这场儒家"亲亲相隐"伦理争鸣,分阶段和论题梳理与辨析儒家"亲亲相隐"伦理争鸣中各方学者的观点及其异同得失,说明继续研究的必要性以及可研究的理论视角。

第二章系统梳理与辨析孔孟"亲亲相隐"思想的经典诠释脉络。首先,本研究将结合孔孟的相关思想主张、时代背景以及文字训诂,探讨孔孟"亲亲相隐"主张的原始意涵;其次,本研究将梳理与辨析汉学家们对《论语》《孟子》中"亲亲相隐"文本的训诂诠释,并揭示汉学诠释的特色;再次,本研究将系统梳理与总结宋明理学家们对《论语》《孟子》中"亲亲相隐"文本诠释的思想义理与诠释特色,并辨析各方观点的异同得失。

第三章深入探讨儒家"亲亲相隐"思想的伦理哲学基础,并揭示儒家情理融贯思维、仁爱思想与权变思想的意涵,阐明儒家"亲亲相隐"思想的深层伦理特征与价值合理性。

第四至七章结合近现代流行的公德私德论、德性伦理思想、政治哲学及法哲学的相关理论,分别探讨与儒家"亲亲相隐"思想相关的儒家伦理与公德的关系、儒家德性思想的伦理特征及孝德和直德的内涵、儒家政治伦理理念与制度设计及实践的基本内容与特征,以及中国古代亲属容隐制度的立法思维与法学实质及现代立法重构原则,从而揭示儒家"亲亲相隐"伦理文化的多维思想意涵及其伦理特质、现代价值与实践运用。

五、创新之处

第一,新史料的发掘。本研究系统搜集和整理了历代有关《论语》《孟子》"亲亲相隐"经典文本的诠释史料。

第二,理论与实际相结合。本研究既揭示儒家"亲亲相隐"思想的不同理论维度、丰富意涵及伦理特质,又探讨了儒家"亲亲相隐"伦理文化对当前中国的国民道德教育、民主政治建设、公共哲学建构和法制建设的借鉴与启示价值。

第三,新观点的提出。(1)儒家权变思想不主张权高于经,而是不得已情况下行为主体依道德原则的合宜权变,体现出原则性与灵活性的统一,能弥补经的不足。(2)儒家政治伦理思想不倡导立公废私,而是主张公私并济的政治伦理原则,蕴含公私分明、公私共存的思想。(3)儒家情理融贯思维源于儒家对情的重视,包含情理合一与情理相统一两种范式。由此,儒家血亲情理精神蕴含着爱敬道德情感和自我道德规约,并强调礼义与道德教化对亲情表达的规范。(4)中国古代亲属容隐制度蕴含亲情、事理与法律相融合的综合立法思维。

第一章 一场儒家"亲亲相隐"
伦理文化争鸣

　　2000年以来,哲学界就如何理解和评价孔孟"亲亲互隐"或"亲亲相隐"①(本书统称"亲亲相隐")及相关儒家伦理文化的问题,展开了一场长达十几年的儒家"亲亲相隐"伦理争鸣。这场争鸣广泛涉及儒家经典诠释、伦理价值观、政治伦理思想和法制思想诸方面内容。其中,宽泛一点的问题有:如何历史地理解与评价儒家伦理文化? 如何正确理解儒家伦理思想或儒家伦理价值系统的内涵及价值? 如何看待传统儒家伦理思想的现代意义? 儒家伦理思想是不是造成现代腐败问题的伦理文化根源? 学者们论争的具体问题包括儒家仁义、孝悌、直、忠等德目的内涵、伦理特质与价值倾向,儒家仁爱伦理的精神实质,孝(或亲情之爱)与公德或公正的关系,儒家"隐亲"思想与亲属容隐制的合法性。此外,这场论争还涉及以何种价值标准与思维方式理解与评价儒家伦理文化? 如何看待儒家伦理文化的古今之变? 应该如何借鉴西方伦理理论来诠释和评价儒家伦理思想?

　　由于这场争鸣涉及儒家"亲亲相隐"伦理文化的复杂理论与现实问题。同时,学者们理解上述问题的视角各不相同,并存在赞同与反对儒家"亲亲相隐"思想的两大阵营。再加上部分学者对具体问题的理解存在偏颇,以及一些学者的论述存在抽象或泛论倾向。最终,这场论争众说纷纭,难以达成共识。但同时,学者们立足现实,深入反思传统儒家伦理文化的合理性与现代价值,流露出鲜明的时代关怀与问题意识,有助于推进儒家伦理文化的现代诠释与价值转化。

　　总结这场争鸣,可以梳理出关于儒家"亲亲相隐"伦理论争的焦点议题,揭示儒家伦理文化的丰富意涵、多维视角与现代意义。辨析学者们对这些议题的异同理解及其意义得失,可以发掘值得继续深入探讨的问题。大体

---

①　"亲亲互隐"是学界对《论语》"父子互隐"和《孟子》"封象有庳"与"窃负而逃"三则故事的总称。

而言,这场儒家伦理争鸣可以被划分为三个阶段。第一阶段(2000—2004年)的论争聚焦于如何准确理解与评价孔孟"亲亲相隐"经典文本的确切意涵以及相关儒家伦理思想的特征、合理性与现代价值。第二阶段(2005—2011年),学者们集中论辩了儒家"亲亲相隐"政治伦理体制文化的正当性和儒家"亲亲相隐"法律制度的内容、特质与合法性,涉及儒家与现代西方政治体制和中西方亲属容隐制度的比较问题。第三阶段(2012—2014年),有学者开始整体反思前两个阶段儒家思想批判者的"是西非中"文化观及其思维方法,也有学者尝试从儒家诠释学内部重新解读孔孟"亲亲相隐"思想,并引发了新的论辩。本章将围绕上述议题,系统归纳与总结学者们对儒家伦理问题的不同见解,辨析其意义得失,并反思恰当理解儒家伦理文化及其价值的理论视角与思维方法。

第一节 儒家伦理的基本特质之争

2000 年至 2004 年,刘清平、黄裕生和穆南珂同郭齐勇、杨泽波等学者针对儒家重血亲道德的伦理思想是否违背社会正义与普遍道德原则,应该从何种视角理解儒家伦理的思想内涵与特质,以及儒家伦理思想有何价值取向与现实意义等问题,展开了一系列论辩。[①] 梳理学者们对儒家伦理思想及其价值的不同看法,并比较各方观点的优劣得失,有助于人们更好地理解儒家伦理的基本特质与现代价值。

一、儒家伦理的血亲情理特质之争

2000 年以来,刘清平与郭齐勇、杨泽波等学者就孔孟儒家伦理的血亲情理特质及其价值取向问题,展开了一系列论辩。学者们论争的问题包括:儒家是否以血缘亲情为根本至上? 儒家血亲道德(孝悌慈爱)是否违背普遍道德原则(仁爱)? 孔孟儒家"亲亲相隐"思想主张是否合理? 儒家血亲情理精神是否构成当今中国社会腐败现象的文化心理根源? 辨析这些问题,有助于深入理解儒家伦理的思想趣旨、价值倾向与现代意义。

(一) 关于儒家伦理的新观点:"血亲理情"至上与血亲团体性

针对当前流行的儒家伦理重视个体性存在与社会性存在的思潮,刘清

---

① 这些文章收录于《儒家伦理争鸣集——以"亲亲互隐"为中心》(郭齐勇主编,武汉,湖北教育出版社,2004 年)一书。

平提出一种新观点。他指出,以孔孟为代表的儒家伦理把血亲团体性作为根本特征。① 他认为,儒家推崇的"血亲情理"本原至上精神存在特殊血亲团体性取向,压抑人的个体性和社会性存在,是构成徇情枉法、任人唯亲等腐败现象的深层文化心理根源,使得人们在伦理生活中推崇私德、轻视社会公德。②

在他看来,儒家"血亲情理"精神有两个特点。一是儒家将父慈子孝、事亲从兄的血缘亲情作为唯一的本原根据,要求人们通过扩充道德规范来实现个体性的道德人格,并通过推恩来实现社会性的普遍仁爱理想。二是儒家视血缘亲情为至高无上的原则,凌驾于其他一切准则之上。同时,他从三个方面论述了血缘亲情至上原则。首先,孔孟的"父子互隐""责善"的例子说明,儒家将血亲情理置于诚实正直和"责善"的普遍准则之上。其次,舜"窃负而逃"和"封象有庳"的典故说明,孟子赞同舜将血亲情理置于守法和任人唯贤的普遍准则之上。再次,"事亲为大"(《孟子·离类上》)、"孝子之至,莫大乎尊亲"(《孟子·万章上》)、"三年无改于父之道"等命题说明,儒家推崇血亲情理至上原则。并且,他指出,儒家伦理强调"血亲情理"本原至上精神将导致两种负面影响:政治生活上,儒家"血亲情理"强调血亲情理本原至上,使特殊团体私情凌架于普遍群体利益和普遍准则之上,构成腐败现象的文化心理依据;伦理生活上,儒家推崇家庭私德的团体主义道德观,致使普遍仁爱社会公德从属于血亲私德。③

刘清平揭示了儒家重视血亲情理和家庭团体生活的事实。然而,他提出的"血亲情理"本原至上的论断,不但存在望文生义和过度诠释的嫌疑,而且他的很多观点都值得进一步辨析。④ 刘清平的儒家伦理"血亲情理"本原至上论,遭到儒学学者们的激烈驳斥。此外,刘清平对人的存在的论述也值得商榷。⑤ 不过,值得肯定的是,刘清平反思中国社会腐败与公德建设问题,体现出鲜明的现实关切与问题意识。

(二) 对儒家"血亲情理"本原至上论的辩驳

对于刘清平提出的儒家"血亲情理"本原至上论和血亲团体腐败论,郭

---

① 参见郭齐勇主编:《儒家伦理争鸣集——以"亲亲互隐"为中心》,武汉,湖北教育出版社,2004 年,第 853 页。

② 同上,第 897—905 页。

③ 同上,第 856—864 页。

④ 比如,他对儒家经典文本的理解是否正确? 儒家伦理的本原根据是不是血缘亲情? 诚实、正直不适用"父子相隐"的特殊情况,是否等于"父子相隐"高于诚实、正直的美德?"责善"是朋友劝善的特殊方式还是普遍准则? 舜有没有枉法或任人唯亲,任亲与任贤相矛盾吗?"事亲为大""尊亲"是血缘亲情至高无上的意思吗? 儒家的孝悌规范是为了维护亲人的利益吗?

⑤ 比如,人的团体性存在是道德规范意义上的,还是血亲情感层面的,亦或是功利性的?

齐勇、杨泽波等学者纷纷予以辩驳。他们的辩论大体从三个方面展开。一是论证儒家"亲亲相隐"思想的合理性,二是驳斥儒家"血亲情理"本原至上论,三是对儒家血亲伦理批判思潮进行反思。有些问题超出了刘清平解读与评价儒家伦理的视野,却有助于人们理解儒家伦理的特质与价值。

1. 孔孟"亲亲相隐"思想的合理性

对儒家"亲亲相隐"三段文本意涵的解读,是刘清平提出的儒家"血亲情理"本原至上论的重要论据。对此,儒学学者们的辩驳主要从四个层面展开。

第一,孔孟"亲亲相隐"主张的依据在于,亲情与血亲伦理具有合理性。郭齐勇指明,孔子主张"子为父隐"的合理依据在于,亲情与父子伦理关系具有普遍合理性;特殊的亲情非但不与普遍道德原则相对立,反而是后者落实与推广的基础。[1] 丁为祥指出,儒家肯定人是现实社会伦理关系的存在,亲情和血缘关系是人的先在和自我实现的出发点或"本原依据";同时,血缘亲情还受超越而绝对的天或天道的规范与提升,表现为从礼到仁的普遍伦理规范,从而实现人的存在的现实性与理想性的统一。[2] 这一论证既从人的现实存在角度论证亲情的合理性,又未将亲情与血缘关系绝对化,而是强调仁礼对亲情的普遍伦理规范,构成对刘清平的儒家血缘亲情至上论的有力反驳。当然,儒家究竟如何理解血亲道德与普遍仁爱的关系,还值得深入探讨。

第二,应该具体、历史地分析孔孟"亲亲相隐"思想,不能以今论古。在论证孔孟"亲亲相隐"思想的过程中,儒学学者们一致认为,应当以历史原则来理解孔孟"亲亲相隐"思想,不能抽象空泛地谈论这一思想,更不能以今论古。但同时,对于如何以历史原则理解孔孟"亲亲相隐"思想,他们的观点又略有差异。

郭齐勇指出,孔孟"亲亲相隐"不但涉及仁义、正直和正义守法等普遍原则,而且包含亲情与道德、亲情与刑法、忠与孝的冲突,需要将这些伦理原则与价值观念置于具体历史情境中分析,不能以今论古。[3] 他揭示,孔孟"亲亲相隐"思想符合传统礼制社会的思想观念与制度要求,具有历史合理性;而儒家处理亲情、道德与法律之关系的伦理原则与价值观念,又具有普遍意义。郭齐勇的具体论证,还有继续探讨的余地。吴根友赞同郭齐勇的历史

---

① 参见郭齐勇主编:《儒家伦理争鸣集——以"亲亲互隐"为中心》,第12—20页。

② 同上,第140—150页。

③ 同上,第13—15页。

主义原则,认为现代腐败问题有种种复杂的现实原因,不可将其与儒家重血亲伦理的原则相联系。但他又指出,郭齐勇将儒家"父子互隐"的伦理问题与"文革"中亲人、朋友告密的政治问题相联系,不恰当;郭齐勇说的舜逃跑是承担更大的社会责任,不因一家问题引起伦常秩序坍塌,说法不明确。①吴根友的历史主义原则具有否认传统儒家观念的现代价值的倾向。杨泽波也指出,将现代社会的腐败问题与儒家精神相比附,以西方法理精神评判舜的两个案例为腐败,不符合历史的方法。②

第三,从具体情境伦理选择角度,论证孔孟"亲亲相隐"思想的合理性。杨泽波和丁为祥还结合儒家经权观,从行为主体的价值选择角度,论证孔孟"亲亲相隐"案例的合理性。杨泽波指出,舜的两个例子中,道德皆是最高的价值选择:"窃负而逃"章中存在守法与亲情并重、亲情(道德)比王天下重要的价值选择取向,便有因父子亲情而放弃天子之位的权宜之举;"封之有庳"章中兄弟亲情与吏治、民本同样重要。③ 丁为祥指出,孔孟"亲亲相隐"思想中父兄有错或为恶的基本是非判断是经,是非判断基础上的两层权衡与选择是权。具体而言,"父子互隐"和"窃逃而逃"章中,第一层的权是在亲情与父之过(攘羊或杀人)中保全亲情;第二层的权是对人伦社会的伤害程度与儿子选择亲情的代价比较,若父亲的行为危害极大,儿子可大义灭亲而放弃血缘关系,若儿子选择亲情,就要付出巨大代价(弃天子之位、自我流放)。"封象有庳"中也存在两层轻重之"权",第一层是以"封"与"放"统一爱弟与爱民的张力,第二层是依象的破坏能力,决定"封"与"放"兼行,还是诛杀兄弟。④

杨泽波与丁为祥揭示了孔孟"亲亲相隐"思想中主体的价值取向与行为选择的重要性。但是,他们的论证还可以商榷。比如,舜为父子亲情而放弃天子之位的代价论,是否合于孟子思想的原意? 丁为祥对经、权观念的理解及其所谓两层的轻重权衡论,是否符合儒家经权思想的原意? 对此,需要系统梳理儒家权变思想和孔孟"亲亲相隐"经典诠释史,才能更好地理解孔孟"亲亲相隐"思想的意涵与伦理特质。另外,孔孟究竟基于何种伦理视角倡导"亲亲相隐",是一个值得深入探讨的问题。

第四,"隐亲"观念与"容隐"制度普遍存在。杨泽波和郑家栋指出,中西方都有隐亲观念与容隐制度。杨泽波认为,舜的两个案例不违背儒家法

---

① 参见郭齐勇主编:《儒家伦理争鸣集——以"亲亲互隐"为中心》,第 552—554 页。

② 同上,第 71—73 页。

③ 同上,第 65—69 页。

④ 同上,第 189—193 页。

伦理思想。并且,西方也有"容隐"观念(如苏格拉底嘲弄游叙弗伦告父)和容隐制度,体现屈国伸家原则,现代西方保留了容隐的权利。他还指出,各国之所以允许容隐,是因为亲情难以割舍,大义灭亲无期待之可能;同时,亲属容隐有利于国家长久利益,也体现德高于法,更能保护亲属关系。① 郑家栋列举了秦汉至清代律法中容隐原则普遍存在的事实。② 杨、郑二位学者列举古希腊的隐亲观念与后世的亲属容隐制度,虽然不足以证明先秦儒家"隐亲"观念的合理性,但可以说明中西方"隐亲"观念与容隐制度普遍存在。同时,若能充分论证中西方容隐法制的法理依据,将有助于理解"亲隐"观念与亲属容隐制度的合法性。此外,中西方容隐制的法学特质与法理依据有何异同,还值得辨析。

由此可见,儒学学者们都注重通过具体的、历史的分析,论证孔孟儒家"亲亲相隐"伦理思想的合理性,批判刘清平对儒家伦理的抽象空泛解读与以今论古的弊病。然而,部分学者在具体分析孔孟"亲亲相隐"思想时,也存在泛泛而谈或过度推论的地方,不利于人们准确理解儒家伦理思想。对此,笔者认为,还是要回到历史语境中,从传统儒家经典诠释脉络中理解孔孟"亲亲相隐"思想的内涵,并辨析这一思想的合理性。

2. 儒家以普遍仁爱为伦理根据,不主张亲情至上

杨泽波、龚建平和文碧方通过重新解读儒家伦理思想,来驳斥刘清平的儒家"血亲情理"本原至上论,同时论证儒家伦理的价值依据是普遍的仁。

第一,对血缘亲情至上论的反驳。刘文的儒家血缘亲情至上原则建立在分析孔孟"亲亲相隐"案例和解读"责善""亲亲为大"等观念的基础上。然而,刘文对先秦儒家经典文本的解读,存在望文生意的现象。对此,杨泽波和龚建平进行了澄清与辩驳。

杨泽波重新解读了"以天下养"等观念的意涵,澄清了刘清平的一系列误读。③ 龚建平指出,儒家以"亲亲为大"和"尊贤为大"并重,以仁、义价值原则相互依存,而非"亲亲"唯一至上;"亲亲"是普遍仁爱精神在实践上的必要开端,是对个人中心的消解与"推恩"的参照,又需要人性和良知来升华和洗炼。④ 他指出,刘清平的"至高无上"的提法,是以近代西方机械论与抽

---

① 参见郭齐勇主编:《儒家伦理争鸣集——以"亲亲互隐"为中心》,第102—104页。
② 同上,第476—478页。
③ 他认为,"以天下养"是说,做天子有出息,尽了最大的孝。他还指出,父子不责善,并非不能劝善,而是父子间不直接厉声批评、教育,以免处理不当,影响父子亲情。当然,他对大孝"以天下养"的解读,还有探讨的余地。(同上,第84—91页。)
④ 同上,第119—123页。

象逻辑推论的"线性"思维曲解"亲亲为大"的结果。① 同时,他认为,儒家重"亲亲"之仁的思想反映出,传统宗法制度认可宗族的相对独立性,并以宗族势力牵制君权的现实诉求。② 龚建平从价值原则与现实制度出发,既批判刘清平对"亲亲为大"的"线性"、片面误解,又说明儒家虽然重视"亲亲",但是不将其视为唯一至上,构成对刘清平血亲至上论的有力辩驳。

第二,儒家伦理的本根并非血缘亲情,而是普遍的仁。针对刘清平提出的儒家血缘亲情原本论,儒学学者们纷纷指出,相对于血缘亲情,儒家的普遍仁爱更根本;仁爱非但不与亲亲相矛盾,反而与亲亲相贯通。其中,杨泽波揭示了儒家仁爱思想的伦理特质。他指出,仁爱不能被理解为普泛的、无差别的爱,而是指人们都要推扩爱心,广泛地爱众人。③ 文碧方阐释了宋明儒家对孝悌与仁的关系的看法,并以此来批判刘清平的血缘亲情本原论。他指出,宋明儒者以仁为孝悌之本,把仁作为道德"心""性"的本原依据,将孝悌视为行仁之始;人的性分所涵的仁义是绝对、普遍、无条件的,通于天地生生之德与万物一体之情,并遵循亲亲、仁民、爱物的自然次第与条理而推出和落实,亲亲是最真切自然的发端。④ 他还指出,刘清平所谓儒家伦理重慈孝友悌等私德而轻视社会公德的观点,根源于梁启超以功利主义为蓝本的公德观,不能以公德与私德理论任意解构与批判儒家伦理。⑤

杨泽波与文碧方共同揭示了儒家仁爱道德并非抽象的逻辑证明,而是基于主体的生命直觉而产生的普遍道德意识,并强调孝悌对落实仁爱道德意识的奠基作用。他们批判了刘清平对儒家仁爱精神的平面、抽象理解,揭示出仁爱才是儒家伦理的根本,孝悌只是践行仁爱的必要开端。此外,梁启超的公德、私德论虽然借鉴了西方公私领域二分理论,但仍然在道德的范围谈私德。而刘清平论儒家血亲私德的团体主义道德观时,却混淆了道德与私利。其实,儒家义利观对亲亲之道与私情早有辨析。可见,刘清平所谓血亲私德论不严谨。

3. 对五四运动以来批判儒家血亲伦理思潮的反思

除了从儒家血亲伦理和儒家经权观的角度论证"亲亲相隐"的合理性之外,丁为祥还指出,刘清平从血缘亲情的角度批判儒家伦理,根源于五四运动以来反传统思潮对血缘亲情与儒家伦理的批判。

---

① 参见郭齐勇主编:《儒家伦理争鸣集——以"亲亲互隐"为中心》,第 119—123 页。
② 同上,第 126—128 页。
③ 同上,第 75—78 页。
④ 同上,第 267—316 页。
⑤ 同上,第 317—322 页。

丁为祥认为,五四精英批判集权政治与传统文化的精神虽然值得肯定,但他们全盘否定传统文化的立场值得再反思。首先,五四精英将科学与民主视为西方文化的全部,以偏概全。他们以西方文化裁决中国问题,存在急切的实用倾向,以及中与西、传统与现代二元对立的进化史观。其次,五四批判精神来自儒家心怀天下的担当精神,无法真正脱离传统文化。再次,五四精英未开辟新的价值之源,又一味与传统决裂,不但导致价值空场,而且陷入不断与传统决裂,却又无法卸掉传统而实现现代化的怪圈。基于此,他指出,儒家传统非但不是实现科学与民主的阻力,反而可以为中国现代化提供精神支持与价值导向。① 丁为祥对五四反传统思潮的反思十分深刻。他提出重新评估传统文化和突破传统与现代二元对立的主张,也极具现实意义。同时,儒家伦理文化应该如何进行现代价值转化,是当前思想界面临的重大议题。

值得一提的是,刘清平以人的存在本质作为儒家"血亲团体(或血亲情情)至上"论的理论基础,但他关于人的存在本质的论说不够严谨。刘清平将人的存在划分为三类:个体性存在、团体性存在与社会性存在。基于此,他将儒家道德观念划分为三类:一是展现个人与自身的个别性关系(个体性)存在的道德,二是个人与他人的普遍性关系(社会或群体性)存在的道德,三是展现个人与他人的特殊关系(团体性)存在的道德。② 他虽然认识到人的整体存在中个体性、团体性、社会性(群体性)三者缺一不可、相互协调,但又认为孔孟将血亲情理视为根本至上,迫使个体性和社会性否定甚至消解自身,以致人的整体性存在仅仅被归结为血亲团体性的存在。③

刘清平关于人的存在本质的理论借鉴了马克思的人的本质理论,却有极大差异。马克思指出,人的"类特性恰恰就是自由的自觉的活动"④,又说:"人的本质并不是单个人所固有的抽象物,在其现实性上,它是一切社会关系的总和。"⑤马克思的人的本质理论突出人的本质是主体能动改造社会群体的实践特性,是个性与共性的统一。反观刘清平的人的存在本质理论,

---

① 参见郭齐勇主编:《儒家伦理争鸣集——以"亲亲互隐"为中心》,第171—176页。
② 刘清平指出,儒家伦理中个体道德包括为仁由己、匹夫不可夺志、古之学者为己、君子求诸己,社会道德包括"仁者爱人""博施于民而能济众""泛爱众而亲仁""人皆有不忍之心"等,团体道德表现为父慈子孝、孝悌、孝友等。(同上,第853—855页。)
③ 同上,第861—862页。
④ 〔德〕马克思、恩格斯:《马克思恩格斯全集》(第42卷),北京,人民出版社,1979年,第96页。
⑤ 〔德〕马克思、恩格斯:《马克思恩格斯全集》(第3卷),北京,人民出版社,1960年,第7页。

可以看出,他除了承认人的存在的社会性本质之外,又杜撰出人的个体性存在本质与团体性存在本质。但是,马克思的人的本质理论始终强调,人的主体自由与自觉必须通过改造社会群体而实现。同时,马克思将人的存在理解为"一切社会关系的总和",说明人的团体存在只是人的社会性存在的具体形态。在马克思看来,人的存在本质始终是个体(或主体)创造与社会群体改造的互动与统一。人的存在的个体性(自由劳动、自我发展与自我现实)、团体性(不同社会关系)和社会群体性(社会关系的总和)只是实现人的本质的不同存在形态,而非人的存在本质。所以,刘清平的人的存在本质论的缺陷在于,他将人的存在本质与人的存在形态混为一谈。事实上,人的存在形态非但不能决定人的存在本质,反而受人的存在本质及其价值属性规定。

综上所述,郭齐勇、杨泽波等学者的论辩,驳斥了刘清平对儒家经典文本意涵的种种误解,以及他的抽象"线性"逻辑与泛化解读的毛病;同时揭示了儒家血亲情理精神的合理依据在于亲情与仁爱精神,以及理解儒家血亲道德的历史原则与情境伦理。他们的辩驳有助于人们理解儒家伦理的思想内涵、特质与价值取向。只不过,部分学者在批判与反驳刘清平的观点时,又不自觉陷入刘清平的论证方法与说辞当中。① 同时,论辩双方均提到儒家伦理的"血亲情理"特质,却未深入探讨儒家伦理的"血亲情理"特质及其理论基础。

二、儒家伦理学的普遍性之争

2003 年,黄裕生支持刘清平的儒家"亲情至上"论,试图在中西伦理学比较视野下,建构一种具有"绝对普遍性"的本相伦理学,以此批判儒家"角色伦理学"。这一论断受到郭齐勇、丁为祥等儒学学者的反驳。

(一)以本相伦理学批判儒家(角色)伦理学

黄裕生对儒家伦理的批判,是基于他对人的存在的思考。他试图以抽象的自由个体,作为人的存在与普遍伦理学的出发点,并以此批判儒家伦理学。

他指出,自由个体是超离各种(团体性或社会性)关系的孤绝的意识存

---

① 刘清平往往以"唯一""最""一切""根本"等全称性判断来论证其观点。部分学者在反驳刘清平时,也存在将论点与推断绝对化的倾向,容易以辞害意,妨害人们更好地把握儒家伦理的思想意涵。同时,和刘清平一样,部分学者提出的个别论点缺乏客观论证与材料分析,也存在主观、臆断倾向。并且,在论证舜的行为的合理性时,一些学者提出不少假言判断或是主观推论,不利于把握儒家"亲亲相隐"及相关伦理思想的基本意涵。

在,是人的绝对价值、尊严和绝对责任的根据。他由此建构起所谓的本相伦理学,即以(由无开显的)个体意识存在(自由存在)作为伦理规则的伦理学;反之,以角色关系作为伦理规则的伦理学,则是角色伦理学。儒家的人伦规范不是建立在个体的绝对价值、绝对尊严与绝对责任的基础上,而是在角色或功能关系中被构造出来的,不具有普遍性,因而是特殊主义与相对主义的角色伦理学。他认为,儒家"亲亲相隐"三则案例充分说明,儒家角色伦理学违背普遍道德法则。并且,他引述基督教教义来说明,需要以普遍的爱限制特殊亲情。由此,他认为,儒家"亲亲相隐"主张只维系家庭的秩序和稳定,却破坏正义、权利和社会秩序,必须以奠基于社会正义的普遍原则来规范亲情人伦。①

黄裕生借鉴康德的自由意志理论,从个体自由意志的角度思考人的存在,试图确立伦理学的绝对性、普遍性基础。这对人们理解伦理学的普遍性问题有一定启发。他划分本相伦理学与角色伦理学,以更好地评判一种伦理学是否具有普遍性,用意明确。然而,他对自由意志的论证,以及视儒家伦理为"亲情至上"的角色伦理学,却有诸多可商榷之处。② 此外,黄裕生忽视了与其观点相左的论据,同样陷入线性思维模式,存在不严谨的主观、过度推论之嫌和不恰当的全称判断。黄裕生试图在中西比较视域下理解儒家伦理思想,虽然不成功,但为人们诠释儒家伦理开辟了新方向。

(二) 对本相伦理学的反思与批判

郭齐勇、丁为祥、文碧方与胡治洪四位学者严重质疑黄裕生提出的本相伦理学,对儒家伦理学的普遍性展开了论证。

第一,对本相伦理学的质疑。黄裕生的本相伦理学遭到了儒学学者们的质疑。郭齐勇、丁为祥和胡治洪都认为,黄裕生(以下简称黄文)对本相与角色关系的理解不合理。黄文中本相存在与角色存在、普遍主义与特殊主义是二元关系,角色存在以本相存在为前提,在逻辑推导上有道理;可事实上,普遍的本相存在必须表现于特殊的具体角色关系中,否则会沦于孤悬、抽象与空洞,或只能寄于信仰。③ 并且,文碧方和胡治洪指出,黄文中的诸

---

① 参见郭齐勇主编:《儒家伦理争鸣集——以"亲亲互隐"为中心》,第938—963页。

② 比如:他对自由意识的界定是否合理? 他所谓"自由意志"与康德的"纯粹实践理性"有何异同? 儒家重视亲情是否意味着亲情是儒家伦理的根本价值依据? 父子、兄弟间的慈孝友悌仅仅是相互爱利的情感,还是包含德性要求与角色规范? 本相(普遍)伦理法则与关系角色是非此即彼的关系,还是可以共存? 此外,应该如何理解舜友爱象(亲仁)与节制象(如吏制、分封有度、不得暴虐百众)的关系? "父子互隐"中"隐恶"是否就等于默许或鼓励偷盗,是否等于将偷盗普遍化? 厘清这些问题,才能更好地理解儒家伦理。

③ 参见郭齐勇主编:《儒家伦理争鸣集——以"亲亲互隐"为中心》,第22—40、161、171页。

多概念是康德的德性自律伦理学中某些观念的拼凑与推砌,又与康德思想明显不同。①

第二,儒家伦理的普遍道德依据。郭齐勇和丁为祥指出,儒家伦理不仅是特殊、相对的角色伦理,礼与仁便蕴涵普遍道德价值。礼虽然是对人伦角色的具体规范,但统摄敬、仁(义)、忠信、孝慈等道德观念,体现并规范人的普遍而共同的需要,包含对人们言行之正当的普遍道德规定;同时,仁代表人与人、物与我的情感相通以及普遍的同情心与正义感,天道、天命是仁的普遍性证明。并且,仁包含自我当下抉择的自由意志,是道德理性、道德命令,凸显人的道德主体性与自律性,超越小我生命(利益)。② 文碧方指出,儒家以超越而内在的仁心、仁性作为人的自我决定与自我主宰的内在价值依据,确立起绝对尊严与绝对意义;仁心、仁性发用为亲亲、仁民、爱物的推扩,在社会人伦规范中又表现为礼。③

儒学学者们对黄文的批判揭示,以本相存在或自由意志确立起所谓本相伦理学,不具有理论自洽性。与此同时,黄裕生与这几位学者虽然都在探讨儒家伦理的普遍性问题,但他们对"普遍性"概念的理解显然不同。黄文所理解的"普遍性",是基于抽象个体"存在"与形式逻辑的无例外的绝对合规则性与普遍适用性,因而排斥任何特殊性与具体性,展现出脱离道德生活的理论建构特点。黄文对普遍伦理学的建构虽不充分,但这种追求普遍抽象原则的伦理学模式,可以被归入现代西方流行的规范伦理学阵营。规范伦理学虽然对确立行为的普遍道德原则或普遍规则有积极意义,但也有自身的问题。④ 儒学学者们所说的"普遍性"则是生命活动与道德实践意义上主体道德理性的普遍自律,以及主体德性心灵对于生命共在的普遍价值自觉(如生德、一体之仁),展现出主体行为的合宜性、应当性与真诚性,因而更

---

① 文碧芳指出,黄文的纯粹意识既从无开显,又是在人神发生关系后获得,似是而非、混乱不清;相反,康德的道德意识是人的理性在实践中的运用与自我立法,道德的理性法则不是由(外在)神圣意志而建立(他律),而是理性先天的至善概念。并且,康德不像黄文那样泛论自由,而是紧扣人的道德责任论自由,强调自由相对于感性自然因果性的独立性(消极),以及以纯粹实践理性的自我立法(积极自律)。胡治洪也提出,康德并未像黄文那样,将意志与感性世界隔离,而是将道德原则通过自由意志和自我立法落实于经验世界。(参见郭齐勇主编:《儒家伦理争鸣集——以"亲亲互隐"为中心》,第337—358、366—371页。)
② 同上,第35—41页。
③ 同上,第267—316页。
④ 德性伦理学家就批判,规范伦理学不但忽视人的内在道德品质、道德动机和道德情感,而且以抽象的普遍规则为道德标准,使道德抽离现实语境。并且,规范伦理学执着于普遍抽象原则,存在以工具理性压制人本身的弊端。(参见叶舒凤、韩璞庚:《在"互镜"中寻求"合作"——现代性视域中的规范伦理学与德性伦理学之争》,《伦理学研究》2019年第6期。)

能落实于伦理生活实践。

中西方伦理学比较视域下,儒家伦理学可以展开多重诠释。比如,儒家伦理学对个体行为合理性的论证,在某些方面接近康德的义务论(或自律)伦理学①,在某些方面又类似亚里士多德主义的德性伦理学②,同时有自身的特色。这说明,儒家伦理学具有多维伦理意涵,可以与不同西方伦理学理论展开交流与对话。但人们若试图以某种伦理学理论来阐释儒家伦理学,先要考察二者的通约性。并且,只有在全面、深入地把握儒家伦理思想的内涵的基础上,展开客观、辩证的中西比较,人们才能更好地把握儒家伦理思想的基本特质、价值取向与现实意义。唯有如此,才能切实推进儒家伦理学研究。同时,儒家伦理应当如何展开现代诠释与价值转化,以更好地运用于现代社会,还值得大力探讨。

第二节　儒家"亲亲相隐"政治伦理文化的正当性论争

2005 年至 2011 年,邓晓芒同丁为祥、龚建平、胡治洪、陈乔见、林桂榛等学者,针对儒家"亲亲相隐"观念是否构成腐败倾向的政治伦理文化根源问题,展开了数回合论战。③ 学者们论争的问题包括:儒家"亲亲相隐"思想的内涵与实质、儒家伦理的正向理解与反向理解、传统儒家政治伦理主张的正当性和中西方"隐亲"思想与"容隐"制度的比较。学者们对儒家"亲亲相隐"相关问题的探讨深入到儒家仁爱伦理的结构特征、儒家政治伦理的结构特质以及中西方隐亲思想与容隐制度的合理性诸方面,有益于推进对儒家"亲亲相隐"相关问题的理解。本节将系统梳理学者们对上述问题的不同看法,并比较各方学者的见解的异同得失。

一、再论儒家"亲亲相隐"思想的内涵与实质

新一轮论战中,邓晓芒基于他对历史主义原则的理解,声援刘清平的儒家血亲情理腐败论,与丁为祥等学者继续论辩孔孟"亲亲相隐"思想的内涵与实质问题。其中,双方就应当从亲情还是现代正义和法制角度理解儒家

---

① 二者都强调"出于责任"而行动,重视行为主体的道德自律与道德义务。
② 比如,儒家伦理学与德性伦理学都重视主体的"善"、道德实践、道德品质与道德情感。
③ 这一阶段的论争被收录于《儒家伦理新批判》与《〈儒家伦理新批判〉之批判》二书。

"亲亲相隐"思想,展开了激烈论争。

邓晓芒从现代法律和正义角度批判孔孟"亲亲相隐"思想。他认为,在血缘宗法体制中,孔孟"亲亲相隐"思想主张虽然具有历史时效性,但从现代普遍人性标准看,却是违背普遍正义原则的不良行为。[①] 他指出"封象有庳"中舜宽恕弟弟而未推及他人,不公平,封象"没违法"只因当时法制不健全;丁为祥解读"窃负而逃"案例时,明知天子之位与天下公义不可分,却只将舜放弃天子位理解为放弃人间势位,而非放弃天下公义。[②] 他断言,即便舜弃天子位而"逃",皋陶(碍于舜的天子身份)一定不敢阻止,这便是利用职权。[③] 基于此,他认为,舜犯下数桩罪,包括破坏"天下公义"并擅离职守(弃天下),徇情枉法且包庇杀人的父亲(窃负其父而逃),以及使杀人犯未受处罚(以弃王位为代价抵人命,逃避法律责任)。[④] 他推断,儒学学者们对孔孟"亲亲相隐"的辩护将亲情置于法律之上,为只知家庭人伦、不知公平正义的徇私枉法"体制性腐败",提供了理论基础和心理支持。[⑤] 至此,邓晓芒便将儒家"亲亲相隐"思想由"文化心理腐败"上升为政治"体制腐败"。换言之,邓晓芒不仅批判儒家血亲伦理,更批判传统宗法伦理政治。

对此,丁为祥一一加以驳斥。他指出:(1)邓晓芒将舜与"天下公义"相捆绑,使舜放弃天下担上弃公义的罪责,并忽视舜的双重身份——作为天子时须对天下公义负责,(弃位后)以儿子身份"窃逃"是对父亲的生命负责。孟子意在凸显"王天下"与亲情道德间的抉择以及亲情和孝心。(2)舜对象和"四罪"的不同处置,体现出舜处理家族事务与公共行政事务的差别;分封象是特定历史时期亲爱、宽恕象的具体制度表现,凸显亲情和孝友是仁爱意识的发端。邓晓芒将其作为官司,游离历史语境,又以现代法律和公平来评判舜的行为是否合法、公平或有腐败之嫌,不合于儒家本义。(3)孔子的"父子互隐"主张是孝悌观念在血缘至亲罪过问题上的自然延伸。[⑥] 直躬"六亲不认"会使父子互相利用,并损害血缘亲情与人伦道德,使亲子关系相

① 邓晓芒说的正义原则指分配正义(不任人为亲、不滥封亲属)和矫正正义(偷盗有罪、杀人偿命)。(参见邓晓芒:《儒家伦理新批判》,重庆,重庆大学出版社,2010年,第15—16页。)

② 同上,第39—40、61—62页。

③ 同上,第40、63页。

④ 他甚至将舜置于法官的位置,指出六亲不认而非偏袒杀人亲属的法官,才能秉公执法、值得信任(过度推证)(同上,第39—40页)。

⑤ 同上,第31—36页。

⑥ 丁为祥指出,"父子互隐"之直德是基于血缘之爱的真情实感,须隐恶、不揭短并"劝谏",以表现对善的期待。(参见丁为祥:《孔子"父子互隐"与孟子论舜三个案例的再辨析》,《学海》2007年第2期。)

疏离其至沦为孤绝、冲突的"路人"关系。其实,孝亲睦邻的人更懂得尊重他人的亲情,中国很早就形成"避嫌"制度。但是,邓晓芒不仅不承认血缘道德和人伦关系,还将其视为私亲与自利,又将亲亲人伦关系化约为法律与"路人"关系,更以今溯古,以法律裁决道德,追究"徇情枉法""任人唯亲"的私亲与腐败责任。事实上,"亲亲互隐"必须被置于血亲道德范围内加以理解,体现亲情超越于法律的特点。①

　　邓晓芒与丁为祥的论辩启发人们深思如下问题:儒家究竟如何看待亲情与司法公正并协调二者关系?应该如何理解儒家"亲亲相隐"思想中特殊语境与普遍价值的关系?应该基于何种思维视角来看待儒家"亲亲相隐"思想?他们的论辩都揭示了儒家伦理的历史局限性,并体现了深厚的现实关切。但是,他们针锋相对的论辩展现出法律公正与血亲道德的非此即彼或彼高于此的对立倾向。这容易让人们误以为儒家"亲亲相隐"思想中存在(血亲)道德与法律公正的二元对立。但其实,孔孟"亲亲相隐"思想彰显亲情、孝友诸主题,未必就不顾甚至破坏司法公正。此外,他们(特别是邓晓芒)论及公正(公义)、道德、法律等范畴时,存在笼统论说倾向②和基于后果设想的主观推证③,容易引发概念的空泛、置换与歧义,不利于理解孔孟"亲亲相隐"思想的基本旨趣。

二、儒家伦理的正向理解与反向理解之争

　　丁为祥和邓晓芒就儒家伦理如何看待群己、物我关系的问题,展开了所谓的正向理解与反向理解的论争。他们对这一问题的探讨,涉及如何理解儒家伦理的价值属性以及如何评价儒家伦理处理公私、群己关系的意义问题。

　　在丁为祥看来,对儒家仁爱思想的正向理解应该是基于亲亲原则从亲爱起,恩、爱可以通过价值规范以及扩充与推广,实现仁民、爱物;但是,邓晓芒对爱作了反向理解,不理解"爱由亲始"仁德原则的道德超越性,不承认爱的道德规范性,以为儒家倡导的孝悌、亲亲以血缘亲情为最高原则,将爱理解为(排

---

① 本段参见丁为祥:《孔子"父子互隐"与孟子论舜三个案例的再辨析》,《学海》2007 年第 2 期;郭齐勇主编:《〈儒家伦理新批判〉之批判》,武汉,武汉大学出版社,2011 年,第 94—101 页。

② 比如他们多次将天子之位与天下公义并论。但其实,公义作为普遍道德原则内涵丰富,君、臣和民皆应该遵守。并且,不同角色有不同公正规定。天子承担的管理天下的公职,需要遵守公义的一部分具体规定,而不是说天子或君主能代表或象征天下公义。否则,天下公义便是君主一人之"公义"。人们也就容易误解,放弃君位便是放弃公义。

③ 比如,评价舜的行为是不是腐败行为时,二人(特别是邓晓芒)就舜弃王位与否、是否利用职权、受王位等,作了种种看似生动、实则主观臆断的推证。

他或不可推扩的)私。因此,丁为祥指出,邓晓芒既将人伦之爱曲解为私亲,又承认"人相食"的个体自私的合理性,以极端的个体性的自私否认爱亲(或私亲)。并且,丁为祥认为,邓晓芒对法律与道德以及所谓私德与公德的关系,也作了反向理解,即从私或利益角度理解家与国、公与私的关系,并试图将血缘关系上(家庭利益)的私德提升到国家法律关系上(国家利益)的公德。丁为祥还批判邓晓芒以西方逻辑理性裁定中国的具体理性,以具有普遍主义色彩的法律否认儒家亲情伦理,并以西方单线进化论批判中国传统道德。①

对此,邓晓芒认为,儒家正是将爱亲理解为私亲,爱亲的推扩是第二位的。由此,对儒家伦理的"正向理解"或"正面意义"是通过推恩与扩充,把私亲原则放大成天下"大义",把儒家亲情伦理扩充为行政法律。因此,一旦小家庭之间发生争执,就需要牺牲小家庭的利益甚至"大义灭亲",以维持国家(大家庭)的和谐及正义、公德与法律。鼓吹社会原则建立在私亲原则上,将小家庭的亲情置于法律之外,并以私亲"美德"取代公义和推恩,反对"灭亲",其实是一种"反向理解"。因此,儒家伦理中基于私亲原则的"反向理解"是第一性的,可以为了私亲(私德)而牺牲第二性的社会伦理原则(公德)。因此,儒家伦理结构的根本矛盾,正是"正向理解"与"反向理解"的矛盾。②

两位学者对于儒家伦理的正向理解与反向理解之争,其实是探讨儒家伦理如何看待亲情伦理(私德)与社会道德(公德、公义)的关系问题,或者说儒家伦理如何协调公私、群己关系的问题。他们都意识到,儒家亲情伦理通过推恩扩展为社会道德,具有正面意义。并且,他们都批判从利益角度理解公私、群己的关系。然而,他们之所以对儒家伦理的价值意义的评价截然相反,主要由于他们分别从道德规范与私人利益角度理解儒家亲情伦理。因此,丁为祥将推恩视为个体道德实践意义上人伦规范与个体德性的扩充,体现孟子所讲"亲亲而仁民"的君子之道。相比之下,邓晓芒抹杀了推恩的道德实践内容,并将其解释为私亲向国家利益(大义)的放大。可是,以"放大"来解释儒家推恩原则,较为抽象、空洞。而且,家庭私利本身与群体公利相异质,私亲或私利难以被"放大"为维护国家利益的社会政治伦理。③ 因此,邓晓芒以私亲放大为国家大义的论说,难以成立。

---

① 参见郭齐勇主编:《〈儒家伦理新批判〉之批判》,第 75—76、105、108、88—92 页。

② 参见邓晓芒:《儒家伦理新批判》,第 63—66、163 页。

③ 邓晓芒以行政法律来理解儒家基于"亲亲"原点上的"推恩",并认为儒家将行政法律关系归结为血缘亲情关系,极不恰当。(同上,第 65、67 页。)儒家伦理思想中行政法律制度的价值依据在"天",有其客观合理性,而非由"亲亲"所推。并且,推恩是就个体道德实践而言,仁民也不仅仅是遵守行政法律。

道德生活实践中由于种种主客观原因,个体未必能将基于亲亲的推恩原则扩展为仁民。儒家虽然大力倡导亲亲而仁民的正向推扩,但较少正面论述亲亲与仁民之间张力及其化解方式问题。对此,邓晓芒的批判并非完全没有道理。两位学者虽然对孔孟"亲亲相隐"思想持不同态度,却都认为儒家伦理中亲亲高于或超越于法律,存在将亲情与法律相对立的倾向。① 然则,孔孟"亲亲相隐"是否将亲情凌驾于法律、公义和仁民之上?儒家究竟如何看待亲亲与仁民或群己、公私的关系?这些问题都值得深入探究。此外,丁为祥虽然揭示出儒家亲亲伦理的道德规范性,但他没有阐释孝悌等伦理原则如何规范亲情并协调群己关系。

三、传统儒家政治伦理思想的正当性之争

龚建平和邓晓芒就儒家"亲亲相隐"思想是否体现政治体制腐败的问题展开了论辩。他们论争的问题包括:儒家宗法伦理政治的特点及其与君主权力专制的关系、儒家与法家的关系、儒家政治伦理思想能否制衡君主权力等。

龚建平批评,邓晓芒将"亲亲"至上原则与国家权力至上相结合,将儒家文化归结为狭义的"亲亲",并将"亲亲"狭隘地理解为皇亲政治特权与专制政治,不但将历史与儒家伦理混为一谈,而且不顾宗法社会中宗君矛盾的事实,作了抽象逻辑跳跃。② 龚建平从两个方面对邓晓芒的观点展开了辩驳。首先,就政治伦理理念而言,儒家"最高的孝"(最高价值原则)不是服从君主权力(忠),而是实践层面由孝亲到服从仁义,力求做到亲民、爱民;儒家政治伦理的基础不是皇权至上,而是以圣贤德治("圣君")理念来让权力合理化。③ 并且,儒家政治伦理理念包含对从政者的文化与道德要求,并从宗教、宗法制度、政治体制等方面制约皇权的运用,不主张君主高度集权的一人专制。④ 其次,就传统宗法社会宗君关系的事实而言,宗族制度长期存在并拥有势权的事实,以及宗族和君主政治的相互区分⑤、相互平衡且矛盾冲

---

① 丁为祥虽然肯定儒家亲亲而仁民的推扩,但又认为"亲亲相隐"展现出亲情超越于法律的面向。邓晓芒支持刘清平亲情凌驾于法律正义的观点,认为儒家虽倡导亲亲而仁民的先后次弟推扩,但二者出现矛盾时儒家只顾亲亲而不及仁民。并且,邓晓芒以私亲来理解儒家亲情伦理,可私亲本身就同普遍利他的仁民相对立,自然会得出亲亲同仁民相对立的结论。
② 参见郭齐勇主编:《〈儒家伦理新批判〉之批判》,第139、144页。
③ 同上,第167页。
④ 同上,第144、145页。
⑤ 龚建平指出,不能笼统说国是家的放大。宗族和社会政治分别以"亲亲"和"尊尊""贤贤"为价值原则,"忠"与"孝"分属不同社会领域。宗统与君统无论在制度层面(宗法制度、丧服制度和国家分封制度、继承制度、科举制度之别),还是伦理实践上,皆有明显区别。(同上,第194—195页。)

突的复杂关系,使君权受宗族力量的限制与部分分割。① 他还指出,法家的"满门抄斩""连坐"甚至"诛九族",维护的是专制皇权;恰恰相反,儒家"亲亲相隐"及其法制实践反对皇权专制,维护家族关系。②

邓晓芒坚持从国家同构模式的权力政治出发,认为儒家鼓吹"孝悌为本"就是将家庭原则放大成国家权力原则,使孝原则上升为忠原则,"忠"便是最高的孝。冲突只发生在平民的孝与最高的孝(忠)之间,而非皇权与最高的孝(忠)之间。皇帝作为最高家长和权威,有对子民生杀予夺的权力,宗族及其"互隐"不能限制皇权。法家"满门抄斩""诛九族""连坐"与儒家"亲亲互隐"原则一致(法家集大成者韩非是荀子学生),都依据血缘亲情的不可分割性,是皇权专制的两轮。他批评,龚建平强调皇权的自我节制与客观上受约束,只能证明儒家政治理念并非无条件的专制;龚建平不从传统儒家政治实践,而从儒家圣贤政治设想中看儒家政治理论,实属幻想。邓晓芒指出,"君权神授"使皇权至高无上,而非制约皇权,不能视君权对宗权的依赖为皇权受约束和分割,不能与西方政治学的分权思想并论。③

可以看出,两位学者对儒家宗法伦理政治的特点与合理性的理解,存在很大分歧。龚建平揭示了儒家政治伦理思想的理想性与伦理化特点,以及宗法社会中宗族势力对君权的客观限制与部分分割④。邓晓芒则基于传统宗法社会家国同构、家长制和权力政治的事实,提出忠孝一体、儒法同一和皇权至上的观点。⑤ 并且,他以现代西方的三权分立来否定传统宗族势力对君权的牵制。

的确,儒家伦理植根于宗法制和君主制的政治社会背景,倡导家国同构、忠孝一体。邓晓芒正确认识到儒家伦理的历史局限性以及与君主专制的相关性。但他忽视了,儒家政治伦理不是为了维护家长或君主权力统治,而是意在规范君主政治,并强调政治主体的道德责任,体现以德治国(或德治)的鲜明特色。⑥ 同时,儒家对忠、孝伦理原则的异同有具体论述。并且,他不理解儒家从人性、伦理规范和德性实践诸方面对君主政治的价值引导与规范,才简单、抽象地以"放大"思维来关联儒家的家庭原则与国家政治原

---

① 参见郭齐勇主编:《〈儒家伦理新批判〉之批判》,第 146—147 页。
② 同上,第 149—150 页。
③ 参见邓晓芒:《儒家伦理新批判》,第 72—73、76—77 和 112—113 页。
④ 当然,宗法社会中的君宗关系的实际状况需要具体、历史地分析,不可一概而论。
⑤ 其实,他是在批评皇权统治下意识形态化甚至异化的儒法杂糅的专制政治。
⑥ 徐复观就指出,儒家思想中伦理与政治不分,德治思想不重权力政治,而重德性诱导、道德自觉与政治主体的道德责任。(参见徐复观:《学术与政治之间》,北京,九州出版社,2013年,第 46、50、52 页。)

则。对此,我们需要辨析儒家宗法伦理政治对家国关系的理解,并揭示其正当性,以厘清邓晓芒等对儒家政治伦理的误解。此外,传统儒家政治伦理虽不能比拟现代西方分权与制衡的民主政治,但未必没有对君主权力运用进行规范。现代视域下,儒家政治伦理或德治理念虽然不同于民主政治,却可以与现代民主政治相融合,为当下中国的社会治理提供借鉴。

四、中西比较视域下"隐亲"观念与容隐制度的论争

在批判儒家政治体制文化的同时,邓晓芒还通过对比中西方隐亲观念与亲属容隐制度,得出儒家"亲亲相隐"观念及其容隐制度为"义务"腐败的观点,引发了儒学学者们的反驳。双方的论辩涉及两个方面的问题:一,苏格拉底是不是否认子告父罪? 二,现代视域下儒家型亲属容隐条款是否合法?

(一)苏格拉底"非难"还是赞同子告父罪?

关于苏格拉底(下文简称苏氏)是否"非难"子告父罪问题,邓晓芒、陈乔见和林桂榛三位学者展开了论辩。他们重点探讨了游叙弗伦(下文简称游氏)告父是否合理的问题,或者说如何理解虔敬与公正的关系问题。

关于游氏告父是否合理的问题,邓晓芒通过分析苏氏反对家族制束缚的背景和《游叙弗伦》篇,得出苏氏赞同子告父罪的结论。他认为,苏氏、游氏对话并非围绕子告父是否公正,而是认同告父公正,但深入思考告发的理由是否正确——依对神的虔敬还是理性。[①] 对此,陈乔见指出,苏氏"非难"子告父罪的根据,便意味着告父行为不正当;苏氏看似"赞扬"游氏告父,实则通过诘问何为虔敬,来驳斥游氏告父的依据。[②] 之后,两位学者就"一一"推翻告父的理由,是否等于推翻告父的"所有"理由展开了论辩。[③]

笔者认为,邓晓芒与陈乔见论争的关键在于,如何理解苏氏推翻告父的理由同他看待告父行为的关系。邓晓芒所言,苏氏"一一"推翻游氏告父的理由不等于否认告父行为本身,因为告父可以有别的理由,逻辑上没问题。但是,当苏氏将游氏提出的"所有"理由"一一"推翻,而游氏又不能给出其他理由时,游氏告父的理由便不能成立。由此可以得出,苏氏不赞同游氏告

---

① 参见邓晓芒:《儒家伦理新批判》,第4—5、6—8页。
② 参见郭齐勇主编:《〈儒家伦理新批判〉之批判》,第334—335页。
③ 陈乔见指出,对于苏氏一一推翻游氏告父的所有理由,邓晓芒将其理解为几个理由,混淆"全称判断"和"特称判断"。邓晓芒则反驳,陈乔见所讲被"一一"推翻的理由不等于"所有"理由。(参见郭齐勇主编:《〈儒家伦理新批判〉之批判》,第262页;邓晓芒:《儒家伦理新批判》,第91页。)

父。但同时,苏氏"非难"游氏告父,不能推出苏氏完全不赞同子告父。所以,苏氏未必不赞同子告父。邓晓芒的逻辑推证将"未必不赞同"告父的模态命题,置换成"(完全)赞同"告父的定然命题,才得出苏氏赞同告父的错误结论。

与此同时,林桂榛和邓晓芒都揭示,苏氏探讨的"虔敬"问题其实是行动自身的公正性(公道)问题,而非关于神灵或其他。他们的分歧在于:林桂榛认为告父行为不公正(不虔敬),也不会让众神感到虔敬,批判邓晓芒以自相矛盾的抽象理性来理解苏氏探讨的道德问题;①邓晓芒则认为"讼父杀人"本身公正、虔敬,批判林桂榛从情感角度理解虔敬与公正,把德性与理性对立起来。② 虽然他们都意识到,《游叙弗伦》篇中虔敬问题其实是公正问题。但他们论争的焦点仍然是,苏氏到底反讽还是赞同游氏告父,理由何在? 上文对此已有辨析,兹不赘言。

总之,关于苏氏赞同还是非难子告父罪,论辩双方不能达成共识,不仅由于双方的理解层次和逻辑推证方式存在差异,更因为从《游叙弗伦》篇推不出苏氏赞同还是不赞同子告父,只能说明苏氏不赞同游氏告父。因此,《游叙弗伦》篇不能说明,苏氏反对还是支持"隐亲"观念,也不能证明古希腊和儒家的容隐观念具有合理性。而邓晓芒所谓,苏氏看到"容隐"危害社会秩序和公正,③同样无从说起。

(二)中西方比较视野下儒家容隐制的合法性论辩

与此同时,邓晓芒还通过梳理和评价范忠信对中西方容隐制的比较,批判中国古代容隐制是导致腐败的义务性制度。他对古代中国容隐制的批判,遭到了郭齐勇、陈乔见与刘永静的反驳。辨析他们之间的论辩,有助于人们了解中国古代容隐制的立法特质、法理依据与正当性。

邓晓芒认为,范忠信列举古希腊有"隐亲"观念、古罗马到现代西方法律中有"容隐"条款,不能证明"容隐"观念不包含腐败倾向,苏氏已"看出""容隐"危害人类社会秩序和公正,现代西方容隐制度已经成功防卫"容隐"观念。④ 他进一步指出,中国古代和西方现代的容隐制度有不同法律本质:中

---

① 林桂榛指出,姚介厚等所著《希腊哲学史》和邓晓芒等所译《西方哲学史》教材以及一些研究苏氏的专著都指明,苏氏反讽游氏的告父行为。他还指出,邓晓芒一方面认为,苏氏未对游氏告父行为展开价值判断,仅指出游氏告父的理由不充分;另一方面又认为苏氏没有"非难"子告父行为,而是赞同甚至鼓励这一行为。(参见郭齐勇主编:《〈儒家伦理新批判〉之批判》,第321—323、327—329页。)

② 参见邓晓芒:《儒家伦理新批判》,第138—141页。

③ 同上,第9页。

④ 同上,第9—10页。

国古代容隐制重视维护家长权威(强者)、家族尊卑秩序和伦常关系,是强制性的隐亲义务;现代西方容隐制维护个人隐私权利和卑幼(弱者),体现平等的人权(权利)原则。[1] 他批判,范忠信以西方分权与平等观念附会中国古代容隐制,不合理。[2] 他还指出,权利可以不行使,义务却不能不履行,中国传统"隐"亲义务不能被偷换成现代西方容许"隐"或可不"隐"的权利概念。[3] 因此,西方孟德斯鸠反对告亲和俄瑞斯忒斯杀母无罪并行不悖,说明西方容隐制以个人隐私权规定可隐亲或告亲,解决了隐亲道德义务与告亲法律义务的冲突;中国亲属容隐制不仅不能解决道德与法律的义务冲突,反而是导致徇情枉法和腐败的体制根源。[4]

诚然,西方一直有"隐亲"观念与容隐条款,不等于说它们是合理的。但上文已指出,不能从《游叙弗伦》篇推出苏氏反对"隐亲"或赞同告亲,以及苏氏认为"隐亲"危害公正的观点。因此,西方古代的"隐亲"观念和容隐条款不正当的说法,无从说起。同时,中西方容隐条款存在义务原则与权利原则的差异。但这是否意味着,中国古代容隐的义务条款不正当?并且,中国古代容隐制是否仅为义务条款,西方现代的容隐权利条款是否为一种"隐私权",还可以商榷。法权意义上可做、可不做的"隐亲"权利规定是否等于主体可任意选择,还是有其特定内涵与价值属性,也有待辨析。此外,国家允许容隐是否意味着,国家不追究罪犯亲属的罪责?中国古代容隐制究竟如何体现国法与人情的关系?中国古代法律条款对容隐的范围与性质又有何具体规定?这些问题均有待深入探讨。

对于邓晓芒的批判,郭齐勇、陈乔见和刘水静进行了反驳。郭齐勇揭示了中国古代亲属容隐制的伦理法特质与现实意义。他认为,古代的亲属容隐制体现出宗族中对亲人的义务与个体权利的一体相关性,能维护宗族权

---

①　参见邓晓芒:《儒家伦理新批判》,第22—29页。

②　邓晓芒指出,范忠信以洛克以来的西方分权观念猜测中国旧法的起源,不切实。并且,容隐制度要制衡国家权力,需建立在"无罪推定"的人权原则上,而非"有罪推定"(如"屈打成招")。同时,范忠信以容隐制(人人可以行使"匿亲权")为中外最平等的制度,同人人可以害人、做奴隶主或贪污腐败一样,是强词夺理的"公平"。并且他认为,国家允许容隐(立法向亲情妥协)有利于长久利益(民众淳厚、社会和谐、百姓亲法),未切中要害(被偷、被杀者的"人情")。他还指出,传统社会推崇有害于社会公德的家庭私德(孝),因为古代的"国家"不是现代意义的"国",而是维护尊卑秩序的帝王的"家"。这就完全否认了中国传统政治中包含任何善恶价值观念与公共理念。(参见邓晓芒:《儒家伦理新批判》,第23—27页。)

③　他认为,隐亲权利既可选择不告发和隐亲,也可选择不作为性(听凭法官发落)甚至作为性(大义灭亲)的不隐亲。

④　参见邓晓芒:《儒家伦理新批判》,第56—58页。

益,抗衡君主或地方的权力滥用。① 陈乔见指出,孔子分别依不同条件倡导
"父子互隐"和"大义灭亲",二者均不能被视为无条件的普遍义务。② 陈乔
见的辩驳揭示,儒家虽倡导"亲亲相隐"的家庭义务,却未将亲情与亲人利益
的维护视为无条件的普遍义务。然而,他对儒家"大义灭亲"的理解值得商
议。首先,儒家是否倡导"灭亲"义务,历代儒家说法不一,可以考证《春秋》
的微言大义。其次,中国古代立法中普及了亲属容隐条款,却未将"大义灭
亲"作为一项义务条款加以普及,现代西方亦是如此。不能就此断定,儒家
倡导"大义灭亲"的法律义务。

刘水静一方面批评邓晓芒从个人隐私权的角度阐释西方现代亲属容隐
权利的法律实质及法理依据,是不合理的;另一方面,引入西方"期待可能性
理论",并结合人性概念,论证中西方亲属容隐制的法理依据或合法性。③
刘水静对儒家"亲亲相隐"观念与容隐制度的法理论证,有助于人们继续探
讨中西方容隐制的共同法理依据,并论证儒家"亲亲相隐"法制理念与立法
实践的合法性。

笔者认为,邓晓芒主要基于两个理由批判中国古代"隐亲"观念和容隐
制:亚里士多德看到"隐亲"危害公正,中国古代"隐亲"观念和容隐制是导
致徇情枉法和腐败的体制根源。上文已澄清亚氏并不认为游氏告亲行为公
正或"隐亲"行为不公正,同时"隐亲"观念虽然体现亲情伦理,却未必枉法。
故而,邓晓芒对中国古代"隐亲"观念和容隐制的批判,理由不充分。

中国古代"隐亲"观念与容隐制的合理性问题较为复杂,既涉及儒家亲
亲人伦义务的特质与合理性,又关系到传统亲属容隐制的立法特质、法理依
据及合法性。并且,现代法学视域下,如何界定中国传统容隐制的法学实
质,还值得深入探讨。弄清这些问题,才能更好地理解与评价中国古代容隐
制的特质与合法性。

第三节　对儒家"亲亲相隐"伦理论争的反思

2012 年至 2014 年,学者们开始反思这一场儒家"亲亲相隐"伦理争鸣。
其中,丁为祥等学者对批判者的"是西非中"文化观及其思维方法进行了反

---

① 参见郭齐勇主编:《〈儒家伦理新批判〉之批判》,第 14、17—18、20 页。
② 同上,第 266—270 页。
③ 参见刘水静:《也谈"亲亲相隐"的法律实质、法理依据及其人性论根基——兼评邓晓芒教
授的〈儒家伦理新批判〉》,《学海》2012 年 2 月。

思与批判；梁涛与廖名春则基于新的训诂材料，重新解读孔孟"亲亲相隐"的思想意涵，并引发了郭齐勇与张志强的辩驳。

一、对"亲亲相隐"批判者的"是西非中"文化观的反思

针对儒家伦理批判者们的"是西非中"历史文化立场及其思维方法，丁为祥、龚建平、周炽成等学者进行了整体反思。

（一）对"是西非中"文化立场的反思

"是西非中"的文化立场，根源于 20 世纪初以来西方文化传播与影响下，国人形成的"西方文化皆是而中国文化皆非"①的思维定势。"亲亲相隐"的批判者将当前中国的腐败问题溯源至儒家血亲伦理，便是基于这种"是西非中"的文化立场。对此，丁为祥、周炽成等学者从不同角度进行了反思。

丁为祥深入剖析了儒家伦理批判者的"是西非中"文化立场形成的文化心理根源——中西文化碰撞与社会急剧变革催生的激进反传统的民粹思潮。丁为祥指出，20 世纪以来，由于西方科学认知与器物的强势入侵，力图解救中华民族于危机的革命党人滋生出一种激进的民粹情怀。以这种民粹情怀为精神动力，革命党人一方面将儒学与专制皇权相捆绑，进行批判；另一方面推崇墨子"兼爱"，批评儒家人伦观念，并提出理想社会的构想。同时，他们不但以墨家"兼爱"类比基督教"博爱"，而且以杨墨沟通西方精神，从表彰杨墨走向了西洋崇拜。丁为祥认为，这种是西非中、是墨非儒的反传统的民粹思潮，构成儒家伦理批判者们将现代腐败问题归罪于传统儒家血亲伦理的文化心理根源。丁为祥看到，这种"是西非中""二元对立"与"归罪意识"，其实是民粹情绪激发的以"破"代"立"与全盘反传统观念，不但混淆了儒家政治伦理思想与传统专制政治，而且忽视了全盘否认传统带来的虚无主义。他还指出，民粹主义革命志士以墨家"兼爱"与基督教博爱批判儒家人伦之爱，却忽视了前两者的非血缘性、非人格性与超现实性；他们基于主观需要，不加考辨地运用墨家兼爱与基督教博爱，批判儒家人伦之爱。②

周炽成分析了邓晓芒批判"封建"与儒家的"是西非中"文化观的特点，以及反传统的国民教育对塑造这种激进文化观所起的推动作用。他

---

① 参见郭齐勇主编：《正本清源论中西：对某种中国文化观的病理学剖析》，上海，华东师范大学出版社，2014 年，第 126 页。

② 同上，第 1—18 页。

指出,邓晓芒将现代社会问题归罪于"封建"与儒家,既"是今人推卸责任,让古人替今人受过",又存在情绪化与非理性的发泄,而非理性批判。这种归罪传统儒家的意识,根源于西方文化输入后国人形成的是西非中思维定势。他认为,这种是西非中思维定势的特点在于推崇西方文化,否定中国文化,并以简单、片面概括化的西方文化笼统批判中国文化,忽视中西方文化的复杂多样性。① 并且,他指出,鲁迅及偏激、僵化的"鲁语"批判在国民基础教育中的广泛普及,是国人形成反传统文化观的重要原因。②

由此可见,儒家伦理批判者们将现代腐败问题归罪于儒家人伦之爱,延续了五四以来"是西非中"与全盘反传统的激进文化立场。③ 五四学人主张全盘反传统的文化立场,有着救亡图存与思想启蒙的特殊时代背景,并注意到传统儒家道德观念的积极价值。④ 当然,批判者们对儒家伦理的反思与批判同样展现出他们反思现实腐败与儒家伦理的现实关切。只不过,儒家伦理批判者们(特别是邓晓芒)简单粗暴地全盘否定儒家伦理文化及其价值,不利于深入理解传统儒家文化的丰富内涵与价值意义。只有全面理解传统儒家文化,人们才能理性地扬弃传统儒家文化,避免简单、片面及绝对的文化心态与立场。⑤ 只有客观、辩证地比较与评判中西方文化,人们才能更好地探讨传统儒家文化的现代价值问题。

(二)对"是西非中"论证思维的反思

反对儒家伦理的学者们批判传统儒家伦理的"是西非中"文化观,是通

① 参见郭齐勇主编:《正本清源论中西:对某种中国文化观的病理学剖析》,第 123—126 页。

② 邓晓芒更是将这种反传统历史文化的国民性批判,提升为普遍人性或文化价值根源批判。(同上,第 127—130 页。)

③ 陈独秀将中西方民族的特征对反并举:奴隶与自主、保守与进步、退隐与进取、锁国与世界、虚文与实利及想象与科学。(参见任建树主编:《陈独秀著作选编》(第一卷),上海,上海人民出版社,2009 年,第 159—163 页。)吴虞从名利和尊长特权角度理解孝忠,视孝、忠为专制政治的道德基础,认为它们对卑贱者造成压迫与不平等,不利于国家法律。(参见赵清、郑城编:《吴虞集》,成都,四川人民出版社,1985 年,第 62—64 页。)鲁迅极力批判中国历史传统、儒家仁义道德与礼乐教养,认为它们迫害人格与思想。(参见鲁迅:《鲁迅全集》(第 1 卷),北京,人民文学出版社,2005 年,第 447 页。)

④ 陈独秀服膺儒学之优点,晚年更是明确区分旧观念与贤哲之思想,展现出区别对待文化传统以及融合中西文化的鲜明意识。(参见任建树主编:《陈独秀著作选编》(第一卷),第 251—252、293 页。)吴虞赞赏家的原始感恩义及对亲人的责任意识。(参见赵清、郑城编:《吴虞集》,第 174、177 页。)林毓生指出,鲁迅虽然犀利批判传统文化的黑暗面与国人性格症结,但隐性层面也认同一些传统道德价值。(参见林毓生:《中国传统的创造性转化》(增订本),北京,三联书店,2011 年,第 177 页。)

⑤ 参见郭齐勇主编:《〈儒家伦理新批判〉之批判》,第 22 页。

过抽象逻辑思维来加以论证,难免陷入"化约主义"和"批判错置"的方法论泥潭。对此,丁为祥、龚建平等学者进行了反思与批评。

刘清平和邓晓芒等学者批判儒家伦理的主要方式,就是无视儒家伦理文化本身的复杂性,将其简单还原为某种普遍原则或某些抽象范畴,并以形式逻辑加以推证与批判,属于化约主义思维。丁为祥指出,刘清平之所以将当前的腐败现象归罪于儒家血亲人伦之爱,是由于他将儒家"血亲"伦理粗暴地归结为"血亲情理""本原至上",并以此作为人们行为活动的最高原则。① 丁为祥和龚建平都认为,邓晓芒对儒家伦理的批判存在将儒家伦理道德问题视为法律问题,将儒家"爱亲"理解为"私亲"的不当化约与范畴错置,导致了他对儒家的经典误读。② 龚建平还指出,邓晓芒视忠孝为一体,是由于他无视儒家家庭伦理与政治伦理、儒家政治伦理与现实权力政治的复杂关系,将儒家伦理与专制政治化约为孝与忠原则;同时,他以忠孝同一的形式逻辑,推证儒家父子伦理与君臣政治伦理的关系,从而将血亲伦理腐败论推向政治伦理腐败论。③

龚建平看到,这种抽象同一或排斥的形式逻辑思维,使他们无法理解儒家"亲亲相隐"中人情与公德、伦理与法律的两难选择问题,也忽视了儒家伦理在指导礼乐文明、政治治理、道德修养实践及价值信仰中的教化意义。他还指出,以逻辑理性解释人的行为,不但忽视了情感、意志和价值观对人的行为的推动作用,而且忽视了西方和儒家文化的复杂性,更以工具理性来评判儒家的价值理性。④ 不可否认,邓晓芒一再强调的"逻辑"对论证思想的正确性有重要意义。但是,如龚建平所言,形式逻辑不能说明儒家伦理思想的内涵及其价值的丰富性、正确性与普遍有效性,只能证明理论自身的融贯性,是论证儒家伦理思想的必要而非充分条件。所以,人们不能忽视形式逻辑的作用,也不能以"逻辑"衡断一切思想。

不可否认,人们需要借助西方哲学的概念与方法,来整理儒家伦理的思想体系与具体意涵,揭示儒家伦理思想的特征与价值。⑤ 就此而言,儒家伦理批判者们推崇的西方思想与逻辑理性发挥着重要作用。然而,批判者们不加考察与分辨,简单抽绎儒家伦理文化与人们的伦理生活,仅以"逻辑"武

---

① 参见郭齐勇主编:《正本清源论中西:对某种中国文化观的病理学剖析》,第11页。
② 同上,第13—14、46—47页。
③ 同上,第49—51页。
④ 同上,第47—48、52页。
⑤ 李承贵总结,"以西释中"是近百年来中国哲学研究的学术共识与客观事实,而且西方哲学明晰的理论方法与思维框架,对深度诠释中国哲学有重要借鉴。(参见李承贵:《"以西释中"衡论》,《天津社会科学》2016年第6期。)

器来评断文献与历史考证,则有失公允。对此,有学者批评,"亲亲相隐"批判者们以西方概念、思想框架或化约思维套解中国传统思想,容易抹杀传统思想的固有特征,并非中西比较。① 此外,他们批判儒家伦理的"逻辑理性"思维,有时还带有非理性的主观联想成分。②

故此,人们要悬置"是西非中"文化立场,改变以西方哲学的概念范式与叙事模式剪裁甚至肢解儒家伦理思想的局面。同时,人们要在全面、清晰地了解传统儒家伦理思想的基础上,借助契合儒家伦理思想的西方哲学概念与理论,具体、辩证地辨析中西方思想的异同,才能深入发掘与诠释儒家哲学的概念表述、思维特征、思想精义与价值意义。当然,如何具体展开中西思想比较,如何借鉴西方哲学概念与方法来更好地诠释儒家伦理思想资源,这还值得人们深入思考。

二、对孔孟"亲亲相隐"思想意涵的新论辩

梁涛与廖名春两位学者试图基于文献考证与义理诠释,反思这场儒家"亲亲相隐"伦理论争。他们分别就如何理解孔孟"亲亲相隐"之"直"和《论语》"父子互隐"之"隐",提出了自己的新看法,并引起了郭齐勇和张志强的商榷。

(一) 对孔孟"亲亲相隐"之"直道"的新论辩

梁涛认为,学界之所以对"亲亲相隐"与儒家伦理争论不休,根源在于学者们不加分析地将"父子互隐"章中的"直"笼统理解为诚实、正直。③ 对此,他结合新出土上博简《内礼》篇材料及前人的相关讨论,重新阐释了儒家《论语》"父子互隐"之"直"的内涵,以及儒家伦理处理血

---

① 朱贻庭、刘笑敢、郭齐勇和景海峰等学者纷纷指出,"以西释中"以西方框架、西方概念机械套解甚至批判中国哲学或中国伦理思想,不但削足适履,而且会抹煞传统思想、概念自身的独立性与特点,也不是中西比较。(参见朱贻庭主编:《中国传统伦理思想史》(增订本),上海,华东师范大学出版社,2003 年,第14—16 页;刘笑敢:《诠释与定向——中国哲学研究方法之探究》,北京,商务印书馆,2009 年,第 104 页;郭齐勇:《内在式批判与继承性创新》,《河北学刊》2009 年第 2 期;景海峰:《2008 中国哲学研究的范式变化与前景》,《文史哲》2009 年第 5 期。)

② 丁为祥指出,刘清平将儒家"血亲情理"同血亲(裙带利益)至上相联想。龚建平批判,邓晓芒认为儒家"亲亲"伦理有腐败倾向,存在逻辑推论与历史批判的随意想象,而且对家与国、家与家之间的关系存在杂糅与联想。(参见郭齐勇主编:《正本清源论中西:对某种中国文化观的病理学剖析》,第 11、54—55 页。)

③ 梁涛认为,立场之争指儒家学者受旧经学思维与正统意识影响,一味辩护"孟子论舜"的合理性,使立场凌驾于学理之上(参见梁涛、顾家宁:《超越立场,回归学理——再谈"亲亲相隐"及相关问题》,《学术月刊》2013 年 8 期)。

缘亲情与社会道义的态度,并将这场"亲亲相隐"伦理论争归结为立场之争。

他指出,《论语》"父子互隐"章中"直躬"只讲理,是公正、正直;"吾党之直"是兼及情与理的"直道"。"直在其中"并非公正、正直,而是指率直、率真的亲子之情,是"直道"的具体表现。但"父子互隐"中只谈到人情(率真的父子亲情),未及理或公正、正直,从而引起争议。他发现,上博简中"隐而任之"(替父母承担罪责)一句,可以弥补"父子互隐"中社会道义的缺失,兼顾情与理。并且,他认为,儒家内部对仁孝关系的处理存在差异。孔子、曾子及子思为重仁派,视孝为仁的起点,视仁为孝的提升与超越,不主张为亲情牺牲道义,而以"隐而任之"兼顾情与理、亲亲与道义,并限定了"隐"的范围;①孟子为重孝派,以孝为最高原则,将"其父杀人"纳入"隐而任之",以舜"弃天下"为代价承担父亲杀人的罪过。② 但同时,他又提出相矛盾的看法:一方面,《孟子》中舜让法官执法和"弃天下"尊重了法律与社会道义;另一方面,"窃负而逃"从后果上为"刑不上王父"的徇私枉法和忽视被杀者的正义提供了理论依据。③

对此,张志强、郭齐勇质疑梁涛对"父子互隐"之"直"的解读,并批判梁文的线性、化约思维及主观随意解经。他们指出,"直在其中"是"明辨是非"的人心人情、父子亲情之直,并针对不同场合、事件区分人情和理性;"直躬"虽体现公正守法与正直,却舍掉父子亲情,又包含功利意图。梁文以简单情感流露的率真、率直解读"父子互隐"之"直",既矮化了儒家"情"的深层"情理"内涵,又将"直"割裂为自然情感与抽象理性的二元对立。④ 同时,他们怀疑,上博简中"嚣而任"未必能训释为"隐而任之"(替父受过以弥补道义缺失),更不能增补"父子互隐",并证明孟子与腐

①　梁涛指出,子思确定了"隐"的一般界限:小罪可赦免,鼓励"隐而任之";杀人之类大罪须依法惩处,不可代父受过,不以亲情害仁民与国家大义。(参见梁涛:《"亲亲相隐"与"隐而任之"》,《哲学研究》2012 年第 10 期。)

②　梁涛认为,面对大爱与小爱、大义与小义的冲突,孟子不主张以小害大,而主张折中、调和。因此,"窃负而逃"章中,舜为天子时应依"门外之治"秉公执法,为道义牺牲亲情;而舜"弃天下"成为普通儿子,则依"门内之治"视亲情重于道义。同时,舜弃天子位,又算为父抵过、承担父罪。他还认为,"窃负而逃"以夸张、想象的形式,展现情理无法兼顾、忠孝不能两全的紧张,不具操作性。(参见同上。)

③　参见同上。

④　他们指出,梁文将"直在其中"理解为单纯情感流露的率真、率直,把"情"等同于动物的自然情感,不能理解"情"是包含"孝悌"和推及及人的无私感情与情理。儒家的"情"或"人情"并非"情面""私情"。(参见张志强、郭齐勇:《也谈"亲亲相隐"与"嚣而任"》,《哲学研究》2013 年第 4 期。)

败有关。① 他们还批评,梁文将恩、义的公私领域概念置换成"仁内义外"概念,再转换成情(亲情)与理(道义)的简单二元对立,同时将"亲"与"仁"的实践层次差别误解为二者非此即彼的冲突与对立。② 此外,张志强批评,梁涛同样立场先行,预设《论语》中"直"由率真(情)到公正(理)的线性上升过程,使早期儒学从简单原始的"情"走向抽象机械的"理"的线性过程,构造出从孔子到孟子"腐败"程度逐渐加深的"学理",并将儒家伦理思想的丰富意涵化约为若干(如情与理、仁与孝)二元对立的概念。③ 他还批评梁涛忽视儒家经典中生活世界与本文表述的融合,不顾儒家经典的丰富内涵、开放性与动态统一性,静态、化约地理解文本,自陷于道德困境。④

　　笔者认同郭齐勇、张志强对梁涛的批评,以及他们对孔孟"亲亲相隐"文本丰富意涵的诠释。梁涛之所以将"直在其中"之"直"理解为率真情感,是因为他不能突破情理二分思维,不明白"父子互隐"之直是包含是非判断、羞恶之心与父子真情的人心人情之直。因此,他不理解"父子互隐"是消极意义上的不愿称扬或告发父之过,也不理解蕴含道德心的"隐"对培养亲子双方道德意识的重要意义。因而,他只能将人心人情或情理之"直"矮化为自然情感,释"隐"为维护父子情感的积极匿罪行为,并以所谓"隐而任之"来补充是非、道义的缺失。这种理解同刘清平、邓晓芒等批判者的观点无异。即便上博简中有争议的"嫛而任"可以训释为"隐而任(之)",《曾子事父母》中"行之如由己"(父母之过如己有过)是否等于承担父母的罪责? 还是应该理解为因未能劝谏父母改过而反省、自责的归过心态呢? 况且,若放任父母行事,子女代父母受罪极可能纵容父母为恶。如此,替父母受过非但不

---

① 他们指出,能否将"嫛"释为"隐","嫛而任"是否与"之如同"连简,以及该文献是否属曾子一派,学界尚有争议,且据现存文献曾子未明确提到"隐"。曾子讲"行之如由己"是归过或自责心态,不等于为父母受罪行为。(参见张志强、郭齐勇:《也谈"亲亲相隐"与"嫛而任"》,《哲学研究》2013 年第 4 期。)梁涛反驳,上博简早期研究中有相关争议,后期得到多数学者认可。同时,"行之如由己"若只内在反省而无行动承担,不符合儒家的"诚中形外"。他为《论语》增字,合乎早期儒家义理。(参见梁涛、顾家宁:《超越立场,回归学理——再谈"亲亲相隐"及相关问题》,《学术月刊》2013 年 8 期。)

② 参见张志强、郭齐勇:《也谈"亲亲相隐"与"嫛而任"》,《哲学研究》2013 年第 4 期。

③ 他指出,孔孟"亲亲相隐"并未跳入亲情与社会道义的非此即彼线性选择,而是维护社会大义与维系父子亲情不偏废。"窃负而逃"章中孟子既维护司法公正,又避免了公权力滥用,并以放弃公权力、自我放逐保全忠孝、情法两边。参见张志强:《线性思维、化约主义与高台"说教"——评梁涛等学者对"亲亲相隐"及相关文本的误读》,《学术月刊》2014 年第 2 期。

④ 同上。

是维护社会正义,反而有害社会正义。此外,梁涛简单依"门内""门外"割裂舜的天子与人子角色,忽略了人们伦理实践中角色的多重性。①

(二) 对孔孟"亲亲相隐"之"隐"的新论辩

与此同时,廖名春从文献考证与义理诠释两方面,对《论语》"父子互隐"章中"隐"字的意涵提出了新看法。对此,郭齐勇提出了商榷。

廖名春一方面引用大量先秦及秦汉文献材料,论证"隐"与"檃"互通并将其训释为矫正,从语言学的角度指出"父子互隐"之"隐"可训为父子相互矫正错误;另一方面,他指出,"隐"不能解释为隐匿(否则便是因私废公,是不直),而应该训为矫正过错,既照顾到人情,又符合孔子的"改过"主张,以及家国同构原则下的社会公正诉求,体现社会道义高于父子私情。他还批评,梁涛训"愳"为"隐"难以成立,不可将"任不可"(顶罪)补入"父子互隐"章来维护社会道义,因为它违反基本的诚信原则(儿子并无过)。②

针对廖文的新解,郭齐勇从字义训释、义理阐释的角度提出了商榷。他指出,"檃"被假借为"隐"是战国后期而非孔子时代的事,且古代辞书、《荀子》等先秦或秦汉文献中"隐"多释为蔽、匿、遁、微等意,《论语》中"隐"亦多意为匿、蔽、不言。因此,不能将"父子互隐"中的"隐"释为矫正、规正的"檃"。并且,他认为,从孔子的道德体系看,"隐"不是父子相互"隐匿错误",而是不公开告发、不宣扬亲人过失,并包含"几谏"(隐讳地批评)的意思,体现父子以恩为重以及情、理的协调。他还指出,儒家以"亲亲相隐"而非"大义灭亲"为法律依据,蕴涵私人领域自治以及反对国家公权力肆意干涉私人事务的观念。同时,他批判,廖文将"隐"抽象理解为匿罪,将人情理解为私情,陷入了告官与隐瞒的非此即彼的对立思维,并一味要求父子私情绝对服从社会道义或法律(君臣之义)。③ 郭文对廖文以"檃"释"隐"的质疑是有力的。廖文的文献考证不完整,也不理解《论语》"父子互隐"章中人性、人情之"隐"的丰富意涵,仅将亲情理解为私情。由此,他才释"隐"为"隐匿",认为隐匿是为亲人掩饰错误甚至掩盖罪行。

由此可见,同其他批判者们一样,梁涛和廖名春未能充分理解儒家"亲

---

① 舜身为天子,并不能否认他是个儿子。不能简单依"门内""门外"之别,把舜的天子与儿子角色割裂开来理解。同时,舜"弃天下"后仍然是守法公民,不会因亲情而为所欲为,甚至藐视法律、赦免父罪,任意破坏司法的公正效力,只能消极"窃负而逃"。

② 他指出,当道义与父子私情相矛盾时,荀子和孔子看法一致,主张"从义不从父"的"大义灭亲"。(参见廖名春:《〈论语〉"父子互隐"章新证》,《湖南大学学报(社会科学版)》2013年第2期。)

③ 参见郭齐勇、肖时钧:《"门内"的儒家伦理——兼与廖名春先生商榷〈论语〉"父子互隐"章之理解》,《华南师范大学学报(社会科学版)》2014年第1期。

亲相隐"思想的丰富意涵及其价值,仅将"亲亲"之情简单理解为亲情甚至私情,并以抽象概念分析与二元对立思维来理解人情与社会道义、孝与仁的内涵及它们的相互关系。并且,他们都认为社会正义高于亲情,注重从后果论与社会公正角度审视"亲亲相隐"。但其实,儒家仁、孝观念内涵丰富且圆融一贯。并且,儒家从道德层面出发对公私事务的关系有独特理解与处置,对指引当前人们的公私生活实践仍然有积极借鉴价值。当然,梁涛和廖名春结合历史文献与儒家思想义理重新诠释儒家"亲亲相隐"思想,对本书梳理孔孟"亲亲相隐"思想的诠释脉络有积极启发。

小　结

在这场长达十几年的儒家"亲亲相隐"伦理争鸣中,学者们不但反复辩论了儒家伦理的内涵、特质与合理性,而且论争了儒家政治伦理的特征、正当性与现实意义,并论及中国古代亲属容隐制度的立法特质与合法性问题。这场学术论争充分彰显儒家伦理文化的复杂内容与多维视角,有助于人们深化对儒家伦理文化及其价值意义的理解。然而,由于论争双方的理论视角与学术立场存在显著差异,加之部分学者对上述问题的理解存在偏颇,且一些学者的论证存在主观推证、线性化约与泛论倾向;最终,这场论争未能达成共识。但值得肯定的是,这场学术争鸣流露出学者们鲜明的时代关怀与问题意识。

总结与辨析这场学术论争,有助于深化对儒家伦理文化的理论视角、思维方式与诠释方法的正确认识。反思这场学术争鸣,可以发现如下可以继续研究的问题:儒家"亲亲相隐"思想的经典诠释脉络有待发掘;儒家"亲亲相隐"思想蕴含的"血亲情理"思维与权变思想的特质,需要进一步阐释与辨析;儒家伦理中仁与孝悌观念的内涵及二者的相互关系,有待深入发掘;在群己、公私和家国关系问题上,儒家政治伦理主张的基本内容及其特质、正当性与现实意义,可以系统阐发;儒家"隐亲"观念衍生的亲属容隐制的立法特征、法理依据与现代运用,可以继续探究。以上这些问题还涉及儒家伦理的古今之变与中西之辨。探讨这些问题,既要具体、历史地分析传统儒家伦理思想的经典诠释与义理阐释,又要客观、辩证地分析儒家伦理思想的现代价值以及中西方伦理、政治思想的异同。如此,人们才能深化对儒家伦理的内涵、特质与价值的理解。

基于此,本书大体可以从以下六个方面辨正儒家"亲亲相隐"伦理思想观念。一,系统梳理历代儒家对孔孟"亲亲相隐"经典文本的异同理解,辨析其意义得失,揭示儒家"亲亲相隐"思想的历史发展脉络。二,深入挖掘儒家"亲亲相隐"思想的理论基础,揭示儒家情理融贯思维、仁爱思想与权变思想的内涵与特质。三,归纳与辨析近现代学者们对儒家道德与公德的关系的不同看法,并在此基础上重新探讨儒家道德与公德和私德的关系。四,在中西方德性伦理比较视域下,试图诠释儒家"亲亲相隐"思想中孝德与直德的意涵、特征及价值。五,借鉴现代西方政治哲学概念,深入探究儒家"亲亲相隐"政治伦理思想的内涵、特征及现代价值,揭示它们的正当性。六,继续深入探讨中国传统亲属容隐制度的主要特征、法理依据与现代运用。

第二章　儒家"亲亲相隐"
思想的经典诠释

随着现代社会的"祛魅"化，以及现代市民社会中世俗理性（或工具理性）的兴起与主体价值理性的衰落，人们的生存境遇与价值观念发生了极大改变。在儒家"亲亲相隐"伦理论战中，论辩双方在理解与评价《论语》《孟子》（以下简称《论》《孟》）中"亲亲相隐"①三段经典文本的思想意涵时，就存在理论视角与价值观念的古今、中西之异。在这种情况下，部分学者非但不了解儒家经典诠释，反而望文生义和主观推证地理解儒家经典。这种主观随意解经的方式，不仅不尊重儒家经典诠释的独立性与主体性，还忽视了儒家经典与传统社会的生活样态及人们的价值信念的关联，难以揭示儒家"亲亲相隐"思想的固有意涵及其伦理特质与现实意义。

对此，笔者认为，回归历史语境，全面梳理、概括与辨析历代儒者对《论》《孟》"亲亲相隐"文本的经典诠释，发掘儒家"亲亲相隐"思想的固有意涵，揭示各历史时期儒家经典诠释的不同形态及其理论特色，能够为人们理解与诠释儒家经典与儒家伦理思想提供范例。

钱穆先生曾说："儒家大义，亦历代有异同……孟子与孔子，持论亦未必全同……康成所注，正多东汉人见解。晦翁所注，则代表两宋程朱一派之意见。康成与晦翁，解释亦各复不同，而其与《论》《孟》……各有出入。此皆当分析辨别，使各还其本真，必待发掘出了各时代各家各派之相异处，乃可综合出各时代各家各派之相同处。"②据此，本章将分别从孔孟原始儒家思想、汉学训诂诠释与宋学（或理学）义理诠释③三个维度，梳理与考察历史语

---

① 即《论语》中"父子互隐"和《孟子》中"窃负而逃"与"封象有庳"三段文本。
② 钱穆：《中国学术思想史论丛》（卷二），合肥，安徽教育出版社，2004年，第62页。
③ 这不是说，儒家经典诠释中文字训诂和义理阐发然分离；恰恰相反，二者往往相辅相成，共存于经典诠释著作中，只是在不同历史时期或不同诠释者那里有所侧重。

境下儒家"亲亲相隐"思想的经典诠释脉络①，并比较孔孟思想、汉学与宋学的经典诠释以及宋学义理阐释内部的异同，辨析各历史阶段儒家经典诠释的理论特色与意义得失。

第一节　孔孟"亲亲相隐"主张的原始意涵解析

孟子曾说："尚论古之人，颂其诗，读其书，不知其人，可乎？是以论其世也，是尚友也。"（《孟子·万章下》）这启示人们，任何思想都有特定的主观意图与时代背景。职是之故，理解与评判孔孟"亲亲相隐"思想时，绝不能基于抽象逻辑推证和普遍价值原则以及望文生义的主观解读，来推断孔孟思想的意涵及其合理性。相反，人们应该从孔孟思想体系内部和先秦社会历史背景出发，设身处地进行同情的理解，这样才能把握孔孟"亲亲相隐"思想主张的确切意涵与问题意识，进而评价孔孟"亲亲相隐"思想的价值。

一、历史语境下孔子的"父子互隐"主张的意涵解析

回归历史语境，考察《论语》"父子互隐"章中孔子说的"隐""直"二字的具体意涵，并结合孔子的相关思想主张和他所处的春秋时代背景，能更好地理解《论语》"父子互隐"章文本的原始意涵以及孔子的具体问题意识及其意义。

（一）《论语》"父子互隐"章中"隐""直"的字义解析

"父子互隐"章出自《论语·子路》篇，原文为：

> 叶公语孔子曰："吾党有直躬者，其父攘羊，而子证之。"孔子曰："吾党之直者异于是。父为子隐，子为父隐，直在其中矣。"

叶公与孔子以"其父攘羊"为例，表达出他们对直躬之直的不同理解。其中，叶公以"子证之"为直，孔子则认为"子为父隐"中有直。并且，孔子说的"父子互隐"和"直在其中"，是对证父之直的反思。笔者认为，要理解"父子互隐"章文本的意涵，人们需要把握其中"证""隐"和"直"的确切含义。

关于"父子互隐"章中"证"字的含义，学界无甚分歧。对此，汉许慎《说文

---

① 由于一些主客观原因，笔者未能全面搜集与整理《论语》《孟子》"亲亲相隐"经典诠释的史料。但是，对于主流儒家的相关注疏与论述材料，笔者进行了较详尽的搜集与整理，能大致呈现儒家"亲亲相隐"经典诠释的整体风貌。

解字》已阐明:"证(證),告也。从言,登声。"①"证"就是告发并用可靠的凭据来表明或判定。因此,"子证之"就是儿子告发并指证父亲"攘羊"。叶公认为这是直行。相比之下,学界对《论语》"父子互隐"章中的"隐"与"直在其中"的"直"的理解,分歧比较大。② 其中,林桂榛通过大量考证,揭示出隐与显、见相对,针对"证"而言,是"不作为"层面的沉默不声张、不显现或不告之义,而非"积极作为"层面的藏匿、隐藏、窝藏、包庇等。③ 林桂榛对"隐"字的考据,从相关当事人的主体行为视角,强调隐属于消极的行为。

关于"隐"字的含义,《说文解字》言:"隐,蔽也。"④本义为筑墙掩蔽。从法律视角来说,孔子主张"子为父隐"是针对叶公的"子证之"而提出的,是以不告发与不称扬父亲"攘羊"的方式来遮掩父亲的过错,使父亲不(因儿子的告发行为而)受到法律制裁。因此,"父子互隐"之"隐"是掩蔽、隐藏的意思,强调儿子不能告发父亲,从而让父亲的过错暴露于公众与法律审判之下,突出不告发、不称扬的"消极不作为"。但是,孔子的"父子互隐"主张是否包含湮灭证据、破坏司法等"积极作为",尚不能推断。

那么,孔子说的"隐"究竟有无湮灭证据、破坏司法等"积极作为"的意思呢? 孔子是否对"隐"有所限制呢? 笔者认为,要理解这个问题,人们可以从孔子说的"隐"与"直在其中"的关联出发,加以分析。这场学术争鸣中学者们对"直在其中"的"直"的含义,作了大量考证与阐发。可无论将"直在其中"的"直"理解为人心人情,还是辨别伦理是非,亦或率真、率直,皆较为笼统或片面,需要进一步阐释。

就"直"字的原文而言,甲骨文 𠁽 就是直,意为眼正对标杆测端正,表示正见。《说文解字》云:"直,正见也。从ㄴ从十从目。"⑤清人段玉裁注:"'正见也。'《左传》曰:'正直为正,正曲为直。'其引申之义也。见之审则必能矫其枉。故曰'正曲为直'。'从十目ㄴ'谓以十目视ㄴ。ㄴ者无所逃也。"⑥这说明,"直"的原义为目测以端正,即审视或明辨是非,引申为矫正

---

① (汉)许慎撰,(清)段玉裁注:《说文解字注》,上海,上海古籍出版社,1988 年,第 100 页。
② 关于"隐",刘清平、邓晓芒理解为积极作为意义上的隐藏、藏匿、窝藏父母的罪行,并加以批判;郭齐勇、林桂榛等将其理解为消极不作为意义上的不称扬、不言父母之过。还有学者将其训为"㦥",理解为矫正。关于"直",庄耀郎、郭齐勇理解为"人情之本然恻隐处"、人心人情,林桂榛将其理解为辨别伦理是非,陈壁生、梁涛则将其理解为发于父子情感的率真、率直。
③ 林桂榛:《"亲亲相隐"问题研究及其他》,北京,中国政法大学出版社,2013 年,第 3—16 页。
④ (汉)许慎撰,(清)段玉裁注:《说文解字注》,第 734 页。
⑤ 同上,第 634 页。
⑥ 同上,第 634 页。

枉曲,具有伦理的意味。《论语》"父子互隐"章中叶公与孔子说的"直"都包含审视与考察以明辨是非,以及矫正攘羊枉曲行为的意涵。不同的是,叶公提倡以"子证之"来矫正父罪,通过法律途径实现矫正正义或直。孔子则倡导"子为父隐",认为不是说掩蔽或隐藏罪行本身正直,而是儿子"不告发"父亲过错有直的原因。并且,"直"内在地规定了,"子为父隐"只能以不告发、不称扬的消极行为方式,掩蔽或隐藏父亲的过错。这说明,明辨是非的"直"不是法律或政治层面的公正,而是伦理意义上的。可是,孔子并未言明"直在其中"的"直"究竟有何伦理意涵。

值得一提的是,明儒孙应鳌的诠释为人们理解"直"的具体意涵提供了具有启发性的新视角。他说:"夫子谓直在其中者,最有味。不是就以隐为直也,言有直以成其隐也。"①也就是说,可以从"直"作为"隐"的原因的角度,解读"直在其中"的"直"的含义以及"隐"的合理性。孔子主张"隐"的原因(直)有两个。首先,儿子之所以掩蔽或隐藏父亲过错,是由父子亲情与慈孝人伦道德决定的。这种意义上,"直"指明辨父子关系的人心人情(亲情)。同时,孔子说的"直"与"隐"又相互关联、相互成就。其次,孔子说的"直"包含明辨是非或矫正枉曲的伦理意涵。因此,孔子未必将"隐"理解为湮灭罪证,且未必不尊重法律公断。只是他看重父子情义,不主张以儿子告发父亲的方式来解决父亲的"攘羊"过错。由孔子对"直"的第二层理解,可以推断,他在主张消极的"父子互隐"的同时,认为儿子会基于自身的道德理性判断,极力劝说父亲改过迁善。

(二) 历史语境下孔子的"父子互隐"主张的意涵解析

有人可能会问,既然父子人伦与辨明是非对错不冲突,那为何孔子主张以家庭人伦规范而非法律裁决的方式,来解决父亲"攘羊"的问题呢?事实上,"父子互隐"章中涉及的亲情、法律、道德与公正问题,都是具体的、历史的。要把握孔子的"父子互隐"主张的原始意涵,可以从春秋末期的社会现状与政治制度出发,结合孔子的孝道思想展开具体分析。并且,"父子互隐"针对的是偷盗等民事问题,不能将其泛化为为非作恶甚至杀人害命。

孔子身处"礼崩乐坏"的春秋末期。当时,宗法伦理关系的形式还存在,宗法血缘制度的合理性却受到质疑。社会开始由重宗统的宗法伦理政治,走向重刑与君主集权的权力政治。宗法伦理政治制度的崩坏与政治权力的变迁,又引发了一系列社会政治问题。童书业就详细介绍了春秋时期政治

① (明)孙应鳌撰:《四书近语》卷五,《续修四库全书》(160 册),上海,上海古籍出版社,2002 年,第 635—636 页。

社会变迁引发的两个主要问题：一是统治者横征暴敛导致盗贼公行，一是刑典的制造。① 并且，他透过晏子的批评，揭示了当时处罚偷盗行为极为严厉的事实。② 故而，春秋时代的刑罚不是为了维护人民的权益而设，而是统治者（既得利益者）彰显政治权力的工具，不可能合理维护社会秩序与社会正义，也不可能保障人民的正当权益与自由。

叶公与孔子关于"其父攘羊"问题的讨论，正是在这一社会历史背景下展开的。面对父亲"攘羊"，孔子与叶公虽然都在思考儿子的直行问题，但是，他们看待这一问题的视角差别极大。叶公站在统治者的角度，认为知情的儿子只要举证父亲，就能使父亲受到刑罚，并还他人公道，从而立竿见影地阻止父亲"攘羊"。因此，他认为，儿子举证父亲是正直的行为。叶公的这一主张表达出春秋时期统治者希望以权力政治与刑法来维系社会秩序和政治统治的现实诉求。

孔子则不然。他不认同儿子举证父亲并刑罚偷盗。他看到，春秋时期统治者对偷盗等行为的刑罚极严厉。一味严刑峻法非但不能补偿受害者的损失，并伸张社会正义，反而可能使有过者受到不公正的裁决与迫害，造成政治权力侵害家庭（族）正常秩序与个体正当权益的不良后果。因此，在当时的社会条件下，孔子主张"必也使无讼"（《论语·颜渊》），希望最好不要以法律举证的方式来解决偷盗等社会问题。并且，他指出："道之以政，齐之以刑，民免而无耻。"（《论语·为政》）以法律惩处偷盗，即便依法追还所盗之物，并依法量刑，对偷盗者施以相应惩罚，但法律的外在强制性与威慑力只会使人们惧于惩罚而不偷盗，没有任何道德性可言。于是，人们即便因畏惧刑罚而不偷盗，却无法养成不偷盗的道德自觉意识，还可能让有过者在法律制裁中受到"以暴制暴"的负面教育。

所以，孔子倡导"父子互隐"，首要原因在于他看到春秋时期刑罚严苛。并且，法律只能裁制恶行，却不能培养不为恶的道德自觉。因此，他不希望以法律裁决的方式处理民事纠纷。同时，他赞同不告发、不称扬的消极的"隐"的行为，不支持湮灭证据、窝藏等积极的隐匿行为，说明他未必认可人们可以践踏司法权威。

春秋时代背景下，父亲"攘羊"事件牵涉的深层问题，是如何从根本上制止偷盗等不良行为。上文已阐明，春秋末期统治者横征暴敛，是百姓迫于生计而偷盗的主要原因。《论语》记载了季康子（鲁国正卿）担忧盗贼太多而

---

① 参见童书业：《春秋史》，济南，山东大学出版社，1987年，第209—210页。

② 同上，第209—210页。

向孔子询问对策时,孔子说:"苟子之不欲,虽赏之不窃。"(《论语·颜渊》)因此,偷盗盛行的根本原因在统治者身上。对此,孔子指出,解决偷盗问题的根本的下手处是"其养民也惠,其使民也义"(《论语·公冶长》),"道之以德,齐之以礼,有耻且格"(《论语·为政》)。孔子认为,只要统治者不贪得无厌,不剥削民众,并加惠于民众,人民便不会迫于生计而冒险触犯刑律,也不会上行下效,贪图不应得之财。此时,统治者再以道德与礼义教化民众,民众便能耻为恶且改过迁善,他们的行为自然合于道义。

故而,春秋末期偷盗横行的根本原因并非刘清平、邓晓芒等批判的"父子互隐"包庇、纵容偷盗,而是统治者的荒淫无度。统治者一味倡导举证与惩处恶行,并不能从根本上解决偷盗等社会问题;相反,统治者克己与修德,并切实加惠于民,教化民众,才是解决偷盗等不良社会问题的根本对策。

除此之外,孔子倡导"父子互隐",还缘于他推崇西周的宗法伦理精神,并对西周宗法伦理有所损益。孔子所处的春秋末期宗法伦理制度的余风尚存。当时,人们尚且明白血缘亲情与血亲伦理规范对维系人际关系与社会秩序的重要性。并且,孔子亲身经历了宗法伦理制度崩坏引发的一系列不良社会问题。因此,他从父子亲情与慈孝人伦道德出发,倡导"父子互隐",能够被当时的人们接受。当时,人们都能理解,即便父亲犯错,孝子也不愿看到父亲因法律惩处而受到伤害;相反,儿子举证父亲,无异于将父亲推送至法律裁决之下,给父亲带来伤害,不是人子的亲情与孝道所能容许的。

但同时,孔子对宗法伦理进行了损益。他倡导父慈子孝,融入了一般的善恶道德判断与道德感化的内容。因此,他不但倡导养亲、敬亲,而且要求孝亲不能违背一般的礼仪规范。他还主张:"事父母几谏。见志不从,又敬不违,劳而不怨。"(《论语·公冶长》)故而,孔子倡导的"子为父隐"的"直",是综合父子亲情、是非道德判断与亲亲人伦规范的直德。这种直德必然会让儿子隐讳父亲的过错,也会促使儿子基于自身的善恶道德判断,反复、委婉地劝说与感化父亲。人子的孝亲与劝善有助于父亲知过、改过,可以让父亲培养不偷盗的道德自觉,并产生悔过与羞耻意识,将羊归还失主或补偿他人损失,从而维护社会公正。故而,孔子主张"父子互隐"的第二个原因,是他看到父子亲情与父子人伦道德对维系人伦关系与社会秩序的现实意义,并意识到道德教化对培养个体道德自觉与道德人格的重要性。

由此可见,历史语境下孔子的"父子互隐"思想主张,是基于对当时社会政治变革中严刑峻法与政治集权化的反思而提出来的。它揭示,父子亲情、慈孝人伦道德、是非道德判断与道德教化对维系社会人伦秩序与社会正义的重要意义。因此,"父子互隐"之"直"并非父子间一味地护短或包庇和纵容彼此的过错,而是包含不举证、父子亲情、明辨是非与道德劝诫等多重含义,突显无讼、修德与劝善的道德主旨。

二、历史语境下"孟子论舜"①的意涵解析

"孟子论舜"两章主要涉及亲属"杀人"的政治与法律问题,更能体现亲亲人伦道德同国家治理和司法公正的困境与张力,并牵涉了中国古代宗法政治制度的一系列复杂理论与现实问题。对此,一些学者从现代民主政治与法治视角,以西方逻辑思维和主观推断来阐释"孟子论舜",对这两章意涵的理解与历史之间存在极大隔阂。并且,论争双方虽然都提到诠释"孟子论舜"的历史主义原则,却鲜有学者结合孟子所处的具体时代背景展开历史分析。笔者认为,人们先要搁置各种现代理论、价值观念和主观思维定势,结合战国时代的历史背景与孟子的思想体系进行同情的理解,才能更好地把握"孟子论舜"的具体问题意识,进而评价其意义得失。

(一)历史语境下《孟子》"封象有庳"章的意涵解析

"封象有庳"章出自《孟子·万章上》。故事以"象日以杀舜为事"为背景,探讨圣王舜如何处置弟弟象作恶的问题,涉及兄弟、君臣各自行为的合理性。该故事发生于君主制时代,人们不能直接将其置于现代法治语境中加以解读与评判。

"封象有庳"章的原文为:

> 万章问曰:"象日以杀舜为事,立为天子,则放之,何也?"孟子曰:"封之也,或曰放焉。"万章曰:"舜流共工于幽州,放驩兜于崇山,杀三苗于三危,殛鲧于羽山,四罪而天下咸服,诛不仁也。象至不仁,封之有庳。有庳之人奚罪焉? 仁人固如是乎? 在他人则诛之,在弟则封之。"曰:"仁人之于弟也,不藏怒焉,不宿怨焉,亲爱之而已矣。亲之欲其贵也,爱之欲其富也。封之有庳,富贵之也。身为天子,弟为匹夫,可谓亲爱之乎?""敢问或曰放者,何谓也?"曰:"象不得有为于其国,天子使吏治其国,而纳其贡税焉,故谓之放。岂得暴彼民哉? 虽然,欲常常而见之,故源源而来。'不及贡,以政接于有庳',此之谓也。"(《孟子·万章上》)

针对舜封象于有庳,有人认为是"封"象,有的人却说是"放"象,孟子分别给出了理由。分封象的理由是,仁人只知道亲爱弟弟。因此,即便象欲杀害

---

① 《孟子》中"封象有庳"与"窃负而逃"两章合称"孟子论舜",下同。

舜,舜亦无怨怒,封象于有庳而富贵之,以示亲爱之意。对于舜流放象的误解,孟子认为,舜考虑到象傲慢、鲁莽,让官吏(贤能)治国,防止象暴虐或为害百姓。同时,舜又常常见象,以显示兄弟亲情与君臣之义。

　　结合孟子所处的战国中后期的社会历史背景,人们能更好地把握"封象有庳"中孟子论封象与放象的问题意识。萧公权指出:"孔子生春秋之末叶,孟荀当战国之后期。封建天下之制度风尚,前之残存未尽者,至此乃泯灭无余。"①孟子时代,宗法制与分封制早已名存实亡。诸侯内部以及诸侯国之间争权夺利,全然不顾宗法伦理,统治阶级内部极度混乱。此时,孟子公然提出弟(象)不悌而欲杀兄,兄(舜)仍然友爱弟并分封之,希望借此解决兄弟间的权力争夺乱象。这说明孟子意识到,统治阶级内部父子、兄弟的权力争夺会损害统治阶级自身的正当权益,致使政局动荡与政治失序,甚至造成"杀人盈野""杀人盈城"(《孟子·离娄上》)的社会乱象。因此,他希望通过借鉴西周的宗法伦理政治制度(包括分封制度),来解决统治者内部权力争夺的政治社会问题。

　　但同时,西周宗法伦理政治制度的衰落让孟子意识到,世袭贵族的继位者未必皆贤。比如,他形容梁惠王之子梁襄王"望之不似人君,就之而不见所畏焉"(《孟子·梁惠王上》)。并且,他严厉批评道:"今天下之人牧,未有不嗜杀人者也。"(《孟子·梁惠王上》)他还批判当时统治者逞一己之欲,使"父子不相见,兄弟妻子离散"(《孟子·梁惠王下》)。他十分清楚,无论宗法贵族制度还是君主专制,均存在对民众的权力统治与政治压迫。基于此,针对流放象的质疑,他主张不贤德的王公贵族不能运用政治权力(象不有为于国),应该让贤能治国(吏治),从而避免不贤能的贵族侵害百姓。可见,孟子虽然借鉴了西周的宗法封建制度,却强调贤能政治、执政者的德性修养,并坚决捍卫民众的权益,以补救宗法封建制度的不足,同时保障政治权力运用的规范化。

　　总而言之,历史语境下孟子对舜封象与放象的辩解,既是对战国时期统治阶级内部权力争夺与权力专制导致的政治腐败与社会黑暗的讽刺与批判,又表达了希望结合西周宗法伦理制度、贤能政治与民本理念来解决这一系列社会政治乱象的意图。只是受历史条件制约,他无法改变君主专制的局面以及贵族剥削民众的事实,只能极力探求规范君主权力运用的路径。此外,孟子还注意到,君主的仁德有助于恰当处理宗法伦理关系,并规范政治权力的运用。

---

①　萧公权:《中国政治思想史》,北京,商务印书馆,2011 年,第 88 页。

（二）历史语境下《孟子》"窃负而逃"章的意涵解析

"窃负而逃"章出自《孟子·尽心上》，以"瞽瞍杀人"为故事背景，讨论了法官皋陶与圣王舜如何处置王父瞽瞍杀人的问题。该故事涉及孝亲与司法正义之间的矛盾冲突，并关涉他人的生命权益，更具有争议。故事同样以君主政治为历史背景，不能直接从现代语境的角度来加以解读与批判。

"窃负而逃"章的原文为：

> 桃应问曰："舜为天子，皋陶为士，瞽瞍杀人，则如之何？"孟子曰："执之而已矣。""然则舜不禁与？"曰："夫舜恶得而禁之？夫有所受之也。""然则舜如之何？"曰："舜视弃天下，犹弃敝蹝也。窃负而逃，遵海滨而处，终身诉然，乐而忘天下。"（《孟子·尽心上》）

面对天子的父亲杀人的问题，皋陶与舜应当如何行事？对此，孟子态度明确。孟子认为，法官皋陶直接逮捕王父即可。舜即便身为天子，也不得运用君权加以阻止，因为法官的执法权责有独立的授受。但同时，舜会毫不犹豫地舍弃天子之位，并偷偷带着父亲逃到遥远的海滨，享受天伦之乐，忘掉天子之位与天下。这则故事凸显了两个主题：一是法的权威性及其相对于君主权力的独立性；二是父子亲情与孝相对于权势地位的独立性与优先性。

"窃负而逃"章通过桃应设问与孟子作答而展开，并非史实。但是结合孟子所处的历史背景，人们可以发掘"窃负而逃"章中透显的历史意识与时代价值。孟子之世，魏齐秦等诸侯国国盛君威，加之商鞅、申不害之徒大肆宣扬尊君国而任法术的思想，①诸侯国君的专制权力无限膨胀。法制也沦为人君权力统治的工具。此时，孟子赞扬皋陶执法，认为身为天子的舜不得禁止法官执法。这无疑是讽刺当时的尊君任法思想，凸显司法独立与司法公正，并限制君主政治权力的运用。并且，孟子说，舜放弃天下（权位）如丢弃破草鞋，偷偷带着父亲逃跑，也是对当时王室成员权位熏心，无视亲情与人伦关系，致使父子、兄弟相残以及宗室混乱与倾覆的嘲讽与批判。最后，孟子提出舜"窃负而逃，遵海滨而处，终身诉然，乐而忘天下"的设想，表达了父子天伦、孝仁之德比天子的权力与富贵更为可贵的思想倾向。

孟子看待司法公正与孝道的方式说明，他认识到法律与血亲道德对维系社会秩序与社会正义的重要意义。因此，他以"窃负而逃"的戏剧性构想，既彰显法律与血亲道德的价值合理性，又保持着它们之间的张力。同时，他

---

① 萧公权：《中国政治思想史》，第 221—223 页。

有感于君主权力统治与统治阶级内部权力争夺导致的政治腐败与社会混乱,认为权势是可得失的人间势位(人爵)。所以,他不赞同统治者凭借手中的权势任意妄为、徇情枉法,破坏司法的权威性与公正性。他也不认可,统治者为了权势(或公务)与司法公正,不顾甚至损害亲情与血亲人伦道德。大义灭亲恐怕难以被孟子接受。故而,孟子虽然重视亲情与血亲道德,并借鉴了西周的宗法政治制度,却不认同宗法贵族特权,更不会赞同议贵、议亲之辟①的议请之法。

综上所述,"孟子论舜"两章中,孟子借助舜这一理想的圣王典范,一方面极力批判战国时期的权力专制和诸侯王室成员的权力争夺,及其导致的政治腐败与社会黑暗;另一方面,他深感于西周宗法贵族制度衰败与君主权力腐败的弊病,在倡导西周宗法伦理政治的同时,主张以贤能政治、君主德性、司法独立和民本理念来加以补救。故而,孟子虽然不能突破君主权力政治的社会历史条件,却提出一系列限制君主政治权力,促使政治治理规范化、公共化的政治构想,以应对大一统的社会政治变革的趋势。可见,不同于孔子看待政治与法律的消极态度,孟子深察世变,看到宗法贵族政治转向大一统君主专制政治的必然趋势。所以,他主张,司法独立、法律公正、君主德性、民本理念等一系列政治理念相辅相成,有助于合理规范君主政治权力的运用,维系社会的秩序与稳定,表达亲亲而仁民的德治主张。

第二节　汉学②家对《论语》《孟子》"亲亲相隐"的文义训释

儒家"亲亲相隐"思想的训诂学诠释,主要体现于两汉(延及魏晋至隋唐)与部分清人对《论》《孟》"亲亲相隐"三段文本的注解、章句与义疏。从现存文献来看,由于受各种社会历史条件的影响,现存的汉唐《论》《孟》注疏著作不多,关于这三段文本的训释材料更少。具体说来,汉魏晋南北朝时期儒学既尊崇五经,又以《论》《孟》为辅翼五经的传记类著作,并以《论语》为诸子传记之首。③ 东汉更将《论语》视为经。这使得当时注解《论语》的著

---

① 议贵、议亲之辟,源于周朝的"八辟"(见《周礼·秋官·小司寇》:"以八辟丽邦法,附刑罚。"),是古代刑律中对贵族、官吏的八种减免刑罚的特权制度,汉代正式列入刑律。

② 此处汉学指人们对汉代以来以训诂(包括考据)为主的经学。它以研究字义和语义为主,偏重以字义训诂、文意串讲来阐发经典的意涵。其内容涉及名物、典章、文化、习俗等方面。

③ 参见姜广辉主编:《中国经学思想史》,北京,中国社会科学出版社,2003年,第613页。

作颇丰,只是年代久远,大多亡佚。相比之下,《孟子》的地位不及《论语》,甚至自《汉志》以来被列于子部儒家,以《孟》《荀》并称,①注解著作相对较少,也多亡佚。② 隋唐时期《论语》《孟子》的完整注疏著作均较少,诠释"亲亲相隐"文本的文献更少。究其原因,大抵缘于隋唐时期经学官方化,推崇"疏不破注"的注解形式,士人们研习主要限于"九经",③加之佛老思想对儒学构成一定冲击,使得《论》《孟》诠释著作骤减。故而,这一时期《论》《孟》的注解成就并不高。同时,由于社会动乱等特殊历史原因,几乎没有较完整且严谨的《论》《孟》诠释著作流传下来。

现存的汉至南北朝较为完整的《论》《孟》诠释著作中,仅有何晏的《论语集解》、皇侃的《论语义疏》和赵岐的《孟子章句》,相对集中地保存着这一时期注解《论》《孟》"亲亲相隐"的史料。与此同时,清代的《论》《孟》训诂诠释著作辑录了一些汉魏儒者注解"亲亲相隐"的史料,并附有清代考据学者的解读。通过梳理这些文献材料,人们可以大致了解汉学家们注解《论》《孟》"亲亲相隐"思想的诠释形态及其特色,把握他们看待"亲亲相隐"问题的思维视角。

一、汉学家对《论语》"父子互隐"章的文义训释

现存的《论语》汉学诠释著作,除了魏人何晏的《论语集解》和梁人皇侃的《论语义疏》较为集中地保存了汉魏儒者们对"父子互隐"章的古注之外,清人梁章矩撰的《论语旁证》、黄式三撰的《论语后案》、刘宝楠撰的《论语正义》、潘维城撰的《论语古注集笺》与康有为撰的《论语注》也辑录了一些汉魏汉学家的注解。透过这些诠释著作中的字义与文义注释,可以大致了解汉学家们训解《论语》"父子互隐"章的诠释方式与理论视角。

(一) 对《论语》"父子互隐"章的字义训释

汉学家们对《论语》"父子互隐"章的文字训诂,主要集中于"直""攘""证"和"隐"字。其中,他们除了将"证"理解为告发,对其他三字的字义有不同理解。具体如下表:

---

① 朱维铮编:《周予同经学史论著选集》,上海,上海人民出版社,1996 年,第 168 页。
② 周予同在《群经概论》中说:"汉代治《孟子》的,始于扬雄。雄注《孟子》,见于《中兴艺文志》,然旨意浅近,当时已疑为依托。后汉注《孟子》的,有程曾(见《后汉书·儒林传》)、高诱(见《吕氏春秋·叙》)、郑玄、刘熙(都见《隋书·经籍志》),但都已亡佚。仅赵岐作《孟子章句》,并撰《题词》,至今犹存,列为十三经注之一。"(朱维铮编:《周予同经学史论著选集》,第 290 页。)
③ 九经,即《易》、《诗》、《书》、三《礼》、三《传》。这有别于汉代儒学既尊"五经",又以《论语》《孟子》作为辅翼五经的传记著作的两层结构。

字词	注　释①	含　义
直躬	"直身而行"（孔安国）	直立行走
	"直举其行,躬举其名"（高诱）	行为正直
	"直人名号"（郑玄）	正直的人
攘	"因来而取"（马融）	自来而取
	"取自来之物也"（赵岐）	
	"凡六畜自来而取之曰攘"（高诱）	
	"有因而盗曰攘"（周烈）	因故而偷
	"盗"（郑玄）	偷盗
隐	"蔽也"（《说文解字》）	隐蔽
	"事亲有隐而无犯"（《礼记·檀弓》）	不犯言直谏或几谏
	"不称揭其过失"（郑玄）	不称扬父亲之过失

从表格可知,关于直躬之"直"的字义,第一种注释与上下文义不连贯,清人刘宝楠亦以此为非;②后两个注解意思相近,表示行为正直或正直的人。对于"攘"的字义,除了郑玄注解为偷盗之外,前三种都注解为羊来家中而父自取,第四种注解为因故而偷。前四种注解说明,父亲并未主动或故意偷盗牲畜。关于"隐"字的三种注解虽不同,却可以相互补充。对此,刘宝楠综合三种注解,指出:"盖子之事亲,当时微谏,谕父母于道,不致有过误。若不幸而亲陷于不义,亦当为讳匿。"③汉学家们对"隐"字的训释说明,孔子主张的"隐"包含不称扬、不告言父亲的罪过,以及委婉劝谏而使父知错、改过迁善。

　　通过梳理汉学家们的字义训释,可以得出,"父子互隐"章中"证"是向官吏告发或举证;"直"是形容个体的直行;"攘"主要指羊自来家中而取,还不算顺手牵羊,更非偷盗;"隐"指不称扬、不揭发父亲的过错以及微谏。此外,据笔者所知,汉学家们对"直在其中"的"直"注解较少,仅范甯

---

① 关于"直""攘"和"隐"的注释,分别参见(清)潘维城撰:《论语古注集笺》,《续修四库全书》(154部),第153页;(清)刘宝楠撰:《论语正义》,北京,中华书局,1990年,第536—537页。
② 刘宝楠正义曰:"伪孔以为直身而行,非也。"[(清)刘宝楠撰:《论语正义》,第537页。]
③ 同上,第537页。

将其注为不失孝道。① 之所以如此,极可能是由于孔子说的"直"不能直接根据字面意思来确定。故而,汉学家们不轻易注解。这也说明,不能不加考辨,笼统以忠诚、正直或公正来诠释"直在其中"之"直"的字义,否则容易望文生义或以辞害义,随意曲解"父子互隐"之"直"的意涵。当然,他们为防止出错,不注释有争议的字义(如"直在其中"之"直"),不利于深入发掘经典文本的思想内涵。但无论如何,汉学家们对上述字义的训释,有助于人们进一步了解《论语》"父子互隐"章的文义。

(二)对孔子的"父子互隐"主张的论证

在诠释《论语》"父子互隐"章的文义时,汉学家们主要从"隐亲"的合理性和"证亲"的不合理性两个方面加以解读。同时,清人搜集的汉魏古注保留了先秦其他思想流派文献对"攘羊"和"子为父隐"的评论。这些注解未必能揭示孔子"父子互隐"章的原义,却能反映汉魏儒者们解读"父子互隐"章文义的理论视角。

关于孔子主张"父子互隐"的理由,汉学家们主要从父子天性、父子一体、人伦教化和王法四个层面加以说明。具体如表:

1. 父子天性	"齐人来归子叔姬,闵之也。父母之于子,虽有罪,犹若其不欲服罪然。"(《春秋公羊传》文十五年)
	"父子之亲、夫妇之道,天性也。虽有患祸蒙死而存之,诚实结于心,仁厚之至也。"(《汉书》宣帝《诏》)
	"崇父子之亲是也。"(《春秋公羊解诂》何休注)
	"父子天性,率由自然至情,宜应相隐。"(《论语集解义疏》皇侃疏)
2. 父子一体	"君不为臣隐,父独为子隐。何以为?以为父子一体,荣耻相及。"(《白虎通·谏诤篇》)
3. 父子人伦	"父为子隐者,欲求子孝也,父必先为慈。家风由父,故先称父。"(樊光)
	"若父子不相隐讳,则伤教破义,长不孝之风焉。"(范甯)
	"孔子举所异者,言为风政者,以孝悌为主。……若隐惜,则自不为非。故云直在其中矣。若不知相隐,则人伦之义尽矣。"(《论语集解义疏》皇侃疏)
	"盖子之事亲,当时微谏,谕父母于道,不至有过误。若不幸而亲陷不义,亦当为讳匿。"(《论语正义》刘宝楠)

---

① 程树德撰:《论语集释》,北京,中华书局,1990年,第925页。

续　表

4. 容隐立法	"自今子首匿父母,妻匿夫,孙匿大父母,皆勿坐。其父母匿子,夫匿妻,大父母匿孙,罪殊死,皆上请廷尉以闻。"(《汉书》宣帝《诏》)
	"今王法则许期亲以上得相为隐,不问其罪。盖合先王之典章。"(《论语集解义疏》皇侃疏)
	"汉法凡子匿父母等,虽殊死皆勿坐;父母匿子等,殊死以下,皆不上请。盖皆许其匿可知。"(《论语正义》刘宝楠)

从文献上看,汉学家们诠释《论语》"父子互隐"章时,引用了《春秋公羊传》、汉宣帝《诏》和《白虎通义》三种文本,以及何休、樊光、范甯和皇侃几位经学家的注解。这首先印证了《春秋》公羊学在汉代经学中的权威性。公羊之义既是汉学家们注解儒家其他经典的理论依据,也是社会伦理政治生活的理论与价值来源。其次,汉学家们诠释"父子互隐"章时,引用了宣帝《诏》、《白虎通义》和何休等人的注解,说明他们关怀现实,希望将经典诠释同现实社会的政治和法律制度建构、伦常规范、伦理教化及价值观塑造相融贯。故而,汉学家们对《论语》"父子互隐"章的注解,既依托经义、以经解传,又立足于伦理生活与政治生活的现实需要,彰显了通经致用的诠释特色。这种诠释范式表达出经典制度化与伦理化的现实诉求,有利于社会意识形态与价值体系的建构。

就内容而言,汉学家们主要依第 1 项父子天性、第 2 项父子一体和第 3 项人伦教化,解释"父子互隐"的合理性。第 1 项说明"父子互隐"的原因在于父子间自然、真挚而深厚的亲情。即便遭遇祸患、蒙受死难,也不会消解自然亲情。同时,任何家庭成员即便有罪过,其他家庭成员本着血缘亲情的自然天性,不希望有罪者因被惩处而受伤害。因此,父子相互告发,难容于父子亲情的天性。第 2 项给出了"父子互隐"的理由,即父子一体、荣辱相关。值得注意的是,这里的父子一体不仅指作为利益共同体的父子家庭,还突出"荣耻相及",强调作为道德或声誉共同体的父子家庭。换言之,"父子互隐"是父子家庭荣辱与共的利益与道德生活共同体(同居共财)和个体羞耻心的行为表现。这种利益和道德共同体意识,能促进父子双方同舟共济、相互劝谏、共同修德和改过迁善。第 3 项是说,"父子互隐"有助于培养慈孝的美好家风,让家庭成员在相互隐惜、相互隐讳、相互劝谏和不为非当中自觉展开亲亲人伦道德教化,从而培养父慈子孝的伦理规范意识和家庭伦理责任感,并形成一般的是非善恶道德意识。因此,第 3 项慈孝人伦道德规范,也蕴含第 1 项父子亲情和第 2 项父子一体的内容。可见,针对父亲"攘羊"(尚不构成故意偷盗),汉学家们既从父子亲情角度论证"父子互隐"的合理性,又解释了"父子互隐"是父子家庭的利益与道德共同体和慈孝人伦道德教化的具体体现。汉学家的训解,不但能解释"父子互隐"的合理性,而且贴合父子家庭生活共同体与社会生活实践的现实需要,更有助于将慈孝人伦规范贯彻到家庭道德教育中。这种经世致用的诠释方式,对促进家庭和谐、家庭道德责任感的培养、家庭成员的改过迁善、德性修养及社会生活实践有重要意义。

第4项期亲以上相隐的王法(汉宣帝《诏》书)的设立,不但依据第1项父子之亲的天性,而且结合了先王之典章。① 这一立法规定是汉代经学通经致用的结果,也是儒家亲亲伦理观念的法制化表达,体现了法律与道德相融合的特点。它严格规定了允许容隐的亲属范围——期亲②以上,即依儒家礼制,服丧一年以上(斩衰和齐衰)的亲戚。同时,亲属容隐制度明确提出"匿亲"概念。这就以"匿亲"(动词)代替了"隐亲"。据《故训汇纂》所载,用作动词的"匿"字有消亡、逃、避、藏、隐、隐匿其情、微昧不显扬、藩蔽诸义。③ 可推知,汉代以来颁行的亲属容隐制度,应当既包含"父子互隐"意义上的隐瞒实情或不称扬、不告发(五服以内)亲属的罪过,也适用于让亲属逃亡和藏匿其处所(类似"窃负而逃")。皇侃和刘宝楠注解"期亲相为隐"法律条例时,均指出国家法律容许亲属相隐。这说明,汉以来流行的亲属容隐制度已经被设立为一项允许或许可亲属相隐的法律权益规定。如此,亲属相隐不但合于天性与道德规范,而且被法律所许可。汉代经学家引用期亲以上相隐的王法论证"父子互隐",体现了汉代儒学重视道德教化、慎用刑罚的思想倾向。

由此可见,汉学家们解释孔子的"父子互隐"主张的合理性问题时,不直接将"父子互隐"视为法律事件,而是视之为道德事件,并注意挖掘其背后的深层道德原因。他们通过以经(《春秋》)解传(《论语》),既看到亲情的真实性与深厚性,又注重家庭伦理共同体与人伦教化的培育与建构,更依此伦理原则设立了法律制度。这种诠释方式巩固了儒家经典的权威性,彰显了通经致用的现实品格。

---

① 这里指宗法伦理中的五服制度和尊卑等级制。先王之典章载于儒家经典,合于先王之典章即符合儒家经义(极可能指《春秋》之义)。这说明,"父子互隐"与父子之亲的天性是中国古代容隐制的依据,而非容隐是构成"父子互隐"的理由。

② 它包括祖父母、伯叔父母、(继)父母、在室姑、兄弟、姊妹、夫妻、妻之父母、子、在室女、子妇、侄、在室侄女与孙、孙女、孙妇。(见《仪礼·丧服》)

③ 《故训汇纂》亦载:"首匿者,言身为谋首而藏匿人也。"(参见宗福邦等主编:《故训汇纂》,北京,商务印书馆,2003年,第269—270页。)

（三）对直躬"证父"的批评

清人刘宝楠和潘维城引用的先秦各家批评"直躬证父"的典籍材料，表达了汉学家们对直躬"证父"行为的否定与批判。具体如表：

《韩非子·五蠹》	"楚之有直躬，其父窃羊而谒之吏。令尹曰：'杀之。'以为直于君而屈于父，执而罪之。"
《吕氏春秋·当务》	"楚有直躬者，其父窃羊而谒之上。上执而将诛之。直躬者请代之将诛矣，告吏曰：'父窃羊而谒之，不亦信乎？父诛而代之，不亦孝乎？信且孝而诛之，国将有不诛者乎？'荆王闻之，乃不诛也。孔子闻之曰：'异哉，直躬之为信也，一父而载取名焉。故直躬之信，不若无信。'"①
《庄子·盗跖》	"直躬证父，尾生溺死，信患也。"
《左传》"哀十六年传"	"子西曰：'吾闻胜也信而勇。'叶公曰：'周仁之谓信，率义之谓勇。吾闻胜也，好复言求死士，殆有私乎。复言非信，期死非勇也。'"（观叶公论白，公胜则于直躬必以为不直、不信、不孝之人矣。）②

先秦各家从三个方面批评直躬告发父亲：（1）虽忠直于君主，却不孝顺父亲。（《韩非子·五蠹》）（2）利用父亲攘羊一事博取信与孝的名声。（《吕氏春秋·当务》）因为告父博得信之名，却不孝；代父受罪又以孝之名为自己辩解，看似孝实则不信（替父亲与自己开罪）、不孝。（3）"复言非信"不合于仁义，不是信的言行，说明告父不道德。（《左传》哀公十六年、《庄子·盗跖》）。可见，法家、道家、儒家和杂家的思想主张虽然各不相同，但在处理"其父攘羊"的问题上，各家基本上都以儒家的孝、信与仁义道德原则为评判标准，来批判直躬"证父"。

此外，《论语集解义疏》保存了晋人江熙的"叶公见圣人之训动有隐讳，故举直躬以訾毁儒教，抗衡中国……荆蛮之豪丧其誇"③一句，凸显华夷之辨。关于华夷之辨的宗旨，孔子说："夷狄之有君，不如诸夏之亡也。"（《论语·八佾》）他认为，夷狄文化落后，华夏族则有教养、守礼乐。《春秋左传》记载："中国有礼仪之大，故称夏；有服章之美，谓之华。"（《春秋左传》定公十年）据此，江熙批评直躬指证父罪，认为这不符合汉民族的人伦规范、家庭美德和礼仪规定。对此，清人梁章矩辨解："叶公尚知尊敬夫子，未必真有此

---

①　（清）刘宝楠撰：《论语正义》，第536页。
②　（清）潘维城撰：《论语古注集笺》卷七，《续修四库全书》（154册），第153页。
③　（魏）何晏集解，（宋）邢昺疏：《论语注疏》，《四库全书》（一九五册），第649页。

意。即举此事亦不足以訾毁儒教,以其旧说姑录而辨之。"①因此,"父子互隐"章中孔子未必有强调华夷之辨。但江熙依华夷之辨来评论直躬的行为,展现出汉学家尊尚孔子与《春秋》的经典互训诠释特点。

综上所述,汉学家们对"父子互隐"章文本的诠释,既注重字义的准确训释,又结合《春秋》经典和现实政治伦理的需要,彰显以经解传和通经致用的经典诠释品格。这种诠释模式不但确立起《春秋》的权威性,而且将经典中的伦理、政治价值理念落实于伦理生活和政治法律制度,有助于实现经典的伦理化与制度化。同时,这种严谨字义训释和以经解经(或传)的文义解读方法,还能有效避免因文字的多义性带来的以辞害义,以及脱离文本语境和断章取义的泛化解读倾向。

二、汉学家对"孟子论舜"两章的文义训释

现存的《孟子》训诂诠释著作中,仅汉人赵岐的《孟子注疏》和清人焦循的《孟子正义》,相对完整地记载了"封象有庳"和"窃负而逃"章的字义与文义训诂。清代的其他《孟子》训诂学著作虽然对这两章有所考证,却均不如焦循的《孟子正义》精审。此外,清代与汉魏学者对这两段文本的训诂有所差别,需加以区分。限于材料不足,笔者仅以上述两部著作为代表,管窥汉学家对"孟子论舜"两章的文义训释及其诠释特色。

(一) 赵岐对"孟子论舜"两章的注解

赵岐的《孟子章句》(以下简称《章句》)是现存唯一完整的《孟子》汉魏古注本。清人焦循概括了《孟子章句》的诠释特色:

> 赵氏于《孟子》,既分其章,又依句敷衍而发明之,所谓"章句"也。章有其恉,则总括于每章之末,是为"章恉"也。叠训诂于语句之中,绘本义于错综之内,于当时诸家,实为精密而条畅。②

赵注打破了两汉儒学的繁琐注解模式,分章析句加以解说,并总括主旨于每一章的末尾,开启了《孟子》文义注疏的新体例。这一训释方式在他对"孟子论舜"两章的注释中有鲜明体现。

赵岐并未逐句解读"孟子论舜"两章的文义。相反,他基于孟子师徒的一问一答,将"孟子论舜"两章拆分为不同部分,使之层次分明,并随文注解。

---

① (清) 梁章矩撰:《论语旁证》卷十三,《续修四库全书》(155 册),第 193 页。
② (清) 焦循撰:《孟子正义》,北京,中华书局,1987 年,第 27 页。

他简要训释了其中的文义,并作引申发挥。比如,"窃负而逃"章中孟子说:"夫舜恶得而禁之? 夫有所受之也。"(《孟子·尽心上》)赵岐注为:"夫天下乃受之于尧,当为天理民,王法不曲,岂得禁之也。"①这就解释了舜不得禁法,是因为王法既受于尧,又受于天,具有权威性。这种依文句层次而述意的注解形式,有助于人们清晰地了解"孟子论舜"两章的基本意涵,奠定了后儒注解这两章文本的主要形式。

但同时,赵注依文述意,只对"孟子论舜"两章文本加以简单概括,有时不能准确把握"孟子论舜"两章的文义。比如,孟子说:"仁人之于弟也,不藏怒焉,不宿怨焉,亲爱之而已矣。亲之欲其贵也,爱之欲其富也。封之有庳,富贵之也。身为天子,弟为匹夫,可谓亲爱之乎?"(《孟子·万章上》)赵岐注为:"孟子言仁人于弟不问善恶,亲爱之而已,封者欲使富贵耳。身既已为天子,弟虽不仁,岂可使为匹夫?"②他以"不问善恶"注解"不藏怒""不宿怨",把舜不怒、不怨象不仁于舜的态度泛化为舜不在意象行事善恶与否,一味地亲爱象。这显然抹杀了舜处置象的行为中包含的道德理性与道德价值判断,容易让人误以为舜纵容象行恶。

值得肯定的是,赵岐准确概括出"孟子论舜"两章的章旨。他注"封象有庳"的章旨为:"恳诚于内者,则外发于事,仁人之心也。象为无道极矣。友于之性,忘其悖逆,况其仁贤乎。"③他指出,"封象有庳"章的主旨是,仁人内存一颗真诚仁爱之心,必然能在其言行之中展现出来。故而,即便象屡屡设计杀害舜,全然不顾爱兄之道,但舜出于友爱弟弟的自然天性,不计较象昔日害他的悖逆行径,更何况对待民众和贤德之人呢? 这就揭示出仁人能自觉发挥其内在的善良本性,在待人接物中展现出亲亲而仁民的主体道德一贯性。同时,他以"奉法承天,政不可枉,大孝荣父,遗弃天下"④概括"窃负而逃"章,揭示出:一方面法官执法秉承于天道,即便舜身为天子,也不可以利用手中的权力来阻止司法机关执法,不能枉顾法纪;另一方面,父子天伦与孝道同样重要,舜宁可遗弃天子之位与天下,也要背着父亲逃跑。

总之,赵岐以分章析句的方式注解"孟子论舜"两章,使两章的文义层次分明,对后世影响深远。只是,这种分章析句的方式有时会使上下文语境相分离,也可能造成对《孟子》文本的生硬解读与简化理解,不利于准确把握"孟子论舜"两章的文义。与此同时,赵岐通过阐发"孟子论舜"两章的主

① (清)焦循撰:《孟子正义》,第931页。
② (汉)赵岐注,(宋)孙奭疏:《孟子注疏》卷九上,《四库全书》(一九五册),第205页。
③ (清)焦循撰:《孟子正义》,第633页。
④ 同上,第933页。

旨,展现出主体仁心的真实性和道德实践层面亲亲与仁民的一贯,并彰显王法的相对独立性与权威性以及父子伦常与孝道的相对独立性与正当性,这无疑是对"孟子论舜"两章提纲挈领式的解读。

(二)焦循对"孟子论舜"两章的考证与阐发

焦循的《孟子正义》是清代考据学的典范。通过梳理焦循的《孟子正义》,人们可以大致了解清代汉学家疏解"孟子论舜"两章的诠释特色与思想意涵。

焦循的《孟子正义》是对赵岐《章句》的进一步考据与阐发。他认为:

> 赵氏《章句》既详为分析,则为之疏者,不必徒事敷衍文义,顺述口吻……赵氏训诂,每叠于句中,故语似蔓衍而辞多佶聱,推发赵氏之意,指明其句中训诂,自尔文从字顺,条鬯明显矣。①

赵注已经作了依文述意的章句解读,焦循不必再逐句展开疏释。因此,焦循要做的是进一步考证赵氏未训释清楚的关键字义,以更好地把握"孟子论舜"两章的文义。比如,"窃负而逃"章中赵注"如捐弃敝蹝。蹝,草履可蹝者也。敝喻不惜"②,表示舜对天子权势和富贵的轻视。对此,焦循广泛搜集汉魏汉学家注解"弃""蹝""敝"的训释,进一步证实赵岐的注解。同时,焦循还补充训释赵注所省略但却较重要的字义。如,"封象有庳"章中赵岐注"舜诛四佞,以其恶也"③,以"诛"概括对四罪的"流""放""杀""殛"。对此,焦循广泛搜集秦汉典籍和汉魏学者与清人的注疏文献,详实地考证"杀三苗"实为放逐三苗令其自匿,"殛鲧"实为放逐而死,"诛不仁"实为流放四罪而非诛杀之。④ 焦循通过考证,补充说明了舜处罚四罪远不如春秋战国以来的刑罚严苛。

并且,焦循通过考证,厘清了赵岐《章句》对《孟子》文本的误解。如,孟子说:"象不得有为于其国,天子使吏治其国,而纳贡税焉,故谓之放。岂得暴彼民哉!"(《孟子·万章上》)赵岐照字面意思注为:"象不得施教于其国,天子使吏代其治,而纳贡赋与之,比诸见放也。有庳虽不得贤君,象亦不侵其民也。"⑤对此,焦循引用清人赵佑的《温故录》加以辩解:

---

① (清)焦循撰:《孟子正义》,第1051页。
② 同上,第931页。
③ 同上,第628页。
④ 同上,第628—629页。
⑤ 同上,第631页。

　　盖天子使吏治其国,即大国三卿,皆命于天子,使其大夫为三监,监于方伯之国,国三人事,古封建之本如是。后世始擅命自为。然汉制诸侯王犹为置傅相,盖循古意。舜固以休逸象,优其赋入以奉养象。或者不察,遂妄意舜之禁象,使不得有为,故谓之放。就令如此,象亦岂有暴民之事哉? 是皆孟子推或言之意,又正答"有庳人何罪"一语意也。①

通过考证古代封建制度的事实,焦循论证了天子置吏于诸侯国的正当性。同时,他批评,赵注及后世未加考证,便认为舜有禁(刻意制肘)象或使其不得有为于国之意。这间接表达出焦循对后世(包括当下)监制亲藩与皇权专制的不满与谴责。

　　焦循还通过引用他人的论说,进一步阐发赵氏《章句》的思想义理。比如,"窃负而逃"章中赵岐注:"夫天下乃受之于尧,当为天理民,王法不曲,岂得禁之也。"②对此,焦循引用惠士奇的《春秋说》加以疏释:

　　　　夫有所受之也,恶乎受之? 曰:受之舜。杀人者死,天之道也。皋陶既受之舜矣,而舜复禁之,是自坏其法也。自坏其法,不可以治一家,况天下乎? 且受之舜犹受之天,受之天者,非谆谆然命之也,谓其法当乎天理,合乎人心而已。③

他进一步阐明,赵注包含以下意思:皋陶之法既受于舜,又合乎杀人偿命的天道。因此,舜若受法于皋陶又自坏其法,便不可为臣民之表率,不能再治理天下。并且,法依天道而立,而非个人的命令或主观意志,应合天理、顺民心。所以,无论出于舜的政治职责,还是依客观天道,舜都不得禁法、曲法。由此,焦循揭示出王法的规范性、权威性与神圣性,并强调君主的政治表率("自坏其法")是其拥有政治权力的正当理由。

　　由此可见,赵岐的《章句》和焦循的《孟子正义》对"孟子论舜"两章的诠释各有特色。赵氏《章句》依文述意,层次分明,并切要地揭示出"孟子论舜"两章的主旨在于仁义道德的内在性和亲亲而仁民的一贯性,以及王法与父子伦常独立于政治权力统治。但是,赵岐《章句》仅对其中字面意思加以简要概括,有时不能准确而深入地把握这两章的文义。对此,焦循通过旁征

---

① (清)焦循撰:《孟子正义》,第631页。
② 同上,第931页。
③ 同上,第931页。

博引,对赵注加以补充、辨析与阐发,力求还原孟子所论古代名物、典故与制度的本来面貌,有助于人们把握"孟子论舜"两章的确切意涵。并且,焦循通过考证古代王法、封建制度和刑法的原貌,表达出对后世及当时社会皇权专制与严峻刑法的不满。当然,焦循的有些考证过于繁复,未能摆脱清代汉学考据的流弊。

第三节　理学家们对《论语》《孟子》
"亲亲相隐"的义理诠释①

　　《论》《孟》"亲亲相隐"思想的义理诠释,主要集中于宋元明清时期。宋代《论》《孟》"亲亲相隐"经典诠释之所以发生义理转向,根源在于唐宋时代的变革与儒家经典诠释中衰。职是之故,以复兴儒学为己任的宋儒们,力求突破原有的诠释方式,以新的理论体系与诠释方法解读《论》《孟》"亲亲相隐"文本。大体而言,理学家们对《论》《孟》"亲亲相隐"的义理诠释有如下特点:在诠释形态上,不同于汉唐和清代强调名物训诂与传注疏证,这一时期的经典诠释著作以义理阐发为主;在内容上,理学不特别强调以经解经和现实伦理政治的建构,而侧重从内在德性与超越的性理或义理之当然的角度,来阐发"亲亲相隐"的合理性。对此,一方面本节将考察宋代《论》《孟》"亲亲相隐"经典诠释义理化的成因与发展历程,并揭示其义理诠释特色;另一方面,本节通过梳理宋代以来《论》《孟》"亲亲相隐"的义理诠释,揭示理学家们共同关注的理论问题,并比较不同理学家的观点之优劣及其意义得失,从而揭示《论》《孟》"亲亲相隐"义理诠释的主要内容及其特色。

一、宋代《论语》《孟子》"亲亲相隐"文义诠释的义理转型

　　相较于汉唐,宋代以来儒者们对《论》《孟》"亲亲相隐"经典文本的诠释,发生了很大变化。这种变化在诠释方式上表现为由疏释到解说、议论,在内容上则表现为由文义或字义诠释向发明章旨或阐发思想义理的转变,以求圣人之意。这种义理诠释范式的确立,根源于唐宋时代的变革与儒家经典诠释中衰,并经历了转进、兴盛、蜕变的不同发展阶段,最终在朱子那里臻于成熟。朱子对《论》《孟》"亲亲相隐"的义理诠释,既是经典、历史、时代

---

　　① 理学是指人们对宋代以来以道德义理阐发为主的经学的称谓。以理诠释是宋代以来(包括元明及清代)形成的不拘泥于文字训释与注疏,而注重阐发经典的思想义理的新诠释方式。

思潮和诠释者的多方互动的结果,又结合了推求事理与发明义理两种解读,严谨而富有创新,堪称宋代以来义理诠释的典范。基于此,他阐发了"亲亲相隐"中蕴含的深层情理观、心性论、公私观与天理人伦观。这种诠释范式对人们正确解读儒家经典,并理解"亲亲相隐"的伦理意涵及其合理性,有重要借鉴意义。

(一)宋代《论》《孟》"亲亲相隐"诠释义理转型的原因

相较于汉唐和清代儒学,宋代儒学不再以名物训诂与传注疏证为主要方式来诠释《论》《孟》"亲亲相隐"经典文本,而是形成了自身独特的义理诠释风格。这一诠释形态的形成,根源于唐宋之际儒家经典诠释的特殊时代背景。

宋代《论》《孟》"亲亲相隐"的诠释风格与理论形态之所以发生重大转型,首先源于唐代政治变革与朝局动荡带来的门阀士族衰落与人伦纲常失序。一方面隋唐以来商品经济的发展和土地买卖频繁致使宗族血缘关系松弛,同时科举制取代九品中正制,加之李唐皇氏推行的新官爵制度削弱了士族的地位,致使门阀士族趋于衰落。① 另一方面,自唐太宗以来皇室父子、夫妇之道相乖违,臣下篡逆数起,三纲不正;至唐末五代十国,篡弑屡起,朝代更替频繁,儒家的三纲五常之道几尽废绝。唐宋之际的政局动荡,使得汉代儒家建立的伦理政治制度与道德价值观念呈崩溃之势,难以维系世道人心。在这种情况下,唐宋时期的儒者们不可能再像汉儒那样,仅以父子之亲、夫妇之道和孝悌等人伦道德观念与家族理念②,来诠释《论》《孟》"亲亲相隐"的合理性。

其次,隋唐时期经学官方化,推崇"疏不破注"的注解形式。士人们的研习又主要限于"九经"。这使得章句训诂日趋僵化,繁琐而不切实,沦为士人们获取功名利禄的手段。与此同时,隋唐时期道教与佛教鼎盛,思想理论有较大发展,趋于完备。佛老精密的心性义理体系与修养理论,给儒家思想理论与价值理念带来了巨大冲击,出现了儒门淡薄、士人皆归佛老的现象。基于上述原因,唐代《论》《孟》经典的诠释著作骤减,且缺乏新意。周予同就指明,唐代《论》《孟》的注解成就并不高,几乎没有较完整且严谨的

---

① 参见宁志新、朱绍华:《门阀士族的衰落与衰亡原因》,《河北学刊》2002 年第 5 期。
② 关于"父子互隐"的理由,汉魏儒者们诠释有:"父子之亲、夫妇之道,天性也。虽有患祸蒙死而存之,诚实结于心,仁厚之至也。"(《汉书》宣帝《诏》)"崇父子之亲是也。"(《春秋公羊解诂》何休注)"以为父子一体,荣辱相及。"(《白虎通·谏诤篇》)[参见(清)潘维城撰:《论语古注集笺》卷七,《续修四库全书》(154 册),第 153 页;(清)刘宝楠撰:《论语正义》,第 537 页。]

《论》《孟》诠释著作流传下来。其中,《论语》注解著作较著名的有贾公彦撰的《论语疏》和韩愈撰的《论语注》,《孟子》注解著作较著名的有陆善经撰的《孟子注》、张镒撰的《孟子音义》和丁公著撰的《孟子手音》,但皆亡佚。①

《论》《孟》经典诠释在唐代的衰落,致使唐宋之际致力于复兴儒学的儒者们不得不突破原有的诠释方式,重新探求解读《论》《孟》"亲亲相隐"文本的诠释模式。同时,基于普遍伦理原则来创新思想道德体系,重新论证人伦道德观念和"亲亲相隐"的合理性,是宋儒诠释"亲亲相隐"文本的一项重要任务。在这一意识的驱动下,宋代儒学关于《论》《孟》"亲亲相隐"的义理诠释文献数量剧增。② 这些诠释文本在诠释方式上经历了由疏释到解说、议论的巨大变化;在内容上表现为由文义或字义诠释演变成基于"亲亲相隐"文本的章旨或思想义理阐发以求圣人之意,不仅注重伦常道德规范与政治法律制度,更探求伦理规范与礼义法度背后蕴含的道德价值信仰、一般道德原则、主体道德责任意识和道德人格修养。

(二)北宋《论》《孟》"亲亲相隐"义理诠释的演进

北宋庆历以后,儒家经典诠释在遵循章句训诂的同时,渐渐发展出以辞章论说和义理阐发为主的新解经风气。这种新风气影响到北宋儒家对《论》《孟》"亲亲相隐"三则经典文本的诠释。由此,旧疏、新论并存,构成了北宋《论》《孟》"亲亲相隐"文本诠释的特有方式。与此同时,不同儒者诠释《论语》"父子互隐"和《孟子》"孟子论舜"时,又有各自的特色。通过梳理这一时期较为典型的《论》《孟》"亲亲相隐"诠释文献,可以大致了解北宋《论》《孟》义理诠释的风貌。

宋初新旧并存的诠释风格,在邢昺的《论语疏》与孙奭的《孟子正义》中有鲜明体现。但据四库馆臣考证,《孟子正义》为他人假托孙奭而作。③ 故而,本文将梳理邢昺的《论语疏》对"父子互隐"文本的诠释,以展现宋初儒

---

① 参见朱维铮编:《周予同经学史论著选集》,第 290 页。

② 据笔者所知,《四库全书》《四库禁毁书丛刊》《四库未收辑刊》《四库续修》《四库存目》和《清经解》丛书的"四书类"诠释著作中,理学家对《论语》"父子互隐"章的诠释多达七八十种,对"孟子论舜"两章的诠释也有五十余种之多。

③ 《四库全书总目·孟子正义》载:"今考《宋史·邢昺传》称昺于咸平二年,受诏与杜镐、舒雅、孙奭、李慕清、崔偓佺等校定《周礼》《仪礼》《公羊穀梁春秋传》《孝经论语尔雅义疏》,亦不云有《孟子正义》。《涑水纪闻》载奭所定著,有《论语孝经尔雅义正》,亦不云有《孟子正义》。其不出奭手,确然可信。其《疏》皆敷衍语气,如乡塾讲章。故《朱子语录》谓其全不似疏体,不曾解出名物制度,只绕缠赵岐之说。至岐注好用古事为比,疏多不得其根据。"[魏小虎编撰:《四库全书总目汇订》(经部二),上海,上海古籍出版社,2012 年,第 1059 页。]

家经典诠释义理化转变的萌芽。就诠释风格而言,邢昺对《论语》"父子互隐"章的诠释基本依从唐代"疏不破注"的旧法,遵守皇侃《论语义疏》的诠释方法。并且,他还对皇侃《论语义疏》中未言明的内容加以解说。① 同时,他明言"此章明为直之理也"②,即阐发"直"的合理性。不仅如此,他还以"子苟有过,父隐之则为慈也,父苟有过,子隐之则为孝也,孝慈则忠,忠则直也"③来诠释"父子互隐"的"直在其中"。他认为,父为子隐是慈的表现,子为父隐是孝的表现,慈孝是父子相互忠诚的表现,父子相互忠诚又是"直"的表现。故而,邢昺通过发挥《论语》中的"孝慈则忠"思想,说明"父子互隐"行为体现出父子间慈孝与忠诚的道德品质,并以此作为"直"的道德依据。这种诠释方式虽然比较机械,未必有说服力,却崭露出宋代儒家义理诠释的端倪。对此,马宗霍说:"邢疏亦因皇侃所采诸儒之说,刊定而成。虽稍传以义理,而章句、训诂、名器事物之际亦详。故论者谓汉学、宋学,兹其转开。"④

随着北宋儒学的兴盛,儒者们解读《论》《孟》"亲亲相隐"经典文本的义理诠释特色愈发鲜明。相较于宋初,北宋中后期的儒者们越来越侧重以阐发义理的方式,来讨论"亲亲相隐"的合理性。比如,诠释《论语》"父子互隐"章时,陈祥道以"礼义之直"论证"父子互隐"的合理性,谢良佐、侯仲良、尹焞皆以"顺理为直"立论,吕大临认为"父子互隐"的合理处在"屈小信而申大恩",杨时则举"人之情"加以论说。⑤ 诸家所论或本于礼义,或本于理,或强调父子之恩,或本于情。众说纷纭,各有其理据。这些看法皆有待深入辨析。

相比之下,北宋儒者们解读《孟子》"孟子论舜"两章时,对舜的行为的合理性的议论更加纷繁。其中,张九成援引《春秋》注解《孟子》,并结合历史典故(历史经验)与儒家经典的微言大义(伦理原则)展开论说,得出舜的行为仍"恩义兼行,公私两济"⑥。张九成的诠释结合了历史分析与价值评判,比较可信,因而受人推崇。同时,司马光等以瞽瞍被舜感化不必杀人,且

① 比如,对于皇侃疏"其父盗羊",刑昺注解为"有因而盗,羊来入己家,父即取之"。这说明,同多数汉学家理解的一样,刑昺认为,父亲并非故意偷羊,而是见羊来家中,出于捡便宜心态将羊占为己有。[(魏)何晏集解,(宋)邢昺疏:《论语注疏》,《四库全书》(一九五册),第 648 页。]
② 同上,第 648 页。
③ 同上,第 649 页。
④ 马宗霍著:《中国经学史》(影印本),上海,上海书店出版社,1984 年,第 109 页。
⑤ (宋)陈祥道撰:《论语全解》卷七,《四库全书》(一九六册),第 171 页;(宋)朱熹撰:《论孟精义》,《四库全书》(一九八册),第 298 页。
⑥ 参见(宋)张九成撰:《孟子传》卷二十二,《四库全书》(一九六册),第 450 页。

舜不得偷偷背负被逮捕的瞽瞍逃跑为理由,质疑孟子言论的真实性;余允文则以舜与皋陶所为既不废公法又不失人子之道的论说,加以辩驳。① 再比如,二程的弟子杨时侧重从"八议"的皇氏特权以及种种利弊权衡和取舍展开论证,②带有皇权专制倾向与功利色彩。此外,尹焞认为,舜的行为仍"圣人之心至公至当"③,从理想人格的行为动机的合道德性视角,论证舜的行为的合理性。可见,北宋儒者们阐释舜的行为的合理性的视角趋于多元化,对舜的行为的是非论争也更为激烈。因此,辨析北宋诸儒论说的是非曲直,就显得十分必要。

综上可知,自宋初邢昺等人开启《论》《孟》义理诠释的端芽以来,北宋儒者们纷纷通过阐发义理,诠释《论》《孟》"亲亲相隐"的合理性。但同时,北宋儒家诠释《论》《孟》"亲亲相隐"的思想义理时,众说纷纭、莫衷一是,甚至存在主观论说的现象。北宋《论》《孟》"亲亲相隐"经典诠释的义理创新与各抒己见的特殊局面,使得后世儒者们能够辨析各家义理之优劣,并整合先秦儒家经典中有关"亲亲相隐"的文献及北宋诸家论说,促成《论》《孟》"亲亲相隐"义理诠释的新趋势。南宋朱熹解读《论》《孟》"亲亲相隐"文本确立义理诠释范式,应运而生。

(三)南宋《论》《孟》"亲亲相隐"义理诠释的臻熟及其特色

历经北宋《论》《孟》经典诠释的发展,到了南宋,儒者们对《论》《孟》等经典的义理诠释走向了滥觞,甚至出现了鄙薄汉唐注疏,凭己意横生议论的弊病。对此,朱子进行了严厉批评,认为南宋的经典诠释"脱略章句,陵籍训诂,坐谈空妙"④。他指出:"学者之于经,未有不得于辞而能通其意者。""必先释字义,次释文义,然后推本而索言之。其浅深近远,详密有序,不如是之匆遽而繁杂也。大抵解经但可略释文义、名物,而使学者自求之,乃为益耳。"⑤他认为,诠释经典必须结合辞与意,并遵照先释字义与文义,再推明义理的顺序。据此,他诠释《论》《孟》"亲亲相隐"文本时,不但结合字义训释与义理阐释,而且总结了前人的注解,最终成为《论》《孟》"亲亲相隐"义理诠释的典范。

朱子对《论语》"父子互隐"章的义理诠释大致经历了三个阶段。首先,

---

① (宋)余允文撰:《尊孟辨》卷上,《四库全书》(一九六册),第527页。
② 参见(宋)朱熹撰:《论孟精义》,《四库全书》(一九八册),第532页;(宋)朱熹撰:《四书或问》,《四库全书》(一九七册),第582—583页。
③ (宋)朱熹撰:《论孟精义》,《四库全书》(一九八册),第532页。
④ 朱杰人等编:《晦庵先生朱文公文集》,《朱子全书》(24册),上海,上海古籍出版社,2002年,第3640页。
⑤ 朱杰人等编:《晦庵先生朱文公文集》,《朱子全书》(24、21册),第3831页、第1352页。

朱子撰《论语精义》,广泛辑录了北宋范祖禹、谢良佐、杨时、侯仲良、尹焞关于"父子互隐"的论说。[①]　其次,朱子著《四书章句集注》,既保留汉儒的字义训释,又阐发出"天理人情之至"[②]的精深思想义理,以论述"父子互隐"的合理性。同时,他引用谢良佐"顺理为直"的说法加以佐证。再次,他著《四书或问》,阐明"天理人情之至"的哲学命题是在深入比较与辨析北宋各家之说的基础上形成的。他指出:"范氏推广言之甚善,至于本章之旨,则杨氏之说本乎情,谢、侯氏、尹氏之说本乎理,皆有所不同。"[③]这就概括出北宋各家之说存在重情或重理的不同理论倾向。并且,他细致比较与辨析了这两种理论倾向的优劣。他说:

> 今试以身处之,则所谓情者可体而易见,所谓理者近于泛而不切然。徒徇夫易见之近情,而不要之以至正之公理,则人情之或邪或正初无准,则若之何其必顺此而皆可以为直也邪?苟顺其情而皆可谓之直,则霍光之夫妇相隐可以为直,而周公之兄弟、石碏之父子皆咈其情,而反陷于曲矣,可乎哉?况孟子所谓情,乃指下文四端之善而言,而所谓若者未必其果为顺也。[④]

首先,朱子认为情易感知,却又可邪可正,无定准;理宽泛、抽象,不切近、不易感知。但他指出,公理至正,可规约人情。其次,他结合历史典故,指出若仅顺人情,而不约之以正公、正当之理,那么霍光夫妇"相隐"可为直,周公对兄弟、石碏对儿子的大义灭亲都违逆情,反而陷于邪曲或不正当。这说明,在亲属犯罪的特殊情况下,不能仅顺从父子、兄弟、夫妇间的亲情相互隐讳,而应当以符不符合"公理"作为"相隐"与否的标准。遗憾的是,朱子未进一步阐明何为"公理"。然而,他通过阐发孟子的"情可以为善"与"四端"说,来说明顺公理规范的人情具体可表现为恻隐、羞恶等道德情感。由此,可以推断朱子所谓的"公理",应当指仁义等道德原则以及种种人伦道德规范。

可以看出,朱子对《论语》"父子互隐"章经典文本的义理诠释并非主观议论或随意捏造,而是在诠释经典文本的过程中逐渐凝练出来的。其中,既有宋代理学思想的深厚积淀,又包含社会历史实践的是非之理,也有主体生

---

① 参见(宋)朱熹撰:《论孟精义》,《四库全书》(一九八册),第298页。
② (宋)朱熹撰:《四书章句集注》,北京,中华书局,1983年,第146页。
③ (宋)朱熹撰:《四书或问》,《四库全书》(一九七册),第447—448页。
④ 同上,第447—448页。

命体认的印证。大体而言,朱子的经典诠释经历了几个阶段:经典文本与北宋理学思想的汇集(诠释者 ABCD……)及史论→诠释者(诠释主体及其自我体认)→经典诠释和理论建构的多方双向互动过程,而非主观一己之见,亦非诠释者(及其思想体系)→经典诠释的单向(任意)诠释。通过这种诠释方式,朱子对《论语》"父子互隐"章的解读,实现了(不同)经典、时代意识、事理与主体体认的视域融合,能较好地调和经典文本与经典诠释的张力。通过这种诠释模式,朱子发掘出《论语》"父子互隐"文本的深层思想义理,创构了新的思想理论与哲学命题,彰显经典诠释与理论建构共生共创的义理诠释特色。由此,朱子理解与诠释经典文本的过程,也是"天理人情"抽象哲学命题的意涵得以确定与充实的过程。

总之,朱子对《论语》"父子互隐"章的义理诠释,不但保留了汉学家的字义训诂,而且广泛搜集了北宋理学家们的论说,并对各种论说的优劣加以辨析与总结。他对各家论说的比较与辨析,是结合了切己体察(主体的直觉与感知)、对相关历史事件的是非价值判断(史论)和孟子思想(经义)而展开的。因此,他对"父子互隐"章的义理诠释,既富有创新性,又极为严谨。此外,他通过阐发孟子思想来诠释"父子互隐"之直,还展现出《论》《孟》互释的跨文本诠释①特色。

在"孟子论舜"("封象有庳"与"窃负而逃")两段文本的诠释上,朱子同样注重经典与时代思想的互动。在诠释方式上,朱子辑录和对比了北宋尹焞、杨时、范禹祖、林之奇、苏辙及二程诸儒的论说。② 同时,在《孟子集注》中,朱子做到了既不废训诂,又重义理阐发。他不仅注释了"孟子论舜"两章中的重要名物度数和字词,而且梳理了"孟子论舜"经典文本的思想意涵,更阐发了"不以公义废私恩,亦不以私恩害公义""仁之至,义之尽"以及"天理之极,人伦之至"的思想义理。③

不仅如此,他还重点考察与辨析了两则典故的真伪问题,以回应当时学者们的争议。对于"封象有庳"的故事,朱子以为属实。他指出,"封象有庳"符合宗法分封制、贤能政治与亲亲之道,是孟子引证古书。④ 若传闻非

---

① 跨文本诠释概念由刘笑敢提出。他指出,跨文本诠释指"自觉或不自觉地、比较明确地、有迹可寻地用一部经典的思想、概念、理论框架来解释另一部经典的做法"。(刘笑敢:《诠释与定向——中国哲学研究方法之探究》,第 211 页)

② 分别参见(宋)朱熹撰:《四书或问》,《四库全书》(一九七册),第 559 页、第 582 页;(宋)朱熹撰:《论孟精义》,《四库全书》(一九八册),第 532 页。

③ (宋)朱熹撰:《四书章句集注》,第 305 页。

④ 同上,第 305 页。

史实,孟子必然言明,但孟子未对此加以言说。① 因此,朱子判断"封象有庳"的真伪的标准有:是否符合宗法社会的伦理政治制度与规范的史实,是否有典籍可依,以及孟子是否辨伪。并且,他认为,舜处置象的做法,既做到社会政治责任(公义)与亲亲人伦责任(私恩)两尽,又做到"仁之至,义之尽",不因一己之私而致使一种责任妨害另一种。② 这不但阐明了儒家处理公义与私恩关系的伦理政治原则,而且突出了仁义道德在处理公私事务中的范导作用。对此,后文将详论。

对于北宋各派争议颇大的"窃负而逃"故事的真伪问题,朱子在《孟子集注》和《四书或问》中申明该故事不属实,认为它只是孟子师徒以设问来论圣贤心意。③ 他在《四书或问》中进一步指出,皋陶执法与舜窃逃是各尽人臣与人子之道,不涉及皇权专制与皇亲贵族特权;同时,他批评,杨时以种种现实利弊权衡和贵族专制的"八议"之法来解读文意,属于主观推证,纷纷之说反而有害圣意且病于理。④ 他还赞赏尹焞所说"圣人之心至公至当"⑤,指出"其所以为心者,莫非天理之极,人伦之至。学者察此而有得焉,则不待较计论量,而天下无难处之事矣"⑥。

朱子之所以否定"窃负而逃"故事的真实性,主要有以下原因。其一,该故事不涉及西周宗法社会的"八议"贵族特权制度,瞽瞍亦未得以赦免。其二,该典故不见于古籍。其三,若将该故事视为事实,则容易陷于种种现实的利弊权衡之中,不能明白圣人行为背后的普遍伦理原则及其对个体行为的价值范导作用。换言之,朱子之所以断定这则故事为伪,一方面由于它无关乎西周宗法社会的政治伦理制度,且无从考证;另一方面,若将此故事坐实,则容易从现实利弊权衡与权力专制的角度来理解舜的行为,不但有损于圣人的道德人格典范,而且不利于人们把握处理公私事务应有的伦理价值原则。故而,朱子以价值评判而非事实考察来解读"窃负而逃"故事,既是对功利思维与权力专制带来的不公正现象或不良后果的反思与批判,又突出

---

① 参见(宋)朱熹撰:《四书或问》,《四库全书》(一九七册),第559页。

② 参见(宋)朱熹撰:《四书章句集注》,第305页。

③ 参见(宋)朱熹撰:《四书或问》,《四库全书》(一九七册),第559页;(宋)朱熹撰:《四书章句集注》,第359页。

④ 朱子批评:"杨氏以为舜之于此犹待于权其轻重,而计其不可以忘父也,则非所以论圣人之心矣。又谓'与之执以正法',则何以异于楚人之直躬者? 又谓'既执,而后窃负以逃焉',则皋陶之狱何以异于灞上棘门之军哉? 是皆以辞害意之过,是以徒为纷纷而反病于理也。"并且,他认为,杨时的"八议"之说"施于周世家而不及于舜"。[(宋)朱熹撰:《四书或问》,《四库全书》(一九七册),第582页。]

⑤ (宋)朱熹撰:《论孟精义》,《四库全书》(一九八册),第532页。

⑥ (宋)朱熹撰:《四书或问》,《四库全书》(一九七册),第583页。

了人伦道德规范及伦理责任意识对人们恰当处理此类事件的积极作用。基于对"窃负而逃"故事真伪问题的辨析,朱子还阐发出公心与私意对立、圣人理想人格典范以及天理人伦一贯等极具伦理色彩与价值范导性的理学命题,来说明舜的行为的合理性。

总而言之,朱子对《论》《孟》"亲亲相隐"经典文本的诠释,既总结与凝练了时代思想的精义,又不脱离儒家伦理理念,是对儒家思想的时代创新与理论深化。同时,基于对《论》《孟》"亲亲相隐"三则故事的真伪判断,朱子采取了不同诠释方式。在他看来,"其父攘羊"和"封象有庳"两则故事属实,可以结合相关历史典故推求"父子互隐"与"封象有庳"中的"事理";相反,"窃负而逃"故事并非史实,不能据专制政治制度与现实利弊权衡加以推断,而应该发明其中的"义理"。基于此,朱子诠释"父子互隐"和"封象有庳"两章文本的思想意涵时,融合了时代思想的精义、史论和经义,阐发了其中蕴含的情理观、心性论与公私观,并论证二者的合理性;相反,他诠释"窃负而逃"时则避开事实分析,在辨析与批判时代思想的基础上推求圣贤之心意,阐发出公心与私意对立和天理人伦一贯的深层思想义理,以论证舜的行为的合理性。

二、理学家诠释《论语》《孟子》"亲亲相隐"阐发的思想义理

梳理理学家们对《论》《孟》"亲亲相隐"的义理诠释,可以发现,他们阐发的思想义理主要有"父子互隐"之理、圣贤之公心、权变和公义与私恩并济四个方面内容。不同理学家对这些论题的阐释有同有异。辨析理学家们理解上述论题的异同及其意义得失,可以大致勾勒出《论》《孟》"亲亲相隐"义理诠释的思想意涵,揭示他们理解孔孟"亲亲相隐"思想的理论视角与问题意识。

(一)"父子互隐"之理

朱子诠释《论语》"父子互隐"章时提出了"天理人情之至"①的哲学命题。理学家们诠释《论》《孟》"亲亲相隐"文本时大都援引朱子的说法,来论证"父子互隐"行为的合理性。同时,理学家们对于"父子互隐"的合理性的理解各不相同,展现出儒家经典诠释的多元化特点。这当中又有精粗优劣之别,值得辨析。

1. "父子互隐"之直顺乎理

朱子的"天理人情之至"命题强调,"父子互隐"行为之所以是合理的,

---

① (宋)朱熹撰:《四书章句集注》,第146页。

是因为它既顺乎人情,更合乎(天)理的规定。据此,大多数理学家都从是否合(天)理的角度,论证"父子互隐"之"直"的合理性。然而,理学家们对(天)理的理解又不相同。其中,三种表述较为典型。

观 点	原 文	思 想 意 涵
A 以事与理对举论直	证父攘羊,则有反于天理,而非所谓直矣。世俗徇于事而昧于理,乃指以为直,此夫子所以深辨之。① 父子主恩。委曲以全其恩,虽不得正谓之直,然理所当然。顺理而行,不失其直也。叶公徒知一偏一曲异乎人者为高,夫子则合全体大用而观之也。夫一偏一曲之高,非不足尚,于正理一有所亏。②	具体事件的是非曲直有所偏曲,昧于父子人伦之理,不合于天理;父子主恩,合乎天理,是直行。
B 顺(天)理之所当,为直	为亲者讳,理也。故证父攘羊者,夫子不以之为直;为尊者讳理也……凡在尊亲之属,要皆理之所当讳者……隐而为直,亦事之小者耳。若事关社稷之安危,则又不可以执一论。周公之兄弟、石碏之父子是矣。③ 隐其所当隐,于天理人情为正,故曰"直在其中"。卫州吁弑恒公,石碏之子厚从之出奔,石碏执而杀之,大义灭亲,与周公之诛管蔡同一,天理之正也。若霍光阴妻,邪谋杀其国母而不自发,便大得罪了。以此见父为子隐者,亦是非大故,未为绝天理……凡言人情有天理内之人情,有天理外之人情。天理内之人情可为也,天理外之人情不可为也。盖天理内之人情,亦即天理也。④ 天理内之人情,乃是真人情;人情内之天理,乃是真天理。天理外之人情,非人情也;人情外之天理,非天理也。直躬证父,此人情外之天理也。霍光夫妇相隐,此天理外之人情也。夫子所谓父子相隐,乃为天理人情之至。⑤	小事理当不论是非,为(尊)亲隐讳;国家安危当以政治纲纪为重,不能为尊亲隐讳,理当大义灭亲。 父子、夫妇能否相隐,要看天理、人情是否统一。证父符合天理(法律规范),不顺于人情;霍光夫妇相隐顺于人情,却违背天理(枉顾政治纲纪与法律权威);父子相隐,顺人情(亲情),合于天理。
C 人情即天理	天理不出乎人情之外。才不合人情。便不合天理。直何在焉?⑥	只肯定父子亲情。

理学家们皆从(天)理角度论证"父子互隐"之直。但是,他们对(天)理的不同解读,使得他们对"亲亲相隐"的合理性问题有不同理解。其中,A观点主

① (宋)蔡节编:《论语集说》,《四库全书》(二〇〇册),第654—655页。
② (宋)赵顺孙撰:《论语纂疏》《四书纂疏》,《四库全书》(二〇一册),第412页。
③ (明)焦竑撰:《焦氏四书讲录》,《论下》卷六,《续修四库全书》(一六二册),第151页。
④ (明)蔡清撰:《四书蒙引》卷七,《四库全书》(二〇六册),第315页。
⑤ (清)陆陇其撰:《四书讲义困勉录》,《四库全书》(二〇九册),第399页。
⑥ (元)胡炳文撰:《四书通》卷七,《四库全书》(二〇三册),第294页。

张,依父亲攘羊事件的事非曲直而指证父亲,流于偏曲与表面,不合"全体大用",违背天理;相反,依父子人伦的恩原则而"父子互隐",合于(天)理,不失为"直"。因此,A 观点承认人伦之理,并强调(天)理的价值范导性,以及《论语》"父子互隐"章中父子人伦之理高于事理。B 观点认为,小事上亲亲人伦之理高于具体事件的是非曲直,当为亲者隐;国家大事上则政治纲纪与法律高于亲情与亲亲伦常规范,理当大义灭亲。因此,B 观点不仅肯定亲情与父子人伦规范,而且承认事理,认为它们都合于天理。但是,B 观点肯定的事理,不指涉具体事件的是非曲直或者人际正义,而是指维护国家秩序与社会稳定的礼义法度与政治纲纪。这彰显出儒家社会正义观的宏观伦理视角。C 观点认为,"父子互隐"只讲亲情,是不合理的。

A 观点承认人伦之理,却简单否认事理,不利于人们处理具体的社会事务。相之比下,B 观点通过区分小事和国家大事,确立起依天理、人情而隐亲与灭亲的范围与限度。它既肯定亲亲人伦道德原则,主张亲亲相隐;又强调在国家大义与亲亲伦理冲突时必须维护政治纲纪与法律权威,主张大义灭亲。因此,B 观点不只承认父子亲情,还强调明辨大是大非。此外,宋明儒家在充分肯定亲亲人伦规范的同时,也极为重视乡土社会家族成员内部的劝善与去恶的自我道德教化。宋明时期家训、族规与乡约中大量的家庭道德教化就说明了这一点。这也有助于合理协调基层社会的亲亲人伦关系与人际正义。

2. "父子互隐"之"直"顺乎性理

诠释《论语》"父子互隐"章时,张栻从性理的角度论证"父子互隐"之"直"的合理性。他说:

> 直者,顺其天性而不以人为害之者也。父子之亲,性之理也。其更相为隐,是乃若其性之自然,而非有所加于其间也。若于所当隐而不之隐,则是逆天性之理。斯为不直矣。世之循名而不究其实者,其于君臣父子之际,咈其所以为直之理,几何其不若是哉?①

张栻以天性、(天)性之理、性之自然诸概念,解说父子亲情与"父子互隐"之直。这说明,父子亲情是人天生就有的自然而真挚的情感,本身具有不容否认与戕害的合理性,也是父子当隐之理。同时,张栻认为,父子亲情是人的自然而纯真的天性或天性之理,其中不掺杂任何人为算计或私意、私欲的成

---

① (宋)张栻撰:《癸巳论语解》卷七,《四库全书》(一九九册),第 274 页。

分。因此,"父子互隐"之"直"不是明辨具体事件的是非曲直,而指父子天性真情的自然流露。并且,他认为,出自父子真情的"父子互隐"只能是不宣扬或隐瞒父亲的罪过,而不能掺杂其他私人意图或欲望。

张栻以天性、性之理或性之自然论述父子亲情与父子人伦,说明"父子互隐"之"直"出自天性自然的事实,强调"父子互隐"行为须遵从不为恶的消极道德规定。这既论证了"父子互隐"之"直"的合理性,又阐明"父子互隐"行为的合理边界。

3. 对"父子互隐"之理的总结性论证

在《四书训义》一书中,王夫之在诠释"父子互隐"章时,通过比较直躬证父与"父子互隐"的实质,对"父子互隐"的合理性作了总结性论证,有助于深化对"父子互隐"的合理性的理解。具体如表①:

直躬证父的原因	"父子互隐"之理
求异于诡激之行/以虚名好奇行	顺乎性之所安/天性自然之理/因其必然之理/虽一德之偏长,而不失其性之善者也/有是非之不枉,而遂其性之固然者
任其情之所流与气之所激/楚俗尚气,而任情之一往/任一尚之情,逞一时之气	有礼义以调其情、平其气/以理御情,而情自得;以心调气,而气自平/礼以养之,义以裁之,不期然而自然/全其大不忍之情,以反之幽独而无愧
济恶文奸以求逞于后	有几谏教诲以善之于先
	执法在国家,公论在天下,而究亦未尝枉也

王夫之认为,直躬证父之所以不合理,其原因有:一故意求取诡奇偏激之行,以博取正直之名;二逞一时之意气,发泄主观情绪;三掩饰奸诈与私心,助长为害父亲、破坏父子亲情与父子人伦关系的恶行。相比之下,"父子互隐"之理在于,首先顺乎性理。而性理既合于天性自然,又有其必然,亦不失性善,不枉是非。换言之,"父子互隐"的性理依据在于,既出于自然且必然的父子亲情与父子人伦关系,又不失一般的善恶道德本性及道德价值判断。其次,"父子互隐"以礼义或理调制人的情欲与血气,使血气平和、情欲和畅。这说明,"父子互隐"(不宣扬、不告发父罪)是礼义道德调制人情的结果,也是展开道德修养的过程。也就是说,礼义能使人们克制自身血气之勇

---

① (清)王夫之:《四书训义》卷十五,《四库未收书辑刊》(贰辑拾叁册),北京,北京出版社,1997年,第335—336页。

与情感任意,以审慎的处事态度、道德规范意识(包括一般的善恶、是非意识)和不忍的道德情感来展开"父子互隐"行为。再次,"父子互隐"强调父子间彼此劝善与教化的道德感化。最后,作为执法主体的国家会惩处犯罪来维系司法公正,且是非对错之"公论"在天下,而不在于父或子个人;因而,即便父子不相互举证罪行,也不会造成徇情枉法的后果,更不会颠倒是非黑白。

可见,王夫之不但从父子天性、礼义道德规范与心性修养角度,论证"父子互隐"的合理性与道德价值;而且指出国家法律与民众的公共理性有助于维护社会正义,能及时弥补"父子互隐"可能造成的歪曲事实、枉顾是非的不良后果。这充分体现出,道德修养、父子真情及礼法规范和社会"公论"相辅相成,能有效维系人伦秩序与社会正义。

(二) 推求圣贤之公心的存心论

诠释"孟子论舜"两章的思想义理时,以朱子、张栻为代表的理学家极为推崇"圣人之心",强调要从舜及皋陶的行为中推求圣贤的公心。他们推崇圣贤之心,表达出对圣贤的道德人格与存养道德心的体认与推崇,被后世理学家们屡屡称引,影响深远。通过梳理他们的公心理论,可以揭示理学家们论证圣贤行为的合理性问题的特定伦理视角。

1. 公心乃天理之极、人伦之至

诠释《孟子》"窃负而逃"章时,朱子特别推崇尹焞的"圣人之心,至公至当而已"[1]的说法,说明出于主体道德责任意识的公心,是舜的行为的合理道德动机。

朱子强调,孟子师徒问答意在"观圣贤用心之所极"[2],要从行为意向或行为动机角度理解舜和皋陶的行为的合理性。他说:

> 言皋陶之心,知有法而已,不知有天子之父也。……言皋陶之法,有所传受,非所敢私,虽天子之命亦不得而废之也。……言舜之心,知有父而已,不知有天下也。孟子尝言舜视天下犹草芥,而惟顺于父母可以解忧,与此意互相发。此章言为士者,但知有法,而不知天子之父为尊;为子者,但知有父,而不知天下之为大。盖其所以为心者,莫非天理之极,人伦之至。学者察此而有得焉,则不待较计论量,而天下无难处之事矣。[3]

---

① 朱杰人等编:《论孟精义》,《朱子全书》(7 册),第 819 页。
② (宋) 朱熹撰:《四书章句集注》,第 359 页。
③ 同上,第 359—360 页。

这里的圣贤之心,是指舜与皋陶的行为意向或行为动机。具体而言,作为天子的舜,心中只知道有父亲,不知道天下之大与权势之尊;作为士的皋陶,心中只知道有法律,不知天子的父亲尊贵。同时,无论天子还是士,皆不敢私自废法。如二程所说:"一心可以丧邦,一心可以兴邦,只在公私之间尔。"①朱子虽未明言公私,但他显然认为,舜与皋陶心中所知者为公,他们所不知、不敢者为私。可见,在朱子看来,舜与皋陶的行为之所以合理,是因为二位圣贤知道何者当取、何不当取。因此,圣贤的行为意向或行为动机本身具有价值合理性。公心是圣贤的行为意向合理与否的道德价值判断标准。更进一步说,"窃负而逃"故事中孝亲、臣子执法与人人守法的行为意向为圣贤所知,是正当或合理的公心;权力专制意识与违法意识为圣贤所不知、不敢,属于邪曲或不合理的私心。

然而,断定圣贤所知、所为是正当、合理的公心,有何价值依据? 那就是上文朱子说的"盖其所以为心者,莫非天理之极,人伦之至"。亦即,舜与皋陶的行为意向之所以合理,是因为它们出于"天理之极、人伦之至"的道德规定。天理之极是说,圣贤有着"浑然天理而超然不累于物之心者焉"②。朱子又说:"一心之间,浑然天理,动容周旋,造次颠沛,不可违也。一违,则私欲间乎其间,为不仁矣。"③因为圣贤心中全然是天理流行,所以他们能做到不为任何外界物欲所拖累,也能不被种种主观情感扰乱。这说明,出于天理规定的公心超然于主客观情欲或私意,具有超功利性。并且,出于天理之公心的行为,必然符合造次颠沛皆不违仁的规定,具有为善的必然意志自觉。此外,朱子还讲:"皆是天理、人伦之极致,能力行,则必能识事理之当然矣。"④出于天理、人伦规定的公心,也符合客观事理的当然价值规定性。只是,朱子并未言明,为何公心必须符合客观事理或社会伦理规范,以及如何看待舜的公心与皋陶的公心相抵牾的情况。

由此可见,朱子阐述的公心具有超功利性、意志自觉与价值规定性,本质上是一种必然的主体道德责任⑤意识。也就是说,舜之所以窃逃,皋陶之所以执法,完全出于人子当孝亲、臣子当执法、君臣皆不得废法的必然的主体道德

---

① (宋)程颢、程颐著:《二程集》,北京,中华书局,1981年,第134页。

② 朱杰人主编:《四书或问》,《朱子全书》(6册),第1004页。

③ (宋)黎靖德编:《朱子语类》卷六十一,北京,中华书局,1986年,第1459页。

④ (宋)黎靖德编:《朱子语类》卷二十一,第499页。

⑤ 康德对责任(也有人译为"义务")概念有详细论述。他认为,责任不基于主体经验性的情感、冲动和爱好,而是出于遵从客观法则约束的客观必然或不可推卸的必然性。(参见〔德〕康德著,苗力田译:《道德形而上学原理》,上海,上海人民出版社,1988年,第87—98页。)

责任意识。这也说明,舜与皋陶的行为不出于个人主观意欲,如舜与父亲的情谊的好坏、皋陶与舜的私交;也不出于种种切己的利害权衡,如舜的天子权力与父亲的生命孰轻孰重,皋陶坚决执法还是畏惧天子权力,等等。近年来一些学者之所以对"孟子论舜"两章论争不断,是由于他们从主观意欲与利弊权衡角度推度舜的行为动机。对此,朱子批判,世人的种种轻重权衡和主观臆断皆"徒为纷纷而反病于理"①。这些私意纷争非但无益于理解舜的行为,反而有害于人们把握儒家道德义理,亦有害于人们的道德责任意识的培养。

2. 公心合乎君臣、父子之义

朱子的公心说未明言舜与皋陶为何必须遵从孝亲、执法与守法的社会伦理规范,以及二人的公心相抵牾是否合理的问题。对这两个问题,张栻和王夫之诠释"孟子论舜"两章时,从伦理角色的客观合宜要求的角度,进行了解说。

张栻指出:

> 亲亲之心,而大公之体也。……然则他人则有可疏绝之道,而在弟则惟当亲爱之而已耳。……管蔡挟武庚以叛,忧在庙社,孽在生民,周公为国讨乱也;象之欲杀舜,其事在舜之身,固不同也。舜于周公,易地则皆然。盖其存心为天理人情之至,则一也。②

他认为,亲爱之心是"大公"之仁体、仁心在兄弟间的具体呈现。故而,舜对他人可以疏绝亲爱之心而加以惩处,对弟弟则"惟当亲爱"。同时,他指出,管蔡叛国,害及庙社、生民之大公,周公以监国者身份为民除公害;象仅害舜一人,即害私,身为兄长的舜不会为了报私仇而失掉爱弟之心。故而,舜与周公"其存心为天理人情之至,则一也"③,即二人都存有天理之心,他们的人情与行为皆合于普遍道德原则与社会人伦规范。

王夫之对张栻的论说,有进一步阐发。他说:

> 所谓"管蔡之叛在社稷,孽在臣民;象之欲杀舜,其事在舜之身",此语亦须分别看,非谓一身小而社稷臣民大也。……舜之一身所系固不轻,而以乱天下万世君臣兄弟之大伦者又岂细故! 此处只论舜与周公所处之不同,更不论象与管蔡罪之大小与事之利害。到兄弟之性,更以利害较大

---

① 朱杰人主编:《四书或问》,《朱子全书》(6册),上第1004页。
② (宋)张栻:《癸巳孟子说》,《四库全书》(一九九册),第453页。
③ 同上,第454页。

小,则已落私欲。若以罪之大小而言,象之亲弑君亲,又岂可祸不及于臣民而未减哉！圣人敦伦、尽性,只是为己,故舜于此且须丢抹下象之不仁……唯求吾心之仁。故象唯欲杀舜,则舜终不得怒而怨之。管蔡唯欲危成王之社稷,故周公不得伸其兄弟之恩。以兄弟之恩视吾君宗社之存亡,则兄弟为私；以己身之利害视兄弟之恩,则己身为私。……世儒不察,便谓圣人概将在己、在人作一视同等,无所分别,无所嫌忌,但以在彼善恶功罪之小大为弛张,而曰此圣人之以天地为一体者也。①

王夫之指出,张栻所论不是计较社稷臣民、兄弟与舜之身何者更重要,而是强调不得扰乱舜的君臣、兄弟的人伦角色及其伦理义务。或者说,舜处置象与周公处置管蔡的依据,不是后果论意义上象与管蔡所犯之事的严重程度或利害大小不同,而是义务论意义上舜与周公基于不同人伦角色要求而履行不同伦理义务。具体而言,象欲杀舜属于家庭层面的兄弟人伦角色关系。舜出于兄弟人伦义务而仁爱象,不得怨怒之。管、蔡叛国则关乎国家存亡与社会治乱,周公与管、蔡之间是国家层面的君臣人伦②角色关系。周公只得遵从君臣人伦义务以安邦定民,不得伸展兄弟之恩。③ 在此基础上,王夫之批评,有的儒者一概持一视同等或绝对同一的公正观,又从后果论出发,以行为的功过大小为价值标准来评判象的行为,并质疑舜的行为,实则迷失于利害计较之中,有失父子、君臣的人伦之义。

通过这一论述,王夫之既彰显出君臣、兄弟人伦角色及其伦理义务的必然性,又揭示了政治伦理实践中宗族、社稷与兄弟之恩和兄弟之恩与一己之身的公私关系的相对性。事实上,王夫之极为重视君臣、兄弟的人伦规范,甚至视之为个体立身行事的依据。他指明:"不得有身,斯不得有其兄弟；得有其身,则得有其兄弟矣。身所有之社稷,身所有之臣民,何患乎无君而又何患乎乱之不治,乃亏天伦以曲全之！"④他理解的"身"(个体存在)不是个体利益或个人权益,而是人伦纲常和道德规范的现实承担者或载体。⑤ 因

① (清) 王夫之:《读四书大全说》,《续修四库全书》(一六四册),第 622 页。
② 王夫之理解的君臣人伦,并非君臣私交或臣忠于君主个人,而是君臣皆忠实于社稷、宗庙和生民。
③ 然而,张栻和王夫之都未进一步说明,既然兄弟与君臣的人伦角色及其伦理义务皆正当,那么为何可以为君臣人伦义务而牺牲兄弟人伦义务。对于这一问题,后文将详辨。
④ (清) 王夫之:《读四书大全说》,《续修四库全书》(一六四册),第 623 页。
⑤ 王夫之解咸卦,认为己身为子、为臣乃有父、有君。可知,他讲的身指父子君臣伦常的现实承担者。[参见(清)王夫之:《周易外传》,《船山全书》(第一册),长沙,岳麓书社,1988年,第 905 页。]

此,他认为,以实践履人伦义务而不是君主的政治统治,才能有效保证人们的行为的道德性与规范性,并维持社会稳定而有序的运转。

这种君臣之义、亲亲之恩的义务论视角,也贯穿于张栻对"窃负而逃"章的诠释当中。他说:

> 皋陶为士,奉舜之命以行法,若纵生杀之权而不问,则非所以为天下之公,而失兆民之心矣。皋陶乎何敢?故必执之,以示天下畏天命而不遑宁也。舜之有天下,受之于天也。受之于天,则乌得以其私而禁皋陶之执哉?……舜之有天下,初不以天下与于己也,循天理之当然者而已。舜何有哉?故为瞽瞍杀人而枉其法,则失君道之公;若致辟于瞽瞍,则废父子之伦。……义所当去,视天下犹敝蹝耳。……若汨于利害,而失夫天理之所存,则虽舜亦何以治天下哉?……皋陶既执瞽瞍于前,而使舜得以申其窃负之义于后,是乃天理时中,全夫君臣、父子之义者也。①

张栻阐发了臣子、人君(执政者)和人子应遵守的伦理原则及其价值依据。他认为,皋陶若不行使执法的公共职权,会失去民心、违逆天意。舜治理天下的君权亦受于天而非私有,必须遵从(天理规定的)执政者应有的公正无私伦理原则。因此,舜不得依私恩,运用公权来禁止皋陶执法,否则便是以权谋私,背离人君应当遵从的公平或不偏私的政治伦理原则,也就丧失了合法行使公共政治权力的资格。但是,舜若任由瞽瞍被处死,便废弃了父子人伦关系及其伦理义务。因此,皋陶执法,舜不禁止皋陶执法以及舜窃负而逃。三者虽然有所抵牾,却都符合"君臣、父子之义"的人伦角色的客观规定,是出于天理之当然的公心,而非种种主观的利害计较。

张栻提到的"天理时中"命题可以进一步解答,何以舜与皋陶的人伦角色规定不同甚至相抵牾,却都遵从天理之当然,具有合理性。张栻讲:"盖中字若统体看,是浑然一理也;若散在事物上看,事事物物各有正理存焉,君子处之,权其所宜,悉得其理,乃随时以取中语。"②天理时中有两层意思:一是作为统体/总体的天理之"中",是普遍而至善的道德法则,具有无过与无不及的价值属性;二是就天理所散落的事理之"中"上看,则事物禀受的理有多寡之不同,表现出不同却都合宜的价值规定性。君子应对事物时,只需要判

---

① (宋)张栻撰:《癸巳孟子说》,《四库全书》(一九九册),第 524—525 页。
② (宋)张栻:《张栻集》(第 4 册),北京,中华书局,2015 年,第 1239—1240 页。

断自身行为是否合于具体事物的不同价值规定,把握客观事物之理,而不以一己好恶或利害计算作为评判标准,便能做到无所偏失。

就舜与皋陶而言,皋陶忠于执法、不虑及天子权势,符合臣子的伦理价值规定;舜孝顺父亲与偷偷背负父亲逃跑,符合人子孝父的伦理价值规定。舜的窃逃增加了皋陶执法的难度,却未滥用权力或阻止法官执法,没有无视法纪与破坏法律的权威性,也符合君主的伦理价值规定。[①] 并且,舜最终弃天子之位,偷偷背负其父而逃,并非有学者说的,以天子之位换取父亲生命或孝亲比天子之位更重要;而是说权位意识与利弊权衡是私意,不具有普遍必然性。相反,孝亲、守法或不枉法意识,才是公心或必然的主体道德责任意识,符合人伦角色的客观合宜规定。舜果断放弃天子之位,恰恰说明他心中无一毫私意,全是公心。因此,舜与皋陶的公心意识虽不同甚至相抵牾,却符合"君臣、父子之义"的不同伦理角色规定,都是客观合宜、所无偏失的。

综上所述,朱子、张栻等宋明理学家诠释"孟子论舜"时推崇圣贤之公心,说明舜与皋陶的行为的价值依据,在于他们的行为动机或行为意向具有合道德性。他们推崇的公心,既是主体的道德责任心,也符合不同伦理角色的客观、合宜要求。同时,理学家们推崇的公心还体现出,正当、合宜的公心与邪曲、不合宜的私意或私欲相对立的伦理色彩。这说明,宋明理学中公与私的对立是善与恶的道德价值对立,而非群体利益或社会公德心与个体利益的二分对立。此外,宋明理学中公心与私意相对立,还蕴含为善去恶的工夫论诉求。它倡导"观圣贤之用心"的外在察识工夫以及徇"公理"[②]或"性之理"[③]的内在涵养工夫,以克除种种主观情欲和私自用智,培养人们的道德责任心与社会伦理规范意识。

(三)两种权变观

诠释《论》《孟》"亲亲相隐"文本时,理学家们阐发了两种权变观。一种是杨时主张的权其轻重;另一种以朱熹、郝敬为代表,强调以公心御权变、权不离经或知经行权,凸显权变的合道德性。通过分析这两种权变观,可以揭示理学家们看待价值判断与行为选择的不同伦理视角。

1. 轻重之权

杨时论"窃负而逃"中父子亲情与司法实践的关系时,提出了他的权变思想。他说:

---

① 君主的伦理角色要求当中不包含执法的要求,后者为法官之角色要求。

② 朱杰人主编:《四书或问》,《朱子全书》(6册),第818页。

③ (宋)张栻撰:《癸巳论语解》,《四库全书》(一九九册),第274页。

　　　　父子者,一人之私恩,法者,天下之公义,二者相为轻重,不可偏举
　　也。故私恩胜义,则诎法以伸恩;义胜恩,则掩恩以从法;恩义轻重不足
　　以相胜,则两尽其道而已。舜为天子,瞽瞍杀人,皋陶执之而不释,为舜
　　者岂不能赦其父哉? 盖杀人而释之,则废法,诛其父,则伤恩。其意若
　　曰:天下不可一日而无法,人子亦不可一日而忘其父,民则不患乎无君
　　也,故宁与其执之,以正天下之公义,窃负而逃,以伸一己之私恩,此舜
　　所以两全其道也。①

　　杨时认为,父子亲情属私恩,法是社会公义的体现,二者皆有合理性。因此,
当二者发生冲突时,人们不可一断于法或只认父子私恩,而要权衡具体情境
下私恩与公法孰轻孰重。当父子私恩胜过公法时,应废黜法而伸私恩;若公
义胜过私恩则从法,可不论亲恩。当私恩与公义同样重要时,则恩义两尽。
瞽瞍杀人故事中,皋陶若释放杀人者则废公法,若诛杀舜的父亲则伤其恩。
这是说,守法与孝父同样重要,当不当牧民之君则不那么重要。故而,舜让
皋陶逮捕瞽瞍,是为了彰显公义;舜偷偷背负其父逃亡,则伸展私恩。如此,
舜便能恩义两全。

　　杨时对"窃负而逃"故事的评论,包含着他看待权变(价值判断和行为
选择)及其标准的特定立场。他将权理解为"二者相为轻重"。也就是
说,若两种事物都有价值,那么,人们进行价值判断与行为选择的依据应
当是二者之中何者更重要。因此,杨时理解的权是在不同事物之间展开
价值高低比较与行为选择。并且,轻重之权分两种情况:要么选择价值
更高、更重要或者更有益的一方,委屈或放弃另一方;当它们同样重要
时,人们可以通过一系列行为选择,使双方皆得以伸张,两尽其道。

　　此外,杨时还列举了周世宗之父柴守礼杀人的典故,并指出:"周礼人臣
犹有议亲议贵之辟。岂有天子父杀人,便置之死? 且如周官'八议',岂是周
公撰出? 亦须有个来处。然孟子所说,只是论舜心耳。"②他认为,周世宗之
父杀人时,周世宗(天子)不应当恩义两尽,而应黜法以伸恩。这说明,杨时
理解的权包括对皇家政治权力的尊崇。所以,他认可西周以来维护皇族特
权的"议亲议贵之辟"。

　　总之,杨时诠释"窃负而逃"章时,以轻重之权解释个体的价值判断与行
为选择,并以被选择事物本身的价值高低作为轻重之权的标准。这使得他

----

① (宋) 朱熹撰:《孟子精义》卷十三,《四库全书》(一九八册),第 532 页。
② 同上,第 532 页。

的权变主张既具有后果论倾向,又推崇政治权力,还带有一定的主观性。杨时的这种权变论,受到朱子的严厉批判。

2. 依经行权

诠释"窃负而逃"章时,朱子和郝敬在批判随意权衡与变通的基础上,提出了他们对权的独到看法。

朱子批判杨时的"权其轻重"的主张。他指出:

> 杨氏以为舜之于此,犹待于权其轻重,而计其不可以忘父也,则非所以论圣人之心矣。又谓"与之执以正法",则何以异于楚人之直躬者?又谓"既执,而后窃负以逃焉",则皋陶之狱何以异于灞上棘门之军哉?是皆以辞害意之过,是以徒为纷纷而反病于理也。①

朱子批评,杨时"权其轻重"的主张既计较私恩重不重要,又计较要不要逮捕杀人者,还说先逮捕后窃负而逃。这当中包含太多主观推论与利害计较,不但使事情变得复杂,而且有害于把握儒家义理。接着,他说:

> 圣贤之心合下是如此,权制有未暇论。然到极不得已处,亦须变而通之。盖法者,天下公共,在皋陶亦只得执之而已。若人心不许舜弃天下而去,则便是天也。皋陶亦安能违天!法与理便即是人心底。亦须是合下有如此底心,方能为是权制。今人于事,合无如此底心,其初便从权制去,则不可。……使舜欲为天子,又欲免瞽瞍,则生议贵之法矣。②

朱子指出,孟子所论只是圣贤执法与孝父之公心,而非种种权制与计较。同时,他承认权,却又对权有严格限定。首先,权变不是随意权衡与选择,而是特殊情况下不得已的变通与选择。其次,权变的提前"须是合下有如此底心",不能一开始就生出种种计较或权制。换言之,个体的价值判断与行为选择,必须出于圣贤之心或道德责任心,而不是基于各种现实的利弊权衡与主观私意。如此,个体的价值判断与行为选择才能合乎伦常道德。他还批判,杨时推崇的"议贵"特权法,其实是一种想让舜当天子和瞽瞍免罪的主观私欲。

---

① （宋）朱熹撰:《四书或问》卷三十八,《四库全书》(一九七册),第582页。
② （宋）黎靖德编:《朱子语类》卷六十,第1450页。

朱子对权变的论述,突出权变的特殊变故性和灵活性与原则性相统一的特点,受到理学家们普遍认可。张栻就指出,孟子师徒的问答是为了说明,在发生事变的情况下圣人能够"以所宜处者,于御变之权"①。明人蔡清也说,舜"处人伦之变而能不失其常也"②。

继朱子之后,明人郝敬从经与权的辩证关系入手,对"窃负而逃"章的权变思想有专门论述。他认为,关于舜的"窃负而逃"行为,人们的种种推断都是望文生义。在他看来,孟子的本意"惟设变求经,因经行权,权不违经也"③,即设置变局而求其当然之常则,体现依经行权、权不违经的经权统一思想。接着,他在细致比较经与权的区别与联系的基础上,阐述"窃负而逃"章中的经权思想。他说:

> 六经但言所因,而不定所损益。所因者百世共守,所损益者难于先设。是故可与立者未可与权。权无定,权定即经也。故曰:大德不踰闲,小德出入可也。大者不踰,虽小出入亦德也。……故在舜惟知不以天下易亲者,子之经。……在皋陶,惟知不以尊贵而废法者,士师之经。……各权其理之极至如此,而就中损益。舜欲全亲,亦终不得挟贵以蔑法。皋陶虽爱君,亦终不得舍有罪而不讨。瞽瞍亦终不得怙势杀人,而无所忌惮。此权不离乎经者也。知经而后可与权也。忠臣孝子欲委曲尽情,岂能越礼义、法度之外哉?④

六经只讲因,也就是道德原则或道德规范,而不定损益或变革。这缘于道德原则是人们共同遵守的定则或常道,变革则难以预先设定,一旦确定就成了经。因此,经(大德)一定要合乎道德规范,权(小德)则不尽然合于道德原则与伦理规范亦无妨。因此,经与权的区别在于,经具有原则性,权具有灵活性。但同时,经与权又具有统一性。权即便有所出入,也是在道德许可的范围内。比如,不可以为天下改易孝亲之经(常道),也不可恃权贵而废士师执法之经,天子亦当守法。面对"瞽瞍杀人"的变局,各方当事人要在不违反经(基本道德原则)的前提下灵活损益或变通。也就是说,舜虽然采取非常手段孝亲,却不能自恃权贵而无视或废弃法律;皋陶虽爱舜,终究不得不处

---

① (宋)张栻撰:《癸巳孟子说》卷七,《四库全书》(一九九册),第524页。
② (明)蔡清撰:《四书蒙引》,《四库全书》(二〇六册),第603页。
③ (明)郝敬撰:《孟子说解》卷十三,《四库全书存目丛书》(第一六一册),山东,齐鲁书社,1997年,第335页。
④ (宋)张栻撰:《癸巳孟子说》卷七,《四库全书》(一九九册),第524页。

治罪人;瞽瞍亦不得依仗权势而无所忌惮地杀人。所以,他们无论如何权变,终究不能逾越孝亲、不废法、执法和杀人者伏罪的礼义、法度(道德与法律原则)。郝敬的阐释揭示,权其实蕴含着经的原则性与变通的灵活性的统一。此外,郝敬批评,世人不顾道德与法律原则,不遵礼法,随意变通,"虽世路人情甚便,而道理亏蔽处多矣"①。他批评世人随意变通,虽然便利于世俗人情与私欲,却不合道理与礼法规矩。

综上可知,利弊权衡意义上的权制思想,并非宋明理学的主流观点。相反,朱子与郝敬等理学家阐发的权变观,突出儒家权变的特殊变故性和经权统一特征。这意味着,在伦常生变的非常时期,人们虽然需要灵活变通,却不能违背基本的伦常规范和伦理与法律原则。这种原则性与灵活性相统一的权变观念,使得儒家的伦理规范和礼义法度贯彻于特殊伦理情境中,从而确保人们的行为选择合乎道德与法律原则。同时,权的灵活变通性,有助于化解不同伦理原则之间的道德冲突,以免儒家的伦理原则因人伦事变而遭到破坏。这种经权统一的权变观,能帮助人们在非道德的情境中,培养价值判断与行为选择的分寸感与道德责任意识。此外,理学家们还指出,要树立合乎道德的权变观念,必须克服种种主观私欲与臆断。

(四)公私并济的政治伦理观

张九成、余允文、朱熹、张栻等学者阐发了公私并济的政治伦理观,论证舜处理社会公义与家庭私恩关系的伦理原则及其实现路径。

1. 公义与私恩并济的政治伦理原则

面对亲人杀人作恶,天子舜应该如何处理家庭伦理原则与政治伦理原则的关系,是近年来学界关于儒家血亲伦理与社会正义关系的论证焦点。张九成、余允文和吴棫倡导的"公私并济"观点,受到朱子大力赞赏,在宋明理学中影响极大。这一公私理论揭示出理学家们看待公私伦理原则的独特视角,有助于人们恰当处理公私领域事务的关系。

宋人张九成诠释"封象有庳"章时,细致比较了舜对待象、《春秋》的"郑伯克段于鄢"、"齐侯使其弟年来聘"和"齐无知弑其君诸儿"以及景帝对待梁孝王诸典故。他指出,面对亲人杀人作恶,先秦与汉代历史典故中,兄弟之间既不知君臣之义、又不明手足之亲,均有所偏失。唯独舜对待象,"既不失国家纲纪,又不废手足之亲爱"②。这说明,舜既遵从国家政治规范,又没有废弃家庭伦理规范,最为恰当。

---

① (明)郝敬撰:《孟子说解》卷十三,《四库全书存目丛书》(第一六一册),第335页。
② (宋)张九成撰:《孟子传》卷二十二,《四库全书》(一九六册),第449页。

　　究其原因,他认为:"爱之则至于太过,制之则至于刻深。惟天理中行,事事合宜,封之而使朝臣主其政,制之而使常常而来见,恩义兼行,公私两济。"①皇室兄弟之间只知道亲爱,就会过分溺爱、偏私;只知道牵制,就会显得刻薄无情。只有舜处置象,事事皆合宜。他一方面亲爱并分封象,又让朝臣主持政务,防止象迫害百姓、损害社会正义;另一方面,他为了维护社会正义,管束象,又常常接见象,以防君主裁制过度而伤害君臣之义和兄弟亲情。因此,舜的行为使家庭私恩原则与社会公义原则共同得到彰显,对于私人家庭与公共政治均有所助益。

　　并且,张九成援引《礼记》和《中庸》,提到:"古人所谓'深而通,茂而有间,连而不相及,动而不相害',又曰'万物并育而不相害,道并行而不相悖'。"②他指出,《礼记·礼运》中孔子说过,深积的事而能贯通,繁杂的事而有条理,事与事相联贯而不互相牵扯,实行起来不互相妨害;《中庸》记载,万物共同生育长养而不妨害,人道并行而不相互悖逆。换言之,人们处理私人家庭事务和公共政治事务时,虽然看似复杂,难以梳理清楚,实则只要让私事与公务各行其道,不相互越界,做到公务、私事条理分明,就能有效防止私恩与公义彼此牵扯不清或相互妨害。③ 这正是天理、中道的具体体现。

　　张九成的这种看法,在余允文那里也有类似表达。余允文指出,此章所论非史实。④ 他认为,法乃天下公共所为。舜不得因私其父而置公法于不顾,不得以私恩害及公法与政治公义。但即便舜贵为天子,富有四海,亦不可易孝道。故而,舜宁可弃天子之位,也要带着父亲逃亡,不因公义废私恩。⑤ 这种公义与私恩并行而不相害、不相悖的观点,被吴棫表述为"圣人不以公义废私恩,亦不以私恩害公义"⑥。这种说法受到朱子大力赞赏,在宋明理学中有很大影响。

---

① (宋)张九成撰:《孟子传》卷二十二,《四库全书》(一九六册),第450页。

② 同上,第450页。

③ 陈澔注解《礼运》篇时也指出:"连而相及,则有彼此之争;两事一时而俱动,则有利害之争。不相及,不相害,则无所争矣。"[(清)孙希旦撰:《礼记集解》,北京,中华书局,1989年,第621页。]

④ 余允文之说主要是反驳司马光的论断。司马光从历史考证与君臣政治角度推断"窃负而逃",并将舜同天子之位("人爵")或政治之公义相捆绑。

⑤ 他说:"士者受法于先王,非可为一人而私之。舜既不得私其父,将置之于法,则失为人子之道;将置而不问,则废天下之法。……谓天下之富,天子之贵,不能易事父之孝,遂答之以天下可忘,而父不可暂捨,所以明父子之道也。"[(宋)余允文:《尊孟辨》卷上,《四库全书》(一九六册),第527—528页。]

⑥ (宋)朱熹撰:《四书章句集注》,第305页。

理学家们倡导公义与私恩并济,表明他们清晰地认识到,社会伦理实践中公共政治生活与私人家庭生活二元并存的事实。因此,他们赞同"门内之治恩掩义,门外之治义断恩"(《礼记·丧服四制》),认为处理家庭私事应当以恩原则为主导,处理社会政治公务应当以义原则为主导,恩与义各司其职。并且,他们强调,私恩与公义不能彼此越界,否则便会牵扯不清,相互妨害,危及社会秩序。也就是说,不得为了家庭私恩而扰乱甚至无视社会政治公义,也不可依社会政治公义而破坏甚至断绝家庭私恩。

但同时,就舜应当如何处理杀人犯法的父亲与弟弟的问题,理学家们并不简单视之为"门外之治"的公共事务,主张以公义断私恩,而是强调不以公义废私恩和不以私恩害公义。这说明,他们意识到,舜的亲属犯罪虽然发生于政治领域,但舜与犯罪亲属的父子、兄弟关系,决定了他还面临着家庭领域的私人关系。这就如陈弱水所说,公共场合与私人场合之差别不完全取决于(物理)空间,还与空间中的人群组成有关。[1] 理学家们看到,舜的父亲与弟弟杀人,致使舜身处社会政治与私人家庭双重关系中。对此,舜既得处理公务,又要顾及私事。因此,他们主张,舜既要公义与私恩两尽,又必须公私分明,不能以私害公,亦不得因公废私。

可见,在诠释"孟子论舜"两章过程中,理学家们意识到,私人家庭领域与社会政治领域有各自的秩序与行为规范。故而,他们既明确区分家庭私事与社会政治公务,强调公义与私恩不可混淆。但同时,他们看到,公私事务(或公域与私域)存在交叉重叠的情形。对此,他们主张公义与私恩并济,以恩义两尽、恩义不相害的方式,来化解这类事务中私恩与公义间的伦理冲突。这种私恩不害公义、公义不废私恩的主张,蕴涵着解决公私伦理困境的底线思维。即坚守公义必须以不废弃私恩为伦理底线,尽私恩也必须以不损害公义为伦理底线。这种伦理底线思维有助于个体践履公义与私恩两种伦理责任,并能尽量避免其中一者凌驾于另一者。这对人们恰当处理公私事务的关系,有借鉴意义。

2. 公私并济的实现路径:仁之至、义之尽

张九成、余允文、吴棫等理学家阐发的公义与私恩并济主张,突出恩义两尽与恩义不相害的伦理原则。但是,他们没有说明,应当如何在伦理生活实践中有效避免公义与私恩发生冲突。对此,朱子提出仁至、义尽的说法,揭示出有效避免恩义冲突的伦理实践智慧。

---

① 参见陈弱水:《公共意识与中国文化》,第29—30页。

朱子诠释"封象有庳"章时,提出"舜之于象,仁之至、义之尽也"①的看法。接着,他说:

"封象有庳,富贵之也",便是仁之至;"使吏治其国而纳其贡赋",便是义之尽。后世如景帝之于梁王,始则纵之太过,不得谓之仁;后又窘治之甚峻,义又失之,皆不足道。唐明皇于诸王为长枕大衾,虽甚亲爱,亦是无以限制之,无足观者。舜之于象,是平日见其不肖,故处之得道。封之有庳,但富贵之而已。周公于管蔡又别。盖管蔡初无不好底心,后来被武庚煽惑至此。使先有此心,周公必不使之也。②

比较舜对待象、汉景帝对待梁王、唐明皇对待诸王的典故之后,朱子指出,只有舜对待象做到了仁之至、义之尽。也就是说,象虽不肖,舜仍然承担起兄长的家庭伦理责任,仁爱象而富贵之;舜爱象的同时又尽社会政治责任,让官吏治国来限制象,以防象暴虐百姓,危及社会正义。因此,"仁之至"是说,无论亲人是否有过错,都要亲爱亲人;却又不可过分放纵,甚至有意纵恶,继而事后制裁,而是要有所限制、亲爱有度。"义之尽"是说,对有过错的亲人要加以管束,却又不可太过严峻甚至公报私仇,而是要处置合宜。因而,无论是亲爱亲人,还是管束亲人,都要符合家庭伦理与社会政治的一般原则与规范,不能掺杂任何私意、私欲。

朱子提出的仁至、义尽命题,被宋明清理学家广为引述,对后世影响极大。其中,明人蔡清进一步解释了仁至、义尽命题的特殊伦理意涵。他说:"然不徒曰仁,而曰仁之至;不徒曰义,而曰义之尽者,以其处人伦之变而能不失其常也。"③他认为,朱子之所以不称舜的行为为仁与义,而称之为仁之至与义之至,是为了凸显圣人在人伦生变的不道德氛围下,仍然发挥自身的仁义道德理性,既对弟弟亲爱有度,又对其适当加以节制,从而实现私恩与公义、亲亲与仁民两尽。蔡清之说,彰显出儒家仁义道德的自主性。清人李沛霖和李祯还揭示出,朱子的仁至、义尽命题中仁义的一体相关性。他们说:"仁之至可包义之尽⋯⋯朱子分开说,自有至意,非谓本章仁义可劈开了对看。"④朱子虽然将仁之至与义之尽分开来说,却不能将仁亲与义制打成

① (宋)朱熹撰:《四书章句集注》,第305页。

② (宋)黎靖德编:《朱子语类》第五十八卷,第1359页。

③ (明)蔡清撰:《四书蒙引》卷十三,《四库全书》(二〇六册),第603页。

④ (清)李沛霖、李祯撰:《朱子异同条辨》,《四库禁毁书丛刊》(经4),北京,北京出版社,2005年,第61页。

两厥。可见,理学家们深刻认识到,仁义相辅相成,有助于人们恰当处理社会生活实践中公义与私恩的关系,实现亲亲与仁民的统一。

朱子等理学家提出的仁至、义尽命题,蕴含着规避家庭私恩与政治公义冲突的思路。首先,个体要主动承担家庭伦理责任与社会政治责任。为此,人们要克服种种外在制约与主观私意,培养造次颠沛、至微至细皆不可违的仁义道德意志,一力承担起这两种伦理责任。同时,人们要本着由仁义行的主体道德心,不做害人或穿窬的不道德行为,亦不能假仁假义以达成私意、私利。其次,家庭责任与社会政治责任并行且界限分明。为了避免亲人陷于不义,人们亲爱亲人的同时,不得以私恩害公义;节制亲人,不得以公义废私恩。人们只有明白并遵从仁亲与义制各自的规范与限制,才能实现公私分明。再次,要避免私恩与公义发生冲突,须防患于未然。在日常生活中,人们应该主动承担家庭伦理责任与社会政治责任,时常关爱、教化与督促亲人,不让他们做出有违伦常或杀人犯法之事,以防微杜渐的方式避免私恩与公义发生冲突。

除此之外,一些理学家在论述"孟子论舜"两章中公义与私恩的关系时,阐发出情法相容或情法两尽的观点,并排除君臣私交与父子私亲;还有一些理学家批判了监制亲藩的君主专制与权势富贵,以及权势对人伦亲情与道义的腐蚀。然而,这些元明时期少数理学家的《论》《孟》"亲亲相隐"诠释著作,存在将私恩与公义割裂开来的思想倾向,①容易加剧忠君与孝亲的矛盾,存在流弊。

由此可见,理学家们不仅倡导大公无私或立公废私,还主张公义与私恩并济。后者彰显出家庭私人领域与政治公共领域二元并存且原则分明的事实,以及家庭伦理责任与社会政治责任的普遍必然性与不容推卸的特点。基于此,面对亲人犯罪的情境下公义与私恩相冲突的伦理困境,理学家们不主张简单遵从公义或一味主私恩,而是倡导私恩与公义两尽而不相害,以维系公私生活的权益与秩序。而且,他们认识到,主体充分发挥自身的仁义道德,一力承担两种伦理责任,并明白亲爱与管束亲人的原则及其限度,注意防微杜渐,能有效避免生活实践中私恩与公义发生冲突。

---

① 如元陈栎认为:"证父,家之私事,事主恩,故见父而不见他人;除乱,国之大事,事主义,故见君而不见其子。"他将私恩与公义分别对象化为一味事父和忠君的愚孝与愚忠,致使私恩与公义割裂开来甚至对立起来,并忽视其中包含的是非道德判断与父子相互劝善的内容。[(明)胡广等奉敕撰:《四书大全》卷十三,《四库全书》(二〇五册),第393页。]

小　结

　　《论》《孟》"亲亲相隐"文本的经典诠释包含三种诠释范式。它们分别是,对孔孟"亲亲相隐"主张的历史分析,汉学家们对《论》《孟》"亲亲相隐"经典文本的训诂诠释,以及理学家们对《论》《孟》"亲亲相隐"经典文本的义理阐释。

　　就孔孟"亲亲相隐"主张的历史分析而言,孔孟虽然都维护亲亲伦理,但二人所处的历史时期不同,各自的问题意识也存在一定差异。具体而言,孔子的"父子互隐"主张是对当时政治集权化引发的盗贼公行与严刑峻法的反思与批判。因此,他反对政治权力和法律裁决介入偷盗等民事纠纷,并大力维护亲亲人伦道德。同时,他倡导无讼、修德与劝善,以协调社会伦理关系与人际正义。"孟子论舜"两则典故不是史实,却隐含孟子对他所处的时代问题的反思与批判。透过历史分析,可以发现,孟子借助舜的典故,反思与批判战国时期诸侯国王室成员之间争权夺利的乱象,倡导亲亲人伦道德与宗法封建制度。并且,相比于孔子反感政治并坚决维护宗法贵族制,孟子深察时变,能辩证地看待宗法贵族制度的优势与不足,积极倡导贤能治国、政治权力公共化、司法独立、民本等政治举措,来规范政治权力的运用,并防止权力腐败。故而,对孔孟的"亲亲相隐"思想主张的历史分析,并非简单考证这些主张是否符合孔孟时代的社会历史事实,而是要结合孔孟各自的时代背景,具体分析孔孟"亲亲相隐"思想主张分别针对哪些特殊社会历史问题,并揭示它们的时代价值与历史局限。

　　《论》《孟》"亲亲相隐"文本的经典诠释,主要有训诂学与义理学两种范式。具体而言,汉唐及清代汉学家们的《论》《孟》"亲亲相隐"训诂诠释,不但准确诠释了经典文本中关键字词的含义,而且结合《春秋》经典与现实需要来阐释文义,展现出以经解经与通经致用的诠释特色,有助于实现孔孟"亲亲相隐"思想观念的伦理化与制度化。宋元明清理学家的《论》《孟》"亲亲相隐"义理诠释,以朱子为典范。朱子既不废训诂,又注重义理阐发,并融合经典文本、时代思想之精义与主体的生命体认,展现出对孔孟"亲亲相隐"伦理观念的时代创新与理论深化。系统梳理与概括理学家们对《论》《孟》"亲亲相隐"的义理诠释,并辨析各方观点的精粗优劣,可以发掘出四种主要的思想义理。首先,他们以天理、性理、礼义等概念来论证"父子互隐"之"直",展现出"父子互隐"合于人伦规范、父子真情与一般道德规定,具有多重合理性。其次,他们推崇圣贤之公心,证明舜的行为既出于主体的道德责任意识,又合乎君臣、父子伦理角色的合宜要求。再次,他们批判后果论意义上的轻重之权,主张权不离经和知经行权,彰显儒家权变思想的特殊情境性和原则性与灵活性相统一的特点。最后,理学家们倡导公义与私恩并济,证明舜发挥了仁义道德,并遵从私恩与公义两尽而不相害的政治伦理原则,能够有效化解公私冲突,从而合理维系公私生活的秩序与权益。

　　儒家"亲亲相隐"思想的经典诠释为人们解读儒家"亲亲相隐"经典文本提供了很好的示范。一方面,历代儒家主流思想家的经学诠释,严谨而精准地诠释了《论》《孟》"亲亲相隐"经典文本的字义与文义,揭示儒家"亲亲相隐"思想的固有意涵;另一方面,他们基于各时代的问题意识,从不同理论视角论证"亲亲相隐"的合理性,不断发掘"亲亲相隐"的理论意涵与时代价值,实现了儒家经典的创造性诠释。因此,通过历代儒者们的经典诠释,《论》《孟》"亲亲相隐"思想的理论面向与思想内涵不断丰富。同时,历代儒者们注解《论》《孟》经典的诠释形态与理论视角虽然不同,却始终未脱离孔孟儒家倡导的孝友、仁义等核心价值理念。

　　不可否认,在《论》《孟》"亲亲相隐"的经典诠释中,很难找到自由、权利、公正等现代伦理概念。因为历代儒者解读《论》《孟》"亲亲相隐",主要是为了解答当时的理论或现实问题,必然有时代烙印与时代局限。人们不应因为传统儒家思想中没有现代西方概念或思想,而对其加以苛责。但同时,孔孟"亲亲相隐"思想中的仁义、孝友、公私、情理等观念蕴含普遍伦理价值,可以透过现代哲学话语体系与问题意识对这些伦理观念进行创造性诠释,揭示它们的现代意涵与现代价值。

第三章　儒家"亲亲相隐"思想的
理论基础

　　历代儒家对《论》《孟》"亲亲相隐"文本的经典诠释说明，儒家"亲亲相隐"思想广泛涉及亲情和家庭伦理、人伦规范、亲属容隐法度、仁义、主体道德责任及道德修养、经权、公私等方面内容。故而，儒家"亲亲相隐"思想并非少数学者所说的，仅仅是为了维护亲情与家庭成员利益，而是蕴涵主体的道德理性判断、道德行为选择、道德人格塑造与自我道德规范。儒家"亲亲相隐"思想之所以内涵丰富，根源在于儒家特有的思维方式与伦理观念。

　　大体而言，儒家"亲亲相隐"思想主要有三个方面的伦理理论基础。其一，有别于西方理性主义伦理学家推崇情理二分的道德哲学思维，儒家血亲道德蕴含情理融贯的道德哲学思维；其二，儒家"亲亲相隐"思想以仁爱理念为基本伦理原则，体现出亲亲与爱人、爱有差等与普泛爱人的统一；其三，儒家"亲亲相隐"思想是儒家权变伦理思想的体现，展现出原则性与灵活性的统一。深入探讨上述儒家伦理思想的主要内容、基本特征以及它们在儒家"亲亲相隐"思想中的体现，不但能深化对儒家伦理思想的确切意涵、伦理特质以及现实意义的认识，而且可以正确把握儒家"亲亲相隐"思想中普遍性与特殊性的关系，进而理解这一思想的合理性与价值。

第一节　情理融贯的道德哲学思维

　　儒家"亲亲相隐"伦理思想表达出儒家对血缘亲情与血亲道德的重视，蕴含情理融贯的道德哲学思维特质。然而，在儒家"亲亲相隐"伦理论战中，部分学者非但不能把握儒家血亲伦理的情理融贯思维特质，反而基于西方理性主义伦理学的情理二分思维，将儒家的血亲情理精神视为私情甚至私欲而加以贬斥。事实上，一方面，儒家血亲情理精神极为重视亲情，充分肯定情或亲情的合理性；另一方面，有别于西方道德哲学中情与理的二分对立,儒家血亲情理精神以情与理的统一为思想基础。通过分析儒家情感概念的内涵与特征,并探讨儒家情理统一思维的表现形态,能更好地理解儒家"亲亲相隐"思想的伦理特征及其合理性。

一、儒家思想的重情特征

情感是儒家思想中的一个重要观念。蒙培元指出:"将情感作为真正的哲学问题来对待,作为人的存在问题来对待……并将其作为心灵的重要内容,成为解决人与世界关系问题的主要话题,则是儒家哲学所特有的。"[1]儒家自先秦以来便注重情感。[2] 相较于柏拉图、亚里士多德、笛卡尔、康德、黑格尔等西方理性主义哲学家肯定理性对道德的重要性,儒家思想家们更倾向于肯定情感的存在和它在道德中的重要价值。儒家讨论的情感主要有道德情感、自然情感、情欲和血亲情感四种类型。系统分析这几类情观念的意涵,有助于人们把握儒家情感观念的内涵及其价值特征。

儒家自先秦开始,便极为注重情感。孔子和孟子虽然较少言及"情"一词[3],却对个体情感多有论述。其中,孔子所论的情感可以被分为四类。一是与道德密切相关的情感。它包括两方面内容。其一是爱好德性品质与道德理想的情感。如:"好仁者,恶不仁者。"(《论语·里仁》)"贫而乐,富而好礼。"(《论语·学而》)"我爱其礼。"(《论语·八佾》)"质直而好义。"(《论语·颜渊》)"饭疏食饮水,曲肱而枕之,乐亦在其中。"(《论语·述而》)其二是对不道德行为的忧患、愧疚或厌恶之情。如:"德之不修,学之不讲,闻义不能徙,是吾忧也。"(《论语·述而》)"君子忧道不忧贫。"(《论语·卫灵公》)"耻其言而过其行。"(《论语·宪问》)"耻躬不逮。"(《论语·里仁》)"行己有耻。"(《论语·里仁》)"恶称人之恶者,恶居下流而讪上者,恶勇而无礼者,恶果敢而窒者。"(《论语·阳货》)二是道德意识的情感流露。如:"泛爱众,而亲仁。"(《论语·学而》)"樊迟问仁。子曰:'爱人。'"(《论语·颜渊》)"夫子温、良、恭、俭、让以得之。"(《论语·学而》)三是血缘亲情,包

---

① 蒙培元:《情感与理性》,北京,中国社会科学出版社,2002年,第9页。
② 《孟子》《礼记》《中庸》《荀子》等先秦儒家典籍皆论及情。出土文献郭店楚简对情有诸多论述。即便宋明时期重理的程朱学派也着重探讨情的价值合理性问题。此外,心学家王阳明和刘宗周以及明清思想家颜元和戴震亦极为注重情。
③ 《论语》中"情"字主要出现于"上好信,则民莫敢不用情"(《论语·子路》)和"如得其情,则哀矜而勿喜"(《论语·子张》)两处,皆表示实情之意。《孟子》有四处论及"情"字,即:"物之不齐,物之情也。"(《孟子·滕文公上》)"声闻过其情。"(《孟子·离娄下》)"乃若其情,则可以为善矣,乃所谓善也……而以为未尝有才焉者,是岂人之情也哉?"(《孟子·告子上》)第二处情更可能是情感的意思,前两处和第四处情皆为实情之意。

括对父母的关怀、敬爱与不安之情。① 四是带有道德价值的负面情绪。如:
"放于利而行,多怨。"(《论语·里仁》)"克、伐、怨欲不行。"(《论语·宪
问》)"躬自厚而薄责于人,则远怨矣。"(《论语·卫灵公》)前两类是孔子肯
定的道德情感;第四类是孔子批评与极力避免的负面情绪情感。这三类情
感与善恶道德价值取向密切相关,对人们的德性修养有重要意义。第三种
情感较为独特,是基于自然血亲关系的真挚而深厚的情感,属于伦理情谊。
孔子极重视血亲情感,认为它是(人际关系的)普遍道德情感与人类生命价
值(仁爱)的增长点。

孟子同样肯定情感的道德价值。他说的情感主要指"四端"之情。他认
为,人皆有恻隐、羞恶、辞让三种道德情感,②分别是人固有的普遍同情、羞
耻与义愤之情和敬让情感,又分别是仁、义和礼三种道德规范的具体表达。
因此,在道德与情感的关系问题上,孟子理解得更为深入。他注意到道德德
性与道德情感的内在统一性。同时,孟子还论及乐、怒、忧、悦四种关联道德
的情感。如:"与民偕乐。"(《孟子·梁惠王上》)"乐取于人以为善。"(《孟
子·公孙丑下》)"乐以天下,忧以天下。"(《孟子·梁惠王下》)"一怒而安
天下之民。"(《孟子·梁惠王上》)"以德服人者,中心悦而诚服。"(《孟子·
公孙丑上》)显然,同孔子一样,孟子推崇的乐、忧、怒和悦不是纯主观的个体
情绪、情感,而有鲜明的道德色彩。但不同于孔子从个体德性修养层面论
好、乐、忧等情感,孟子的乐、忧、怒的情感同天下福祉或民众安乐紧密关联,
蕴含政治伦理的价值诉求。孟子还重视亲情,认为亲人之间自然会有思慕、
怨与亲爱的特殊情感。③ 基于此,他提出"亲亲而仁民,仁民而爱物"(《孟
子·尽心上》)命题,说明血亲情感与普遍仁爱道德情感具有一贯性。

相比之下,《中庸》和《荀子》主张情可善、可恶,注重情感的适度表达和
对情感的节制与疏导。子思在《中庸》中说:"喜怒哀乐之未发,谓之中。发
而皆中节,谓之和。中也者,天下之大本也;和也者,天下之达道也。致中
和,天地位焉,万物育焉。"他肯定人有喜怒哀乐四种自然情感。他认为,在
喜怒哀乐四种情感未流露时,个体能做到不偏不倚之"中";喜怒哀乐之情的
流露无所偏邪或乖戾,个体行为便能适中、合于节度,叫作"和"。换言之,喜
怒哀乐之情的流露有适度与不适度(过与不及)两种情况,致使个体行为出

---

① 如:"父母唯其疾之忧","今之孝者……不敬,可以别乎"(《论语·学而》)。此外,面对宰我
对"三年之丧"的否定,孔子回复:"君子之居丧……居处不安,故不为也。"(《论语·阳货》)
② 是非之心主要指道德理性判断。
③ 他指出:"父母爱之,喜而不忘;父母恶之,劳而不怨。""大孝终生慕父母。""仁人之于弟
也,不藏怒焉,不宿怨焉,亲爱之而已矣。"(《孟子·万章上》)

现善与恶的不同道德取向。故此,子思倡导,个体要主动控制四种情感的表达,使它们适度。只不过,子思未说明如何让喜怒哀乐之情的表达"中节"。同时,子思以喜怒哀乐之"中和"作为健康、有序的社会伦理生活的重要情感基础。在他看来,社会伦理生活就是良善的情感生活。

荀子广泛论及种种自然情感或情欲。他说:"不事而自然谓之性。性之好、恶、喜、怒、哀、乐谓之情。""情者,性之质也;欲者,情之应也。"(《荀子·正名》)他认为,好、恶、喜、怒、哀、乐六者是人性的实质内容,是人生来就有的普遍而自然的情感;个体接触外物而自然产生的情感反应,构成(人)欲或情欲。他又说:

> 饥而欲饱,寒而欲暖,劳而欲休,此人之情性也。(《荀子·性恶》)
> 今人之性,生而有好利焉,……生而有疾恶焉……生而有耳目之欲,有好声色焉……。然则从人之性,顺人之情,必出于争夺,合于犯分乱理,而归于暴……人之性恶明矣,其善者伪也。(《荀子·性恶》)
> 贵为天子,富有天下,名为圣王,兼制人……重色而衣之,重味而食之,重财物而制之,合天下之而君之,饮食甚厚,声乐甚大,台榭甚高,园囿甚广,臣使诸侯,一天下……制度以陈,政令以挟,官人失要则死,公侯失礼则幽,四方之国,有倍离之德则必灭,名声若日月,功绩如天地,天下之人应之如景向,是又人情之所同欲也。(《荀子·王霸》)

他指出,社会生活中存在大量"欲饱""欲暖""欲休""好利""疾恶""耳目之欲""好声色"等生理或心理的情欲,以及偏好权势、富贵、名望、财货、宫室园林、丰功伟绩等社会性的情欲。并且,这些情欲是人的情性的自然表达,是人们共同向往的,是客观必然的。然而,任由个体(尤其统治者)情欲无节制地表达或无限膨胀,必然引发资源掠夺、权力压迫与社会动乱的不良后果,有害于社会治理。故而,无节制的个体情欲会危害社会秩序与社会发展。所以,荀子既看到人的情欲存在的客观必然性和自然合理性,又批判无节制的情欲。他还提到,愉悦与哀戚的主观自然情感有过度与不及两种情形,都会妨害人们的生活实践与身心健康,可以用礼来引导和调节。①

除此之外,郭店楚简中《性自命出》和《语丛二》两篇也颇为重视情。

---

① 荀子说:"送葬之者不哀不敬,则嫌于禽兽矣,君子耻之。""其立声乐恬愉也,不至于流淫惰慢;其立哭泣哀戚也,不至于隘慑伤生;是礼之中流。"(《荀子·礼论》)他认为,人有愉悦和哀戚的自然情感。但忧愉之情过少则有无情之嫌,过度则会放荡与伤身,需要礼来合理节制。

《性自命出》篇论及情与性、情与具体德目、性与具体情感的关联,内涵较为丰富。《语丛二》中的情主要指自然情感。《语丛二》倡导情生于性,却未对性作阐述,又将爱、敬的道德情感和恶、怒、喜、乐、悲、愠、忧、哀的自然情感相提并论,难以由此推断情的价值特征。① 分析《性自命出》中情概念的内涵,有助于补充、深化对儒家情观念的理解。

《性自命出》从两个角度论情。一是从性、情关联的角度论情。首先,情生于性。《性自命出》云:"喜怒哀悲之气,性也。及其见于外,则物取之也。性自命出,命自天降。道始于情,情生于性。始者近情,终者近义。""好恶,性也。"②喜怒哀悲、好恶皆为性的外在体现,情因性而生,道因(人)情而生。换言之,情是性表现出来的喜怒哀悲的情感,情的特性由性决定。同时,性有好恶,由天所命,是人生而具有的自然情感。其次,情、性都同德性相关。《性自命出》云:"仁,性之方也。""信,情之方也。""唯性爱为近仁。"③从三条引文来看,性与仁相近,说明性具有普遍道德价值。信为"情之方",是说情具有真实性与可靠性。这说明,情具有客观真实性,但不能断定情为实情还是情感,亦或兼而有之。二是从善恶的角度论情。"凡人情为可悦也。苟以其情,虽过不恶;不以其情,虽难不贵。苟有其情,虽未之为,斯人信之矣。"④显然,这里的人情或情指人的情感。此条肯定(人的)情感的可贵性与可靠性,认为出于情感的行为即便存在过失,也不是恶行。换言之,人情或情感虽然未必具有道德价值,却隐含着某种善的目的,能防止个体意识与行为流于恶。因而,情不仅与性统一,而且具有趋善的自然目的论倾向。所以,《性自命出》中情主要指趋于善的自然情感或真情实感,而非可能导流于恶的情欲。

宋代理学家程颢强调情的应然道德价值属性。他说:"圣人之常,以其情顺万事而无情。……圣人之喜,以物之当喜;圣人之怒,以物之当怒:是圣人之喜怒,不系于心而系于物也。……人之情易发而难制者,唯怒为甚;第能于怒是遽忘其怒,而观理之是非,亦可见外诱之不足恶。"⑤他认为,圣

---

① 《语丛二》中论情有:"情生于性,礼生于情,严生于礼,敬生于严,望生于敬,耻生于望……""恶生于性,怒生于恶,乘生于怒,惎生于乘,侧生于惎。""爱生于性,亲生于爱,忠生于亲。""喜生于性,乐生于喜,悲生于乐。""愠生于性,忧生于愠,哀生于忧。""瞿生于性,监生于瞿,望生于监。"(荆门市博物馆编:《郭店楚墓竹简》,北京,文物出版社,1998 年,第 203—204 页。)七条引文皆说明,诸多自然情感生于性。但无法由此得出,性的内涵以及性与情的价值属性。
② 同上,第 179 页。
③ 同上,第 180 页。
④ 同上,第 181 页。
⑤ (宋)程颢、程颐:《二程集》,第 460—461 页。

人的情虽然也指喜、怒等自然情感,却不是个体情感的主观任意表达,而是以客观事物的"当喜""当怒"作为圣人情感表达的依据。现代学者蒙培元将这种"无情"之情视为"共同的、普遍的情感",认为其中包含"主观的客观性原理"。① 可见,程颢推崇的"顺万物"之情或自然情感的合理表达,蕴含客观合理的价值理性判断,体现出情理统一的特点。

宋代理学家朱熹综合孟子的性善论、子思的"中和"说与荀子的节情论,对情②作了划分。陈淳录:"情者,性之动也。……这动底只是就性中发出来……喜、怒、哀、惧、爱、恶、欲七者。……恻隐、羞恶、辞逊、是非四端而言,大抵都是情。"③朱子认为,"七情"与"四端"都是情,都是性的发用,二者均是自然而真实的存在。并且,他说:"四端是理之发,七情是气之发。"④"四端"之情发源于理或本然善性,属于道德情感;"七情"发于清浊不同的气禀,属于可善可恶的自然情感。他又说:"喜、怒、哀、乐,情也。其未发,则性也……发皆中节,情之正也,无所乖戾,故谓之和。"⑤他认为,喜怒哀乐的表达恰当、合乎情理,便是和。换言之,喜怒哀乐等自然情感可以接受性或心性的自我节制与自我规约,展现出合宜的价值取向。所以,在情感活动与价值论的意义上,朱子的情既包括性情、情理完全贯通的"四端"之情,又涉及情理既有区分又相统一的"七情"。

明代心学家王阳明综合子思的"中和"说与孟子的性善论,认为自然情感本身具有道德价值。他指出:"喜怒哀乐,性之情也。"⑥"喜怒哀乐本体自是中和的,才自家著些意思,便过不及,便是私。"⑦"喜怒哀惧爱恶欲,谓之七情。……七情顺其自然之流行,皆是良知之用……七情有著,俱谓之欲,俱为良知之蔽。"⑧他认为,七情或人的情感、情绪的自然流露,是良知或道德本性的作用表现,合于道德价值。换言之,喜怒哀乐之情本身是道德情感,四者的表达是中正、合宜的。只不过,个体的主观意愿会干扰喜怒哀乐四种自然情感,使它们出现过度或不及的情形,进而影响主体的行为表现。个体若着意于一己之私意、私欲,良知便容易受蒙蔽,个体情感的表达也会

---

① 蒙培元:《情感与理性》,第 15 页。

② 陈来指出,朱子的情有"四端"之情、"七情"、智识念虑或人欲三类。(参见陈来:《朱子哲学研究》,上海,华东师范大学出版社,2008 年,第 209—211 页。)本书主要探讨前两种情感活动意义上的情。

③ (宋)陈淳:《北溪字义》卷上,北京,中华书局,1983 年,第 14 页。

④ (宋)黎靖德编:《朱子语类》卷五十三,第 1297 页。

⑤ 朱熹撰:《四书章句集注》,第 18 页。

⑥ (明)王守仁撰:《王阳明全集》卷二,上海,上海古籍出版社,1992 年,第 68 页。

⑦ (明)王守仁撰:《王阳明全集》卷一,第 19 页。

⑧ (明)王守仁撰:《王阳明全集》卷三,第 111 页。

出现偏邪或乖戾。王阳明的情论,具有性(理)与情合一的特点,充分肯定情的存在及其道德价值。他还说:"致此良知之真诚恻怛,以事亲便是孝。……致他那一念事亲、从兄真诚恻怛的良知,即自然无不是道。……但惟致此事亲、从兄、一念真诚恻怛之良知以应之,则更无有遗缺渗漏者。"①他认为,孝其实是将发端于良知的同情、怜悯情感来对待亲人而已。因此,血缘亲情的现实基础虽然是自然血缘关系,但它又是普遍同情或怜悯情感在亲爱亲人中的具体体现。因此,王阳明指出,血缘亲情与普遍道德情感具有内在一致性。

王阳明的性情合一思想被刘宗周继承。刘宗周指出:"指情言性,非因情见性也。"②他认为,情即是性,性与情并非外在表现与内在本质的关系。但他又说:"喜怒哀乐……实以气序而言。至湣为七情,曰喜怒哀乐爱恶欲,是性情之变。""离心无性,离气无理。……恻隐、辞让、是非,皆指一气流行之机。"③不同于王阳明,刘宗周认为,喜怒哀乐四情和恻隐、辞让、是非之情才是气(理)的流行,属于道德情感;喜怒哀乐爱恶欲七情是"性情之变",不是道德情感。

明清之际,儒者们也充分肯定情感。王夫之说:"夫情,则喜、怒、哀、乐、爱、恶、欲是已。""情者,不纯在外,不纯在内,或往或来,一来一往,吾之动几与天地之动几相合而成者也。"④他说的情感主要指喜、怒、哀、乐、爱、恶、欲七种自然情感或情欲。它们是主体与天地的"动几相合而成",有独立产生的根源。同时,他说:"不善虽情之罪,而为善则非情不为功。"⑤他认为,虽然情感可以使人们作恶,但没有情感,人们也不能为善。因此,在他看来,情感是独立存在的。并且,人们要辩证地看待情感,认识到情感驱使人向善的一面,看到情感对人们的道德实践的重要意义。戴震说:"人生而后有欲,有情,有知,三者血气心知之自然也。"⑥他认为,人的情感或情欲是人生来就自然具有的。他又说:"理也者,情之不爽失也;未有情不得而理得者也。""自然之分理,以我之情絜人之情,而无不得其平是也。"⑦他指出,情感的合宜表达就是理,肯定情感本身有其合理性。并且,情感的表达是否合宜,要看自己的情感或情欲是否妨害他人的情感或情欲。故而,戴震不但肯定情

---

① (明)王守仁撰:《王阳明全集》卷二,第84页。
② (明)刘宗周:《刘宗周全集》第二册,杭州,浙江古籍出版社,2007年,第549页。
③ (明)刘宗周:《刘宗周全集》第二册,第399页;第三册,第363页。
④ (清)王夫之著:《读孟子大全说》卷十,北京,中华书局,1975年,第673、675页。
⑤ 同上,第677页。
⑥ (清)戴震著:《孟子字义疏证》,北京,中华书局,1982年,第40页。
⑦ 同上,《疏证》,第1、2页。

感或情欲存在的客观必然性,而且充分肯定人们情感或情欲的共同满足与互不妨害。

综上,儒家情感观念的内涵十分丰富,大体可分为三类。一是与道德密切相关的情感。比如,孔子的好善恶恶的情感,孟子的"四端"之心和乐、忧、怒、悦的社会性情感,程颢的"顺物"之情,朱子的"四端"之情,王阳明的"性情"与"七情"。这类情与道德直接相关,属于道德情感。二是指个体的主观、自然情感和情欲。其中,子思注重喜、怒、哀、乐四种情感及其适度表达。荀子则重视个体的种种自然情感与情欲,并主张"以礼节情"。三是血缘亲情。儒家将它作为普遍人际道德与人的生命价值的生长点。可见,儒家的情论既肯定情感的真实存在,又注重挖掘情感的道德价值或道德化表达。这也使得儒家的情感不单是主观的情感与情欲,还具有合道德的自然目的论倾向。因而,儒家的情感非但不与理性二分,反而能够与理性相通。

二、儒家情理融贯思维的两种范式

儒家思想家们虽然对情感观念有不同理解,却都肯定情感的真实存在。并且,儒家强调,情感是个体道德与社会伦理的基础①,肯定情与德、情与理相融贯。同时,儒家分别从道德情感与主观、自然情感及情欲两方面理解情感,又使得情与理的融贯呈现出情理合一和情理协调统一两种主要范式。前者以孔子与孟子为代表,突出道德理性②与道德情感的一贯;后者以子思与荀子为代表,主张以道德理性或伦理规范节制与疏导自然情感乃至情欲。宋明清儒家对情、理关系有复杂而深入的论辩,却都是对这两种范式的综合发挥。探讨儒家看待情理关系的两种典型范式,有助于人们深入理解儒家道德哲学的情理融贯思维及其特点。

儒家对情理关系的第一种看法是,以道德情感论情,以仁义论理,主张情与理具有内在统一性。这种观点在孔孟思想中有鲜明体现。孔子主

---

① 上文已指明,孔子认为仁的本质是爱人,孟子以四种道德情感为仁义道德的发端,荀子看到个体情感、情欲是礼产生的现实原因,子思认为情感的适度表达是社会伦理秩序的基础,《性自命出》云"道始于情"。宋明清哲学中除了程朱以外,王阳明、刘宗周、戴震等无不强调情的根本性或基础性。

② 关于儒家的道德理性,牟宗三说:"理固是超越的、普遍的、先天的,但这理不只是抽象的普遍的,而且既在具体的心与情中见,故为具体地普遍的。"(牟宗三:《心体与性体(一)》,《牟宗三先生全集5》,台北,联经出版事业股份有限公司,2003年,第131页。)可见,儒家思想中道德理性虽然是一种普遍必然的实践理性能力,却不是出于普遍必然形式法则、无关情感的实践理性,而是人的生命活动与社会交往的普遍而具体的实践理性。并且,这种道德理性与道德情感密切相关。

张好仁义,爱(好)礼,乐道,对不仁或不道德的恶、忧和耻,还有仁爱。这意味着,孔子倡导的好、恶、忧、耻、爱诸种情感不是主观的自然情感,而是以实现仁义礼诸德为目的的道德情感。换言之,孔子说的好、恶、忧、耻、爱超越主观任意的个体情感,具有善(道德)的目的论倾向与价值信仰。同时,仁、义、礼诸德包括三个方面内容:自制,涉他的仁爱、敬重、礼让、忠恕之道和诚实,以及遵从合理的社会伦理规范。① 因此,仁、义、礼诸德是孔子对自我道德、人际交往和伦理规范提出的一般道德规定,具有普遍必然性,蕴含主体自我道德规约的实践理性能力。如蒙培元所说,儒家的实践理性不是纯形式的,而是有内容的具体理性,并存在于人的心灵与生命之中。② 孔子倡导的仁、义、礼诸德既是主体道德理性的普遍必然价值规定,又可以关联好、恶、忧、耻、爱的主体情感活动与心理活动,展现出情理一贯的价值特性。

孟子发挥孔子的仁义说,将仁义礼智四德与"四端"道德情感相结合。孟子指出,人生而具有同情、敬让、义愤和耻于恶的普遍道德情感。这些道德情感蕴含人际交往中普遍必然的道德原则,是道德理性的情感表达。因此,孟子的"四端"说展现出道德情感与道德理性直接合一的情理融贯特点。此外,上文中孟子所论乐、忧、怒的社会性情感同样超越主观的个体情感,是心系社会福祉与民众安危而形成的普遍必然的道德责任感及相应道德情感,展现出情理融合的特点。但是,这类道德情感必须基于主体对他人或社会群体的存亡、忧乐的直觉体认或感通才能产生。程颢主张"情顺万物而无情","圣人之喜怒,不系于心而系于物"③,同样是从人我感通的意义上论情与理的融合。

儒家情理理论的第二种典型表达是,以自然情感或情欲论情,以礼或性论理,注重礼、性和情的区别和关联,主张情理协调统一。这一观点以《中庸》(子思)与《荀子》中的"节情"论为代表。《中庸》从喜怒哀乐的自然情感论情,并倡导节情。《中庸》云:"喜怒哀乐之未发,谓之中;发而皆中节,谓之和。"(《中庸》第一章)朱熹注:"其未发,则性也,无所偏倚,故谓之中。发皆中节,情之正也,无所乖戾,故谓之和。"④朱子指出,生活实践中喜怒哀

---

① 在《颜渊》和《雍也》两篇中,孔子以爱人、克己(自制)、守则、敬重他人和忠恕之道(助人与不害人)释仁。同时,孔子主张"信近于义"(《论语·学而》)和"君子喻于义"(《论语·里仁》)。并且,他倡导:"以礼节之。"(《论语·学而》)"周因于殷礼,所损益可知也。"(《论语·为政》)"以礼让为国。"(《论语·先进》)

② 蒙培元:《情感与理性》,第70页。

③ (宋)程颢、程颐:《二程集》,第460—461页。

④ 朱熹撰:《四书章句集注》,第18页。

乐之情未流露时,人能循天命之性而为,自然能做到不偏不倚、行为适度;喜怒哀乐的流露适度,是情感中正不偏的表达,无过与不及,合于性理,叫作"和"。因此,喜怒哀乐之情的表达固然存在偏激和过犹不及的情况,可若它们顺从天命之性而发,①四种自然情感的表达必然中正、适度。换言之,喜怒哀乐"发而皆中节"突出天命之性对自然情感的节制或自我规约。其中,天命之性指人性根源于先天普遍道德法则(天)的必然价值规定,蕴含道德理性能力。天命之性中的道德理性能力能适度节制自然情感,使自然情感的表达适度、合宜,从而实现道德理性与情感表达的价值统一。故而,《中庸》以"中和"论情,体现出以理节情的情理相统一思维。

　　荀子通过论述情与礼的辩证关系,对如何节情有深入阐释。他认识到自然情感尤其是情欲的危害。他说:"欲而不得,则不能无求。求而无度量分界,则不能不争;争则乱,乱则穷。"(《荀子·礼论》)人们若无原则、无界限地追求情欲,必然导致与人相争夺,造成社会失序与政治混乱。对此,他主张:"起礼义,制法度,以矫饰人之情性而正之,以扰化人之情性而导之,始皆出于治,合于道也。"(《荀子·性恶》)他强调,必须用礼义法度来修饰、教化、疏导与端正人们的自然情感及情欲,促使人们遵从社会规范与伦理原则,从而解决社会纷争。因而,礼可以以不同的方式调节情欲。但同时,他不认为礼义与自然情感及情欲是二分的。他说:"孰知夫礼义、文理之所以养情也。""人一之于礼义,则两得之矣。""文理、情用相为内外表里,并行而杂,是礼之中流也。"(《荀子·礼论》)他指出,以礼(义)节制情(欲),其实是以礼义来调养与疏导情(欲),从而使礼义与情(欲)互为表里,相互成就,并行不悖。并且,他认为礼是"称情而立文"(《荀子·礼论》),情感的厚薄是礼义产生的现实基础。故此,情(欲)是礼义的重要依据。礼义与情(欲)不是二分对立的,而是相通的,二者具有统一性。礼义与情(欲)可以协调统一。

　　不仅如此,荀子还解释了礼义与情(欲)如何协调统一,蕴涵情理协调统一的思维倾向。关于礼与情欲的协调统一,他说"制礼义以分之"能够:

　　　　养人之欲,给人之求。使欲必不穷于物,物必不屈于欲。两者相持而长。(《荀子·礼论》)
　　　　使有贵贱之等,长幼之差,知愚、能不能之分,皆使人载其事而各得其宜,然后使悫禄多少厚薄之称。(《荀子·荣辱篇》)

----

　　①　《中庸》云:"天命之谓性,率性之谓道。"(《中庸》第一章)

他指出,礼义使人们的情欲限定在有限物资分配的范围内,从而适度调养与满足人们的情欲,并让物资和情欲在相互依存、相互牵制中共同增长。同时,礼义与情欲的协调统一,又是通过区分贵贱、长幼和贤愚的差别,驱使人们从事合宜的职务并履行相应的职责,并配得对应的物资或财货而实现的。故而,礼义调节情欲其实是通过礼义规范来确定不同名分及相应职责与物资分配,让人们在追求名分并履行相应职责的过程中合理分配社会财富,从而疏导与满足人们的情欲,并维护社会秩序。这虽然包含名分等级思想,却突出主体的伦理责任意识与得所当得的分配正义原则,涉及道德实践理性与关于分配正义的公共理性运用。

关于礼与自然情感的统一,荀子说:"礼者断长续短,损有余,益不足,达爱敬之文,而滋成行义之美者也。""礼兼而用之,时举而代御。"(《荀子·礼论》)礼(通过文饰、音乐、语言、仪节等)可以调动与调和不同自然情感,使自然情感既充分表达又有所调节,不至于损害个体身心、他人与社会。因此,以礼节情又展现出人们依据生命存在、心理活动和社会生活的客观规律的理性认识来调节自然情感,使自然情感和人类生命存在及活动规律的理性认识协调统一的面向。所以,荀子的以礼节情主张其实是通过主体实践理性的运用,合理调节、疏导与恰当满足自然情感与情欲,展现出实践理性与情感表达协调统一的思维特点。

宋明以来,儒者们综汇先秦儒家的情理观,并结合心、性概念,对情理关系有细致而深入的论述。他们一方面发挥了《孟子》与《中庸》的性善说,强调道德理性(性理或天命之性)与道德情感的内在一致性。比如,朱熹的"性体情用"和"心统性情"命题①、王阳明的致良知说②都蕴含情理合一思想。另一方面,宋明理学家们认识到,情感中包含自然情感甚至情欲的内容,主张以性理或礼节制、调养人情,使情感的表达合于道德规范。宋明理学阐发情理协调统一思想的典型代表有,程颐的"性其情"③、程朱的"中和"之辨或未发、已发之辨。此外,宋明理学普遍认可的存天理、去人欲思想虽

① 朱子说:"仁义礼智,性也;恻隐羞恶辞让是非,情也……性者心之理也,情者心之用也,心者性情之主也。"[朱杰人等主编:《晦庵先生朱文公文集》,《朱子全书》(23册),第3254页。]朱子认为,心包含道德德性或道德理性与道德情感,道德情感是道德理性的发用。

② 王阳明说:"见孺子入井,自然知恻隐,此便是良知不假外求。""七情顺其自然之流行,皆是良知之用。"[参见(明)王守仁撰:《王阳明全集》卷一、卷三,第6、111页。]他认为,"四端"和七情都是良知的发用。

③ 程颐说:"觉者约其情使合于中,正其心,养其性,故曰性其情。"[(宋)程颢、程颐:《二程集》,第577页。]

然看到天理与人欲相对立的一面,却不主张灭弃情欲,①而是认识到二者的辩证统一,主张以性理与伦理规范来节制情欲,使人的情欲合于天理的普遍必然规定。

明清儒家则注重天理与人欲的内在统一。比如,王夫之说:"礼虽纯为天理之节文,而必寓于人欲以见。……万物之公欲,而即为万物之公理。"②王夫之认为,天理即公欲或人们共同的情欲,个体情欲合乎人们共同的欲求便是天理。戴震也说:"理也者,情之不爽失也。""天理者,节其欲而不穷人欲也。"③在他看来,天理不外于情欲,而是情欲的合宜表达;天理合理地节制、引导情欲却不穷尽人欲。

综上,儒家道德哲学的情理融贯思维包含情理合一和情理协调统一两种范式。前者寓理于情、由情见理,强调道德理性和道德情感的内在一致性。后者既看到情理之别,又主张以理节情,从而实现自然情感及情欲与理性的协调统一。这两种情理融贯的范式在宋及明清儒家那里有综合发挥。儒家道德哲学的情理融贯思维意味着,儒家道德哲学的标准既不是情感又不是理性,而是情感与理性的融合,体现出一种统合情感和理性的综合思维模式。这种情理融贯思维广泛渗透至儒家的道德观、人生论与修养论和心性论诸方面,深刻影响着古人的伦理思想观念与处事态度。

三、情理融贯思维在儒家血亲道德中的体现

儒家血亲道德指孝悌友爱的亲亲人伦道德。它以亲情为基础,对人们应该如何对待亲人有种种道德规定,展现出亲情与道德的统一,蕴含情理融贯的血亲情理精神。与此同时,儒家认识到,亲情的表达可能掺杂自然情感及情欲,具有主观性与个体差异性。职是之故,儒家的血亲情理精神包含情理合一和情理协调统一两方面内容。由此,人们能更好地把握儒家血亲情理精神的实质及其合理性。

关于儒家血亲情理精神的基本内容,孟子有经典论述。他说:"仁之实,事亲是也;义之实,从兄是也。"(《孟子·离娄上》)朱子注:"仁主于爱,而爱莫切于事亲;义主于敬,而敬莫先于从兄。故仁义之道,其用至广,而其实不

---

① 宋明儒家的去人欲不等于灭情欲。程颐就指出:"凡人欲之过者,皆本于奉养;其流之远,则为害矣。"〔(宋)程颢、程颐:《二程集》,第907页。〕程颐肯定人们生存活动所必须的情欲,否定情欲的放纵与过度。朱子同样以纵欲为人情而加以批评。他说:"饥便食,渴便饮,只得顺他。穷口腹之欲便不是。"〔(宋)黎靖德编:《朱子语类》卷九十六,第2473页。〕

② (清)王夫之:《读四书大全说》卷八,第519—520页。

③ (清)戴震:《孟子字义疏证》,第1、11页。

越于事亲。"①孟子以事亲、从兄的血亲道德为仁义之"实"。朱子进一步指出,事亲、从兄的血亲道德与仁义道德都以爱、敬道德情感为核心内容,二者具有内在一致性。仁、义又是普遍必然的自我道德规定,包含道德理性能力。因此,事亲、从兄的血亲情理精神中蕴含道德情感与道德理性的融贯。孟子又说:"孩提之童无不知爱其亲者,及其长也,无不知敬其兄也。亲亲,仁也;敬长,义也。"(《孟子·尽心上》)在他看来,儒家血亲情理精神以爱敬情感为内核,内在地包含亲爱、敬重亲人的主体道德责任意识或善他、利他的道德意识,本质上属于人际情感与主体道德价值理性,可以被推展为普遍仁义道德。

宋明儒家进一步阐发了亲亲与仁爱的内在一贯性。张载基于气的本体宇宙论倡导"民胞物与"思想,将社会关系家族化,说明人—亲—我的一体相通性。② 亲人与他人都是社会生活共同体的成员,与个体的社会生活息息相关;亲情与爱他人的情感都属于仁爱的人际道德情感;爱亲人与爱他人都展现出主体道德责任意识。类似的,明儒王阳明说:"亲吾之父,以及人之父……仁实与吾之父、人之父与天下人之父而为一体矣……亲吾之兄,以及人之兄……仁实与吾之兄、人之兄与天下人之兄而为一体矣。"③他指明,人们之所以能亲爱父兄并推及他人的父兄,是因为人类社会、人己的生命实践是整体联系的。人们不但能直觉体认到人类共存与一体相关的特性,而且能形成仁爱的道德情感与主体责任意识。如此,爱亲人与友爱他人都是"一体"之仁爱的现实表达。

与此同时,宋明儒家通过阐述仁、天理与亲亲的关系,说明爱亲与仁爱的贯通。朱子说:"爱亲、仁爱、爱物,无非仁也,但是爱亲乃是切近而真实者,乃是仁最先发去处。"④他认为,爱亲人、仁爱他人与爱护事物都是仁心的具体体现。对个人而言,爱亲人是最切己、亲密而真实的情感,也是仁最先表露之处。王阳明说:"以此纯乎天理之心,发之事父便是孝,发之事君便是忠,发之交友治民便是信与仁。"⑤这里"纯乎天理之心"指超越私意、私欲的良知、仁心,是主体道德情感与道德理性的统一。他指出,孝父与仁民都是人的良知、仁心的自然呈现。所以,朱子和王阳明都认为,爱亲与仁民都是仁心在个体家庭伦理与社会生活实践中的具体体现,是主体道德情感与

①　(宋)朱熹撰:《四书章句集注》,第 287 页。
②　参见张载:《正蒙·乾称篇》,《张载集》,北京,中华书局,1978 年,第 62 页。
③　(明)王守仁撰:《王阳明全集》卷二十六,第 968—969 页。
④　(宋)黎靖德编:《朱子语类》卷五十六,第 1333 页。
⑤　(明)王守仁撰:《王阳明全集》卷一,第 2 页。

道德理性的现实表达,都蕴含主体道德责任与主体道德自律,二者在道德实践与道德属性上具有相通性。

　　儒家还意识到,生活实践中亲情的表达具有主观性与个体差异。对此,孔子、孟子和荀子首先倡导"以礼节情",注重礼义对亲情的疏导与节制,来实现亲情表达与礼义规范相统一。面对弟子问何为孝,孔子回答:"无违。""生,事之以礼;死,葬之以礼,祭之以礼。"(《论语·为政》)孔子极为注重用礼来节制亲情,以确保生活实践中亲情的表达合于伦理规范。孟子说:"礼之实,节文斯二者是也。"(《孟子·离娄上》)对于事亲、从兄和礼的关系,赵岐注:"礼义之实,节文事亲从兄,使不失其节,而文其礼敬之容,而心中乐之也。"①这说明,人们在事亲、从兄的伦理实践中,亲情的表达可能受到主客观条件制约,出现偏失。对此,孟子指出,礼义规范能够合理节制与疏导亲情,使亲情的表达合于道德规范,从而实现亲情与道德理性相统一。荀子论丧礼时说:"礼者断长续短,损有余,益不足,达爱敬之文,而滋成行义之美者也。"(《荀子·礼论》)他认识到,亲情的表达存在过与不及的个体差异。因此,礼义的制定既因顺亲情,又是为了合理调节并规范亲情,使人们的爱敬亲人之情得到适度表达。② 并且,他说,父亲"宽惠而有礼"、儿女"敬爱而致文"、兄长"慈爱而见友"、弟弟"敬诎而不苟"(《荀子·君道》)。他要求,父子、兄弟间亲情的表达必须符合相应的礼义道德规范。《礼记》发挥了孔子与荀子的礼论,极为看重丧葬与祭祀之礼,并对二者有十分细致的描绘,强调丧、祭之礼既顺人情而立,又能合宜节制与调养人情。③ 总之,儒家认为,日常生活中礼义规范能够有效疏导与调养亲情,使亲情的表达合于一般道德原则与伦理规范,从而实现道德原则、伦理规范与亲情表达的统一。

　　其次,儒家血亲情理精神的情理相统一思维表现为"以德爱亲",强调个体的德性自律能促进亲情的合理表达。儒家承认,亲情是最深厚、真挚的人伦情感,比其他人际情感要深厚得多。然而,儒家又认为,自然亲情的表达不仅要合乎礼的规范,还要自觉遵从德性或性理规约,以免出现一味偏私的

---

① (清)焦循撰:《孟子正义》,第533页。
② 荀子还说,服丧制就是"称情而立文"(《荀子·礼论》),即根据人伦情感的厚薄而确立相应的礼制规范,使亲情得以恰当表达。
③ 《礼记》细致描绘了孝子祭祀的场景:"孝子之祭,可知也,其立之也,敬以诎;其进之也,敬以愉;其荐之也,敬以欲;退而立,如将受命;已彻而退,敬齐之色不绝于面。……孝子之有深爱者,必有和气;有和气者,必有愉色;有愉色者,必有婉容。孝子如执玉、如奉盈,洞洞属属然,如弗胜,如将失之。"(《礼记·祭义》)它生动形象地说明,祭祀之礼能将孝子的敬爱之亲情恰如其分地表达出来。同时,《礼记》云:"故哭泣无时,服勤三年,思慕之心,孝子之志也,人情之实也。""孝子之志也,人情之实也,礼义之经也。"(《礼记·问丧》)这说明儒家的服丧制度既充分体现亲情,又能适度节制亲情。

情况。孟子极为强调这一点。他主张"不失其身而能事其亲"(《孟子·离娄上》),认为个体拥有良好的道德品质,就不会陷于不义的境地,也就能侍奉好双亲。因此,良好的德性品质能有效促使亲情的表达合宜化。荀子也说:"从义不从父,人之大行也。""能致恭敬、忠信、端悫以慎行之,则可谓大孝矣。"(《荀子·子道》)他认为,子女具备义、恭敬、忠信和端悫(笃实)的美德,亲情的表达便符合孝道。同时,儒家极为注重个体美德与道德感化对亲情的合宜表达的作用。孔子的"几谏"(《论语·里仁》)、《礼记》的"熟谏"(《礼记·内则》)就倡导将温和、恭敬的个体美德与道德感化融入事亲当中,不仅使亲情的表达合宜化,而且在不断规劝和感化亲人的过程中,力图让亲人改过迁善。孟子更是刻画了圣王以美德感化亲人的故事。① 因此,在儒家看来,个体美德向亲情的渗透,不仅有益于亲情的表达合宜化与亲子关系的和谐,还能有效帮助亲人弃恶从善、完善自我。

宋明理学家通过阐发"天理人情"命题,来论证天理与亲情相统一。这一命题由朱子首倡。朱子论"隐亲"与"灭亲"问题时着重论及理与亲情的关系。他认为,亲情的表达有邪、正的个体差异,个人需要自觉接受正当"公理"的规约,使亲情的表达合情合理。② 朱子的说法不是要否认亲情或让亲情屈从于理,而是既肯定亲情的自然合理性,又主张慎重考虑亲情的表达是否符合理,通过对情与理的综合考量,使亲情的表达合乎情理。不仅如此,宋明理学的"天理人情"思想还极为注重理欲之辨。朱子和张栻都批评以种种利害计较或私意来推断舜的"隐亲"行为,有害于天理。③ 王阳明也说,"人情天理"即"父子之爱,本于天性",但"天理亦自有个中和处,过即是私意"。④ 他认为,亲情虽然合乎性理,具有自然合法性,可亲情的表达必须适度,否则是溺爱亲人,也就成了私意。可见,宋明儒家看到,亲情本身虽然是自然而正当的,但亲情的表达可能违背个体德性与社会伦理规范。因此,宋明儒家倡导的"天理人情"命题,认为亲情的表达应该出于人的自然天性或良心善性,并受道德原则与伦理规范制约,强调亲情与道德、亲情与天理相统一。

---

① 《孟子》一书《离娄上》《万章上》和《万章下》三篇记载了,面对父母和弟弟的不义之举,舜本着恕、诚和仁义的美德来处理他与不义亲人的关系,以一己之德感化亲人,使亲人受到感化并弃恶从善的故事。

② 原文参见本书第二章第三节第一小节。其中,理或"公理"主要指主体的自我道德要求和社会生活中的一般伦理规范。

③ 关于"窃负而逃"章,朱子批评,杨时的种种解读"徒为纷纷而反病于理"。[(宋)朱熹撰:《四书或问》卷三十八,《四库全书》(一九七册),第582页。]张栻也说:"后世以利害之见论之……汩于利害,而失夫天理之所存。"[(宋)张栻撰:《癸巳孟子说》,《四库全书》(一九九册),第525页。]

④ (明)王守仁撰:《王阳明全集》卷一,第16—17页。

由此可见,儒家血亲伦理的情理融贯精神一方面充分肯定亲情的自然合法性,认为亲亲与仁爱相一贯;另一方面,承认亲情表达的个体差异与主观性,主张以礼、个体德性或良心善性来调适亲情,使亲情的表达合情合理,从而实现亲情表达与道德规范的协调统一。当然,伦理生活实践中,由于个体的主观偏爱与种种客观情况,行为主体在表达亲情时未必能很好地协调亲情与伦理规范、亲情与道德理性的关系。故此,儒家的血亲情理精神强调个体亲情的表达需要克服主观情感任意或私意、私欲的负面影响,以实现亲情与道德、情与理的统一。

第二节　亲亲与爱人相统一的仁爱思想

仁爱是儒家伦理价值体系的核心范畴。儒家"亲亲相隐"伦理论战中学者们围绕孝悌与普遍仁爱的关系、爱有差等与爱无差等、仁爱与博爱的关系,展开了激烈论辩。其中,刘清平与黄裕生将普遍性与特殊性这对辩证统一的范畴①作了机械分割与简单对立,并将孝悌、仁爱、爱有差等与爱无差等概念平面、抽象对立起来。对此,儒学学者们通过发掘大量文献材料,揭示出儒家仁爱思想的丰富内涵,说明孝悌与仁爱和爱的差等性既有次第、条理与厚薄之异又相贯通的特点。② 只不过,儒学学者们对儒家仁爱思想的内涵、特点以及它与博爱的关系阐述得不够充分。故此,笔者认为,有必要深入探讨孝悌与仁德的关系和儒家爱有差等思想的内涵与实质,并客观、辩证地比较儒家仁爱思想与基督教博爱思想看待亲人之爱与普泛爱人问题的异同。由此,人们可以更好地把握儒家仁爱思想中的伦理特质,从而明白儒家仁爱价值体系和"亲亲相隐"伦理观念的合理性。

一、孝悌为仁之本: 亲亲之爱与普泛爱人的一贯

儒家仁爱思想有诸多意涵,其中最基本的一项是爱人。同时,儒家以孝悌作为"仁之本",说明孝悌与仁、亲亲之爱与泛爱他人具有一贯性,血亲之

---

① 关于普遍性(共性)与特殊性(个性)的辩证统一关系,德国哲学家黑格尔有极为深刻的论证。他区分了抽象的普遍性与真正的普遍性,认为前者是与特殊事物相对立的格式化(或形式化)的共同点,而后者则在特殊化中不断保持自身,即在普遍性概念中普遍与特殊或个性是自身同一的。(参见〔德〕黑格尔著,贺麟译:《小逻辑》,北京,商务印书馆,2009年,第333—334、336页。)
② 参见本书第一章第一节。

爱与爱他人都是仁爱的具体体现。

孝悌为仁之本思想由孔子师徒首倡。孔子的弟子有子讲："其为人也孝弟,而好犯上者,鲜矣;不好犯上,而好作乱者,未之有也。君子务本,本立而道生。孝弟也者,其为仁之本与!"(《论语·学而》)有子认为,行孝悌之人自然不会犯上作乱,因而行孝悌是仁道之本。这段话确立起了孝悌在实现仁道或仁德中的基础性地位。然而,应该从何种层面理解孝悌作为仁德之"本"呢? 对于这个问题,儒家作了不同解读,并注重从道德而非物质供养层面诠释二者的关联。

对于孝悌"为仁之本"一句,何晏注:"本,基也。基立而后可大成。苞氏曰:'先能事父兄,然后仁道可大成。'"①何晏认为,本即根基,立好根基后可以有大的成就。孝悌作为仁之基,是说在事父兄、行孝悌的基础上可以实现仁道。何晏揭示出,行孝悌虽然不等于实现了仁道,但孝悌是行仁道的一个必要前提,不能行孝悌便不可能完成仁道。

清人刘宝楠在《论语正义》中对孝悌与仁的关系有细致解读。他说:

> 《中庸》言达道五:君臣,父子,夫妇,昆弟,朋友。而父子、昆弟尤为根本之所在。若人能孝弟,则于君臣、夫妇、朋友之伦,处之必得其宜,而可名之为道,故"本立而道生"也。"为仁"犹言行仁,所谓利仁强仁者也。②
>
> 《说文》"仁"字从二人,会意,言己与人相亲爱也。善于父母,善于兄弟,亦由爱敬之心。故《礼》言"孝子有深爱",又言"立爱自亲始,立敬自长始",敬亦本乎爱也。孝弟所以为为仁之本者,《孝经》云:"夫孝,德之本也,教之所由生也。"德兼仁、义、礼、智。此不言德,言仁者,仁统四德,故为仁尤亟也。《孟子·离娄篇》:"仁之实,事亲是也;义之实,从兄是也。"又云:"亲亲而仁民,仁民而爱物。"是为仁必先自孝弟始也。③

刘宝楠的诠释揭示出,孝悌与仁的关系包含人伦规范、道德情感与德性修养三重维度。具体而言,第一,从人伦道德规范的角度而言,亲亲人伦道德规范是实现仁道(社会伦理规范)的基础。仁道是指君臣、父子、夫妇、昆弟、朋

---

① (清)刘宝楠撰:《论语正义》,第7页。
② 同上,第7页。
③ 同上,第8页。

友五种主要的人伦关系及相对应的节义、慈孝、恩义、友悌、信义等人伦道德规范。儒家认为,父子、昆弟间的慈孝友悌道德规范是社会人伦关系及人伦道德规范的根本,其他人伦道德规范可以参照慈孝友悌道德规范与伦理原则而有所损益。

　　儒家将父子、兄弟间的慈孝友悌作为社会伦理规范的基本参照,是由中国古代宗法社会的伦理结构所决定的。宗法伦理是父系家长制基础上建立起来的伦理规范。它以亲亲、尊尊、长长、男女有别为主要原则,①强调父子、君臣、夫妇、兄弟等不同人伦关系的相应道德规范与尊卑等级②秩序。孔子说的"君君、臣臣、父父、子子"(《论语·颜渊》)就是宗法伦理的直接体现。以宗法伦理为基础,儒家主张父子、兄弟间的人伦规范是其他社会伦理规范的参照。《礼记·丧服四制》记载:"门内之治恩掩义,门外之治义断恩。资于事父以事君而敬同。"这里,"门内"指家庭内部,家庭内部以恩亲为原则,但也讲究长幼、尊卑秩序。"门外"是家庭以外的社会政治领域,以义为原则,看重君臣间的上下级秩序与相应职责。因此,事父与事君存在恩与义原则的分别。但儒家又主张,事君参照事父,对父与君的尊敬是一样的。

　　并且,儒家说:"有夫妇然后有父子,有父子然后有君臣,有君臣然后有上下,有上下然后礼义有所错。"(《周易·序卦》)"男女有别,而后夫妇有义。夫妇有义,而后父子有亲。父子有亲,而后君臣有正。"(《礼记·昏义》)儒家十分看重夫妇一伦及夫妻间的恩义伦理原则在整个人伦道德规范和礼义秩序中的根基性地位。可见,儒家对不同人伦关系的具体规范虽然有差别,却将父子、夫妇、兄弟间的人伦规范作为整个社会伦理规范的基础。除此之外,《礼记·乡饮酒义》载:"民知尊长养老,而后能入孝弟;民入孝弟,出尊长养老,而后成教;成教而后国可安也。君子之所谓孝者,非家至而日见之也,合诸乡射,教之乡饮酒之礼,而后弟之行立矣。"这说明,在家族人伦规范基础上形成的各种礼仪形式,直接构成社会风俗习惯与生活方式的重要依据,对传统社会人心的凝聚及人们的生活实践与人际关系的秩序与稳定发挥着重要作用。

---

① 参见陈来:《古代宗教与伦理——儒家思想的根源》,北京,生活·读书·新知三联书店,1996年,第273—274页。
② 吕思勉指出:"等级者,分人为若干等,权责不同,地位亦异,为法律所许,不易改变者也。"(吕思勉:《先秦史》,上海,上海古籍出版社,1982年,第291页。)故而,儒家所讲的等级是建立在人们的不同地位与权力的道德责任基础上,并合于法律规定的,而非不同阶级之间权力压迫与被压迫关系。

　　儒家认识到宗法社会中血亲人伦规范对社会伦理规范的奠基作用,因而注重通过家庭道德教育将伦理规范落实于人们的生活实践中。儒家强调,家庭内部父兄、叔伯对子弟的道德教育与礼仪引导,以及子弟对长者的顺从与尊敬,有利于培养子弟遵从社会伦理规范的意识自觉与行为习惯,从而使儒家伦理在世代相继的家族中得到传承与巩固。《论语·季氏》就记载了孔子教导儿子孔鲤学《诗》与《礼》,敦促孔鲤言谈与行事合宜的故事。

　　第二,孝悌之爱与仁爱有共同的情感基础。孔孟以"爱人"为仁,①说明仁爱主要指关爱他人和人与人相亲爱的情感。上文已指明,孝悌之爱是对父母、兄弟深切而真实的爱敬之情。蒙培元也说:"亲情之孝首先是一种最真实原始的自然情感,只是因为有这种'不容已'的情感,才能有发自内心的孝道。"②孝悌之爱是一种情难自已的关爱、信赖与尊重的真情实感。它不是主观的自然情绪情感,而是基于血亲关系自发形成的真挚而深厚的人际情感。这使得亲情超越种种私意或利害计较。这也让个体意识到自己不是孤立的个体,而是家庭或家族共同体之一员,能同其他家庭或家族成员情意相通,一体共存。这种感通与共存意识不但能促使个体合理克制自身情欲与私利,而且有助于个体培养积极关爱与尊敬他人的情感意识。儒家伦理视爱敬道德情感为亲情的本质,因而不会局限于自我中心主义与利己主义。

　　并且,儒家认为,爱敬亲人的情感可以施于他人。孟子说:"老吾老,以及人之老;幼吾幼,以及人之幼。"(《孟子·梁惠王上》)他认为,对亲人的尊敬与关爱也可以推及为尊敬与关爱他人。同时,他说:"孩提之童无不知爱其亲者,及其长也,无不知敬其兄也。亲亲仁也,敬长义也;无他,达之天下也。"(《孟子·尽心上》)他指明,作为亲情本质的爱敬情感,是可以通达己一亲一人的普遍道德情感。因而,爱敬情感是仁爱情感与义的情感的具体体现与实质内容。

　　第三,从德性修养角度看,孝悌以仁心仁德为价值依据,培养仁德自孝悌开始。在著名的"三年之丧"典故中,宰我质疑为父母服丧三年的孝道太久。孔子说:"女安则为之。……予之不仁也。"(《论语·阳货》)孔子批评宰我"安"于更改三年之丧的孝道,提倡不安之仁。他意识到,不安之仁才是个体行孝的内在道德依据。孟子说:"四端之于我……苟不充之,不足以事父母。"(《孟子·公孙丑上》)他认为,扩充恻隐之心或仁心是行孝的前提。

---

　　① 弟子樊迟问仁,孔子以"爱人"作答。(参见《论语·颜渊》)孟子也说:"仁者爱人。"(《孟子·离娄下》)
　　② 蒙培元:《情感与理性》,第240页。

因此,是否有仁心可以构成能否行孝的内在道德依据。宋明儒家进一步发挥孔孟之说,提出仁为本、孝悌为用的主张。朱子说:"仁者,爱之理,心之德也……论性,则以仁为孝弟之本……盖仁是性也,孝弟是用。"①"仁之为性,爱之理也,其见于用,则事亲从兄仁民爱物,皆其为之之事也,此论性而以仁为孝弟之本者然也。"②他认为,仁是爱的普遍必然原则,也是主体的自我道德规定。仁是孝悌的内在价值依据,孝悌是仁性或仁德的外在发用与具体体现。

与此同时,儒家认为,孝悌是修养仁德的现实出发点。关于如何修养仁德,孔子指明:"克己复礼为仁。一曰克己复礼,天下归仁焉。为仁由己,而由人乎哉?"(《论语·颜渊》)他认为,个体自觉展开"克己复礼"的道德实践活动,是养成仁德的根本方式。"克己复礼"主要指个体自觉克制与规范自身的言行举止,使之合于礼义的道德规定。孔子以行孝悌作为修养仁德的基础。同时,孔子以"无违"论孝(《论语·为政》)包含"克己复礼"的道德修养工夫。以"无违"论孝意味着,个体在与父兄相处的过程中,要不断自觉克制自身的脾气、欲望与感情任意,并让自身的行为符合种种礼仪规范,做到自制和守礼。而自制与守礼又是仁德的具体、现实表达。

儒家以孝悌作为践行仁德的基础,是由传统社会中家庭教育在个体道德修养与人格塑造中的奠基地位决定的。孟子说:"仁之实,事亲是也;义之实,从兄是也。"(《孟子·离娄上》)这意味着,仁德是在孝悌道德实践及其推扩中养成的。朱子说:"孝弟行于家,而后仁爱及于物,所谓亲亲而仁民也。故为仁以孝弟为本。"③"亲者我之所自出,兄者同出而先我,故事亲而孝,从兄而弟,乃爱之先见而尤切,人苟能之,则必有不好犯上作乱之效。若君子以此为务而力行之,至于行成而德立,则自亲亲而仁民,自仁民而爱物,其爱有差等,其施有渐次,而为仁之道,生生不穷矣,又岂特不好犯上作乱而已哉!此孝弟所以为行仁之本也。"④朱子认为,行孝悌能促进个体德性品质的培养,后者有益于仁德的养成。并且,他指出,行孝悌之所以能成为践行仁德的现实出发点,是因为家庭是人们的第一个生活场所,亲人之间的爱是最先产生、最密切的。人们基于这一亲密而初始的亲亲之爱,从事家庭伦理实践并修养自身德性,再推及于他人,便能做到仁爱与尊敬他人。故而,行孝悌是修养仁德与完善人格的重要实践基础。受儒家思想影响,中国古

---

① （宋）朱熹撰:《四书章句集注》,第48页。
② 朱杰人等主编:《四书或问》,《朱子全书》(6册),第613页。
③ （宋）朱熹撰:《四书章句集注》,第48页。
④ 朱杰人等主编:《四书或问》,《朱子全书》(6册),第613页。

代流行的家训文献中记载了大量长辈对晚辈(以及兄对弟、夫对妇)的道德训示与教诫,对个体道德的塑造起着重要作用。

由此可见,儒家以孝悌作为"仁之本"包含三层意思。一是,亲亲人伦规范是仁道的参照与基础;二是,作为亲情本质的爱敬情感,可推扩为普遍仁爱情感;三是,仁心仁德是血亲道德的价值依据,血亲道德实践是修养仁德的现实出发点。因而,"为仁之本"的"本"不同于西方的本体或实体。孝悌为"仁之本"并非刘清平、邓晓芒从西方本体论与认识论角度理解的,孝悌的存在与价值高于仁德。儒家这一主张不是逻辑分析命题,而是人生论与价值论维度的道德原则与伦理规范、道德情感与道德实践的问题。因此,儒家血亲道德既基于自然的血亲关系与真挚而深厚的血亲情感,更包含人伦道德规范、爱敬的人际情感、道德理性与德性修养实践诸方面丰富内容。这对人们的家庭道德教化、社会伦理秩序建构与个人德性完善均有积极促进作用。基于此,儒家"亲亲相隐"伦理观念一方面赞同"亲者毋失其为亲"(《礼记·檀弓下》),认为即便亲人有过恶也不可以废绝亲恩;另一方面,主张不可一味包庇、甚至纵容亲人作恶,而是要基于情理融贯思维,力求实现亲情与道德、孝悌与仁德的统一。

二、爱有差等:差等施爱与普泛爱人的统一

爱有差等既是儒家仁爱思想的基本原则,又是实现仁德的途径。在儒家"亲亲相隐"伦理论争中,学者们对儒家的爱有差等原则有激烈论辩。其中,儒学学者们从不同角度分析爱有差等原则的内涵与特质,来驳斥刘清平等学者对儒家仁爱思想与爱有差等原则的误解。笔者认为,刘清平等学者之所以误解仁爱与爱有差等,是因为他们以抽象概念分析与逻辑推理误解儒家仁爱观念,不理解爱有差等原则的伦理内涵及其特征与意义。对此,系统辨析儒家爱有差等原则的主要内涵与基本特点,并结合西方伦理学家们对"爱"观念的具体理解,人们可以更好地揭示仁爱与爱有差等原则的合理性与现实意义。

关于儒家仁爱思想的内涵,学者们的主要分歧在于分别从爱无差等与爱有差等的角度理解仁爱。儒家爱有差等原则主要指孟子说的,亲亲、仁民、爱物由深到浅的爱的层次分别与依次推扩。这是论战中儒学学者们反复强调的。但是,刘清平不理解这一点,而是将孝悌狭隘地理解为排他性的血亲团体的特殊亲情,并将仁理解为无差别的爱,从而推出孝悌与仁相对立。同时,他对孝悌与仁爱关系的解读还包含不合理的逻辑推导。他认为,爱有差等不是无差别或普遍而平等的爱,因而不是仁,不是仁等同于不仁,

不仁就是害人。他由此得出,爱有差等就是爱利亲人并损害他人。但其实,他不了解儒家仁爱及爱有差等中亲亲与仁民的层次性与一贯性特点,才将仁爱曲解为无差等的爱,使得仁爱(仁民、爱物)与亲亲被分割甚至对立起来。并且,他将亲亲与仁民的不同程度的爱置换成了不仁与仁爱的对立。

事实上,儒家倡导的仁爱与爱有差等,既突出爱亲人与爱他人的厚薄程度之别,又意味着爱亲人与爱他人不冲突。因为儒家倡导的仁爱不仅包含普泛爱人的价值倾向与道德情感,而且是道德实践原则,是一种个体美德。作为价值倾向,仁爱要求人们"泛爱众",将爱普泛地施于所有人,对每一个人都持有恻隐之心。作为道德情感,仁爱是普泛地同情他人或对他人怵惕恻隐的主体道德情感。《梁惠王》篇中孟子与梁惠王探讨见牛、爱牛之心,突出"不忍之心"是一种包含自我道德规定的主体道德情感,是要人们本着恻隐的道德情感普泛地爱牛羊与百姓。基于此,作为一种主体道德情感,仁爱不同于道德情感主义者休谟说的基于外在对象的主观印象或感觉之上的同情感,①也不是主观任意的暂时喜欢,而是主体必然同情与关怀所有对象的自我道德规定,彰显主体性与普遍道德规定性的统一。

与此同时,仁爱又是一种道德实践原则与个体美德。仁爱不仅体现为"泛爱众"或普泛爱人,而且包含如何"泛爱众"的道德实践原则。人们爱他的具体施予过程,由于亲疏、远近与情感偏向不同,必然呈现出厚薄程度的差异,很难做到无差别地爱一切人。关于这一点,孟子批判墨家夷子"爱无差等,施由亲始"是"二本"(《孟子·滕文公上》),就说明无论将爱无差等视为价值原则还是实践原则,都会出现一视同仁或爱人无差等的道德要求与由亲始的差等施爱的道德实践之间的矛盾。可见,生活实践中爱无差等原则是无法实践的。同时,仁爱他人又是一种善待他人的美德,属于一种不完全的德性义务。德性义务指:"履行是功德;但对它的违背却并不马上就是过失,而仅仅是道德上的无价值。"②换言之,个体履行仁爱的德性义务值得鼓励与称赞,却不能将仁爱视为强制性的义务规定,违背或不能完全践行仁爱③不意味着必须承担相应的道德责任,或者必然受到严厉谴责甚至惩处。不同于不能自杀、正义之类必须严格履行的完全义务,人们不可能要求个体在任何时候、任何情感下都无差别地履行仁爱的德性义务,否则就是道德绑架。故此,儒家结合传统社会人伦关系的亲疏、远近,提出亲亲而仁民的爱

---

① 参见〔英〕休谟著,关文运译:《人性论》,北京,商务印书馆,1980 年,第 422—426 页。

② 〔德〕康德著,李秋零主编:《道德形而上学》,《康德著作全集》(第 6 卷),北京,中国人民大学出版社,2007 年,第 403 页。

③ 比如,冷漠、麻木不仁。又或者,对某些人施以更多的爱,而对另一些人给予较少的爱。

有差等道德实践原则,并鼓励人们践行仁爱美德。

儒家的爱有差等道德实践原则不仅注重爱人的亲疏、厚薄差异,而且主张"老吾老,以及人之老;幼吾幼,以及人之幼"(《孟子·梁惠王》),要人们将亲亲之爱由近及远地外推,最终实现亲亲与仁民相贯通。由近(亲)及远(疏)地推爱又包含两层意思。一般意义上,差等推爱指亲亲之爱由亲及疏地层层外推以及爱人的程度依次递减。这种差等推爱虽然有亲疏、远近之别,却不完全是静态、僵化的。道德生活中人们对他人的爱不一定较为淡薄。比如,亲人不在场时或某些特定情境下,①人们对他人的爱未必不浓烈。儒家提倡差等之爱是说,亲亲之爱在总体上要浓厚于仁爱他人。同时,相较于爱无差等或普遍平等的兼爱原则,爱有差等的仁爱思想更符合人际关系与人际情感的亲疏远近的常识道德,更容易实现。因此,刘清平对儒家仁爱与爱有差等的解读,在理论上不准确,在实践层面也无甚助益。儒家的推爱思想还有另一层含意。那就是,推爱要求人们突破亲疏、远近的差等分别,充分发挥自身的道德理性能力与道德情感,以己立立人、己达达人的忠道不断向外推扩与辐射,让人们在己—亲—人的情感互动或动态感通中,实现差等的人伦之爱与普泛施爱于他人的协调统一。儒家认为,个体之所以能打破亲疏等级的现实局限,推爱于他人,根源在于人先天具有的普遍必然价值规定性(人性)。② 故此,仁爱不但具有现实性与差等性,而且展现出主体性、普遍性与超越性的特点。

儒家以有差等为原则的仁爱思想不但切实可行,而且对人们的社会道德生活有重要意义。传统社会中爱有差等原则主要表现为亲疏有别的亲亲宗法伦理规范,对促进社会的稳定与秩序有重要价值。儒家以爱有差等作为仁爱的基本原则,充分肯定个体的人伦关系与人伦情感有深浅、厚薄的不同。清儒程瑶田详细论述了儒家爱有差等原则的宗法伦理特征。他说:

> 亲亲而仁民,仁民而爱物。有自然之施为,自然之等级,自然之界限,行乎不得不行,止乎不得不止。时而子私其父,时而弟私其兄,自人视之,若无不行其私者。事事生分别也,人人生分别也,无他,爱之必不能无差等,而仁之必不能一视也。此之谓公也,非一公无私之谓也。

---

① 比如,他人遭遇不幸的时候。

② 孟子认为:"人皆有不忍人之心。"并且,他指出,这种不忍人之心又表现为,见陌生小孩有危险都会有超乎私交、外在名誉和主观好恶的"怵惕恻隐之心"。(参见《孟子·公孙丑上》)因此,人先天具有对他人的不忍之心或恻隐之心。这种不忍或恻隐之心是人之所以为人的普遍必然的价值规定。

《仪礼·丧服传》之言昆弟也,曰:"昆弟之义无分,然而有分者,则辟子之私也。子不私其父,则不成其为子。"孔子之言直躬也,曰:"父为子隐,子为父隐,直在其中。"皆言以私行其公,是天理人情之至,自然之施为、等级、界限,无意、必、固、我于其中也。①

在程瑶田看来,个体通过亲亲、仁民、爱物的推扩,将仁爱施于人伦关系中的不同对象,使得在不同人伦关系中皆有当行与当止的自然等级与界限。他说,有时儿子偏爱父亲,有时弟弟偏爱兄长,在别人看来似乎都是偏爱。人们之所以对不同人的爱有所分别,只是因为仁爱必然有差等,不可能完全同等。《仪礼·丧服传》论兄弟的丧礼时说:"兄弟间的情义不分彼此,然而有所分别是为了尊重或辟父子亲情。儿子不偏爱父亲就不成为儿子。"孔子以"父子互隐"为"直",都说是以偏爱来实现公道,这就是出于人性和人伦情感的自然施爱,并包含对不同人伦角色的相应伦理规范(等级与界限)绝无主观臆断或自私唯我的成分。

宗法伦理中儒家的爱有差等原则体现为,依据父子、兄弟等人伦关系的亲疏而产生的不同程度和方式的爱及相应的人伦道德规范。程瑶田说的,"自然之施为、等级、界限"与"不得不行"及"不得不止"说明,爱的施予和差等性是植根于人的自然性情,并由人伦情感、人伦关系与道德规范共同决定的。同时,爱的不同等级与界限分别("事事生分别")是指,不同人伦关系的相应道德规范体现为礼的规范。它是人伦之爱的客观制度化表达。故而,儒家根据人伦情感与宗法人伦关系的亲疏、远近、异同,来制定具有等级性的礼仪规范,以便让人们明白何事当做、何事不当做,从而切实规范人们的行为并维护社会秩序。

值得注意的是,礼的等级与政治权力等级是两个概念。政治权力等级主要表现为,从上到下的政治权力统治与压迫。礼的等级性则表现为,对父子、夫妇、君臣等人伦角色的不同伦理规定及相应伦理义务,并在不同类别的伦理义务中包含与之相对应的爱与自治。故而,人伦之爱既肯定慈孝友悌之爱的真挚性与优先性,又合理规范血亲之爱,以免一味偏祖与溺爱亲人。同时,作为社会伦理规范,儒家制定礼义规范的主要依据有:"亲亲、故故、庸庸、劳劳,仁之杀也;贵贵、尊尊、贤贤、老老、长长,义之伦也;行之得其节,礼之序也。仁,爱也,故亲;义,理也,故行;礼,节也,故成。"(《荀子·大略》)宗法伦理等级秩序及人伦之爱的差等次序除了依据血缘亲疏关系或亲

_____
① (清)焦循撰:《孟子正义》,第949—950页。

亲原则,还依照尊尊、长长、老老和贤贤的义序,即看重年龄之长幼、社会地位之贵贱、道德之贤愚的义序条理。并且,亲亲人伦关系与尊尊、长长等义序需要接受礼的合宜节制。因此,儒家的人伦之爱是仁、义、礼在复杂的宗法伦理结构中展开的,充分彰显仁爱的差等性特点。上文程瑶田说的"以私行其公"表明,宗法礼制中不同等级与界限的爱看似是有差别的偏爱,其实是在不同人伦之爱及相应伦理道德规范中体现普泛的仁爱。这也说明,社会群体是在不同社会团体的基础上建立起来的,个体若不能对其所处的团体成员施以相应的敬爱,就无法真正实现仁爱他人。

事实上,西方思想家们谈到仁或爱时,同样强调爱的差等性与类别性。比如,亚里士多德论述友爱的不同类型与属性时就指出,爱所讲的平等和公正意义上的平等不同。① 他还指出:"抢一个伙伴的钱比抢一个公民的钱更可恶;拒绝帮助一个兄弟比拒绝一个外邦人更可憎;殴打自己的父亲比殴打他人更可耻。"②康德也认为:"一个人对我来说毕竟比另一个人更近,而我的善意中是我自己最近的人。"③他们都认为爱或善意有远近、亲疏之别。罗尔斯说:"与自由、平等相比较,博爱观念在民主社会中地位较次要。它被看作较不专门的一个政治概念,本身并不定义任何民主的权利,而只是表达某些心灵态度和行为类型。"④罗尔斯将博爱视为个别的心灵与行为特征,并将博爱与自由、平等区别开来。这间接说明,博爱或爱人具有主观性与差异性,不能建立在抽象的自由与平等理念基础上。生活中不可能出现无差别的爱。穆勒也指出:"一个人在不违背其他义务的情况下,如果对待亲朋好友就像对待陌生人一样而没有给予任何优先照顾,那么更可能受到的是责备而不是称赞。"⑤他明确将普遍义务与爱亲的优先性区别开来,承认在合于义务规范的情况下优先爱亲是合理的。可见,在中西方伦理思想史上,爱同样是一个综合了价值理性、道德情感及具体行为实践的特殊伦理价值观念,与基于抽象逻辑理性的自由、平等与权利概念存在根本差异。并且,西方哲学家大都认同,人人都有爱的本性,不能要求人们对所有人都施以同等的博爱或仁爱。爱不可能无差等或无差别。

综上所述,以爱有差等为原则的儒家仁爱思想,彰显出普泛爱人与爱有

---

① 参见〔古希腊〕亚里士多德著,廖申白译注:《尼各马可伦理学》,北京,商务印书馆,2003年,第241—242页。

② 同上,第246页。

③ 〔德〕康德著,李秋零主编:《道德形而上学》,《康德著作全集》(第6卷),第462页。

④ 〔美〕罗尔斯著,何怀宏、何包钢、廖申白译:《正义论》,北京,中国社会科学出版社,1998年,第105页。

⑤ 〔英〕约翰·穆勒著,徐大建译:《功利主义》,上海,上海人民出版社,2007年,第46页。

差等的统一。普泛爱人是说人们可以普泛地仁爱任何人。这说明,仁爱是一种普遍爱人的道德情感与主体道德价值规定。爱有差等强调,人们的具体施爱呈现出亲疏、厚薄差异和由亲及疏依次递减的趋势,并能将亲亲之爱推及于爱他人。爱有差等原则,体现出仁爱作为道德实践原则与个体美德的面向。因此,仁爱既带有普遍性与主体道德规定性,又具有现实性与差等性。无差等的爱无法实现。在中国传统社会,仁爱主要表现为由亲及疏依次递减的人伦之爱及相应的宗法等级礼制与人伦道德责任。此外,儒家倡导仁爱,要求人们突破人伦之爱的等级界限,推扩亲亲之爱于他人。这既有利于社会的秩序化与伦理化,又能促使人们在日常交往中普泛爱人与相互友爱。

三、仁爱与博爱的共通点: 爱亲与爱人相贯

儒家"亲亲相隐"伦理论战中,黄裕生以基督博爱为参照,引用耶稣要人们打破并超越亲情之爱、全心全意爱神与爱人如己的例子,指出有差等的亲情之爱与无差等的普遍博爱相冲突,亲人之爱与爱有差等不能作为普遍道德准则。① 笔者认为,黄裕生对儒家的仁爱与爱有差等原则的质疑与批判较为片面。他忽视了仁爱的丰富意涵及其特点,且未充分比较儒家与基督教文化的异同。如姚新中所说:"基督教与儒家传统在形式上极不同,但在精神实质上,在其根本原则上,却有很多相同、相似之处。"②仁爱与博爱的表现形式虽然有诸多差异,但二者在道德价值与伦理精神上有相契合之处。故此,笔者将在探讨基督教传统中博爱思想的主要意涵及其特点的基础上,比较分析博爱与仁爱关于爱亲与爱人的共通之处,可以说明博爱与亲亲之爱的相通性。

众所周知,基督教传统中,博爱是要求人们爱上帝与普遍爱人。但博爱首先是一种宗教信仰基础上的价值理念。《圣经》记载耶稣要家人相离散、仇视。这源于基督教文化中人性恶与外在神性超越思想。由基督教性恶论推导出的自然亲情只是没有任何道德规定的自私与互利情感。基于此,个体道德的价值根源只能是外在超越的神性道德命令。为此,人们必须超越性恶基础上自私与互利的亲情,树立全心全意信神、爱神的宗教情感与宗教信仰。可若缺乏对基督和上帝的神圣信仰与宗教情感的文化心理,要

---

① 参见黄裕生:《普遍伦理学的出发点: 自由个体还是关系角色?》,郭齐勇主编:《儒家伦理争鸣集——以"亲亲互隐"为中心》,第955—956页。

② 姚新中著,赵艳霞译:《儒教与基督教——仁与爱的比较研究》,北京,中国社会科学出版社,2002年,第2页。

求人们在生活实践中放弃家庭生活与亲情,以实现爱神与爱邻如己的普遍博爱,几乎不可能。即便宗教人士也不能完全做到普遍地对他人施以同等的爱。因此,博爱在上帝那里是一个无条件的绝对普遍原则,却无法在人这里成为一项无条件的绝对普遍原则。同时,基督教神性的博爱要求爱上帝高于爱亲人与爱邻人,说明爱上帝与爱人之间存在差等。吊诡的是,爱上帝需要通过爱亲人与爱邻人,才能落实与体现。此外,建立在宗教信仰情感与文化心理基础上的神性博爱,包含不平等的宗教意识形态或选民与立契意识。基督教文化中,上帝对创造物的博爱是有差等的,其中上帝唯独钟爱人类。据姚新中考察,由神爱衍生出的"邻人之爱"在《旧约》中指由盟约结成伙伴的相互关爱,在《新约》中既有所延续,又扩展到邻近之人与需要帮助者。① 这说明,上帝并非普遍、无差等地爱人、爱物,而是无差别地爱每个信仰者与求助者。故而,博爱本身包含不平等的宗教意识。相反,儒家提倡的仁爱不需要建立在外在人格神的宗教信仰基础上,也无宗教排他意识,而是更为包容,展现出广泛的仁民、爱物的人文道德特性。

相比之下,儒家泛爱众的仁爱思想建立在人性善与主体内在超越的基础上。它强调"为仁由己"与"博施济众",认为个体本身内在具有普遍善性与道德心(良心),人们只要将它推扩出去,就能做到普遍仁爱他人。与基督教爱人如己的博爱相比,仁爱的价值依据不是外在超越的神性规定,而是个体内在的善性、道德心或良心。同时,人的善性或道德心是超越而至善的天道先天赋予个体的内在道德规定。故而,人们只需要反身内求,主动确证与积极推扩自身本具的良心、善性,无需求助于外在超越的神灵或上帝,就能在实践活动中普泛爱利他人。因此,黄裕生说的缺乏普遍原则或没有度的亲情或私情,②是基督教文化中的亲情,而非儒家性善论意义上的亲情与人伦之爱。其实,仁爱既源自亲情,又超出亲情,包含普泛爱人与为善去恶的普遍道德规定与伦理责任③。儒家的爱有差等与孝悌人伦之爱其实是普遍仁爱道德价值规定的具体实践与应用。这也是郭齐勇、文碧方等儒学学者反复强调的仁是"本",孝悌是"用"与"为仁"(践行

① 姚新中著,赵艳霞译:《儒教与基督教——仁与爱的比较研究》,第252—256页。
② 参见郭齐勇编:《儒家伦理争鸣集——以"亲亲互隐"为中心》,第955—956页。
③ 姚新中明确指出,仁爱不是一种自然感情,而是源于天生情感又超出天生情感的伦理责任,是始于家庭之爱又不限于家庭之爱的普遍责任,且不同于墨家互惠性的兼爱以及功利之爱。(参见姚新中著,赵艳霞译:《儒教与基督教——仁与爱的比较研究》,第232页。)

仁)之本始。

所以,与其说博爱与仁爱的主要差别是平等的普遍泛爱与不平等的差等之爱,不如说是两种文化传统中上帝与天、性恶与性善、圣神他律道德与主体自律道德、外在超越与内在超越诸方面表现方式上的差异。

与此同时,儒家仁爱与基督教博爱具有共通之处。二者皆强调,道德实践中爱亲人与泛爱他人的统一以及爱人的差别性与延展性。《圣经》常以天父、圣子譬喻上帝、基督与个人的关系,又以"人们是天主的子女""基督的弟兄与姐妹"等亲属关系为喻反复诫命人们要爱邻人。① 《圣经》强调,爱神是通过爱亲人展现出来的。② 并且,基督教对家庭关系的道德规范比儒家还要细。③ 可见,基督教倡导的神爱与邻人之爱同样需要被纳入亲人之爱中加以理解,同样将爱神与普泛爱邻人视为亲人之爱的推展。这与儒家说的孝悌为仁之本、"四海之内皆兄弟"及"民胞物与"相契合。不仅如此,基督教伦理提倡普遍爱邻人的同时,也充分肯定合理地自爱以及帮助与自己关系密切的人的优先性。④ 圣奥古斯丁甚至认为,爱的秩序是对美德合适而精确的定义。⑤ 故而,基督教博爱与儒家仁爱皆极为重视人与人以及人与神(天)之间爱的互动。并且,它们都以亲人之爱作为泛爱他人的参照,注重爱人的差别性(秩序性)与爱的延伸性(推衍性)相统一。

可见,仁爱与博爱都体现出普遍道德价值与特殊实践原则的统一。人们不能不顾"普遍性"与"特殊性"的辩证统一,主观、形式地将普遍与特殊二分对立,并简单、片面地比较博爱与仁爱的伦理内涵及二者的相互关系。并且,博爱和仁爱都蕴含人生论意义上超越的道德价值规定、伦理责任与道德情感等普遍伦理精神,不能以抽象的逻辑理性加以解读。同时,博爱既包含人与上帝关系的神学美德,也包含人与他人、他物关系的伦理美德。⑥ 仁爱则重视伦理美德。故此,我们应当从伦理美德层面比较博爱与仁爱的异同关系,即比较它们看待亲人之爱与泛爱他人及二者关系的异同。就此而言,它们都承认爱亲人与爱他人非但不矛盾,反而相一贯。只不过,二者看

① 〔德〕白舍客著,静也、常宏等译:《基督宗教伦理学》,上海,华东师范大学出版社,2010年,第214页。

② 《新约圣经·约翰一书》中讲:"人若说,我爱神,却恨他的弟兄,就是说谎话的。不爱他所看见的弟兄,就没能看没有看见的神。"

③ 参见董小川:《儒家文化与美国基督新教文化》,北京,商务印书馆,1999年,第205—206页。

④ 同上,第218—221页。

⑤ 参见姚新中著,赵艳霞译:《儒教与基督教——仁与爱的比较研究》,第211页。

⑥ 同上,第210页。

待与实现爱亲人与泛爱他人相统一的具体方式,存在诸多差异。所以,人们不能以基督教博爱批判与否定儒家仁爱与爱有差等原则。

第三节　原则性与灵活性相统一的权变思想

儒家"亲亲相隐"伦理争鸣中,学者们对儒家伦理的普遍性与特殊性的论辩,涉及儒家"亲亲相隐"思想中亲亲伦理(包括亲情)与社会正义的矛盾冲突和权衡取舍问题,也就是儒家权变智慧的运用问题。其中,丁为祥指出,孔孟"亲亲互隐"思想包含两层权变。一是在亲情与"攘羊"或杀人过错之间选择亲情,二是依父亲对社会伤害之轻重程度,权衡亲情与父亲行为的后果而选择"隐"(沉默)或"逃"(自我流放来替父还债)。① 丁为祥理解的权,突出依据父亲的行为后果的轻重程度而向亲情或社会正义倾斜。然而,儒家"亲亲相隐"思想究竟从何种视角理解权变,并处理亲情与社会正义之间的伦理冲突? 儒家倡导的权变思想是否包含后果论的考量? 孔孟"亲亲相隐"三则故事中直躬与舜的权变行为是否合理? 要解答这些问题,人们必须准确把握儒家权变思想的内涵及其伦理特征。

一、儒家权变概念界说

"权"或权变是儒家处理道德冲突的一个重要概念。儒家思想中"权"不是面对道德冲突的简单权衡与选择,而是有严格的条件限制与道德标准的。关于儒家权变概念,《论语》《孟子》和《春秋公羊传》有专门论述。分析这些先秦典籍中权变概念的内涵,可以把握儒家权变概念的基本特征。

儒家的权变概念由孔子首倡。孔子在《论语》中三处提到"权",分别是:"可与适道,未可与立;可与立,未可与权。"(《论语·子罕》)"隐居放言,身中清,废中权。我则异于是,无可无不可。"(《论语·微子》)"谨权量,审法度。"(《论语·尧曰》)除"谨权量"指客观的规范与制度外,其他两处都从主体立身处事的角度说明"权"的变通义,涉及具体情境下主体的价值判断与行为选择是否客观合宜的考量。同时,孔子将"可与适道"与"未可与权"相提并论,是说即便懂得各种伦理原则及礼义规范,也未必能变通。这说明,孔子意识到权变的重要性与特殊性。但遗憾的是,孔子未进一步分析权变的内涵。

孟子对"权"概念有专门论述。对于梁惠王爱牛却不仁民的举动,孟子

---

① 郭齐勇主编:《儒家伦理争鸣集——以"亲亲互隐"为中心》,第189—193页。

说:"权,然后知轻重;度,然后知长短。物皆然,心为甚。"(《孟子·梁惠王上》)对此,朱熹注:"权,称锤也。度,丈尺也。度之,谓称量之也。言物之轻重长短,人所难齐,必以权度度之而后可见。若心之应物,则其轻重长短之难齐,而不可不度以本然之权度,又有甚于物者。"①朱子指出,客观事物复杂多样。人们难以依据事物本身的价值来判断事物之轻重,因而必然以心来权度,才能恰当把握事物的轻重急缓。但是,孟子所谓心的权度,并非依据个体主观的好恶(自然)情感,而指出于良心或仁义之心(道德心)的权衡与道德选择,彰显人的道德主体性。孟子以心的权度来批评梁惠王爱牛却不知仁民,说明出于道德心的价值判断与行为选择能有效避免道德行为的主观任意性,保障主体道德行为的普遍必然性。并且,以道德心作为个体权变或行为选择的内在道德动机,能促使个体认知层面的道德判断与实践层面的道德行为相统一。

并且,孟子十分注重权变的客观合宜性,他说:"子莫执中为近之。执中无权,犹执一也。所恶执一,为其贼道也,举一而废百也。"(《孟子·尽心上》)孟子认为,不同于杨子为我与墨子兼爱,子莫完全折中于某一处而不变通。这种完全主观、僵化的折中容易贼害儒家仁义道德。孟子批判"执中无权",既批判脱离事物本身的实际情况,仅在抽象道德原则之间展开价值判断与选择,又批判在不同道德原则之间一味折衷。可见,孟子认识到,权变不仅是基于不同道德原则的价值判断与行为选择,还需要结合具体事物的实际情况进行合宜变通。

《春秋公羊传》专门论述了行权的目标、标准、条件与价值,对儒家权变思想影响深远。关于权变概念,《春秋公羊传》云:"权者何?权者反于经,然后有善者也。权之所设,舍死亡无所设。行权有道,自贬损以行权,不害人以行权,杀人以自生,亡人以自存,君子不为也。"(《春秋公羊传》桓公十一年)其大意为,权虽然违反经的要求,却是善的行为。只有生死存亡之际,才能行权。同时,行权需遵守一定的原则:可以损伤甚至牺牲自己来行权,不可以通过伤害他人来行权,也不能通过灭掉他国来保全己国。君子不会杀害他人而求生。因此,"舍死亡无所设"的"死亡",不是指个体存亡之时,而是指民众与国家危亡之际。故而,《春秋公羊传》推崇的权变不是出于个体的生死与利弊的考量与取舍,也不是将自身与己国的存亡凌驾于他人或他国存亡之上的自私与专断行为;相反,《春秋公羊传》倡导的权变是在涉及国家存亡仍至天下兴亡的特殊情境下,统治阶级成员采取灵活变通(包括牺

---

① (宋)朱熹撰:《四书章句集注》,第210页。

牲自我)的方式来拯救国家危亡与民众生命,且不得侵害他国与民众的生存与利益。由此,权变虽然不遵从经的规定,却合于道德原则,属于道德的行为选择。可见,《春秋公羊传》不但严格规定了只有在涉及民众、国家乃至天下危亡的特殊条件下才能行使权变,而且强调行权超出了个体的生命与利益考量,以民众、国家乃至天下存亡之大义为价值标准。并且,《春秋公羊传》强调,行权要以善或道德为目的。

与此同时,《春秋公羊传》对春秋时期士大夫的不同权变行为进行了褒贬,从中可以了解儒家权变思想的基本特点。《春秋公羊传》中儒家对丑父设权生君和祭仲知权的两种权变行为褒贬不一。丑父生君故事是,齐军被晋鲁所败,逢丑父与齐顷公交换服饰与站位,设法让顷公逃走,丑父则被晋军捕获并斩首。(见《春秋公羊传》成公二年)祭仲知权是说,宋人逮捕并威胁郑相祭仲驱逐太子忽而立突。若不听从宋,祭仲将身死,并致使郑国国弱而被宋所灭;若听从宋,则违背立嫡的君位继承制。对此,祭仲的对策是暂时从宋,先保社稷,再伺机逐突而迎太子忽。(见《春秋公羊传》桓公十一年)对于这两则典故,儒家贬斥前者而赞扬后者。儒家认为,前者使君弃三军而遁逃,以求国君个人之生存,陷君于大辱与不义;后者即便最初违背立嫡制度,有所枉曲,却使国家得以保存,其后又迎回了太子,复归了立嫡制度。两则典故生动地说明,公羊家推崇的权变是国家危亡的特殊情况下的灵活变通。并且,即便是为了拯救国家于危亡,儒家仍然认为,权变必须遵从伦理原则与政治伦理制度。[①] 因此,儒家主张的权变虽然是灵活变通,却不违背儒家的基本伦理原则与各项具体的伦理规范,具有合道德的特点。此外,《春秋公羊传》专门记载了宋楚之战的故事。楚庄王围宋剩七日之粮,让司马子反与宋华元谈判。司马子反了解到宋军疲惫、人相食,心生怜悯而告诉对方军情,致使庄王撤军。(见《春秋公羊传》宣公十五年)公羊家推崇司马子反的权变,说明公羊家认为行权是出于道德心的行为选择。

总而言之,孔子、孟子和公羊家对权的论述揭示出,儒家权变概念包含三层意思。首先,儒家的权变是人伦生变与国家危亡的特殊情境下的灵活变通。其次,儒家认为,权变不是在不同道德原则之间的折衷权度,而是依据主体道德心与客观情况做出的客观合宜的道德判断与行为选择。再次,权变以挽救他人、国家乃至天下百姓危亡为目的,同时必须符合各项伦理原则与伦理规范。因此,儒家推崇的权变不是个体的利弊权衡或权诈,而是有严格的条件限制与道德规范的,展现出道德主体性与客观合宜性、灵活变通性与道德规定性的统一。

---

① 丑父生君与祭仲知权两则典故分别体现了儒家的义原则和嫡长子继承制度。

二、儒家权变思想的经权统一特征

儒家权变思想有一个极为重要的特征,那就是言权不离乎经。对此,冯友兰、吕绍纲、朱贻庭三位学者都指出,经代表原则性,权具有灵活性,经与权既有区别又相统一。[①] 他们对儒家经权关系的理解,揭示出经与权的辩证统一。要具体把握经与权的辩证统一,人们必须较系统地了解儒家对经权关系的基本看法。儒家思想史上,孟子、董仲舒、程颐和朱熹对经权关系有经典论述,有助于人们深入理解儒家权变思想的经权统一特征及其意义。

孟子主要从礼权论的角度阐述经权关系。他说:"男女授受不亲,礼也;嫂溺,援之以手者,权也。"(《孟子·离娄上》)对此,一些学者认为,儒家道德体系中道德原则存在高低之别,行权是为了更高的德而舍弃更低的德。[②] 依这种观点,"嫂溺,援之以手"虽然违背"男女授受不亲"之礼或男女有别原则,却体现了挽救生命的仁义道德原则,因而仁义道德原则高于男女有别原则,行权高于遵经。然而,这种理解容易使经权二分甚至对立起来。事实上,"嫂溺"的故事展现的并不是权高于经,而是经权统一。"男女授受不亲"之礼(男女有别原则)是为了维系正常的叔嫂人伦关系而设立的。但同时,儒家认为:"有男女然后有夫妇,有夫妇然后有父子,有父子然后君臣,有君臣然后有上下,有上下然后礼义有所错。"(《周易·序卦》)男女二性的存在是人伦礼义展开的基础。同理,如果叔嫂关系不复存在,就没有叔嫂伦常的正常展开,男女有别原则或"男女授受不亲"之礼也就不能发挥它应有的道德效力。此时,若死守"男女授受不亲"之礼,不但违背人的仁义道德本性,而且危及叔嫂人伦关系的正常展开。"援之以手者"

---

①　冯友兰认为:"道是原则性;权是灵活性。灵活性,表面上看,似乎是违反原则性,但实质上正是与原则性相合。"(冯友兰:《中国哲学史新编》,北京,人民出版社,1982年,第144页。)吕绍纲指出:"经权说是儒学关于如何处理常道与变通二者关系的哲学学说。经,常道;权,变通。犹当今之原则性与灵活性。……关于原则性与灵活性的关系思辨是现代人的思想,古代儒家的经权说与之有相似之处。但是不完全相同,从理论上说,经与权是既对立又联系的一对概念,无经便无所谓权,无权也无所谓经。"(中国孔子基金会编:《中国儒学百科全书》,北京,中国大百科全书出版社,1997年,第132—133页。)朱贻庭说:"'经'与'权'——'常义'与'应变'——矛盾统一的模式本身而言:它揭示了道德原则的绝对性与相对性的统一,道德实践的原则性与灵活性的统一,以及实践低层次的道德原则应服从高一层次道德原则的要求。"[朱贻庭:《中国传统伦理思想史》(增订本),第209页。]
②　参见朱贻庭:《中国传统伦理思想史》(增订本),第209页。任中强:《先秦儒家经权论的涵义及历史价值》,《船山学刊》2007年第3期。刘增光:《汉宋经权观比较析论——兼谈程朱之辨》,《孔子研究》2011年第3期。郭齐勇主编:《儒家伦理争鸣集——以"亲亲互隐"为中心》,第189—193页。

的权看似有违"男女授受不亲"之礼,却合于人的善性,还能有效保障叔嫂人伦关系的正常化和"男女授受不亲"之礼的有效实施。所以,我们不能因"援之以手"的肌肤之亲违背了"男女授受不亲"的礼仪规范,就简单认定经与权相背离。相反,我们应该明白,小叔子援救溺水的嫂子虽然违背男女有别的人伦道德规范,却是人的善性使然,也极有利于维系正常的叔嫂人伦关系。因此,行权和守礼都符合道德原则,能有效维护人伦关系的正常化与人伦规范的普遍道德效力。从这层意义上说,权非但不背离经,反而与经相统一。

《孟子》中舜"不告而娶"的典故同样展现出权与经的统一。孟子说:"不孝有三,无后为大。舜不告而娶,为无后也。在君子以为犹告也。"(《孟子·离娄上》)这当中涉及娶妻和告父母两种孝道规定。儒家文化中,娶妻有祭祀先祖宗庙、继后世、亲合父子家庭的多重伦理意涵,也是各种人伦秩序正常展开的基础,是行孝的重要伦理规定。① 娶妻告知父母是行孝的具体规定,体现对父母的尊重与爱戴。因此,娶妻告知父母与娶妻都是孝的规定,二者并不冲突。但是,舜出生于人伦乖违的家庭,"告则不得娶。男女居室,人之大伦也。如告则废人之大伦,以怼父母,是以不告也"(《孟子·万章上》)。表面上,不告而娶违反了娶妻告知父母的孝道规范。可在父子伦常乖违的特殊情境下告知父母欲娶妻,必然会遭父母反对而无法娶妻,违背"人之大伦"与娶妻的孝道规定,也会使父子相怨怼,恶化父子人伦关系。相反,舜"不告而娶"的权变行为看似违背"告父母"的孝道规定,实则是为了尽孝道。故而,"不告而娶"的权变虽然违反了"告父母"之礼,却能缓和亲子人伦关系,并维护孝道,因而"君子以为犹告也"。并且,孟子以仁义之心与合宜变通理解权,意味着舜"不告而娶"不可能是娶妻而不顾父母之养的自私不孝,更不存在"钻穴隙相窥,逾墙相从"(《孟子·滕文公下》)之类不合礼法或违背仁义道德的不良行径。

孟子从礼权的角度论述经与权的统一性,揭示出权变看似违背儒家的具体礼仪规定与相应的人伦道德原则,实则是正常人伦关系受威胁或相乖违情况下的合宜权度,是为了促进人伦关系的正常化,并保障人伦规范不因特殊事件冲击而失去一般道德效力。从这层意义上说,权与经相统一。而且,孟子强调,权变必须出于仁义道德,不可能践踏礼法、不顾仁义道德。

---

① 《礼记》充分论述了娶妻伦理意义:"昏礼者,将合二姓之好,上以事宗庙而下以继后世也,故君子重之。……敬慎重正,而后亲之,礼之大体,而所以成男女之别,而立夫妇之义也。男女有别,而后夫妇有义;夫妇有义,而后父子有亲;父子有亲,而后君臣有正。故曰:'昏礼者,礼之本也。'"(《礼记·昏义》)

汉宋以来,儒者们在继承先秦儒家经权观的基础上,阐述了他们对经权关系的看法。梳理汉宋儒者们对经权关系的经典论述,人们可以进一步了解儒家经与权的统一性,以及儒家权变思想的内涵、特点与意义。

汉儒董仲舒在《春秋繁露》中说:

> 《春秋》有经礼,有变礼。……明乎经变之事,然后知轻重之分,可与适权矣。……今四者俱为变礼也同,而其所发亦不同。或发于男,或发于女,其辞不可同也。是或达于常,或达于变也。①
>
> 夫权虽反经,亦必在可以然之域,不在可以然之域,故虽死亡,终弗为也。……诸侯在不可以然之域者,谓之大德,大德无逾闲者,谓正经。诸侯在可以然之域者,谓之小德,小德出入可也。权谲,尚归之以奉钜经耳。②

董仲舒认为,《春秋》中有一般的礼仪规范,也有灵活变动的礼仪规范。明白了这一点,才能够权变。他指出,权变虽然违背一般的礼仪规范,却必须在道德许可的范围内。换言之,权变即便不符合日常的礼仪规范,也必须符合一定的道德要求。他还认为,即便是权谋,也要遵从大经(一般道德原则)。董仲舒明确视权为变礼,使得权由生死存亡的特殊情境下不得已的权变,扩大到日常生活中的灵活变通,适度放宽了权变的范围。同时,他指明,权变虽然与一般礼仪规范相违背,但不能超出道德的规定,须符合仁义道德的要求,从而否认权变的非道德性与主观任意性。董仲舒将权变引入人们的日常伦理生活实践,肯定权变与经礼相反,又强调权变必须遵从儒家的仁义道德与基本伦理原则。

董仲舒从维护伦常秩序及其礼仪规范的角度阐发儒家的权变思想,对儒家伦理规范的落实与社会伦理生活的有序运转有积极意义。但是,随着汉代儒学的意识形态化与社会政治的腐败,人们完全忽视了董仲舒的"权反于经"说强调的权的道德规定性,将权变曲解为背离礼仪规范与仁义道德的个人利弊权衡或权诈,使行权成为谋取个人功名利禄的手段。

汉儒的"权反于经"主张以及权变思想的蜕变,遭到宋儒程颐猛烈批评。程颐说:"汉儒后以反经合道为权,故有权变权术之论,皆非也,权只是

---

① 曾振宇、傅永聚注:《春秋繁露新注》,北京,商务印书馆,2010 年,第 50—51 页。
② 曾振宇、傅永聚注:《春秋繁露新注》,第 54 页。

经。"①"古今多错用权字,才说权,便是变诈或权术。不知权只是经所不及者,权量轻重,使之合义,才合义,便是经也。"②他极不赞成汉儒从经权相反或经权对立的角度阐述经权关系,认为这种论说容易衍生出权谋与诈骗,实则权只是一种经。并且,他解释道,权只是一般道德规范不能覆盖的特殊情况下的道德判断与行为选择,符合义的道德规定,是一种道德规范。程颐的"权只是经"说强调权变的合道德性,有力地批判了汉代的权谋、权术论。但是,他将权视同经,又模糊了经与权的界线,忽视了权的条件性。

宋儒朱熹融会董仲舒和程颐的经权说,揭示出经与权的辩证统一性。关于权,朱子说:"以义权之,而后得中。义似称,权是将这称去称量,中是得其平处。"③他赞同程颐的权"合义"之说,倡导权必须出于"义"而得"中"。换言之,权变必须不偏不倚、客观合宜。关于经与权的区别,朱子说:"经自经,权自权。但经有不可行处,而至于用权,此权所以合经也。"④"经是万世常行之道,权是不得以而用之,大概不可用时多。"⑤他认为,经是经,权是权,二者的适用范围与地位各不相同。经是人伦常态下经久不变的道德规范(常行之道),权是伦常生变的特殊情况下不得已的行为选择。因此,经在社会伦理生活中占据主导地位,权在社会伦理生活中运用较少。可见,他不赞同程颐的"权只是经"说,强调经与权界线分明。

然而,朱子又强调"权所以合经",认为行权能够解决经失效的特殊伦理情境,有助于维护经的道德效力与正常人伦关系,能够与经相统一。从这个意义上说,他发挥了程颐的权合义即是经的观点,承认经与权存在统一性。并且,他说:"且如君臣兄弟,是天地之常经,不可易者。汤武之诛桀纣,却是以臣弑君;周公之诛管蔡,却是以弟杀兄,岂不是反经!但时节到这里,道理当恁地做,虽然反经,却自合道理。但反经不合道理,则不可。若合道理,亦何害于经乎!"⑥他认为,父子、夫妇、兄弟、君臣等一般人伦道德规范是不可改易的常经。人伦关系相乖违的情况下只能违背经而行权,但必须合于道理或道德原则。这说明,他继承了董仲舒的"反经""在可以然之域"和"奉钜经"的说法,认为权变虽然违反经的规定,却符合一定的道德原则,因而不会危害经。在此基础上,他说:"经是已定之权,权是未定之经。""经者,道之常也;权者,

---

① (宋)朱熹撰:《四书章句集注》,第116页。
② (宋)程颢、程颐:《二程集》,第234页。
③ (宋)黎靖德编:《朱子语类》卷三十七,第987页。
④ 同上,第987页。
⑤ 同上,第989页。
⑥ 同上,第990页。

道之变也。"①他指明,经是已经确定下来的一般行为选择,权是未确定下来的道德规定。同时,经是道德原则在人伦常态下的一般规范,权是道德原则在人伦生变的特殊情况下的体现。这说明,经与权分别具有规范性与变通性特点,都是道德原则的具体体现。故而,经与权既界限分明,又都蕴含道德规定性,能够共同维护社会生活的伦常秩序,二者具有辩证统一性。

除了论及"经不可行"或经失效的情况之外,朱子还探讨了"经之所不及"的情形,以说明经与权的统一。他说:"尝记龟山云:'权者,经之所不及。'这说却好。盖经者只是存得个大法,正当底道理而已。盖精微曲折处,固非经之所能尽也。所谓权者,于精微曲折处曲尺其宜,以济经之所不及耳。……庄子曰'小变而不失其大常',便是经权之别。"②他指出,作为人伦规范,经只能对人们的行为作出一般道德规范,不可能详尽地规定人们复杂生活实践的方方面面。在经不能覆盖的细枝末节处,人们可以依据儒家伦理原则,适度进行变通,以便更好地将儒家伦理原则与道德规范贯彻落实于社会伦理生活,弥补经的不足。这种情况下,行权非但不与遵经相背离,反而以遵经为归旨,能有效防止日常生活中的个别事件危害伦理原则和伦理规范的一般道德约束力。朱子的权以济经说彰显出,儒家经权思想的权不离经和权返于经的辩证统一特点。

综上所述,儒者们都认为,经是正常情况下的一般伦理规范,权是正常人伦关系受威胁或生变而使道德规范(礼)失效的情况下,行为者依照道德原则作出的合宜变通与恰当选择。同时,孟子和朱子揭示出,行权可以弥补经的不足,能确保人伦关系的正常展开,以及儒家的伦理原则与伦理规范发挥应有的道德效力。朱子还指明,权变能有效防止人伦变故下,道德规范失效带来的不良后果,能促进儒家伦理原则向具体伦理生活的落实。因此,在儒家看来,权虽然不同于经,却不与经相分离或对立。二者不存在高下之分,能共同维系人伦关系与伦理规范的正常运行。所以,权与经虽然界线分明,但并不相冲突,而是辩证统一的。

三、儒家权变智慧在《论语》《孟子》"亲亲相隐"思想中的体现

《论》《孟》"亲亲相隐"三则典故是儒家权变智慧的具体体现。它们体现出亲人犯过错并威胁正常人伦关系与伦理规范的特殊情况下,个体通过行为选择来维护伦常规范。分析《论》《孟》"亲亲相隐"三则典故如何体现

———————

① (宋)黎靖德编:《朱子语类》卷三十七,第989页。
② 同上,第992—993页。

儒家权变智慧,有助于人们深入理解儒家"亲亲相隐"思想的合理性。

《论语·子路》"父子互隐"章中面对父亲"攘羊"的不义之举,叶公倡导"子证之",让知情的儿子举证父亲的罪证,以维护正义原则。但是,鼓励甚至要求儿子举证父亲或宣扬父亲的过错,有违父子亲情与孝道规范,也容易恶化父子人伦关系。同时,本书第二章第一节指明,中国古代对盗窃罪的刑罚极严苛,往往矫枉过正,诱发新的不公,又不能公平地解决偷盗等问题。并且,鼓励甚至奖励举证,也可能滋长自私自利的思想倾向。《吕氏春秋》就记载了直躬以告发与陈情博取信与孝之名的故事。① 故而,儿子举证父亲容易激发刑法与道德(正直和善良)、刑法与父子伦常之间的矛盾冲突,不是合宜的行为选择。

相比之下,孔子认为,"子为父隐"才是合宜的行为选择,是儒家权变智慧的体现。具体而言,"子为父隐"首先是儿子以沉默的方式对待父亲"攘羊"的行为,以免儿子透露甚至宣扬父亲的过错而牵累正常的父子人伦关系。其次,儿子的沉默与不举证不等于说他默许甚至纵容父亲的偷盗行为。孔子极为注重儿女对父母的劝谏。他必定主张儿子私下感化与劝阻父亲,让父亲改过,并帮助父亲树立不偷盗、不作恶的道德意识。所以,孔子的"子为父隐"主张既是为了维护亲情与父子人伦道德,又以"隐"的方式保护父亲免受不公正的法律惩处,还蕴含道德感化的内容,能促使父亲改过迁善、归还偷盗之物,从而维护社会正义或义原则。当然,道德劝谏不像刚性法律惩处那样能立竿见影地抑恶与惩恶,而是通过柔性道德教化的方式,潜移默化地让父亲知过和改过,并避免法律惩处给父亲带来的不公与恶名。可见,孔子的"父子互隐"主张并非只重父子人伦(亲情)而不顾社会正义。相反,它以隐默和劝谏的方式,共同维护父子人伦关系与社会正义,并免除举证和严刑峻法带来的不良后果,从而有效化解法律与道德的矛盾,因而是父亲"攘羊"特殊情况下的变通与合宜的道德选择。

《孟子》"封象有庳"和"窃负而逃"两章同样是儒家权变思想的表现。这两则故事凸显出父亲或兄弟犯错的特殊情况下,舜通过合宜行为选择来维系兄弟、父子与君臣伦常规范及社会正义。对此,分析其中舜如何具体运用权变来维系人伦关系及相关伦理规范,有助于深入理解舜的行为的合理性及其意义。

---

① 原文为:"楚有直躬者,其父窃羊而谒之上,上执而将诛之,直躬者请代之,将诛矣,告吏曰:'父窃羊而谒之,不亦信乎? 父诛而代之,不亦孝乎? 信且孝而诛之,国将有不诛者乎?'荆王闻之,乃不诛也。孔子闻之曰:'异哉,直躬之为信也! 一父而再取名焉。故直躬之信,不若无信。'"(陈奇猷校释:《吕氏春秋校释》,上海,学林出版社,1984年,第596页。)

"封象有庳"章中,舜的异母弟弟象每天谋划杀舜,威胁到舜的生命安全和兄弟人伦关系。对此,舜并未因一己安危而不顾兄弟人伦。他当上天子后非但没有怨恨并惩罚弟弟象,反而分封象,亲爱并使象富贵,以维系兄弟人伦关系。同时,舜考虑到象可能危害百姓和政治纲纪,让官吏治国来保障民众安危与政治秩序,以维护社会正义。因此,舜的上述种种行为是为了维护兄弟人伦关系与君臣道义(君主与臣子的政治伦理规范),是合宜的行为选择。并且,舜选择分封象符合古代分封制的政治原则,具有历史合理性。

"窃负而逃"章中,舜的行为选择更具争议性。无论宋明儒家还是当今学者都讨论了"窃负而逃"章中舜的行为选择(行权)的合理性问题。要准确把握"窃负而逃"章中舜的行为的合理性,我们必须深入分析舜如何具体运用权变智慧。"窃负而逃"章以舜的父亲瞽瞍杀人害命作为故事背景。瞽瞍的行为严重危害社会正义。众所周知,孟子极为强调义。他说:"行一不义,杀一不辜,而得天下,皆不为也。"(《孟子·公孙丑上》)对于瞽瞍的不义之举,孟子认为,舜会选择"恶得而禁之"来维护和彰显社会正义。但父子伦常犹在,舜不忍心父亲受到杀人偿命的刑罚而丧失生命。可即便身为天子,舜也不能以权弄法,践踏法律权威,无视社会正义。这种情况下,舜只能放弃天子的职位和权力,偷偷背着父亲逃亡,既尽孝,又不违背法律权威与社会正义原则。

可见,面对父亲杀人带来的法律与人伦、正义与亲情之间的矛盾冲突,舜的种种行为选择并非简单的二选一,也未掺杂各种利弊权衡的功利思维与政治权力意识。并且,舜的行为并不违背相关伦理原则与行为规范,因而是合宜的行为选择,也有助于维护孝与公义伦理原则的一般道德效力。对此,朱熹和郝敬都指出,舜的行为不是种种利弊权衡的"权制"或随意变通,而是不得已情况下"因经行权,权不违经",不逾越孝亲与礼义法度的规范。[1] 可见,面对西方所谓的"两难冲突",舜的权变并非在私恩与公义之间展开非此即彼的价值高低比较与选择,也不是自由选择其中任何一种道德原则,更不是将恩、义伦理困境视为无法化解的悲剧性伦理冲突。相反,舜的行为选择以同时维护私恩与公义为目的,并超出功利思维与私欲层面,能有效化解私恩与公义之间的伦理冲突,从而有效维护私恩与公义原则的普遍有效性。

由此可见,《论》《孟》"亲亲相隐"三则典故既不主张在慈孝友悌与公义原则之间展开价值高低比较与行为选择,又不是不顾社会正义、一味包庇亲

---

[1]　参见本书第二章第三节第二小节。

人,更排除了功利意识、权力意识与主观任意的成份。相反,它们体现出,亲人行不义的特殊情况下,个体依据伦理原则合宜行事,能同时维护亲亲人伦道德与公义原则的普遍有效性。因此,《论》《孟》"亲亲相隐"三则典故是儒家权变智慧的具体体现,彰显权变行为的灵活性与原则性相统一的特质。它们都是合理的,不能被片面解读为包庇亲属。

小　结

儒家"亲亲相隐"思想主要有三重理论基础。它们分别是,情理融贯的道德哲学思维、人伦之爱与普遍爱人相统一的仁爱思想以及灵活性与原则性相统一的权变思想。它们既是儒家"亲亲相隐"思想的理论依据,展现出儒家"亲亲相隐"思想的深层伦理特质,又规范着"亲亲相隐"行为的合理边界。

首先,儒家血亲情理精神本质上是一种情理融贯的道德哲学思维。儒家的情理融贯思维根源于儒家对情感的重视,并渗透着道德理性的内容。儒家的情包括道德情感、自然情感乃至情欲以及亲情。其中,道德情感具有道德价值。血亲情感是一般人际情感与个体生命价值的生长点。自然情感可善可恶。情欲是个体接触外物而产生的欲求及自然情感反应,可能危害他人与社会,需要礼义的调治。因此,儒家认为,情感既是必要的,又与道德密切相关。基于此,儒家情理融贯思维包含情理合一与情理协调统一两种范式。前者以孔孟为代表,强调道德理性与道德情感的内在一致;后者以子思与荀子为代表,主张以礼义规范节制与疏导情感及情欲,来实现情感与理性协调统一。这两种范式在儒家血亲道德中分别表现为:血亲道德以爱敬道德情感和自我道德规约为实质内容,与仁义道德相一贯;血亲道德注重礼义规范与道德教化对亲情表达的合理规约。

其次,儒家血亲道德以仁爱为伦理思想依据,体现出普泛爱人与施爱差等的统一。其中,普泛爱人突出爱人的普遍道德情感与价值倾向。施爱差等就个体德性实践而言,体现出爱人的亲疏、厚薄差异以及由亲及疏的推爱。仁爱以爱有差等为原则,既说明亲亲之爱深厚于泛爱他人,又强调爱亲人与爱他人不冲突。此外,通过比较儒家仁爱思想与基督教博爱思想,可以得出,二者虽然在爱人或爱物层面存在差异,却都推崇个体为善与泛爱他人的普遍价值,并承认爱亲人与爱他人相一贯。人们不能以博爱批判否定仁爱。

再次,儒家"亲亲相隐"思想还是儒家权变思想的体现,有助于化解亲情与社会正义之间的伦理冲突。儒家推崇的权变是出于道德心的价值判断与行为选择,是一种合宜变通。儒家主张,只有在人伦生变或国家、民众危亡的特殊情况下方可行权。并且,行权以义为原则,以实现善为目的。儒家权变思想体现出变通性与合道德性、道德主体性与客观合宜性的统一。因此,权变(变道)既与经(常道)泾渭分明,又不离于经,能够及时弥补经的不足,有利于维护正常的人伦关系与伦理规范。故而,儒家的权变智慧超越个体私意、私欲与功利算计,具有合道义性。儒家权变智慧在孔孟"亲亲相隐"思想中有生动体现。它们都是在亲人行不义的特殊情况下,个体依道德心与具体伦理原则而行事的合宜行为选择,能共同维系亲亲人伦道德原则与公义原则的普遍有效性。所以,儒家倡导的"亲亲相隐"行为不是不分是非善恶,一味爱利亲人的行为,不能被曲解为任人唯亲或包庇亲属。

第四章 "亲亲相隐"与儒家道德的
公德、私德之辨

公德与私德对举,是中国现代化进程中特有的道德范式。儒家"亲亲相隐"伦理论争中论辩双方学者皆论及儒家道德与公德、私德的关系问题。他们都试图在近现代公德、私德框架下理解儒家"亲亲相隐"伦理观念的道德特征与现代意义。但是,由于论辩双方对公德与私德概念及二者的关系理解各异,对儒家伦理的公德、私德界说也不同,致使他们对儒家"亲亲相隐"伦理观念的现代价值评判截然相反。对此,厘清儒家道德的公德、私德之辨,有助于深化对儒家伦理的道德特征与群己价值取向的认识,从而澄清部分学者对儒家伦理的误解,同时更好地揭示儒家"亲亲相隐"伦理观念的现代意义。

然而,近现代学者们对儒家道德的公德、私德论说,本就众说纷纭,莫衷一是。其原因在于,他们对公德、私德概念及其关系以及儒家道德的公德、私德界说,有不同理解。职是之故,系统梳理近现代学者们对公德、私德及其关系的典型论说,并在比较各种观点的异同、优劣的基础上,重新界定公德、私德概念的内涵以及二者的关系,是人们探讨儒家伦理的公德、私德之辨的重要前提。需要指出的是,人们不能将儒家道德能否适用于社会公德的问题,简单化为儒家道德能否为社会公德奠定普遍伦理原则;相反,应该将这一问题理解为儒家道德能否以及从何种意义上助益社会公德建设?儒家道德能助益公德的道德哲学基础又是什么?弄清楚上述问题,极有助于人们理解儒家道德看待群己关系的视角,并揭示儒家道德的伦理特征以及它对当代中国社会国民道德建设的意义。

第一节 近现代学者对儒家道德的
公德、私德论辩

自近人梁启超界说公德、私德以来,不断有学者对公德、私德及二者的关系加以论说。近现代学者们讨论公德、私德，主要是为了确立新的道德类型，以适应中国社会现代化的需要。学者们对公德与私德概念的论述广泛涉及古今社会的道德变迁、中西方伦理思想比较以及国民道德实践诸方面内容。并且，学者们往往基于各自的时代关怀与问题意识论述公德、私德概念。基于上述原因，学者们对传统儒家道德与公德的关系问题有不同理解。

目前为止，学界对传统儒家道德能否运用于社会公德问题的理解，大致有四种较为典型的看法。第一种观点认为，传统儒家伦理中公德阙如，却又能积极助益现代社会公德。第二种观点认为，以私德为主的儒家伦理与社会公德并行且互补。第三种观点强调，传统儒家伦理与现代公德、私德观念存在古今之异，否认儒家伦理的现代价值。第四种观点将公德与儒家私德二分对立，并激烈批评他们所理解的儒家私德。系统梳理这四种观点，有助于人们全面了解近现代公德、私德概念的内涵及二者的相互关系，以及学者们对传统儒家道德与社会公德的关系的不同理解及其优劣。

一、儒家道德重私德，能助益社会公德

传统儒家道德能为现代公德奠基的看法，以梁启超、刘师培和蔡元培为代表。他们认为，儒家道德缺少现代团体意义上的公德，却能为社会公德建设提供思想资源与践履方法，可以成为公德的基础。他们对儒家道德与社会公德的关联的理解，有助于人们深入把握公德、私德概念的意涵，以及儒家道德对国民公德培养的意义。

（一）私德完备的儒家道德与公德并行，能外推为公德

面对国民道德恶浊和国家内忧外患的社会现状，梁启超发表了《论公德》一文大力倡导社会公德，提出传统儒家公德阙如论。但是，他不轻视私德和儒家道德，反而认为私德与公德相关联。一年后，他又发表了《论私德》一文，从主体德性角度阐述儒家私德可以推扩为公德，强调培养私德的重要性。梁启超的公德私德论颇为详尽且极具典范，开启了从国家、社会角度论国民道德之先河，有助于人们理解传统儒家道德与现代公德的复杂关系。

在《论公德》中梁启超指明，传统道德"偏于私德，而公德殆阙如"①，明确区分了传统儒家道德与安利国群的新公德。他认为，私德有两种类型，一类是"人人独善其身者"，指"束身自好、廉谨良愿"的道德意识与道德行为，

---

① 梁启超：《新民说》，沈阳，辽宁人民出版社，1994年，第16页。

强调自我约束与自我道德修养;一类是"一私人与他私人交涉之道义",包括父子、兄弟、夫妇的家庭伦理和朋友之信与君臣之义。① 相比之下,公德是"人人相善其群者",是"一私人对于一团体之事",是个体对社会和国家尽义务。② 在他看来,儒家道德中《皋陶谟》之九德、《洪范》之三德、《论语》之"温、良、恭、俭、让"以及"克己复礼""寡过""知止""不自欺""恕道"等,均属私德。③ 传统儒家道德要么是不与他人交涉时的自我道德涵养,要么是特定人伦关系中的个体道德责任,缺少涉及国家与社会的道德义务。

但他又指出:"私德、公德,本并行不悖者也。"④儒家道德与公德的作用对象虽不同,却不是非此即彼或相冲突的,而是可以共存。他进一步说:"道德之本体一而已,但其发表于外,则公私之名立焉。"⑤儒家道德与公德有共同的道德"本体"或道德本质。只不过,他未说明这一"本体"为何物。他还说,无论养成私德还是具备公德,皆是为了完善道德人格。换言之,儒家道德与公德都是道德人格的具体表现。并且,他强调:"无私德则不能立。合无量数卑污虚伪残忍愚懦之人,无以为国也。无公德则不能团。虽有无量数束身自好、廉谨良愿之人,仍无以为国。"⑥公德有助于培养国民的共同体意识或团体意识,是国家或社会群体成立的直接原因。但是,(独善其身的)私德是个体自立、自治的基础,同样是国家或社会群体得以形成的重要前提。这意味着,传统儒家道德同样是国家和社会良序运转的重要条件。

所以,在《论公德》中,梁启超一方面极为推崇公德,表明儒家道德中公德阙如;另一方面,他不轻视传统儒家道德,反而认为儒家道德是社会公德形成的重要条件。然而,时人不顾公德、私德之关联,高谈公德,贬斥私德与传统道德,非但无益于国民公德的培养,反而毒害民众。因此,梁启超又作《论私德》一文,从主体德性角度论证私德对公德的奠基作用,提出外推私德为公德的著名论断。

在《论私德》中,梁启超不再从团体或国群角度论公德,而是从个体德性角度强调公德与私德的关联。他认为,公德其实是"一团体中人公共之德性",也是"个人对本团体公共观念所发之德性"。⑦ 公德是现代社会公共生活所需的德性,更是个体对社会团体之公共精神的德性自觉。人们不能空

---

① 梁启超:《新民说》,第16—17页。
② 同上,第16—17页。
③ 同上,第16页。
④ 同上,第18页。
⑤ 同上,第16页。
⑥ 同上,第16页。
⑦ 同上,第162页。

谈公德,而应该通过个体德性实践来培养公德。并且,他说:"无所私有之德性……而必不能成公有之德性。"①他认为,公德的养成必须奠定在私德的基础上。他以信与忠为例,说明私德如何为公德奠基。他认为,自己有信,才能待人有信;若个体与个体之间交往不忠,则不能忠于团体。② 换言之,个体有信的德性自觉,便能以信待人;个体若不忠于(具体的)个体,则不能忠于(抽象的)团体。这就从主体的德性自觉与德性实践的一贯性的角度,说明了私德对公德的奠基作用。并且,个体在日常人际交往或行为实践中形成的私德,能为其公德意识的养成奠定主体德性基础。因此,他申明:"公德之效弗睹者,亦曰国民之私德有大缺点云尔。"③脱离个体的切己人际交往与德性实践谈公德,非但不能养成对社会团体之公共精神的德性自觉,反而容易使公德沦为空言或伪善。

不仅如此,梁启超还说:"公德与私德,岂尝有一界线焉区划之为异物哉?""公云私云,不过假立之名词,以为体验践履之法门。"④这就点明,公德、私德只是称谓不同,并非两种截然不同的德性类型。并且,他认为:"对于少数人之交涉与对于多数人之交涉,对于私人之交涉与对于公人之交涉,其客体虽异,其主体则同。"⑤公德与私德分别作用于个体的私人交往与公共交往。同时,它们又是主体德性在不同对象(个体自身、私人交往与社会团体)中的作用表现,多数情况下可以相通。并且,他意识到,私德醇美不等于公德就完备。他指出:"公德者私德之推也,知私德而不知公德,所缺者只在一推,蔑私德而谬托公德,则并所以推之具而不存也。"⑥人们只有主动将自我完善与善待亲友的私德推扩到社会群体的公共生活中,才能养成公德。若轻蔑私德而假托或空谈公德,主体德性便无法表现于私德并推扩为公德。因此,传统儒家道德虽然公德阙如,却能为公德的养成提供德性资源与道德践履方法。但遗憾的是,梁启超的外推私德说未论述慈孝友悌等血亲伦理德性如何推扩为公德。

总之,梁启超既看到传统儒家道德与现代社会公德的区别,主张儒家道德中公德阙如;又注意到儒家道德与公德的关联,强调儒家道德可以推扩为社会公德。因此,一方面他以善其身和私人交涉之德来界定私德,用善群来

① 梁启超:《新民说》,第162页。
② 同上,第162页。
③ 同上,第163页。
④ 同上,第163页。
⑤ 同上,第163页。
⑥ 同上,第163页。

界定公德,区分了传统儒家道德与现代国民新道德,以启发民众的现代国群意识与爱国心;另一方面,他注意到公德与儒家私德的主体德性一贯性,主张外推儒家私德即为公德。当然,他的公德、私德论还有待辨析。比如,他将私德与公德相对举,忽视了私德完备其实比国民公德的要求更高。① 同时,公德不仅是主体德性,还具有社会伦理规范的内容。此外,他的外推私德说也有待论证。

(二) 儒家道德偏重私德,并包含公德要素

在《伦理学教科书》中,刘师培认为中国古代重家族伦理,轻社会伦理,仅有私德而无公德。但同时,他看到传统儒家道德对公德培养的积极作用。

刘师培划分了己身伦理、家族伦理和社会伦理。② 在他看来,私德主要指孝悌道德与家庭义务。相比之下,公德由人己相赖相倚的公共观念而生,展现利他(公)与利己(私)的统一。③ 换言之,公德是助益群体(人与己)公共利益的社会道德。并且,他说:"中国人民自古代以来,仅有私德,无公德。以己身为家庭之身。一若舍孝弟而外别无道德,舍家族而外别无义务。又以社会、国家之伦理,皆由家庭伦理而推。人人能尽其家族伦理,即为完全无缺之人,而一群之公益不暇兼营。"④刘师培认为中国古代看重以家族伦理为主的私德,轻视利于群体公益的社会公德。然而,他注意到仁爱、正义、礼、诚信诸概念对践行社会伦理或公德的积极作用。他指出:仁道在于爱人,强调己立立人、己达达人,重视人己的一体相关;正义以侵害他人为耻而有所不为,有助于个体遵守为人之规则,是践行社会伦理的基础;秉礼能使人在社会中不招致忧患与羞辱。⑤ 诚信体现待人真实不欺,能使人自觉遵守社会群体间的契约与规范。

可见,刘师培理解的私德主要指家庭伦理。同时,刘师培从个体自由、平等的角度论公德,侧重公德的社会伦理面向。并且,他既看到儒家伦理偏重家庭私德,又肯定儒家仁、义、礼、诚、信诸德对人们践行社会公德的积极助益。

---

① 亚里士多德就指出,善人"统归于一种至善的品德","好公民的品德不能全都符合善人的品德"。(〔古希腊〕亚里士多德著,吴寿彭译:《政治学》,北京,商务印书馆,1997 年,第124 页。)

② 己身伦理即"以善念存诸中心,使身心互得其益";家族伦理"以家族为范围",主要指孝悌道德和家族义务;社会伦理指"以善德施之他人,使众人各得其益"。[刘师培:《刘师培全集》(第四册),北京,中共中央党校出版社,1997 年,第 131 页、第 145 页。]

③ 同上,第 156 页。

④ 同上,第 145 页。

⑤ 同上,第 158—159 页、第 160—161 页、第 164 页。

（三）私德与公德兼具的儒家道德能助益公德

在《中学修身教科书》一书中，蔡元培分别从修己、家庭、社会、国家和职业五个方面论修养实践，论及公德、私德。从中，可以把握他对儒家道德与公德的关系的具体看法。

蔡元培说："本书悉本我国古圣贤道德之原理，旁及东西伦理学大家之说，斟酌取舍，以求适合于今日之社会。"①这表明，他是从融会中西、会通古今的立场来讨论当时中国人的道德实践问题。据此，他将修身实践分为四类：

1. 修己：勤勉、自制、勇敢（独立、义勇）、修学（耐久、爱时）、修德（良知、信义、恭俭、宽容）、交友（相助、相劝、共患难）、从师；

2. 家庭伦理：子女伦理（孝道：顺、爱、敬、报德）、父母伦理（慈爱：养子、教子、纯真温厚、尊敬、热爱、正直）、夫妇伦理（爱、夫倡妇随、刚柔相剂）、兄弟姊妹伦理（友爱）、族戚及主仆伦理（族戚：相爱相扶；仆役：忠实驯顺；主人：恳切慈爱）；

3. 社会伦理：公义（互不侵权：财产、生命、名誉）、公德（博爱、图公益、爱护公物）、礼让（爱敬、谦让、温良谦恭、威仪）；

4. 国家伦理：守法、纳税、服兵役、教育、爱国。

蔡元培认为，社会伦理中"积极之道德"②的博爱、图公益和爱护公物属于公德。但他又说："朋友之交，私德也；国家之务，公德也。"③交友属于私德，国家之务属于公德。可见，与梁启超一样，蔡元培也将修己和家庭伦理归为私德，将社会伦理和国家伦理归于公德。并且，他列举的私德基本上是儒家道德的内容。他列举的公德中公义、让、礼亦为儒家道德所倡导。因此，在他看来，儒家道德绝大部分属于私德，一小部分关乎社会伦理公德。

不仅如此，他还通过探讨私德与公德的关系，申明儒家道德对公德的积极助益。他说："孝为百行之本，小之一人之私德，大之国民之公义，无不由是而推演之者。"④他认为，孝是践行私德与公德的出发点。他指出，勇敢包含独立和义勇，独立是自重与尊重他人的提前，义勇是能奉献国家。⑤ 他又

---

① 高平叔编：《蔡元培全集》（第二卷），北京，中华书局，1984年，第169页。
② 同上，第208页。
③ 同上，第190页。
④ 同上，第171页。
⑤ 同上，第182页。

说:"社会百事,无不由信义而成立。""交际之道,莫要于恭俭。"①信义和恭俭既是特定的私人交涉的私德,也有益于社会中人与人公共交往的公德。在家庭伦理的部分,他认为,善良的家庭是社会、国家隆盛的根本,夫妻间的美德又是家庭的根本。② 修己与家庭伦理虽然属于私德;但其中,勇、信义、恭俭的儒家私德,同样可以成为社会公德,孝、慈、夫妇和兄弟姊妹之爱也可以为社会公德和政治公德奠定基础。这与梁启超的外推私德为公德的说法颇为相似。

综上所述,梁启超、刘师培和蔡元培三位学者对公德、私德概念的理解略有不同。但是,他们大体将修身之德与家庭伦理归为私德,将社会伦理与国家政治伦理视为公德。并且,他们既认为中国传统道德偏重私德,公德阙如;又从主体德性实践的角度理解儒家道德对公德的积极助益,指出儒家的诸多德目能推扩为公德,或者儒家的某些德目可直接应用于公德,突出儒家道德对公德的奠基作用。这种观点在当前学界有较大影响。廖申白认为,儒家伦理不包含公民伦理的因素,却又隐含关于公共生活关系的推论。③廖小平认为,公德与私德相互统一、相互促进。④ 陈来指出,中国传统道德虽然不直指群体,却不都是私德,亦适用于公共生活,能从不同方向益群、固群和理群。⑤ 当然,这类观点可以继续探讨。比如,公德除了体现于主体德性实践,是否包含伦理规范? 儒家道德能从哪些方面助益社会公德? 如何理解外推儒家私德的问题?

二、以私德为主的儒家道德与社会公德互补

李泽厚既推崇社会公德、又看重儒家私德,认为二者并立而行。在《历史本体论》一书中,李泽厚视传统儒家宗教性道德为私德,视现代西方社会性道德为公德。他论述了两种道德的特征、效用及二者的相互关联,揭示出它们对现代中国道德生活的积极价值。

李泽厚严格区分宗教性道德与社会性道德,强调现代社会公德不同于传统儒家道德,具有程序化与规范化特点。他认为,私德指以传统儒家伦理为主的宗教性道德,涉及个体的安身立命、终极关怀,并以人的存在价值作为个体自觉行为的准则;公德或现代社会性道德本身是一种公共理性,建立

① 高平叔编:《蔡元培全集》(第二卷),第 186 页、第 187 页。
② 同上,第 200—201 页。
③ 参见廖申白:《公民伦理与儒家伦理》,《哲学研究》2001 年第 11 期。
④ 参见廖小平:《公德和私德的厘定与公民道德建设的任务》,《社会科学》2002 年第 2 期。
⑤ 参见陈来:《儒家美德论》,北京,三联书店,2019 年,第 34—35 页。

在个人权利、自由和契约论的基础上,是个体在现代生活中履行的最低限度的义务和公共准则。① 同时,他说:"'对错'与'善恶'的分家,亦即权利(对错)与价值(善恶)、社会性道德与宗教性道德的分家。"②在他看来,私德根源于传统的善恶道德,公德是正当与否的现代权利道德。前者属于自律性的美德伦理,后者属于他律性的规范伦理,二者的内容与道德标准差别明显。基于此,他认为,个人奉行、信仰的私德不能危害到社会公德,同时应给予宗教性私德更大的选择自由,公德与私德应当各行其是,不相互干扰。③

但同时,他肯定传统儒家道德的现代价值,以及儒家道德对社会公德的范导作用。他说,无论是汉儒"天人感应"的宇宙与人间秩序图景,还是宋儒以"天理""良知"论证人伦纲纪,"都是将'社会性道德'的经验内容塞入'宗教性道德'的超验形式,以成为普遍必然、神圣崇高的绝对律令"④。宗教性道德本身包含社会性道德的要素。这说明,传统宗教性道德或私德,仍然能为现代社会性道德或公德提供相应的道德资源。由此,他得出,公德或社会性道德虽然不建基于私德或宗教性道德,却受后者价值范导。⑤ 同时,他指出,从远古至现代的宗教性道德对个体追求安身立命和终极关怀,显示人的尊严与崇高,有极为重要的意义。⑥ 换言之,即便在现代社会,儒家道德依然有不可替代的重要价值。

李泽厚指明,社会性道德与宗教性道德分属不同道德体系,有各自的运用范围、特征与意义。但他又注意到儒家道德的现代价值,以及它对公德的价值范导作用,肯定儒家道德与社会公德的并行与互补。

三、儒家道德与现代公德存在古今之异

传统儒家道德与现代社会公德相异质的观念,以费孝通和任剑涛为代表。他们都认为,社会结构的古今之异决定了道德体系的不同类型。故而,传统儒家道德与现代社会公德格格不入。

(一)社会格局的古今之异决定儒家道德与公德不相融

在《乡土中国》一书中,费孝通认为,产生于传统差序格局社会的儒家道

---

① 参见李泽厚:《历史本体论·己卯五说》,北京,生活·读书·新知三联书店,2003 年,第 51—52 页、第 60—66 页、第 72 页。
② 同上,第 70 页。
③ 同上,第 72 页。
④ 同上,第 56 页。
⑤ 同上,第 75 页。
⑥ 同上,第 52 页。

德看重私人关系道德,完全不同于现代团体格局社会的权利、平等的团体性道德观念,传统儒家道德与现代社会公德存在古今之异。

　　费孝通指出,中国乡土社会是由己向外推的差序格局与人伦次序,社会道德“只在私人群系里发生意义”,不存在“超乎私人关系的道德观念。……孝、悌、忠、信都是私人关系中的道德要素”①。也就是说,中国传统社会只有维系特殊私人关系的道德观念,不存在可以涵盖所有社会成员的普遍道德观念。他提到儒家的“仁”观念比较复杂,却又认为孔子的“仁”只是“克己复礼为仁”“恭宽信敏惠”私人间的道德,是一切私人关系中道德要素的共相。② 并且,他列举《孟子》中“窃负而逃”和“封象有庳”的故事,说明儒家的圣王在公私冲突里仍然先完成私人间的道德。③同时,他指出,团体格局存在超乎个体的无形、公有之团体,产生了超乎私人关系的人人平等和尊重他人权利的团体性或同一性道德观念。④ 这里,私人道德就是私德。相应的,维系社会团体的道德指公德。费孝通认为,传统儒家道德只是差序格局中维系特殊私人关系的私德,无法发展出个人对团体的社会公德。因此,传统儒家道德与现代公德截然不同,二者格格不入。

　　费孝通对中西方社会结构的分析固然透彻,但是,他对儒家道德的公德、私德论辩,有待进一步辨析。首先,他对团体的理解不够准确,影响他对公德的界定。他认为,存在超乎个体的无形、公有之团体。事实上,生活中并无超越个体的抽象或无形之团体(或神)。团体(或群体)只是人们在日常社会交往中形成的共同体或群体。梁漱溟指出,西方人的团体有四个特点:一是关心团体的公共观念,二是公共场合的纪律习惯,三是协商共事的组织能力,四是人人守法的精神。⑤ 故而,团体是社会生活中所有个体共同参与群体生活而形成的社会组织。换言之,团体非但不超越个体,反而与个体相互依存。并且,每一个个体不但是平等的,而且对于团体都极为重要。相应的,公德应当是个体在公共团体生活中所必需的各种具体道德规范与德性品质。⑥ 费孝通仅将公德理解为促成平等和尊重个人权利的同一的政治性道德观念,较为笼统且有所偏失。当然,费孝通强调团体超乎个体之

----

① 费孝通:《乡土中国》,北京,北京出版社,2004 年,第 34—40 页、第 45 页。
② 同上,第 46—47 页。
③ 同上,第 48—49 页。
④ 同上,第 42—44 页。
⑤ 参见梁漱溟:《中国文化要义》,上海,上海人民出版社,2005 年,第 59—62 页。
⑥ 梁漱溟也说:“公德,就是人类为营团体生活所必需的那些品德。”(同上,第 59 页。)

外,希望对治国人重视个体利益、缺乏普遍人际意识和公共利益意识的弊病①,有其现实关怀。

其次,他依据中国乡土社会的差序格局,否认儒家道德的普遍适用性,理由不充分。他视儒家的孝、悌、忠、信、克己复礼及恭宽信敏惠为私人关系的道德要素。但其实,忠、克己复礼及恭宽信惠蕴含普遍的守则意识和自治意识,以及真诚、尊重、宽容、诚信与惠爱他人的普适性道德原则。这说明,许多儒家德目既是私人关系的道德要素,又能成为社会交往的一般道德规定,可以推及社会生活。这些德目之所以能贯通群己,根源于儒家道德的普遍道德本质和善己与善群合一的价值理想。因此,群己关系视角下,儒家道德不强调私人利益与集体利益相区分,而主张以仁义道德来统摄其他德目,进而合理协调个体利益与公众利益的关系。故而,儒家道德虽然产生于差序格局的社会结构,却具有相对独立性。社会结构的历史变迁不足以说明儒家道德与现代公德相异质。此外,他认为,仁是私人关系道德的共相,对仁作了简单、抽象的理解。事实上,儒家的仁德不仅涵盖各种私人关系的特殊道德要求,更包括爱众、爱人利物、克己(自治)和守礼的一般社会道德要求,是私人交往与社会交往兼涉的全德。

(二) 传统儒家道德与现代公私德行的古今之异

在《古今之变与公私德行的现代理解》一文中,针对陈来主张以儒家道德纠正近现代重公德轻私德的偏向,任剑涛认为,公私德行的古今之变和现代公私德行分流,使得私德详备的儒家道德无法推及社会公德。

任剑涛从思想史与政治史的角度出发,认为公私德行及其关系存在传统解释框架与现代解释框架的差异。他指出,传统框架下,君政时代的公德指君主为政治共同体谋利的德行;到帝制时代,公德指与统治机关联系的德行,私德指与民众各自谋生相关的德性。同时,他认为,基于血缘社会结构的传统儒家道德以三纲八目统摄公私领域和公私德行,个体道德修养的私德可以直接推及社会—政治公德。现代社会中个体、社会和政治领域分野使得私德与公德各有依托和作用范围,不能通过"推"来贯通现代公私德行。此时,个人道德或私德主要指自主、自尊、自爱的德性,社会公德包括友善、互爱和守则,政治公德指掌权者慎用公权的德性。他由此得出,传统儒家道德中私德虽然详备,却同现代私德有古今之异,加之现代公私德行分际,使

---

① 陈弱水也指出:"当前意义上的公德观念指出了华人文化的一个特质,这就是:一般来说,华人对公共利益或陌生人的存在,感觉相当模糊。"(陈弱水:《公共意识与中国文化》,第18页。)

得儒家道德不能推扩为社会公德与政治公德。①

毫无疑问,任剑涛准确揭示出,传统社会属于家庭—宗法—政治关联的社会结构,现代社会则是私人领域与社会政治公共领域分界的社会结构,突出社会政治结构的古今之异。这种说法是对费孝通观点的进一步阐发。然而,社会政治结构的古今之变是否意味着,传统社会与现代社会的公德与私德观念的内涵截然不同? 现代社会公私领域二分能否决定私德与公德截然相分? 人们能否因此否认儒家道德与公德的相通性? 这些问题都有待商榷。

首先,公德与私德虽然分别是私人领域与公共领域的道德要求,却皆为主体德性的外在表现。关于这一点,梁启超早已言明。这意味着,公德与私德的作用领域虽然不同,二者却可以是同一种道德在不同对象上的作用表现。因此,现代社会的公私领域分野不能证明公德与私德不相通,亦不能否认私德能推扩为公德。因此,任剑涛即便主张现代社会公德与私德分流,却也不得不承认私德是公德的基础。

其次,社会政治结构的古今历史变迁,不意味着传统儒家道德不能为现代社会公德建设提供道德资源。不可否认,社会形态的古今历史变迁使得传统儒家道德失去了原有的社会政治条件。儒家的许多伦理制度与规范不能再落实于现代社会生活。新儒家学者余英时亦指出,旧制度之全面崩溃,制度化的儒学已死亡。② 然而,儒家不仅有制度化的内容,还有它作为思想道德观念或价值理念的面向。儒家道德观念的相对独立性意味着,它仍然能在现代社会发挥作用。就中国社会的现状而言,人们的思想观念与生活方式日趋多元化。但儒家道德观念在民间社会依然发挥着不可代替的重要作用。并且,儒家道德的普遍道德本质与群己一贯特点决定了,儒家道德既偏重私德,又蕴含一般的道德价值规定性。比如,仁、公义、信、忠、敬等儒家德目就包含爱人、以义克己、信任、忠诚和尊敬的内容,同样适用于公共交往与团体生活,与互爱、自治、信任和尊重他人的社会公德相通。可见,儒家道德观念不但传承于民间社会,也能为现代社会公德提供丰富的道德资源。

概言之,费孝通和任剑涛基于社会结构的历史变迁,论证儒家道德与现代公德存在古今之异,理由不充分。他们都忽视了,相较于社会政治形态的古今历史变革,儒家道德观念具有相对独立性和创新发展的特点。并且,儒家道德虽然偏重私德,却蕴含普遍道德规定性。同时,公德与私德既各有作

①　本段参见任剑涛:《古今之变与公私德行的现代理解》,《文史哲》2020 年第 4 期。
②　参见余英时:《现代儒学的回顾与展望》,北京,三联书店,2004 年,第 56 页。

用分际,又能在主体德性实践中相贯通。因此,传统儒家道德能够突破社会历史的古今之变,为现代社会公德建构提供道德资源。

四、推崇社会公德,贬斥传统儒家私德

推崇现代公德、贬斥儒家私德的观点,以马君武和刘清平为代表。他们都承认,私德是同己或家相关的道德,公德是同社会相关的道德;儒家道德偏重私德,公德阙如。不仅如此,他们还认为儒家私德有害于社会公德,对儒家道德予以严厉批判。

(一) 以现代私德批评儒家私德

1903 年 4 月,马君武发表了《论公德》一文,对中国古代社会及其道德观展开了严厉批评。

马君武指出,私德是"对于身、家上之德义""公德之根本",公德是"对于社会上之德义"。① 他认为,私德与公德分别是作用于自身、家庭和社会群体的道德,私德能为公德奠定基础。但他不赞同以儒家道德为主的私德能为公德奠基,反倒认为儒家私德无益于社会公德的培养。他说,中国古代的私德"养成驯厚、谨愿之奴隶则有余,以之养成活泼、进取之国民则不足"②。在他看来,作为公德之基础的私德,应当以爱名誉、爱权利和爱自由为主要内容。但中国的私德却以好名为大戒,将权利交给政府,以放弃自由和服从令名著名。③ 此外,他强调:"公德之根本则曰诚实者,不自欺而亦不欺人之谓也。……夫自治力之根本曰诚实。"④

马君武对公德、私德的划分虽然与梁启超的论说一致,但是,他对重私德的儒家道德的评判,却与梁启超的说法截然相反。他基于中国古代与西方现代国民性格的对反并举,⑤断定儒家道德有害于公德建设,并倡导所谓的现代私德。这一观点有待辨析。

首先,马君武对私德概念的界定较为含混。他认为,私德是对自身与家庭的道德要求,但只有名誉、权利与自由等现代私德而非传统儒家私德,才是公德的根基。⑥ 然而,洛克、密尔、罗尔斯等西方契约论者倡导自由与权

---

① 马君武:《论公德》,《政法学报》1903 年 4 月 27 日。
② 同上。
③ 同上。
④ 同上。
⑤ 这种观点认为,中国古代国民性格软弱无能,西方现代国民性格进取向上。
⑥ 这种界说私德概念的模式,在任剑涛那里亦有类似表述。他也认为,现代私德既属(家庭)私人领域的德性,又建立在自由、权利、自尊与自治诸概念之上。(任剑涛:《古今之变与公私德行的现代理解》,《文史哲》2020 年第 4 期。)

利,主要是为了确定群己或人己交往中每个个体的自由或权利界限。① 换言之,自由和权利等观念不是私人领域或个体己身所专注的道德,而是个体社会生活与社会交往的基本原则,属于公共领域的内容。② 所以,私德指个体的自我德性涵养或私人关系的道德要求,不存在所谓以自由、权利和自治③为内容的现代私德。因此,以所谓现代私德来批评传统儒家道德,不能成立。当然,马君武倡导所谓现代私德,是希望人们突破传统道德观念的束缚,接纳现代自由、权利观念,展现出救亡图存的民族意识与时代关怀。其次,马君武视儒家道德为奴隶道德,将君主专制统治与传统儒家道德混为一谈。中国古代国民性格的养成不仅受道德观念影响,更同皇权专制及其意识形态直接相关。但皇权专制及其意识形态与儒家道德之间存在张力,二者不能等同。因此,以儒家道德作为国民性格养成的基础,是以偏概全。上文已指明,儒家道德内涵丰富。仁、义、礼、诚、慎独等道德观念包含爱人利物、不为恶、尊重他人、遵守规范、真诚和不自欺的内容,同样适用于社会生活与公共交往。因此,儒家道德并非奴隶道德。国民性格的中西之异难以说明儒家道德与社会公德分属不同道德系统,更不能证明儒家道德有害于社会公德。

(二)儒家家庭私德压抑社会公德

21世纪初,刘清平提出所谓儒家(血亲)私德损害社会公德的论断。他认为,儒家伦理以家庭私德为本源,压抑个体己德和社会公德,是造成当今腐败现象的伦理文化根源。

在《儒家伦理与社会公德——论儒家伦理的深度悖论》一文中,刘清平将道德生活划分为个人己德、特殊团体私德和普遍社会公德,认为儒家道德既提倡仁爱、恻隐、诚信、正直等适用群体关系的公德,又坚持以慈孝友悌等团体家庭关系的私德为基本精神。他指出,儒家伦理以孝悌家庭私德作为仁义礼智等社会公德的基础,使二者相关联;但是,儒家伦理赋予家庭私德以至上性,让恻隐仁爱的社会公德从属并受制于家庭私德,致使儒家家庭私德压抑甚至否定社会公德。他列举《论语》中"父子互隐"和《孟子》中"封象有庳"和"窃负而逃"的案例,说明儒家将慈孝友悌的私德凌驾于社会公德之上。他认为,儒家伦理高度重视家庭私德传统,相对轻视社会公德,是当

---

① 罗尔斯倡导的平等的自由,便是"每个人对最广泛的基本自由都应有同等的权利,这些基本自由和他人所享有的类似自由兼容"。(陈真:《当代西方规范伦理学》,南京,南京师范大学出版社,2000年,第196页。)

② 美国学者 Herbert Schneider 就指出,自由、平等和人权等是公共领域的重要价值理论。(转引自陈弱水:《公共意识与中国文化》,第23页。)

③ 当然,自由、权利和自治也不是社会交往中对任意他者或社会群体的公德,只是构成社会公德的伦理基础。

前公德规范受到漠视的文化心理根源。①

可以看出,刘清平对公德、私德的划分借鉴了梁启超的说法。不同之处在于,梁启超视修己之德和特殊私人关系之道义为私德,肯定私德的正面道德属性与公德和私德的一贯性。刘清平视特殊团体的道德要求为私德,甚至是团体私利,将儒家私德与社会公德相对立。很显然,刘清平所谓儒家私德腐败论,将儒家的私人交往之道义解读为排他性的团体私利,曲解了儒家私德的道德属性,并否认儒家人伦道德蕴含普遍道德规定性。并且,他视儒家人伦道德为团体私利,忽视了私德与公德的相通性以及儒家血亲人伦道德的道德属性,主观认定儒家将血亲团体私德(私利)凌驾于公众利益或社会公德之上。

刘清平之所以主张儒家血亲私德压制社会公德,其原因在于,他不仅曲解了儒家血亲私德的特征,还混淆了人的存在形态与存在本质。对此,本书第一章第一节已详辩。纵观中西方思想史,哲学家们对人的存在本质的理解主要有性善、性恶、自由自觉、社会关系的总和等不同理论。② 这些理论既凸显人的类特性,又展现个体的主体能动性,显现出个体与群体的互动与统一。并且,它们不是静态地描述人的存在本质,而是强调人的存在的自我实现与自我发展特点。

人的存在本质与人的存在形态的区别在于,前者蕴含某种价值规定性,使人的存在独立于现实的群己关系之外,展现出价值理想性和主体创造性。后者体现于不同的群己关系中。前者可以渗透于后者之中,③后者无助于人们理解前者。儒家将人(类)的存在本质理解为性善,将人的本质理解为道德价值的存在,而非功利价值的存在。儒家所看重的家庭人伦道德,是性善(存在本质)与血缘亲情在家庭团体生活(存在形态)中的具体体现。性善决定了,慈孝友悌等家庭人伦道德中渗透着一般的善恶道德规定,因而不可能推崇血亲家庭利益至上。对此,梁漱溟指明:"我们应当说中国是一'伦理本位的社会'。'家族本位'这话不恰当,且亦不足以说明之。只有宗法

---

① 本段参见郭齐勇主编:《儒家伦理争鸣集——以"亲亲互隐"为中心》,第897—903页。
② 比如中国古代的性善论或性恶论,将人的存在本质理解为道德理性的或情欲。马克思将人的存在本质理解为"一切社会关系的总和""类特性恰恰就是自由的自觉的活动",是将人的存在本质理解为自主创造性和社会性的,彰显个体性与群体性的统一。[[德]马克思、恩格斯:《马克思恩格斯全集》(第42卷),第7页、第96页。]
③ 若从功利角度理解人的本质,那么在个体那里表现为自利,在特殊私人关系中表现为互利互惠或利害计较,在个人与社会群体关系中则表现为利己或利他;若将人的本质理解为美德,那么在个体那里便表现为主体道德自觉,在特定私人关系中表现为爱、敬等道德情感与道德责任意识,在个人与社会群体关系中则表现为仁爱、正直等德性。

社会可说是家族本位……中国却早蜕出宗法社会。"①儒家推崇蕴含普遍道德价值规定的家庭人伦道德,既有助于个体在人伦生活实践中培养自身德性,又能够将血亲人伦道德推及他人。故而,刘清平所谓儒家以血亲团体存在为本原依据的说法不准确。他对儒家道德观念的评价含混不清。②

此外,刘清平所谓儒家以血亲私德压抑社会公德的说法,同样值得辨析。他将私德狭隘地理解为私人团体利益,抹煞了私德作为私人德性或个体德性的特征。并且,他的私德压抑公德或公德从属私德的提法,容易让人误以为二者是从属关系或统治与被统治的关系,认为它们之间存在高下之分。由上文可知,虽然近现代学者对公德、私德的理解众说纷纭。但是,他们都认为,公德与私德各有作用范围。换言之,社会公德独立于私德之外,有自身的道德根据。即便儒家道德偏重私德,缺乏以现代自由、权利为基础的公德的内容,也并不能牵制和压迫社会公德。故而,私德压公德或公德从属私德之说,是对近现代公德、私德概念的极大误解。与此同时,面对国民公德意识淡泊的现状,人们不应该一味批判私德,而应当大力倡导与建设社会公德。

由此可见,马君武和刘清平通过辨析公德与私德的关系来批评传统儒家道德,不成立。他们要么视私德为自由、权利,要么视私德为团体私利,曲解了私德的意涵。并且,他们混淆了皇权专制与儒家道德、血亲家庭团体形态与儒家血亲人伦道德,忽视了儒家道德的相对独立性与价值理想性。此外,儒家道德中缺乏针对现代公共生活的道德规定,体现出时代与思想的局限性。然而,中国社会公德缺乏,是由于现阶段中国社会尚未确立起公共生活所需的成熟的社会条件与道德意识,而不是儒家道德造成的。因而,不能将当前中国社会公德建设不成熟归罪于儒家道德。

第二节 儒家道德的公德、私德之辨再探

由上文可知,关于儒家道德与现代公德的关系问题,学界之所以众说纷纭、莫衷一是。其原因不仅在于学者们从不同视角理解儒家道德与公德的

---

① 梁漱溟:《中国文化要义》,第72页。

② 比如,他既认为儒家伦理倡导道德自主自律和独立品格的个体性存在,又仅从社会福利或大众利益角度理解"泛爱众""济众"和"恻隐"。而他所谓个体性与社会性相冲突时儒家舍弃个体生命以实现仁义理想的说法,不但将自主自律的个体性偷换成自我保全的个体自利,而且将儒家仁义道德简化为普遍、平均的利他主义。并且,刘清平反复强调亲亲伦理只是血亲间互惠互利的功利性宗法伦理,才得出孝与仁义(特殊团体利益与社会群体利益)"深度悖论"的结论。可事实上,儒家倡导的孝与仁义并不是利益或功利层面的。

关系,还由于他们对私德、公德概念的界定存在差异。对此,笔者认为,要准确把握儒家道德与公德的关系,人们需要从两个方面加以探讨。一方面,人们必须重新界定私德与公德概念的意涵、道德属性以及二者的关系,以便清晰地界说儒家道德的私德与公德归属问题;另一方面,可以通过阐释儒家道德中的社会性道德要素,揭示儒家道德能统摄群己、私德与公德的道德哲学基础,从而说明儒家道德与社会公德的相通性。除此之外,探究儒家道德助益社会公德以及协调公德与私德的关系的具体方式,有助于人们切实了解儒家道德对现代社会公德建设的积极作用。

一、公德、私德概念再界定

由上文可知,学者们通过公德、私德论,阐述了他们对儒家道德与现代公德的关系、儒家道德的价值取向与伦理特征的不同看法。然而,学者们之所以对儒家道德与公德的关系理解迥异,根本原因在于,他们对公德、私德概念及二者的关系的界说,存在一定差异。笔者认为,要准确把握儒家道德与公德的关系,首先需要在辨析前人论说的异同优劣的基础上,重新界说公德、私德概念的内涵以及二者的相互关系。

关于何为公德,学者们的视角及见解不完全相同。比较公认的看法是,公德较为笼统,又被称为社会道德、团体道德、社会伦理或公民伦理,是针对一般社会交往与公共群体生活①的道德观念,旨在促进社会群体的公共利益与公共秩序。并且,许多学者指明,公德是社会交往与公共团体生活所需的具体道德规范与德性品质。因此,公德的内容虽然宽泛,却主要指公共交往与社会群体生活的各项具体道德规范、平等与权利意识、善待他人的德性品质以及其他维护公共利益和美善公共生活的道德意识。同时,公德是个体作为公民或国民应当具备的品德,属于个人的社会性道德。此外,学界一致认为,源自西方社会的公共交往与公共生活,既为中国传统家族生活所缺乏,又是中国社会现代化所需的新的社会交往与生活方式。因此,学者们大力倡导公德,希望激发民众的公共道德观念或社会道德意识,以更好地适应现代社会的公共交往与群体生活。

与此同时,部分学者还区分了政治公德与社会公德。上文中,梁启超、蔡元培分别从国家伦理与社会伦理的角度理解公德。梁启超认为,国家伦

---

① 公共交往主要指个体与任意他者的一般社会交往。(参见廖申白:《私人交往与公共交往》,《北京师范大学学报(社会科学版)》2005年第4期。)公共生活相对于私人生活而言,则是人们在公共交往中的共同生活(领域),由相应的公共伦理观念以及社会性的伦理规范与美德来维系。

理主要指国民爱国和报效国家的政治责任；社会伦理包括谋求社会公益，促进社会进步，善待他者以及对社会群体的公共责任意识与公共德性自觉。① 在蔡元培看来，社会伦理包括不侵害他人权利的公义，博爱、图谋公益和爱护公物的社会公德，还有礼让他人；国家伦理主要指守法、纳税、服役、受教育和爱国的政治义务。陈来也指出，公德包含公民道德（政治公德）和公共道德（社会公德）；前者是国家对公民的政治要求，后者是现代社会公共生活的规范要求。② 可见，从作用领域来看，公德又可以分为政治公德与社会公德两种类型。政治公德主要指爱国和遵守民主国家的法律与政治规范。相比之下，社会公德较为繁杂，包括公共生活的道德规范与社会性美德两方面内容。公共道德规范属于消极性的公德。它包括尊重他人，不侵犯他人权益，不损害或掠夺公物，以及遵守公共交往的基本原则与规范。社会性的美德属于积极的社会公德，包括图谋社会公益，善待他人的道德意识与德性品质，爱护公物，甚至教化大众的道德责任意识。故而，公德运用于政治和社会两大公共领域，广泛涉及人与人、人与社会政治制度和人与物（人化自然）三个层面。近现代学者之所以对儒家道德与公德的关系众说纷纭，主要原因在于，他们只看到公德的某一或某几个方面的内容与特性，未能揭示公德的宽泛而丰富的道德意涵。

相比之下，近现代学者对私德的理解较一致。他们大多以儒家道德论私德，并从两个维度理解私德。一是将私德理解为与公共关系道德相对的私人关系道德，一是视私德为自我完善的个人道德。学者们对私德的解读，或偏重私人道德，或偏重个体道德，或兼而有之。③ 其中，私人（关系）道德主要指亲子、夫妇、兄弟、朋友等特定私人关系的道德，如慈、孝、爱、友、悌、信等。个人道德的内涵极为丰富，几乎可以涵盖儒家德目的绝大多数内容。但是，即便从同一角度论私德，学者们对私德或儒家道德的伦理特征的解读亦有所不同。比如，就私人道德而言，刘师培、费孝通、刘清平和任剑涛认为，私人家庭道德或私人关系道德具有排他性和特殊团体性；梁启超、蔡元培和陈来则指出，儒家的私人道德或个体道德既可以是特定私人关系的道

---

① 梁启超将公德分别表述为"对社会之义务"或社会责任、"本群……公利公益"、"善其群、进其群"、"个体对于本团体公共观念所发之德性"以及"信于待人"和"忠于团体"。（梁启超：《新民说》，第17—21页、第162页。）

② 参见陈来：《儒学美德论》，北京，生活·读书·新知三联书店，2019年，第31页。

③ 由上文可知，刘师培、费孝通和刘清平主要以私人关系道德论私德。马君武和李泽厚以个人道德言私德。梁启超、蔡元培和任剑涛理解的私德涉及私人关系道德和个人道德两方面。陈来也看到，中国传统道德包括对自己的个人道德或私德以及特殊伦理关系的伦理之德。（参见陈来：《儒学美德论》，第31—33页。）

德要求,又能推扩于社会生活。学者们对个体道德意义上私德的理解差异
更大。由上文可知,梁启超从自我道德修养的角度理解个体道德意义上的
私德,突出自我道德涵养与自我约束的特点。陈来亦持此观点,但又认为儒
家的个体道德是人己兼涉的君子之德。① 马君武和任剑涛理解的个体私德
指权利、自由(或自主)、自尊和自爱。笔者认为,现代民主社会的权利、自
由、自主、自尊等皆为公共领域的政治或道德观念。不存在所谓作为公德之
基的现代私德。因此,私德主要是就私人关系道德与个体道德修养两方面
而言,无所谓古今之分,以儒家道德最为详备。然而,这两种私德专指特殊
私人关系或无关他人的自我德性(涵养),还是可以推及他人? 要理解这一
问题,必须深入探讨儒家道德观念的伦理特征。

关于公德与私德的关系,学者们大多认为,公德与私德有各自的作用对
象,但后者能助益前者。然而,对于儒家私德能否推扩为公德,学界又有两
种看法。一种观点认为,私德与公德皆为主体道德之表现,二者相一贯,私
德详备的儒家道德能推至公德;另一者指出,传统私德与现代公德分属不同
社会形态与道德系统,二者不可通约,只有现代私德能推至公德。但笔者已
指出,不存在所谓的现代私德。并且,儒家道德具有相对独立性与普遍道德
规定性,可以超越社会形态的古今之异,运用于现代社会生活。同时,私人
关系的道德要求与公德虽然分别作用于私人领域与公共领域,却都是主体
德性的运用。二者贯通的关键在于,私人关系道德中是否蕴含能适用于社
会群体的道德规定。

与此同时,许多学者以私德指称自我道德修养或儒家的道德观念。其
实,修己或儒家的具体德目皆属于个体道德或善人之德。它们可以运用于
私人领域,也可以推行于公共领域。换言之,个体道德意义上的私德,可以
构成社会公德的内容。所以,个体道德意义上的儒家私德与公德相贯通,能
为现代社会的公德建设提供道德资源。但是,由于公德概念较为宽泛,儒家
修己之德能从何种意义上助益国民社会公德的培养,需要具体分析。此外,
梁启超等学者对儒家道德何以能运用于公德的问题,论述不充分。故而,需
要进一步分析儒家道德的群己价值取向,并在此基础上深入探讨儒家道德
与公德的相通性问题。

通过重新界定公德、私德概念及二者的关系,可以发现,公德概念较为
宽泛,包括德性实践与道德规范两方面内容,并涉及政治与社会两大公共领
域。因此,人们不能笼统理解公德的内涵,也不能将私德与公德的关联化约

---

① 参见陈来:《儒学美德论》,第31—33页。

为前者能否为后者奠基的问题。同时,儒家道德中私德详备,主要有个体道德与私人关系道德两方面内容。学者们论述私德与公德的关系,意在说明传统儒家道德能否贯彻落实于现代公共生活。可以肯定的是,私德详备的儒家道德能运用于现代社会公德建设。对此,深入阐释儒家道德助益于社会公德的理论依据与具体方式,能更好地揭示传统儒家道德的现代价值。

二、儒家道德的私德与公德涵摄

通过比较与分析学者们对儒家道德与公德的关系的不同看法,可以得出,儒家道德虽然缺乏针对现代公共生活的道德观念,却能适用于公德。同时,梁启超等学者认识到儒家道德对公德的积极助益,却未阐释儒家道德为何能适用于公德。对此,笔者将分析儒家道德体系中蕴含社会性道德的要求,并探讨儒家道德贯通群己或私德与公德的哲学基础,从而说明儒家道德与公德的相通性。

(一)儒家道德体系中私德详备,蕴含社会性道德的要素

儒家道德的德目体系在先秦时期便趋于完备。先秦儒家典籍中记载了大量的具体德目。陈来就详细梳理了春秋时期的儒家典籍中概括德行体系的德目表。其中,明确提及个人德性或道德修养的德目有:

> 四德:直而温、宽而栗、刚而无虐、简而无傲(《尚书·舜典》)
>
> 九德:宽而栗、柔而立、愿而恭、乱而敬、扰而毅、直而温、简而廉、刚而塞、强而义(《尚书·皋陶谟》)
>
> 三德:正直、刚克、柔克(刚强、柔和)(《尚书·洪范》)
>
> 五教:父义、母慈、兄友、弟恭、子孝(《左传》文公十八年)
>
> 六德与六行:知、仁、圣、义、忠、孝、友、任(《周礼·大司徒》)
>
> 三达德:智、仁、勇(《礼记·中庸》)
>
> 四德:精、忠、信、礼、义(《国语》周语上)
>
> 九德:孝、悌、慈惠、忠恕、中正、恭逊、宽弘、温直、兼武(《逸周书·宝典》)
>
> 九德:忠、信、敬、刚、柔、和、固、贞、顺(《逸周书·酆保》)
>
> 九行:仁、性、让、言、固、始、义、意、勇(《逸周书·文政》)①

---

① 九德可以归结为宽容、温柔、恭敬、刚毅、正直、方正的个体德性。《国语》中四德有两种说法,此处综合两种说法。(参见陈来:《古代的宗教与伦理——儒家思想的根源》,北京,生活·读书·新知三联书店,1996年,第306—307页。)

此外,《论语》中提及三四十种德目,内容不仅包括上述德目,还有敏、良、慎、知耻诸德。这些德目在《孟子》《荀子》中亦有大量体现。

上述先秦儒家德目可以被划分为两类。一类是自我修养的道德,包括正直、温和、宽容、刚毅、恭敬、仁、义、忠、智、勇、礼、信、恕、敏、惠、良、让、恭逊、廉、慎、知耻。其中,刚毅、智、勇、敏、良、廉洁、知耻、温和、慎不直接关涉他人,而是指向个体的自我道德修养与完善,蕴含为善或不为恶的一般道德规定。这些德目虽然不直接关联他者,却能提升个体的道德修养与道德人格,可以促使个体在社会道德实践中不损害他人和社会。宽容、信、惠、恕、让、恭逊诸德可以直接与他人或社会群体相关。

儒家对正直、恭敬、忠、仁、义、礼有细致阐述。关于正直,《左传》载:"正直为正,正曲为直。"(《左传》襄公七年)孔颖达疏:"正直己心是为正也,能以己正正人之曲,是为直也。"①这说明,正直既强调个体公正无私的道德意识,又注重以正直德性感化并纠正他人的枉曲,从而帮助他人培养正直之德。关于恭敬和忠,孟子说:"恭者不侮人。"(《孟子·离娄上》)"教人以善谓之忠。"(《孟子·滕文公上》)恭敬和忠既是个体自我道德的体现,又蕴含尊重他人与以善教人的道德要求。所以,正直、恭敬与忠既是个体道德修养的内容,又可以关联人己或群己。

仁、义和礼是儒家的核心德目,内涵十分丰富。比如,孔子论仁,强调"为仁由己""克己复礼"(《论语·颜渊》)的主体道德自觉,以及自觉遵从社会生活中的各项伦理规范。并且,仁突出"己欲立而立人,己欲达而达人"(《论语·雍也》)、"己所不欲,勿施于人"(《论语·颜渊》)、"泛爱众"(《论语·学而》)的社会道德要求,展现出通达与协调人己的主体道德自觉和絜矩之道。关于义,孟子说:"羞恶之心,义也。"(《孟子·告子上》)"人皆有所不为,达之于其所为,义也。""人能无穿逾之心而义不可胜用也。"(《孟子·尽心下》)义是人和己不为恶或无奸利之心的自我道德要求与普遍道德规定,也是道德主体的自律意识与羞愤道德情感的表现。孟子又说:"敬长,义也。"(《孟子·尽心上》)义还是尊敬他人(尤其长者)的道德意识。儒家的礼既指自我道德修养,如"礼者,所以正身也"(《荀子·修身》);又指待人谦逊和恭敬,如"辞让之心";还指社会伦理规范,如"齐之以礼"(《论语·为政》)、"礼之实,文节斯二者是也"(《孟子·离娄上》)、"礼义生而制法度"(《荀子·性恶》)。因此,儒家的仁、义和礼既属于个体的自我道德修养,又包含善待他人的一般要求以及社会伦理

---

① 阮元校刻:《春秋左传正义》卷三十,《十三经注疏》,北京,中华书局,1980年,第1938页。

规范的内容。

儒家倡导自我修养的德目,一方面是为了提升个体的道德自觉与道德人格;另一方面,如孔子所说"修己以敬""修己以安人""修己以安百姓"(《论语·宪问》),它能促使人们与人为善,并自觉遵守社会伦理规范。因而,立足于自我修养的儒家道德并非束身寡过的消极道德规定,也不是无关他人的独善其身,而是体现了自我道德完善、与人为善和社会群体规范的统一。

在公德、私德框架下,儒家关于自我修养的道德首先属于私德。但同时,儒家的自我修养的道德或者蕴含为善、不为恶的一般道德规定,或者指向自我和他人的道德完善以及他人与社会群体的安乐。因此,许多自我修养的德目包含社会道德或公德的要求。还有一些德目虽然不关乎他人或社会群体,却能帮助人们形成一般的善恶道德意识,对人们遵从社会公德有积极助益。

儒家道德的另一种类型是人伦关系的德目,包括父义、母慈、兄友、弟恭(悌)、子孝、朋友有信与君臣之义。它们是父子、母子、兄弟、朋友和君臣的特定人伦关系的道德要求。但是,它们却不仅是私人间的道德,更非团体私利。以孝为例。《礼记》强调,子女行事端庄、忠君、敬业、信于友、骁勇作战就是孝。(见《礼记·祭义》)并且,《论语》和《礼记》都重视反复、柔和劝谏父母,以免父母陷于不义或得罪他人。(见《语论·里仁》《礼记·内则》《礼记·檀弓》)因此,孝虽然是对子女侍奉父母的道德要求,但它不仅规定了子女对父母的特殊道德义务,还包含子女德性品质的运用以及劝谏父母向善的具体要求,蕴含友爱、恭敬、义等人己交往的一般道德规定。儒家对父义、母慈、兄友、弟恭的论述较少,但可以类推。朋友有信和君臣之义都以道义为基本原则,蕴含为善去恶、信和义的普遍道德规定。①

所以,儒家的人伦道德既是特定人伦关系的道德要求,又蕴含人与人交往的德性品质要求和一般道德规定。因此,儒家的人伦道德绝非维护特殊私人关系的自私自利,②而是体现出特殊人伦道德责任与普遍道德要求的统一。这也使得,儒家人伦道德能以"老吾老以及人之老,幼吾幼以及人之幼"(《孟子·梁惠王上》)的方式推及他人,实现亲亲与仁民的贯通。因而,

---

① 儒家倡导"友直、友谅、友多闻,益矣"(《论语·季氏》)、"以友辅仁"(《论语·颜渊》)、"责善,朋友之道"(《孟子·离娄下》),朋友之义强调朋友基于彼此欣赏才华、志趣尤其是道德品格而坦诚相待、相互信仰与相互砥砺。儒家说:"邦有道,则仕。"(《论语·卫灵公》)"君之视臣如手足,则臣视君如腹心。"(《孟子·离娄下》)"君有过则谏。"(《仪礼·丧服》)君臣之义注重君臣基于共同的政治伦理理念而彼此尊重与忠诚和治国理政。

② 走后门、拉关系、裙带网、行贿受贿、以权谋私等,只是一些人利用特殊性团体交情以谋私利,并非慈、孝、友、悌、信、义等儒家德性。

儒家的人伦道德既可以被归结为私德,又蕴含人际交往的一般道德规定,可以推及公德。

由此可见,儒家道德以自我修养与人伦关系的德目为主要内容,不直接指向群体或团体生活,缺少针对现代公共生活的道德规定,可以被划归为私德。但同时,儒家道德又蕴含人己或群己交往的一般道德规定与德性要求,能积极助益社会群体的公共生活。所以,儒家既私德完备,又蕴含社会性道德的要素,能够实现对公私道德的涵摄。

(二)儒家道德涵摄私德与公德的道德哲学基础

由上文可知,儒家道德蕴含社会性道德的要素,能运用于社会公德。儒家道德观念之所以人己兼涉,根源于儒家道德哲学以性善、一体之仁和君子人格为理论基础,蕴含群己、私德与公德的统一。探讨儒家道德贯通群己、公德私德的道德哲学基础,有助于人们深入理解儒家道德与公德的相通性。

孟子对性善有细致阐述。他说:"恻隐之心,人皆有之;羞恶之心,人皆有之;恭敬之心,人皆有之;是非之心,人皆有之。恻隐之心,仁也;羞恶之心,义也;恭敬之心,礼也;是非之心,智也。仁义礼智我固有之,非由外铄我也。"(《孟子·告子上》)四端之心是每个个体生而具有的道德本性或道德本心,蕴含对自我或他人的普遍关爱之情、羞恶或义愤感、敬重之心与是非判断。这说明,人们生而具有普遍的道德情感、道德直觉与道德理性。它们既是主体内在的,又是人己兼涉的。对此,《中庸》云:"成己,仁也。成物,知也。性之德也,合外内之道也。"(《中庸》第二十五章)儒家以恻隐、羞恶、恭敬与是非之心作为人的道德本性,意味着人类生而具有友善、不作恶、正义感、自制、尊重人和明事理的普遍道德意识,体现出主体道德自觉与一般道德规范、主体性与类特性的统一。

以四端之心或性善作为价值依据,儒家道德具有鲜明的道德主体性与社会群体性特征。对此,黄慧英指出,儒家的恭、敬、礼、让、俭、信、敏、惠等具体德目,只是道德心在不同情境或人际交往中的具体体现,并成就了德性主体。① 恭、敬、礼、让、俭、信、敏、惠等儒家德目既是具体的道德观念,又蕴含主体道德心的一般道德规范,因而能够助益社会公德。

与此同时,宋明儒家以万物一体之仁作为道德的形而上价值根源和统摄诸德的总体德目,揭示出儒家道德贯通群己的道德本质。万物一体之仁由程颢首倡。他说:"'天地之大德曰生'……万物之生意最可观,此元者善

---

① 黄慧英:《儒家伦理:体与用》,上海,上海三联书店,2005年,第67页。

之长也,斯所谓仁也。"①他认为,天地以万物生育流行为德,万物生生之德也是道德产生的起始("元者善之长"),这就是仁。换言之,万物的共存与生长是儒家道德的价值源头,也是仁的集中表达。他又说:"仁者以天地万物为一体,莫非己也。……如手足不仁,气已不贯,皆不属己。""仁者浑然与物同体。义、礼、智、信皆仁也。"②他指出,仁者(道德主体)以万物生命存在的一体相关与气息相通作为道德本质,因而不与万物相对、相隔。义、礼、智、信等儒家道德都是仁的具体体现。故此,儒家道德体系虽然表现为具体的不同的德目,却以万物一体之仁作为道德本体与价值源头,自然不与万物相间隔,体现出群己一贯的伦理特征。

理学家朱熹指出,仁是"天地所以生物之心",人得此心则为"温然爱人利物之心"。③他认为,仁既是万物生化的宇宙本体与价值根源,又可以成为爱人利物或善利类群的道德主体。他又说:"故人之为心,其德亦有四,曰仁义礼智,而仁无不包。……仁之为道,乃天地生物之心即物而在。……诚能体而存之,则众善之源,百行之本,莫不在是。"④他指明,仁、义、礼、智等儒家德目("众善""百行")都以仁作为道德的价值源头,都由生生之仁统摄与发用。因此,儒家道德是爱人利物或善利类群的仁心、仁德的具体体现,展现出类群价值倾向与主体道德自觉。心学家王阳明也说:"在感应之几上看……天地也与我同体……我的灵明。""盖其心学纯明,而有以全其万物一体之仁,故其精神流贯,志气通达,而无有乎人己之分,物我之间。"⑤这里,"灵明"和"心"指良知、良心或心体。他强调,心体或良知能明觉与感通万物,成全万物一体之仁,故而人的精神、气志能感知"己"(道德主体)与万物(他人与群体)相通,无分人己。并且,他说:"以此纯乎天理之心,发之事父便是孝,发之事君便是忠,发之交友治民,便是信与仁。""见父自然知孝,见兄自然知悌,见孺子入井自然知恻隐,此便是良知不假外求。"⑥他指出,孝、悌、忠、信、仁等儒家道德都是良知主体的发用,都以万物(人己或群己)一体相关与感通作为道德本质,体现出群己贯通的特点。

理学家们对万物一体之仁的推崇,说明宇宙万物的存在及价值是一体相关的,表达出主客、群己合一的存在本质以及尊重生命和善利类群的普遍

---

① (宋)程颢、程颐:《二程集》,第15页、第120页。

② 同上,第15页、第17页。

③ 朱杰人等主编:《晦庵先生朱文公文集》,《朱子全书》(23册),第3709页、第3280页。

④ 同上,第3279—3280页。

⑤ (明)王守仁:《王阳明全集》卷二、卷三,第124页、第55页。

⑥ (明)王守仁:《王阳明全集》卷一,第2页、第6页。

道德要求。儒家以万物一体之仁作为道德的价值来源与总体德目,蕴含群己贯通的价值倾向与主体道德责任意识。所以,儒家道德虽然分别表现为个体道德和人伦关系道德的不同德目,却又能与社会公德相通。

除此之外,儒家还以君子作为个体道德修养的价值信念与人格目标,展现出自我道德修养与善利他人的统一。儒家推崇的君子,是具有普适性与现实性的道德人格。① 孔子反复提到君子、小人之辩,②认为君子的意识与行为超越一般人(小人),是有道德的人。同时,他说:"君子道者三……仁者不忧,知者不惑,勇者不惧。"(《论语·宪问》)"君子义以为上。"(《论语·阳货》)"君子和而不同。"(《论语·子路》)"君子周而不比。"(《论语·为政》)"君子成人之美。""君子敬而无失,与人恭而有礼。"(《论语·颜渊》)他认为,君子具备仁、智、勇、义四德,展现出独立自主与善利他人的道德品质。孟子认为,君子是有德性的人,能存养仁、义、礼、忠等道德,可以做到亲亲、仁民与爱物。③ 因此,君子不但注重自我道德修养,而且关注亲人、社会大众乃至万物的生存与福祉。荀子对君子人格也有细致阐述。比如:君子既"柔从""恭敬谨慎",具备尊重他人的人际意识,又"寡立""坚强""不流",展现出独立自主性和原则性;君子积极推崇美德并修养己德,具有正义感,能主动帮助他人改过迁善;君子敬重礼义,通晓社会的道德与法律规范,能做到行事合理、遵守礼义。④

可见,君子集仁、义、忠、孝、悌、恭、敬、礼、让、俭、信、敏、惠等道德品质于一身,是儒家道德的主体化与生命化表达,体现出道德自觉、独立自主、社会担当和社会规范意识。儒家以君子作为人生的理想信念与人格追求,又认为道德是君子人格修养的价值标准。儒家对君子人格的诉求说明,儒家道德并非束身寡过或无关他人的自我道德修养,而是展现出个体道德修养

---

① 君子是儒家谈论最多的道德人格。孔子说:"圣人,吾不得而见之矣;得见君子者,斯可矣。"(《论语·述而》)他指出,君子是人们可以实现的道德人格。

② 比如:"君子喻于义,小人喻于利。""君子怀德,小人怀土;君子怀刑,小人怀惠。"(《论语·里仁》)"君子成人之美,不成人之恶。小人反是。"(《论语·颜渊》)"君子求诸己,小人求诸人。"(《论语·卫灵公》)

③ 孟子说:"人之所以异于禽兽者几希,庶民去之,君子存之。舜明于庶物,察于人伦,由仁义行,非行仁义也。""君子以仁存心,以礼存心……君子必自反:我必不仁也,必无礼也……我必不忠。"(《孟子·离娄下》)"君子所性,仁义礼智根于心。"(《孟子·尽心上》)"君子之于物也,爱之而弗仁;于民也,仁之而弗亲。亲亲而仁民,仁民而爱物。"(《孟子·尽心上》)

④ 荀子说:"君子宽而不慢,廉而不刿……寡立而不胜,坚强而不暴,柔从而不流,恭敬谨慎而容。""君子崇人之德,扬人之美……正义直指,举人之过。""君子大心则天而道,小心则畏义而节;知则明通而类,愚则端悫而法;见由则恭而止,见闭则敬而齐;喜则和而理,忧则静而理;通则文而明,穷则约而详。"(《荀子·不苟》)

与善人利群的统一。儒家道德以培养君子人格为目标,内在地包含群己贯通的价值倾向,因而有益于社会公德。

综上可知,儒家以性善论、万物一体之仁作为道德的价值来源,并以君子作为个体道德修养的人格目标,说明儒家道德既是主体性的,又具有鲜明的类群本质与群己贯通特点。故此,儒家虽然偏重自我修养道德与人伦关系道德,却不是排他或自利的道德,而是体现出自我道德完善与善人利群的统一,因而能助益社会公德。当然,现实生活中存在个体道德与群体道德相冲突的情形。可其中往往掺杂了欲望、功利或其他主客观因素,需要具体分析。对此,儒家提出一系列道德修养理论,帮助个体积极体认群己道德的一体相关性,并克服种种物欲、习性与脾气等负面因素影响,以实现自我道德完善与善利万物的统一。所以,儒家道德虽未提出针对现代社会生活与公共交往的道德要求,具有时代局限性,却内在地统合了群体与个体、私德与公德的道德要素,能助益现代社会公德建设。

三、儒家道德向公德的转化——道德主体的挺立与推扩

儒家道德观念的道德本质与价值诉求的群己贯通特征揭示出,私德详备的儒家道德蕴含公德要素,能助益现代人的社会生活与公共交往。人们不能将当今中国社会公德薄弱归咎于儒家道德。同时,对于儒家道德如何助益社会公德,学者们大多追溯至梁启超的外推儒家私德为公德说。然而,学界对于如何将儒家道德推至社会生活与公共交往,讨论得不够充分。① 此外,现代中国社会虽然大力倡导公德,却存在说教成分和智识化倾向,不利于培养人们的公德意识。事实上,儒家道德包含丰富的德性资源与修养方法,突出道德的主体性与可践行性,能够对治现代公德建设中空洞说教与理智化造成的知行相分的弊病,有助于提升人们的公德意识。其中,儒家关于确立与推扩道德主体的道德修养理论,能为人们社会公德的培养提供积极借鉴。

(一)挺立道德主体

由上文可知,儒家道德具有主体性与类群性、道德实践与道德规范相统一的特征。这说明,儒家道德既注重主体道德意识的培养,又包含人己或群己交往的德性实践要求与一般道德规范。故此,挺立道德主体,并以此作为个体道德完善与社会道德实践的前提,是儒家道德修养的首要内容。自先

---

① 李海超对儒家的外推私德问题有专文检讨。(参见李海超:《儒家外推私德问题再检讨》,《哲学与文化》2019 年第 7 期。)该文解释了儒家所外推的其实是普遍性的元道德观念,却未进一步说明儒家的元道德观念何以具有普遍性,以及如何将儒家道德推行于个体道德实践和公私生活中。

秦以来,儒家就提出许多自我道德修养理论,突出为己之学的鲜明特色。儒家确立道德主体的修养理论可以被总结为自我反省与持养道德意志两大类。通过梳理这两类修养理论,人们可以较好地理解儒家如何帮助个体提升道德自觉意识与道德实践水平。

1. 自我反省——树立道德反思的主体

关于自我反省的修养理论,先秦儒家经典与宋明儒家著作中有大量记载。儒家倡导的自我反省修养理论主要有自省、反求诸己、慎独和省察克治四种工夫。梳理这些自我反省的修养理论,能够揭示儒家如何确立反思型的道德主体,以及如何在反思自身日常生活实践的过程中实现由自然人向道德主体的转变。

《论语》记载了大量有关自省的言论。孔子以"躬自厚而薄责于人"(《论语·卫灵公》),要求个体在为人处事时多反思自身,而不是动辄责备他人。孔子的弟子曾子说:"吾日三省吾身:为人谋而不忠乎?与朋友交而不信乎?传不习乎?"(《论语·学而》)他希望道德实践者能在日常生活中及时反省自身行为是否合乎各项道德原则。孔子说:"见贤思齐焉,见不贤而内自省也。"(《论语·里仁》)他要求个体反思自身言行是否道德。同时,他强调"内省不疚"(《论语·颜渊》),希望修德者通过自我省察、自我批评与自我改进,使自身行为合乎道德规范,做到问心无愧。他还说:"君子有九思:视思明,听思聪,色思温,貌思恭,言思忠,事思敬,疑思问,忿思难,见得思义。"(《论语·季氏》)他不仅重视对个体日常行为的当下反思,更强调有德者养成自我反思的道德自觉与良好品质,挺立反思型的道德主体。孔子倡导的自我反省方法,在荀子那里有类似表达。[1]

孟子同样重视自我反省,倡导反求诸己。他说:"仁者如射:射者正己而后发;发而不中,不怨胜己者,反求诸己而已矣。"(《孟子·公孙丑上》)个体言行不道德时,应该正视自己的过错,并认真自我反省,从自己身上寻找原因,而不是将自身过错归因于他人,甚至怨恨有道德的人。换言之,个体行为是否道德的根源在于人自身,而非外在因素。因此,反求诸己首先要求从事道德实践的个体勇于承认过错,并积极反思自己犯错的主观原因,对自身行为展开自我道德反省与批判。并且,他说:"爱人不亲反其仁,治人不治反其智;礼人不答,反其敬。行有不得者皆反求诸己。"(《孟子·离娄上》)人际交往中个体的德行如果没有得到以德报德的回应,他便要及时反省自

---

[1] 荀子也说:"君子博学而日参省乎己,则智明而行无过矣。"(《荀子·劝学》)"见善,修然必以自存也;见不善,愀然必以自省也。"(《荀子·修身》)

己是否确实遵从了自身所固有的仁、智、敬等自我道德规定。他还说："有待我以横逆，则君子必自反也：我必不仁也，必无礼也，此物奚宜至哉？……君子必自反也，我必不忠。自反而忠矣，其横逆由是也，君子曰：'此亦妄人也已矣。'"(《孟子·离娄下》)若他人对自己蛮横无理，君子必定反躬自问，他人的不道德行为是否与自己德行有失相关。这说明，孟子倡导反求诸己，要求个体主动警醒与反思自己与他人德行互动的效果，唯恐他人的不道德行为由自己德行欠缺造成。可见，孟子倡导反求诸己，既要个体对自身行为展开自我道德反思与自我道德批判，又让个体自觉反思人际交往中他人的失德是否与自身有关。反求诸己的修养理论突出行为主体的道德反思特点，有助于个体确立对自身行为的道德担当与对他人行为的道德责任意识。

与此同时，《大学》《中庸》提到慎独的修养理论，蕴含自我省察的内容。《大学》记载："所谓诚其意者：毋自欺也，如恶恶臭，如好好色，此之谓自谦，故君子必慎其独也！"《大学》以"毋自欺"解释慎独。朱子注："欲自修者知为善以去其恶，则当实用其力，而禁止其自欺……而求必得之，自快足于己，不可徒苟且以殉外而为人也。"[1]"毋自欺"要求个体向内察识（知）自己是否有为善去恶的道德意向，并反省自己是否切实将其转化为道德意志，作用于道德行为。《中庸》记载："君子戒慎乎其所不睹，恐惧乎其所不闻。莫见乎隐，莫显乎微，故君子慎其独也。"《中庸》倡导的慎独工夫，要求个体在"不睹""不闻"的隐、微处"戒慎""恐惧"。关于隐、微，朱子注释："幽暗之中，细微之事，迹虽未形而几则已动，人虽不知而己独知之，则是天下之事无有著见明显而过于此者。"[2]这说明，隐、微是指事物尚未呈现出显著迹象的情况。就个体行为实践而言，隐、微指个体行为尚未显著于外，别人不知道，只有自己知道的时候。故而，《中庸》的慎独工夫针对的是自己独知的善恶行为意向。对此，慎独要求人们自觉省察自身不为人知的行为意向，并对恶的行为意向展开自我警惕、自觉慎思和自我批评。

宋明儒家同样注重自我反省。他们不仅反复引用上述先秦儒家经典文本，还倡导省察的道德修养工夫。朱子说："人之一心，天理存，则人欲亡；人欲胜，则天理灭，未有天理人欲夹杂者。学者须要于此体认省察之。"[3]他认为，修德者自觉反省或向内察识心中的人欲[4]以及天理与人欲的对立关系，

---

① （宋）朱熹撰：《四书章句集注》，第 7 页。
② 同上，第 18 页。
③ （宋）黎靖德编：《朱子语类》卷十三，第 224 页
④ 朱子理解的人欲包括各种不正当的欲望、意念和七情的不恰当表达。

是其存天理、灭人欲的重要路径。他倡导的居敬工夫亦包含自省的内容。①王阳明也重视省察工夫。他说："省察克治之功，则无时而可间。如去盗贼，须有个扫除廓清之意。""这许多意思皆私，只尔自知，须精细省察克治，惟恐此心有一毫偏倚。"②在他看来，省察克治需要持续不断地自我省察。并且，他强调，个体省察的对象是心中的念头，更确切地说，是心中的私意、私欲。

朱子和王阳明都强调自我反思与自我批判，并聚焦于人的内心或者行为主体自身的意念。他们将省察的修养工夫置于公私、理欲之辨的范畴下，要求修养者自觉察识自身的私欲、私意，并切实展开自我反思与自我批判的修养工夫。因此，相比于先秦儒家对个体的外在行为或"身"的自我反省与自我批判，宋明儒家更侧重对个体行为的内在意向或"心"展开自我反思。因此，省察的修养工夫要求修德者对自身意念进行自我反省与自我约束，凸显道德主体的自我反思与自律。理学家们倡导的省察工夫需要修德者时时警醒，敏锐觉察内心意念的是非、正邪，持续反省心中的私意、私欲，对修德者提出了更高要求。

2. 持养道德意志——挺立道德实践的主体

儒家以自我反思、自我批判甚至自觉克除私欲的方式，来改变个体行为与个体意念，帮助个体树立道德反思的主体。但是，自我反省所确立的道德主体终究是意识层面的，未必能贯彻于个体的行为实践。故此，儒家自先秦以来，注重个体道德意志的持养，提出一系列持养主体道德意志的修养理论。这些修养理论有助于激发人们的道德意志，从而帮助人们挺立道德实践的主体。

孔子明确提出确立道德意志的价值目标与修养方法。他强调"志于仁"（《论语·里仁》）、"志于道"（《论语·述而》），指明修德者立志践行仁道的重要性。受这一观点影响，宋明儒家十分重视立志。朱子指明："须是立志为先。"③王阳明也说："夫学，莫先于立志。"④他们都看到，以成就仁德与道德人格为价值目标与道德信念，对于挺立道德自我与主体道德意志的首要性。并且，孔子说："君子无终食之间违仁，造次必于是，颠沛必于是。"（《论语·里仁》）君子须切实做到时刻不违背仁，即便发生事变，亦如此。这要求修德者以勉力而行的方式培养不违仁德的主体道德意志。同时，他说："克

① 朱子说："敬只是常惺惺法，所谓静中有个觉处。"[（宋）黎靖德编：《朱子语类》卷六十二，第1503页。]这就要求修养者时时处于警省的心理状态。
② （明）王守仁撰：《王阳明全集》卷一、三，第16页、第95页。
③ （宋）黎靖德编：《朱子语类》卷二十六，第654页。
④ （明）王守仁撰：《王阳明全集》卷七，第259页。

己复礼为仁。一日克己复礼，天下归仁焉。为仁由己，而由人乎哉？"（《论语·颜渊》）他指出，立志践行仁德应当从两方面入手。一是克制或约束自身的欲望和不良习性，一是一言一行皆须守礼。他强调，克己和守礼都需要行为者发挥主体的道德自觉意识与能动性，而不能靠外在权力压迫或规范。此外，孔子十分重视良好的道德素养与心理状态对人们固守道德原则的重要性。樊迟问何为仁时，孔子答道："居处恭，执事敬，与人忠。"（《论语·子路》）日常生活中谦恭与严肃，行事谨慎，待人忠厚，就是仁。换言之，行为主体保持谦逊、谨慎与真诚的道德素养与心理状态，有助于其培养行仁的自觉意识与道德自律。故而，在孔子这里，道德意志的持养不但要有固守行仁的道德信念，而且要充分发挥主体的道德自觉与道德自律，还要有严肃、敬畏与真诚的道德心理和行为态度。

继孔子之后，孟子围绕"心"范畴，从主体道德心的角度论述个体道德意志的价值根源与修养方法。他主要从存心和知言养气两方面展开论述。关于存心，孟子说："君子所以异于人者，以其存心也。君子以仁存心，以礼存心。"（《孟子·离娄下》）君子之所以异于常人（遵从道德而行），是因为他将仁和礼存养于心，或者说他将仁与礼作为内心的价值信念。对于如何存心，孟子说："仁义礼智，非由外铄我也，我固有之也，弗思耳矣。故曰：'求则得之，舍则失之。'苟得其养，无物不长；苟失其养，无物不消。"（《孟子·告子上》）修德者持有的仁、礼等道德意识并非外在道德规范，而是源于人本身具有的恻隐、辞让等道德情感。它们是个体道德意志的情感动力与价值意识来源。因此，存心就是要个体察觉自身本具的道德情感与道德意识，有意识地保存与养护这些道德情感与道德意识，并以此作为自身行为的道德动力与价值信仰基础，培养道德意志。

关于如何培养个体的道德意志，孟子倡导养气与知言，要求人们恰当处理心与气、心与言的关系。对于心与气的关系，他说："夫志，气之帅也；气，体之充也。夫志至焉，气次焉，故曰：'持其志，无暴其气。'"（《孟子·公孙丑上》）志或心志可以统帅血气，十分重要；血气充布于身体，可以直接支配个体行为，居于次要地位。因此，道德意志的培养，既要持守本心或良知，注重存养自身的道德情感与道德意识，又要克制自身的血气或脾气。如此，方能保障道德情感与道德意识控制血气，从而产生能支配个体行为的德气或道德意志。孟子将这种德气或道德意志称为浩然之气。

对于如何培养浩然之气，他说："其为气也，至大至刚，以直养而无害，则塞于天地之间。其为气也，配义与道；无是，馁也。是集义所生者，非义袭而取之也。行有不慊于心，则馁矣。"（《孟子·公孙丑上》）作为一种刚正不屈的盛大之气①或德性精神,浩然之气是主体积淀自身义德而产生的。个体的行为若违背自身本具的道德心,则会泄气。故而,持养浩然之气或道德意志,需要个体不急不躁地涵养道德心,并以道德心来支配自身行为。所以,养气的根本在于养心。不仅如此,孟子还说:"天将降大任于是人也,必先苦其心志,劳其筋骨,饿其体肤,空乏其身,行拂乱其所为,所以动心忍性,曾益其所不能。"(《孟子·告子下》)他充分意识到,个体的身心经受磨练,极有利于培养忍耐力与坚韧的意志,对培养道德意志有重要意义。他还认为,持养道德意志应该"知言",以排除不当言辞(是非论断)对心的干扰。他说:"诐辞知其所蔽,淫辞知其所陷,邪辞知其所离,遁辞知其所穷。"(《孟子·公孙丑上》)偏颇之辞要知其片面处,过分之辞要知其过当处,邪僻之辞要知其偏离处,躲闪之辞要知其理屈处。这里的"知"不是一般意义上的认知或知道,而是知是、知非的道德价值判断。也就是说,个体应当发挥道德心辨别是非恶善的能力,辨析他人(具有价值意涵)的言论失当与否,而不能让他人的是非论断牵制行为主体的心志。

荀子倡导外在礼义教化的同时,也强调道德意志的修养。他指明:"若夫志意修……生于今而志乎古,则是其在我者也。"(《荀子·天论》)并且,他看到诚心、思索和持志对道德意志培养的重要作用。他说:"君子养心莫善于诚。……致诚则无它事矣。……诚心守仁则形,形则神,神则能化矣。诚心行义则理,理则明,明则能变矣。"(《荀子·不苟》)持养道德意志的关键在于诚心,即专注、精诚于仁义道德原则。个体用心学习、理解并遵从仁义道德原则,必然会体现于外在行为,做到为人处事有条理、明达。个体自觉以仁义道德主宰自身的意念与行为,也就"无它事",自然不会受外物牵累。他还说:"今使涂之人伏术为学,专心一志,思索熟察,加日县久,积善而不息,则通于神明,参于天地矣。"(《荀子·性恶》)任何人学习道德,必须心志专一,思索、领会仁义道德,并持之以恒地积习道德,才能有所成就。因此,在荀子看来,要培养道德意志,个体既要立志并保持态度专注,又要调动自身道德理性来明白道德义理,还要自觉将道德义理落实于自身的行为实践。荀子还说:"耳目之欲接则败其思,蚊虻之声闻则挫其精,是以辟耳目之欲,而远蚊虻之声,闲居静思则通。……仁者之思也恭,圣人之思也乐。此治心之道也。"(《荀子·解蔽》)感性欲望和外界声响会损害个体的静思与专注,不利于其领会道德义理,会妨碍个体道德意志的

---

① 朱子注:"至大初无限量,至刚不可屈挠。"〔(宋)朱熹撰:《四书章句集注》,第231页。〕可从此说。

培养。

可见，在如何培养道德意志的问题上，荀子强调以认识心来把握与领会仁义等道德义理，注重仁义道德的内化。同时，他注意到，专注、思索与积习对于个体理解道德义理与礼义规范的重要性，以及情欲和外在环境的不利影响。

《大学》以诚意、正心为修养道德意志的重要方法。上文已指明，《大学》以诚意释慎独，不仅包括自我省察，更强调要像恶恶臭和好好色那样，有意识地克制自身不善的意念，发挥善的意念，培养真诚向善的道德意志，从而保证内心意念与个体道德行为表里如一。并且，《大学》强调，"修身在正其心者"，说明培养道德意志的重要性。关于正心，《大学》云："身有所忿懥，则不得其正；有所恐惧，则不得其正；有所好乐，则不得其正；有所忧患，则不得其正。心不在焉，视而不见，听而不闻，食而不知其味。"朱子注释，身的忿懥、恐惧、好乐和忧患"皆心之用"①，会使心不得正。换言之，以上四种自然的情感心理容易使个体的内心意念出现主观偏颇。因此，个体要有意识地调节内心的意念，控制自身的自然情感，使四种情感不过于激进或极端，才能确保心中的意念中正、合理。《大学》以诚意、正心作为持养道德意志的基本方法，既要求个体真诚地为善去恶，又看到个体自觉控制自然情感对于培养道德意志的积极作用。

受其影响，宋明儒家也十分强调诚意对个体道德修养的关键作用。朱子说："诚意是善恶关。""诚意是凡圣分别关隘。"②王阳明也说："'诚意'之说，自是圣门教人用功第一义。"③对于何为诚意，朱子和王阳明有不同理解。朱子以"毋自欺"释诚意，并以慎独作为必要前提，强调敏锐觉察与谨慎对待心中隐蔽的善恶意念。王阳明则以"著实去致良知，便是诚意"④，突出良知或道德心对意念发动的主宰性。但是，他们都要求个体自觉而真诚地充实善念并消除恶念，强调存天理之心而不掺杂人欲，⑤彰显存养善念的自觉性、真诚性与纯粹性。此外，王阳明还说："必实行其温清奉养之意，务求自慊而无自欺，然后谓之诚意。"⑥这说明，诚意不仅强调个体自觉体知与调

---

① （宋）朱熹撰：《四书章句集注》，第8页。
② （宋）黎靖德编：《朱子语类》卷十五，第298页、第299页。
③ （明）王守仁撰：《王阳明全集》卷二，第41页。
④ 同上，第83页。
⑤ 朱子指出："动于人心之微，则天理固当发见，而人欲亦已萌乎其间矣。"[朱杰人等编：《通书注》，《朱子全书》（13册），第100页。]王阳明说："著实致其良知而无一毫必固我。""吾心之良知者，即所谓天理也。"[（明）王守仁撰：《王阳明全集》卷二，第83页、第45页。]
⑥ （明）王守仁撰：《王阳明全集》卷二，第84页。

治内心的善念与恶念,来培养道德意志;还要求个体在生活实践中随时发挥良知的主宰性,自觉遵从孝、忠、仁、礼等德目的具体规范,通过日常生活的磨练来提升与巩固自身的道德意志。

综上所述,儒家提出大量关于自我反省与道德意志持养的修养理论,来帮助人们提升自身的道德意识与道德实践水平。这些修养理论对现代人的思想道德修养,仍然有重要借鉴意义。它启示人们自觉展开自我省察、自我反思与自我批判,主动养成道德自觉与对他人的道德责任意识。同时,它要求修德者主动省察自身意念的善恶、正邪,对恶念加以自我警醒与反思,及时革除自身的过失与恶念,养成自我反思的道德意识与行为品格。可见,儒家道德虽然不是针对现代公共生活而确立的,但并不缺乏自治、自觉、自主和道德规范,同样能够为现代社会生活与公共交往奠定道德思想资源。而且,儒家道德注重主体的道德自觉与道德自律,能有效防止人们从对象思维、工具理性和功利思维的视角理解公德与私德观念和道德修养问题,帮助修德者挺立知行或身心合一的道德主体。

(二) 推扩主体道德心

上文指明,儒家道德既是主体性的,又是群己兼涉的。这说明,儒家道德可以被直接推至社会生活,成为社会公德。首倡公德、私德说的梁启超明确提出外推儒家私德即为公德的说法。但是,偏重私德的儒家道德包含大量的特殊道德规定。梁启梁的外推说又较为笼统。因此,对于儒家私德能否推扩为社会公德的问题,学界历来存在争议。① 笔者认为,深入分析以孟子为代表的儒家推恩与扩充思想,有助于人们准确把握儒家推扩思想的意涵,并更好地理解外推儒家私德理论的实质与方式。

孟子对推恩与扩充有详细论述。据《梁惠王上》所载,面对齐宣王不忍牛"觳觫"的现象,孟子指出,这是不忍之心的体现。他接着说:

> 老吾老,以及人之老;幼吾幼,以及人之幼。天下可运于掌。《诗》云:"刑于寡妻,至于兄弟,以御于家邦。"言举斯心加诸彼而已。故推恩足以保四海,不推恩无以保妻子。古之人所以大过人者无他焉,善推其所为而已矣。今恩足以及禽兽,而功不至于百姓者,独何与? 权,然后知轻重;度,然后知长短。物皆然,心为甚。王请度之!(《孟子·梁惠王上》)

---

① 李海超就总结了学界对儒家外推私德问题的两个对立观点:一是外推私德不利于公德建设,一是外推私德即是公德。(参见李海超:《儒家外推私德问题再检讨》,《哲学与文化》2019 年第 7 期。)

推恩的基本涵义是"举斯心加诸彼"。这里的"斯心"即梁惠王说的不忍牛恐惧和发抖的心理意识或不忍之心。因此,推恩是将不忍之心(同情心与关爱)施加于其他对象(他人、他物)身上。换言之,推恩的起点是行为主体内在的不忍之心。推恩的方式是爱护自己的老幼(亲亲),以至于爱护他人的老幼(仁民)。推恩可以保育家人,乃至保有天下;反之,则不可。

孟子的推恩说涵盖了他对推扩思想的总体认识。然而,不忍之心何以能推扩? 如何基于不忍之心的外推实现亲亲而仁民? 如何协调亲亲与仁民之间可能出现的矛盾冲突(即"亲亲相隐"问题)? 结合《孟子》的相关文本及其经典诠释阐释这三个问题,有助于人们深入把握儒家的推恩思想,以及儒家看待亲亲与仁民、私人(关系)道德与公德的关系的思维视角。

不忍之心何以能推扩开来? 这当中包含两个问题。一是不忍之心推及公私道德生活的现实依据是什么? 二是如何将意识层面的不忍之心施行于公私生活实践? 对此,孟子在《公孙丑上》篇中作了相应论述。他说:

> 人皆有不忍人之心者,今乍见孺子将入于井,皆有怵惕恻隐之心。非所以内交于孺子之父母也,非所以要誉于乡党朋友也,非恶其声而然也。由是观之,无恻隐之心,非人也;无羞恶之心,非人也;无辞让之心,非人也;无是非之心,非人也。恻隐之心,仁之端也;羞恶之心义之端也;辞让之心,礼之端也;是非之心,智之端也。人之有是四端也,犹其有四体也。有是四端而自谓不能者,自贼者也……凡有四端之于我者,知皆扩而充之矣,若火之始然,泉之始达。苟能充之,足以保四海,苟不充之,不足以事父母。(《孟子·公孙丑上》)

不忍之心即恻隐之心。它超越个体的私人交往、功利意识和主观好恶情感,是人普遍具有的道德心,是人之所以为人的道德本质。上文已指明,恻隐、羞恶、辞让和是非是行为主体的道德本心,包括对自身或他人的关爱之情、羞恶及义愤感、敬重之心与是非判断。因此,道德心既是主体具备的,又是人己皆涉的普遍道德情感、道德直觉与道德理性。换言之,道德心既是个体道德的内在价值规定,又蕴含人际交往的一般道德规定性,能运用于社会群体的公共交往与生活实践。故而,不忍之心或道德心本身就是公私道德生活主体内在而又普遍的道德依据。

但是,具有普遍道德规定性的道德心,属于下意识的道德直觉心理。如何将意识层面的不忍之心推行于公私生活实践呢? 对此,孟子提出"知皆扩而充之"的说法。但他未解释如何扩充不忍之心。朱子注释:"扩,推广之意。充,满也。"①他又说:"只是满这个躯壳,都是恻隐之心。""满腔子是羞恶之心,满腔子是辞逊之心,满腔子是是非之心。弥满充实,都无空阙处。""扩开放出,使四散流出去,便是能扩。"②"满"指个体通过道德修养,将四端之心充实于自身的意识,并支配外在行为。满或充的工夫指个体通过自我反省与道德意志的修养,让四端之心主导自身意识("弥满充实"),激发个体的道德意识自觉。"扩"是指通过个体意志自觉,将主导意识的道德心扩散到身体与气血中,支配自身情欲,并展现于待人接物的人际交往实践中。并且,朱子指出道德心的发用有正当或正确与否的区别,③要求人们切实、合理地推扩道德心。因此,个体扩充道德心,既能促进自身的道德意识自觉与道德实践水平,又有助于培养爱敬他人的人际交往意识以及是非、善恶的一般道德意识与行为规范。这既能完善私德,又能增益社会公德。

除此之外,道德心的推扩还涉及如何由亲亲而仁民以及如何协调二者矛盾的问题。关于亲亲如何推扩至仁民,孟子提出由己之老幼及人之老幼的说法。需要指出的是,老老、幼幼由己及人的推扩,并非将血亲道德规范原原本本地推至他人的老幼,而是将其中蕴含的爱敬意识施行于他人的老幼。因为爱敬既是慈孝友悌的血亲道德的精神内核,也是人际交往的普遍道德意识。对亲人的爱敬与对他人的爱敬相贯通,亲亲能为仁民提供爱敬的意识基础。

同时,慈孝友悌包含许多特殊的血亲道德规定或亲子伦理责任,不可能直接推至他人。亲亲不同于仁民。那么,爱敬亲人的意识如何能够推展为爱敬他人呢?对此,孟子的"同然"说可以帮助人们理解这一问题。他说:"凡同类,举相似。""圣人先得我心之所同然耳。"(《孟子·告子上》)凡是同类生物,在行为与意识上有相似之处。人能够体认同类事物相类属的关联意识与价值认同。同理,人也能体认到,己之老幼与人之老幼相类属。基于老与幼相关属的关联与认同意识,个体能自觉将对亲人的爱敬意识类比推至人之亲。只不过,孝父母与爱子女以深厚而真挚的自然血缘亲情为基础,并以家庭伦理共同体的存在与发展为现实诉求,故而,爱敬亲人必然深厚于爱敬人亲,且具有逻辑优先性。并且,人们体认的同类相属的关联意识

---

① (宋)朱熹撰:《四书章句集注》,第238页。
② (宋)黎靖德编:《朱子语类》卷五十三,第1283、1285、1292页。
③ 朱子说:"恻隐羞恶,有中节、不中节。若不当恻隐而恻隐,不当羞恶而羞恶,便是不中节。""四者时时发动,特有正不正耳。如暴戾愚狠,便是发错了羞恶之心;含糊不分晓,便是发错了是非之心;如一种不逊,便是发错了辞逊之心。"(同上,第1285、1293页。)

与价值认同,能促使个人将对亲人的爱敬类比推扩为爱敬人亲。所以,只要人们不以私意、私欲阻隔亲人与他人"同然"的生命类属意识,便能贯通亲亲与仁民。

关于如何看待与处理亲亲与仁民的道德冲突问题,孟子的充仁义之说提供了解答思路,有助于人们合理协调家庭私德(熟人)与社会公德(群体)的关系。他说:

> 人皆有所不忍,达之于其所忍,仁也;人皆有所不为,达之于其所为,义也。人能充无欲害人之心,而仁不可胜用也;人能充无穿逾之心,而义不可胜用也;人能充无受尔汝之实,无所往而不为义也。(《孟子·尽心下》)

仁是将不忍之心扩充到忍心做的事上。义是将不耻或羞恶之心扩充到耻于做的事上。人若能够扩充不想害人与不想偷盗之心,那么仁和义便用之不竭。这说明,推恩既是将道德心由己及人地积极充尽与扩展,也是将不害人与不为恶的消极道德规定充实于个体行为,并施行于亲人及他人的过程。故而,亲亲与仁民、私德与公德虽然有轻重程度不同,却必须遵从不害人和不为恶的一般道德规定。因此,亲亲内在地包含不害人与不为恶的消极道德规定。即便对亲人的敬爱情感与伦理义务浓厚于对他人的,却不能为了爱护亲人而伤害他人或作恶。同样,《孟子》"封象有庳"和"窃负而逃"故事并非只有私德而不顾公德,而是体现出儒家道德既注重对亲人的真情挚爱与伦理责任,又不妨害百姓、不作恶,展现出亲亲与仁民并行不悖的特点。所以,充仁义说意味着,亲亲私德中包含公德的规定,有助于合理协调家庭私德与社会公德的伦理冲突,并帮助个体遵从公私生活的伦理规范。

综上所述,儒家的推扩说揭示出,儒家道德的外推并非将私人关系的道德要求(私德)直接推及社会群体,而是要推扩个体道德与私人道德中蕴含的普遍道德心。同时,道德心的推扩,需通过道德修养来挺立知行合一的主体道德,并在亲亲与仁民的公私生活实践中推展开来。亲亲之所以能推及仁民,是因为二者以普遍道德心为价值依据。并且,人们具备同类皆然的类属思维与认同意识。此外,仁义道德强调不害人与不为恶,包含亲亲与仁民不相妨害的消极道德规定,能有效避免家庭私德与社会公德相冲突,并促进人们社会公德意识的培养。可见,儒家道德虽然缺乏针对现代公共生活的道德规定,却能积极助益社会公德的建立。

小　结

　　近现代学者们之所以对儒家道德的公德、私德之辨有不同看法,主要由于他们对公德、私德概念及二者的关系、儒家道德的伦理特征以及儒家道德与公德的关系众说纷纭。这在儒家"亲亲相隐"伦理论争中也有鲜明体现。

　　通过梳理与辨析近现代学者关于儒家道德与公德的关系的不同看法,可以得出四种典型观点。其中,梁启超等学者从主体德性实践角度论证儒家道德与公德的一贯性。这种观点有其合理性。李泽厚认为,儒家私德与社会公德各属不同道德体系,又能互补。但他对私德、私德概念的界说与其他学者的理解有较大差异。费孝通和任剑涛基于社会结构的古今之异,说明传统儒家道德与现代社会公德存在古今异质,却忽视了儒家道德的相对独立性与普遍道德规定性。此外,马君武和刘清平推崇社会公德,批判儒家私德。这不但曲解了私德的意涵,而且忽视了儒家道德的相对独立性与道德理想性。事实上,传统儒家道德虽然不同于现代社会公德。但是,二者不完全相异质,而是可以相通。只不过,儒家道德能在何种意义上助益社会公德,值得进一步探讨。

　　在总结与辨析前人论说的基础上,重新界定公德、私德概念及二者的关系,人们可以得出如下结论。首先,公德是一个较为宽泛的概念,包括德性实践与道德规范两方面内容,涉及政治与社会生活两大公共领域。其次,私德主要指个体道德与私人关系道德,以儒家道德最为详备。再次,学界论私德与公德的关系,意在探讨儒家道德能否运用于社会公德建设。对此,不能将二者的关系化约为私德能否为公德奠基,而是要具体分析。

　　笔者认为,准确把握儒家道德的群己价值特征,是人们深入理解儒家道德能否助益社会公德的重要前提。儒家道德体系以个体道德与私人关系的道德要求为主,包含关涉他人乃至社会群体的一般道德规定。这说明,儒家道德蕴含社会公德的要素,能助益社会公德建设。儒家道德与社会公德相通的道德哲学基础在于,儒家道德以性善或四端之心作为人性基础,以宇宙万物的存在及其价值的一体相关作为道德的形而上价值根源,又以善利他人的君子人格作为个体道德修养的价值诉求,展现出主体与群体相统一的特点。并且,儒家道德注重道德主体的挺立与推扩,不仅提出了一系列自我道德反省和持养道德意志的修养理论,彰显个体道德的自主、自觉与自治;还要求个体将道德心由己亲及人亲,类推于社会生活实践中,并包含不害人与不为恶的普遍道德规定,内在地要求亲亲与仁民不相妨害,对现代人社会公德的培养有积极借鉴意义。因此,儒家能为人们社会公德的培养提供思想资源与实践路径。

由此可见,儒家道德虽然不针对现代社会生活与公共交往,但是,以主体性与群体性为特征的儒家道德包含公德要素,非但不妨害公德,反而能积极助益社会公德的培养。同时,现代中国社会公德建设是一个渐趋完善的过程。当前中国社会公德失范,一方面缘于近现代社会历史变革,儒家道德观念体系不再能范导人们的意识与行为,而新道德体系又有待完善;另一方面,现代中国社会许多人爰爰于个人利益与个体欲望,不务修养私德。此外,公共设施与公共伦理规范不完善也是造成社会公德失范的重要原因。因此,推进当代中国社会公德建设,既要大力倡导传统儒家美德,又需要有公私领域区分意识,还必须不断完善公共生活中的基础设施、各项制度与行为规范。

第五章　儒家"亲亲相隐"思想的德性意涵

　　学者们在探讨儒家"亲亲相隐"思想的道德属性与价值取向诸问题时，不但从群己关系与公德私德角度提出了各自的看法，而且反复论及儒家"亲亲相隐"思想中蕴含的慈孝友悌诸德和直德的内涵、价值属性与现实意义。虽然，儒学学者们对上述概念有诸多辨析与阐释。但是，他们对上述德目的具体内涵、道德属性与价值意义，阐述得不够充分。笔者认为，无论慈孝友悌还是直德，皆属于具体的个体德性概念。德性或美德是当前学界指称个体德性品质的流行术语。德性伦理重点关注人的道德价值的"善"或道德性、个体道德完善与人类幸福、道德实践的自主性与道德行为选择的合宜性。① 当然，关于儒家伦理能否被理解为一种德性理论？ 或者说，可否从德性伦理角度理解儒家伦理思想？ 学界目前存在较大争议。对此，笔者认为，儒家伦理可以被理解为一种具有自身特色的德性理论。结合儒家德性理论的特点来理解上述儒家德目，可以为人们深入挖掘这些德目的伦理内涵与价值提供新视角。

　　基于此，本章将着重从德性伦理角度来辨析儒家"亲亲相隐"思想的德性意涵。具体而言，本章将先总结与辨析学界对儒家伦理与德性伦理的关系的论争及其优劣得失，并比较儒家伦理与西方德性伦理关切的主要问题及其异同，揭示儒家伦理与德性伦理的高度相关性以及儒家德性理论自身的特点。其次，本章将从儒家德性理论出发，探讨以孝为代表的血亲伦理德目和直德的具体德性意涵，揭示它们的伦理特质与价值，帮助人们更好地理解儒家"亲亲相隐"思想的内涵与合理性。

---

　　① 　如，孔子认为德性具有"为仁由己"（《论语·颜渊》）、无过无不及和"一以贯之"（《论语·里仁》）的特点，亚里士多德也认为有德性是主体自身出于确定、稳定的品质而展开的合宜行为选择。（参见〔古希腊〕亚里士多德著，廖申白译注：《尼各马可伦理学》，第42页。）

第一节 儒家伦理与德性伦理的关系辨析

随着近年来西方德性伦理学的复兴,儒家伦理能否作为一种德性伦理或者说儒家伦理中是否包含德性理论,成为学界讨论的一个热门话题。关于儒家伦理和德性伦理的关系,学者们有不同看法。其中,黄勇和陈来既肯定儒家伦理与西方德性伦理有共通性,又意识到二者的差异。① 他们认为,儒家伦理既包含德性伦理思想的内容,又有自身的特色。这对我们正确认识儒家伦理与德性伦理的关系,有一定借鉴意义。并且,陈来指出,儒家伦理是否是一种德性伦理,问题的症结在于,德性理论在儒家思想中占何等地位,以及儒家德性理论与西方德性伦理相比有何特点。② 陈来的这一看法,对我们认识儒家伦理中德性思想的地位与特征有重要启示价值。

一、关于儒家伦理是不是一种德性伦理的论争

随着西方德性伦理学的复兴,儒家伦理学能否被视为一种德性伦理学,成为近年来学界论争的一个热门话题。关于这一论题,学界有两种看法。其中,李明辉、安乐哲、萧阳等学者否认儒家伦理是一种德性伦理,黄慧英、黄勇、陈来等学者则认为儒家伦理属于一种德性伦理。

关于儒家伦理与德性伦理是否相通的问题,李明辉、安乐哲、萧阳等学者持怀疑态度。李明辉认为,以含混不清的德性伦理学(他称作"德行伦理学")概念来诠释儒家思想,会混淆儒家伦理学;但他又指出,儒家伦理学中有德性概念及相关特质,不足以证明儒家伦理学属于德性伦理学。③ 他的看法揭示出,一方面,不同西方学者的德性伦理学说各有侧重,不存在统一的德性伦理学理论;另一方面,儒家伦理虽然不完全同于西方德性伦理学,却包含有关德性的思想。因此,他虽然否认儒家伦理是一种德性伦理,但又肯定儒家伦理中包含德性理论。然而,不同西方德性伦理学理论各有侧重,

---

① 黄勇既承认儒家思想本身不是一种美德伦理,又指出儒家伦理是美德伦理的理想形态。(参见黄勇:《当代美德伦理:古代儒家的贡献》,上海,东方出版中心,2019 年,第 5 页、第 40 页。)陈来指出:"儒家伦理学的美德思想是突出以心德为主要特色的美德伦理。""美德伦理的优点儒家伦理都具备。"(陈来:《儒学美德论》,第 278 页。)可见,他们都认为儒家伦理具有西方美德伦理的基本特征,却又不完全赞同于西方的美德伦理学,有自身的伦理特性。

② 参见陈来:《儒学美德论》,第 284 页。

③ 参见李明辉:《儒家、康德与德行伦理学》,《哲学研究》2012 年第 10 期。

是否意味着它们有某些共同特征？与此同时，儒家伦理固然不完全同于西方德性伦理，但二者是否有相通点，以及二者在多大程度上相通？这些问题有待进一步探讨。

安乐哲认为，儒家伦理是一种角色关系伦理，而非德性伦理。他指出，儒家伦理不求诸抽象的德性，而是以社会生活中的具体角色关系为根据；相比之下，德性伦理的德性是特殊关系及活动的成就或抽象意义总结，强调非关系性或个体性的稳定品质。① 在他看来，儒家伦理是一种基于具体角色关系的伦理学；德性伦理强调的德性是抽象的，并强调个体品质，既不具体又不注重角色关系。因此，他得出，儒家伦理不是一种德性伦理。

安乐哲揭示了儒家伦理注重特殊角色关系的特点。但他对儒家伦理与德性概念的理解，却值得商榷。首先，关于德性伦理的德性概念，西方思想家有经典论述。亚里士多德就指出，德性是"既使得一个人好又使得他出色地完成他的活动的品质"②。麦金太尔（Alasdair Chalmers MacIntyre）也认为，德性是人们在具体生活实践中获得的个体品质，能促进某些人际关系。③ 这说明，德性不是个体实践活动的结果或抽象意义概括，而是人们在具体活动中获得的好的情感与行为选择的稳定状态或习惯。并且，德性有助于个体活动的出色完成，能维护社会生活中的一些人际关系。故此，德性是具体、可感知或体认的稳定心理状态或行为习惯，而不仅是一种活动的结果或抽象意义。同时，个体德性虽然独立于具体的社会角色，却能帮助不同角色关系中的个体履行相应的社会责任。所以，德性伦理虽然不以社会生活中的角色关系为根基，却有益于角色关系的和谐，因而不完全无关于角色关系。其次，安乐哲以社会生活中的具体角色关系作为儒家伦理的根基，揭示出儒家伦理的现实性与社会性特点。然而，儒家伦理倡导"极高明而道中庸"，体现出超越性与现实性的协调统一。安乐哲以现实的角色关系伦理来解释儒家伦理，仅仅说明儒家伦理的现实性。所以，安乐哲以角色伦理来概括儒家伦理，不够充分，不能由此说明儒家伦理与德性伦理无关。

萧阳也否认儒家伦理是一种德性伦理。他认为，儒家虽然重视德性（他称之为"美德"），有关于德性的理论，却不以德性为基础概念。④ 他指出，

---

① 参见〔美〕安乐哲：《儒家角色伦理学：一套特色伦理学词汇》，济南，山东人民出版社，2017年，第178—179、194页。

② 参见〔古希腊〕亚里士多德：《尼各马可伦理学》，第45页。

③ 参见〔美〕麦金太尔：《追寻美德：道德理论研究》，南京，译林出版社，2011年，第242—243页。

④ 参见萧阳：《论"美德伦理学"何以不适用于儒家》，《华东师范大学学报（哲学社会科学版）》2020年第3期。

《论语》中"知礼"或"好礼"是重要的德性概念,却不是基础概念,"礼"比"好礼"更基础;孟子伦理学的基础概念中"人心""人性"固然是德性概念,但人伦概念却是以"关系为本位"。① 萧阳的观点是说,儒家有关德性的理论能够为人们的生活实践提供部分基础,却不能提供整体的基础。他的论证有待商榷。首先,孔子说:"人而不仁,如礼何? 人而不仁,如乐何?"(《论语·八佾》)《论语》中的核心概念与其说是礼,不如说是仁。显然,仁既是《论语》中的重要德性概念,又可以构成其他概念的基础。其次,孟子说:"父子有亲,君臣有义,夫妇有别,长幼有序,朋友有信。"(《孟子·滕文公上》)孟子不仅看重五种人伦关系,更强调五种人伦关系中个体的不同伦理责任。并且,人伦关系中个体伦理责任的落实,必须基于个体的良好德性品质与道德自觉。因此,在孟子的人伦概念中德性概念同样具有基础地位。所以,萧阳说的儒家不以德性为基础概念,论证不充分。但同时,他的论证启示人们,要说明儒家伦理是一种德性伦理,必须论证儒家美德理论在儒家伦理中处于基础性地位。

与上述观点不同,黄慧英、黄勇、陈来等学者都主张,儒家伦理可以被视为一种德性伦理。黄慧英指出,儒家伦理具有德性伦理的两个特征:第一,儒家核心伦理观念以德性概念为基础;第二,儒家注重道德意志发用的行为和个体人格修养,突出当事者及其(内在)动机和人格特征。② 黄勇指出,儒家伦理具备德性伦理的三个重要特征,一是关心行动者的好坏或德性品质,二是强调德性行为的自发与快乐,三是突出德性或有德者的首要性,因而是一种德性伦理;而且,儒家伦理突出有德性者关心他人的内在美德以及行动主体的心之德,是理想形态的德性伦理。③ 陈来也认为,儒家伦理具备所有美德伦理的优点,可以被理解为以心德为主要特色的美德伦理。④ 同时,他指出,大部分儒家伦理思想不是美德伦理能覆盖的,德性理论是儒学的一部分。⑤

三位学者都认识到,德性理论在儒家伦理中的重要地位,儒家德性理论与西方德性伦理关切的基本问题有高度相似性,并得出儒家伦理是一种有自身特色的德性伦理的观点。这类观点较为合理。如陈来所说:"问题的症

---

① 参见萧阳:《论"美德伦理学"何以不适用于儒家》,《华东师范大学学报(哲学社会科学版)》2020年第3期。
② 参见黄慧英:《儒家伦理:体与用》,第50—57页。
③ 参见黄勇:《当代美德伦理:古代儒家的贡献》,第6—9、42—48页。
④ 参见陈来:《儒家美德论》,第278页。
⑤ 同上,第285、288页。

结在于,一方面,儒家伦理能不能全部或整体归结为德性伦理? 儒家的德性理论在其思想中占有何等地位? 另一方面,儒家的德性理论与西方如亚里士多德的德性伦理相比有何特点?"①要充分论证儒家伦理是一种德性伦理,仍需说明德性理论在儒家思想中处于基础地位。只不过,在论证儒家伦理是一种德性伦理时,需要注意儒家德性理论自身的特点。对此,黄勇和陈来两位学者均指出儒家伦理对德性有特殊理解,认识到儒家德性理论自身的特色。这对我们进一步理解儒家德性理论有积极启示意义。

综上可知,李明辉、安乐哲和萧阳否认儒家伦理是一种德性伦理,理由不够充分。黄慧英、黄勇和陈来对儒家德性伦理的论证有合理性,但仍然需要论证德性理论在儒家伦理中的基础地位。关于儒家伦理能否被视为一种德性伦理,学者们争议的焦点在于:儒家伦理是否具备德性伦理的基本特征? 德性伦理能否构成儒家伦理的基础理论? 因此,需要进一步梳理西方德性伦理与儒家伦理关注的主要问题及其特点,并比较二者的异同,才能恰当分析西方和儒家的德性理论的关系。

二、儒家伦理——一种独特的德性伦理理论

上文已指明,要把握儒家伦理与西方德性伦理的关系,人们需要在了解西方德性伦理和儒家伦理的主要内容及基本特征的基础上,比较二者的异同。如此,人们才能恰当把握儒家伦理中德性理论的地位及特征。

为了更好地理解儒家伦理与西方德性伦理的关系,人们先要弄清楚西方德性伦理关注的基本问题。当前,人们常说的德性伦理主要指当代西方流行的德性伦理学,即沿袭亚里士多德传统的德性伦理学思潮。其代表人物有麦金太尔、斯洛特(Michael Slote)、威廉斯(Bernard Williams)、赫斯特豪斯(Rosalind Hursthouse)等。关于究竟什么是德性伦理,现代西方的不同德性伦理虽各有侧重,却存在一些共同的关切点。赫斯特豪斯概述了德性伦理学关注的主要问题:(1)以"行为者为中心"而非"以行为为中心";(2)更关心"是什么",而不是"做什么";(3)关注"我应当成为怎样的人",而不是"我应当采取何种行为";(4)基于特定的德性论概念(好、优秀、美德),而非义务论概念(正确、义务、责任);(5)不提供一般的行为规范或原则。②江畅指出,当代德性伦理学的主题有:人们应该怎样生活;注重个体的品质和德性;主张伦理学不可法典性,重视具体的道

---

① 参见陈来:《儒家美德论》,第284页。
② 参见〔新西兰〕赫斯特豪斯:《美德伦理学》,南京,译林出版社,2016年,第27页。

德情境。① 陈真在《当代西方规范伦理学》一书中说:"研究人是什么也就是研究人的本性是什么……也就是人的心理特性……美德伦理学研究的'美德'主要指人应该具有的、值得肯定的、具有社会道德意义的心理特征。"②他认为,美德伦理学研究具有社会道德价值并能被个体体认的心理特性或人性。并且,他指出,规范美德伦理学研究美德的本质和应然性(包括理想人格、值得赞赏的行为),以及美德在决定行动的道德属性中起的作用;美德伦理的应用研究道德教育与德性品质的培养。③

因此,当代西方德性伦理共同关切的问题有:行为者的德性品质及其具体类型、人们的美好生活(幸福)、人的社会道德本性或具有社会道德意义的心理特征(善性)、德性实践(包括德性实践智慧和德性对合理行为的促进)与德性品质的培养或道德教育以及理想道德人格。为了弄清楚儒家伦理中是否包含德性伦理思想,或者儒家伦理能否被视为一种德性伦理,我们首先要辨析儒家伦理是否涉及上述问题以及相关问题在儒家伦理中的地位。为此,我们需要梳理儒家伦理关切的主要问题,并分析这些问题与西方德性伦理关切的问题的相关度。

儒家伦理思想内容丰富,大体有人性论、义利观(或理欲观)、基本道德原则与道德规范、道德本体论(天人关系)、人格理想、道德修养(包括道德教育)与道德境界论、政治伦理思想八个方面的内容。儒家的人性论以孟子的性善论为主流,强调人皆有恻隐、羞恶、辞让与是非的普遍人际道德情感,构成儒家伦理思想的心性基础。儒家的义利或理欲观强调以义制利或以理节欲,突出道德原则与道德规范对个体物质利益与欲求的价值规约。儒家的基本道德原则与道德规范体现为仁、义、礼、智、孝、悌、忠、信等德目。它们既是个体的德性品质,又是人们社会生活的行为准则。并且,儒家伦理中仁、义、礼、智等德目相互配合与协调统一,是个体道德实践智慧的体现。儒家道德本体论涉及道德的普遍必然根据问题,是宋明儒家关注的焦点问题。宋明儒家分别以天地之心、天理、本心、良知等范畴论道德本体,又都认为道德本体是"天地之大德曰生"或生生之仁,以促进万物的生育长养与和谐共存为根本目标,是至善的宇宙本体。人格理想包括君子、贤人、圣人等理想道德人格。它们既是儒家道德原则与道德规范的人格化表达,又是个体在生命实践中的自我道德要求与价值实现,充分体现儒家对个体德性自律、自

① 参见江畅:《德性论》,北京,人民出版社,2011年,第15—17页。
② 参见陈真:《当代西方规范伦理学》,第237页。
③ 同上,第238—239页。

我道德超越与人生价值的积极追求与认可。儒家的道德修养与道德境界包括培养崇高道德(德性)品质的修养工夫及其所达到的精神状态。儒家的政治伦理思想以德治与礼治为主要特征,以人性作为德治的出发点,强调道德教化与个体德性修养,重视宗法人伦道德规范。

通过比较德性伦理与儒家伦理关注的主要问题,人们可以得出,儒家伦理同样关切行为者的德性品质及其具体类型、人们社会生活的德化与和谐、人的善性、德性实践与德性修养以及理想道德人格。这说明,儒家伦理中包含丰富的德性理论。即便反对儒家伦理是德性伦理的学者,也不能否认这一点。不仅如此,儒家伦理思想中性善论是基石,义利观及道德原则与道德规范(德目体系)能为个体行为规范与德性品质的培养提供价值指引,道德本体能为道德原则与道德规范提供存在与价值根据,人格理想、道德修养与道德境界是个体德性修养与道德意识提升的目标与手段,政治伦理思想是道德原则与道德规范在社会政治生活中的现实展开,彰显社会政治生活的伦理化与人们的社会道德责任。可以说,儒家伦理关切的这些问题大多围绕德性理论展开。换言之,德性理论在儒家伦理中占据着重要地位。并且,儒家德性理论中的部分内容甚至构成儒家伦理的重要基础。故而,儒家伦理具备西方德性伦理的共同特征,可以被视为一种德性伦理。对于儒家伦理不以德性概念为基础的质疑,笔者要说的是,儒家虽然未直接提出德性概念,但实质上是以德性理论作为整个儒家伦理的重要前提与主要内容。从这种意义上说,我们仍然可以将儒家伦理视为一种德性伦理。

我们必须承认,儒家伦理与西方德性伦理来自不同文化传统。儒家伦理与西方德性伦理的德性理论存在一些差异。首先,儒家的德性理论具有贯通人己的特点。儒家对"德"字的理解充分说明了这一点。《说文解字》释"德":"升也。悳声。"①它又释"悳":"外得于人,内得于己。从直,从心。"②段玉裁注:"内得己,谓身心所自得也。外得于人,谓惠泽使人得之也。俗字段德为之。"③古汉语中"德""悳"互为假借,既表示让自己内心与行为有德性,又指通过自身之言行让他人拥有德性。"从直,从心"则是说德的根本在于个体内在的真诚与道德心,而非现实的道德实践活动。因此,黄勇和陈来两位学者指出,儒家德性理论更强调心之德或心德,还关心他人德性培养的问题。其次,孝、仁、义、礼等儒家德目代表的不只是具体德性实践

---

① (汉)许慎撰,(清)段玉裁注:《说文解字注》,第76页。
② 同上,第502页。
③ 同上,第502页。

品质,更是诸多德性实践品质的综合表达。再次,仁、义、忠等儒家德目既注重个体的善、好或优良品质,又关涉他人德性的提升与社会群体的福祉,能助益人际关系的和谐与社会共同体的善。此外,儒家德性理论不仅注重个体德性的培养或道德教育,还极为关注个体的心性修养与德性境界提升,指向理想人格境界的圆满。

比较西方德性伦理与儒家伦理,人们可以发现,二者高度相关。换言之,儒家伦理关切的主要内容与西方德性伦理关注的问题,在很大程度上相契合。因此,德性理论是儒家伦理的重要内容。并且,儒家伦理中的德性理论构成儒家伦理的理论基础。由此,我们可以将儒家伦理视为一种德性伦理。但同时,儒家德性理论中的部分内容有别于西方德性伦理,展现出自身的独特性。故而,我们可以将儒家伦理视为一种具有自身特色的德性伦理思想。基于此,我们在讨论儒家"亲亲相隐"伦理观念中涉及的慈孝友悌及直德的内涵与特性时,可以结合儒家德性理论的内容与特点展开细致辨析,不应简单理解与粗暴论断。

第二节 儒家孝德的德性意涵及其价值

慈孝友悌是儒家血亲伦理的重要道德观念。《左传》《礼记》《逸周书》《论语》等先秦典籍中明确提及这些德目。① 相较于慈友悌,儒家对孝德的论述最为详尽。虽然,学界研究孝思想的成果十分丰富,②但许多人与以孝观念为核心的儒家血亲伦理有较大隔阂。其原因在于,受五四新文化运动反传统思潮与现代化进程影响,现代人在摈弃传统尊卑等级观念的同时,也放弃了以孝道作为礼仪规范的内容,再加上传统家庭道德的弱化,致使孝的道德约束力与内涵都被削减,退化为奉养、照料及陪伴父母③或对父母的道德义务。事实上,儒家主张"孝悌也者,其为仁之本与"(《论语·学而》),"仁之实,事亲是也"(《孟子·离娄上》),"夫孝,德之本也,教之所由生也"

---

① 先秦典籍记载的血亲道德观念,比如:"五教:父义、母慈、兄友、弟恭、子孝"(《左传》文公十八年),"父慈、子孝、兄良、弟悌"(《礼记·礼运》),"弟子入则孝,出则悌"(《论语·学而》)。

② 据不完全统计,近年来论及传统孝伦理的期刊论文有数百篇,以孝为主题的硕、博士论文有六十多篇。研究孝观念的代表性专著有康学伟的《先秦孝道研究》、王长坤的《先秦儒家孝道研究》、魏英敏的《孝与家庭伦理》及肖群忠的《中国孝文化研究》。

③ 这种理解容易导致两个误区,一是似乎只有在父母需要被照料时才尽孝,二是容易混同孝亲与养犬马。

(《孝经·开宗明义》)。儒家重视孝对普遍仁德形成与社会道德教化的奠基作用。换言之,孝不仅是特殊的血亲人伦道德,还包含普遍道德价值规定。同时,随着现代生活方式的变革与社会的多元化发展,从宗族人伦制度及行为规范角度理解孝,不符合现实社会道德建设的新要求。这种情况下,将孝视为一种伦理德性或许更恰当。

近年来,少数学者关注到孝的德性伦理面向,①却一味从西方德性伦理学的角度透视儒家孝德,②未能深入论述孝德的伦理特质与丰富意涵。基于此,本节将从儒家德性理论出发来探讨孝德,以期更好地揭示孝德的思想意涵,展现儒家血亲道德观念的深层伦理特质与现实意义。

一、孝德以爱敬之心为伦理实质

众所周知,孝的本义为"善事父母"。围绕如何侍奉好父母才是善,儒家对孝提出了种种具体行为规范。③ 但同时,孔子指出:"色难。有事,弟子服其劳,有酒食先生馔,曾是以为孝乎?"(《论语·为政》)孔子不认为不辞辛劳地照料和侍奉父母,事事符合礼仪规范,便是孝。相比之下,儒家更看重孝亲伦理规范背后蕴含的爱敬伦理意识。当前,学者们大多认同孝德的伦理精神实质是爱敬之心。然而,人们对爱敬之心的内涵及伦理特征缺乏深入探讨。

儒家认为,敬是孝与养的首要区别。孔子指明:"今之孝者,是谓能养。至于犬马,皆能有养;不敬,何以别乎?"(《论语·为政》)曾子亦认为:"养可能也,敬为难也。"(《礼记·祭义》)赡养与照料父母是每个人都可以做到的事。在照料的意义上,养父母与养家畜差别不大。孝事父母与豢养家畜最大的差别在于,子女孝亲时持有一颗恭敬之心。

对于何为敬或孝敬,宋儒朱熹有详细阐释。朱子说:"敬,大概是把当

---

① 参见王珏的《孝何以是一种德性？在德性伦理学的视域下重审亲亲之爱》、金小燕的《〈论语〉中"孝"的德性期许：道德感与行为的一致性——兼与安乐哲、罗思文商榷》和《德性伦理学视野下的儒家孝道研究》。

② 金小燕侧重透过西方德性伦理学,考察儒家孝道的德性内容与价值。(金小燕:《〈论语〉中"孝"的德性期许：道德感与行为的一致性——兼与安乐哲、罗思文商榷》,《孔子研究》2016 年第 3 期。)王珏将孝德简单理解为照料和依赖关系基础上的慷慨和正义德性。(王珏:《孝何以是一种德性？——在德性伦理视角下重审亲亲之爱》,《文史哲》2015 年第 4 期。)

③ 《论语》记载:"樊迟御,子告之曰:'孟孙问孝于我,我对曰无违。'樊迟曰:'何谓也?'子曰:'生,事之以礼;死,葬之以礼,祭之以礼。'"(《论语·为政》)孔子就看重人们奉养父母时的种种礼仪规范。

事,听无声,视无形。"①敬或孝敬是说,将孝顺父母当成一桩事认真对待,并在无声、无形处时时谨记在心、小心行事。其中,"把当事"指将孝敬父母当成自己分内之事,要求子女出于道德责任意识孝事父母。因为人们豢养家畜,无论是好是坏皆不必承担相应的道德责任,且可以随意宰杀、转卖所养的家畜。孝敬父母则不同。子女不但须时刻将孝事父母放在心上,而且要好好地奉养并尊敬父母,并负有终生孝事双亲的道德责任。朱子又说:"不是块然兀坐,耳无闻,目无见,全不省事之谓。只收敛身心,整齐纯一,不恁地放纵,便是敬。"②敬不是说人的感官、神思完全闭塞,不理世事,而是强调有事、无事皆身心收敛、专一,行事谨慎、不放纵。因此,敬既包含个体意识的自我约束、自我警省与专注,又注重个体行为的谨畏、不放纵。所以,人们孝敬父母不仅要照料或给养父母,更要培养并恰当运用自身德性,主动、谨慎地孝事父母。

　　有学者指出,敬注重个体行事谨慎、严肃与恭敬,会使亲子之间产生距离甚至疏离③。其实不然。朱子指出:"奉养而无狎恩恃爱之失,主敬而无严恭严恪之偏……敬非严恭严恪之谓,以此为敬,则误矣。只把做件事,小心畏谨,便是敬。"④他认为,子女须将敬事父母当成一桩事认真对待。他意识到,孝敬父母不能像处理一般事务那样严肃、恭敬,否则会陷入"严恭严恪之偏"。这是为何呢?清人刘宝楠作了解答。他指出:"善于父母,善于兄弟,亦由爱敬之心。故《礼》言'孝子有深爱',又言'立爱自亲始,立敬自长始',敬亦本乎爱也。"⑤孝的根源或实质在于对亲人的爱敬之心。子女之所以能够保持敬重、不怠慢双亲的心灵状态,根源于他们对父母双亲自然而深厚的爱。由于敬亲中蕴含爱亲,所以敬亲不是畏惧父母权威或恪守外在礼仪规范,也不是一般人认为的简单陪伴父母及赠送礼物。故而,儒家不主张对父母毕恭毕敬,保持距离,而是既要求子女打心里亲近、爱戴父母,主动而真诚地关爱并重视父母;又要求他们在爱亲时运用自身的道德理性,进行自我反思与自觉规约,谨慎适度行事。如朱子所说:"爱而不敬,非真爱也;敬

---

① （宋）黎靖德编:《朱子语类》卷二十三,第 563 页。

② （宋）黎靖德编:《朱子语类》卷十二,第 208 页。

③ 杨少华忽略了儒家主张敬中涵爱,认为一味敬亲会使亲子疏离,涤荡孝中应有的爱亲温情,使孝成为源于外在规范的负担。(杨立华:《敬、慕之间:儒家论"孝"的心性基础》,《江苏社会科学》2017 年第 5 期。)李若晖也认为,曾子对父亲的态度偏敬爱,所以他对父亲是有距离的。(李若晖:《经典诠释视角下曾元对曾子孝论之调整》,《中州学刊》2019 年第 7 期。)

④ （宋）黎靖德编:《朱子语类》卷二十三,第 564 页。

⑤ （清）刘宝楠撰:《论语正义》,第 8 页。

而不爱,非真敬也。"①作为孝的伦理实质,真正的敬亲一定包含爱亲,真正的爱亲也一定包含敬亲,爱与敬是相互涵摄的。只有这样,人们才能运用自身的道德理性,做到关爱且尊重父母。

以敬亲为孝的伦理实质或许不难理解。但是,爱亲作为一种主观情感,是否合于道德,以及能否成为孝的伦理实质,往往受人质疑。这是因为人们不理解儒家倡导的爱亲之心的伦理特征。孟子说:"孩提之童,无不知爱其亲者。"(《孟子·尽心上》)爱亲之心是人天生便有的真实情感。曾子认为,孝爱的本质是忠。他说:"忠者,其孝之本与!"(《大戴礼记·曾子本孝》)忠字从中从心,意味着发自内心一丝不苟的真诚。以忠为孝之本,突出了子女忠爱父母的真情流露。不可否认,作为个体情感,血缘亲情具有主观性。可是,儒家倡导爱亲之心,既基于自然血缘亲情,又基于稳定的家庭共同体意识。血缘亲情能让子女爱慕且依恋父母。② 家庭生活共同体则促使亲子在相互协调、互助互惠中形成一致的价值认同感。由此,爱亲之心便是子女依恋、感恩父母并认同家庭共同体而产生的,对父母及家庭稳定而持久的爱恋情感与责任意识。

当然,爱亲之心仅基于血缘亲情,未必引发子女对父母的责任意识。因为,血缘亲情很容易使子女理所当然地依恋与依赖父母。或者说,子女虽然感恩与关爱父母,却又不得不在现实生活中依赖父母。这种现象古今皆有。朱子也提到,子女孝事父母时可能存在"狎恩恃爱之失",即倚仗父母的恩宠与溺爱而骄傲自大、无视他人(包括父母)。朱子提出的"爱而不敬,非真敬",刚好对治这种偏失。爱中涵敬要求子女奉养父母时既亲近、爱戴父母,又保持自觉警醒、自我规约的谨慎行事态度。杨立华指出,通过事父母的敬,个体明确了特定的责任与权利,从而维持和促进个体的精神自立或独立的判断力。③ 因此,敬中包含理性心灵状态与适度行事态度,能培养子女的道德责任意识,促进子女人格的独立自主。如此,爱亲便不会流于过度亲昵、随意甚至轻慢父母,也不会依仗父母的宠爱而盲目自大、目中无人,甚至丧失自身人格的独立性,更不会做出不合宜或不道德的事。

以爱敬之心作为伦理精神实质,儒家孝德不是简单地照料或陪伴父母,也不是对父母毕恭毕敬、一味顺从,更不是依仗血缘亲情恃宠而骄,怠慢他人甚至自我放纵。相反,它基于亲子间的真情挚爱及对亲子家庭共同体的

---

① (宋)黎靖德编:《朱子语类》卷二十三,第564页。
② 孟子指明:"人少则知慕父母。"(《孟子·万章上》)
③ 杨立华:《敬、慕之间:儒家论"孝"的心性基础》,《江苏社会科学》2017年第5期。

价值认同,包含亲爱的道德情感与道德责任意识,以及如何"善"事父母的道德理性反思与自我道德规约,展现出道德情感、道德责任意识与道德理性的统一。对此,二程说:"'敬亲者不敢慢于人,爱亲者不敢恶于人。'不敢慢于人,不敢恶于人,便是孝弟。尽得仁,斯尽得孝弟;尽得孝弟,便是仁。"①子女以爱敬之心作为内在心性或心德基础,可以在终身孝事父母的过程中保持自我约束的行为习惯,同时培养诸多具体的德性实践品质。

二、孝德对子女德性实践品质的诸多规定

儒家孝德内涵丰富。《礼记》言:"孝有三,大孝尊亲,其次弗辱,其下能养"。(《礼记·祭义》)这说明,相较于能养之孝或简单照料与奉养父母,儒家更看重尊亲与弗辱之孝。但是,对于何为尊亲与弗辱之孝,许多人却有误解。因此,需要从这两个概念的原始意涵出发,结合相关儒家思想,揭示儒家孝德包含的具体德性实践品质规定。

(一)尊亲之孝:圣王的完满德性典范

儒家以尊亲为最高层次的孝("大孝")。但是,人们往往误解尊亲的意涵。比如,康学伟在《先秦孝道研究》一书中将尊亲理解为"事业上成名……以显父母""传宗接代……使父母永享祭祀的尊崇","慎终追远,葬祭以礼",以及"持志不改,善继母父之遗业"。② 其实,西周春秋关注的尊祖敬宗、传宗接代、葬祭父母、继承家业等孝的初始义,大多可归于(事生及事死的)能养之孝。与之不同,大孝尊亲同儒家崇仁义、重道德人格修养及以德抗位等思想主张一脉相承。因此,尊亲绝非让父母享受无上的荣宠与显赫的权势。要明白何为尊亲,人们需要从这一概念的原始意涵及相关的儒家思想主张入手,展开分析。

儒家对大孝有特定理解。《礼记》云:"孝有三:小孝用力,中孝用劳,大孝不匮。思慈爱忘劳,可谓用力矣。尊仁、安义,可谓用劳矣。博施、备物,可谓不匮矣。"(《礼记·祭义》)《礼记》指出,孝有三种层次。最低等的是思及或感念父母的慈爱而忘记自身的辛劳。中等的孝是尊崇并安于仁义而行。高等的大孝是广施恩惠、德教于民,让百姓效法,并能备物以尽其用。郑玄认为,这种博施、备物之大孝专指"人君之孝"。③ 唐人孔颖达疏:"大孝尊亲,即下文'大孝不匮',圣人为天子者也。尊亲,严父配天也。"④宋人黄

① (宋)程颢、程颐:《二程集》,第 310 页。
② 康学伟:《先秦孝道研究》,长春,吉林人民出版社,2000 年,第 10—13 页。
③ (清)孙希旦撰:《礼记集解》,第 1228 页。
④ 同上,第 1225 页。

裳说:"盖大孝之极,非天子之博施备物,固不足以尽。"①可见,儒家讲的"大孝尊亲",不是说极度尊崇父母或让父母获得极高的权势、荣宠与财富,也不是光耀门楣、绵延子嗣、事死如事生、继承家业等内容,而是专门指有德、有位的圣王之孝。大孝突出,圣王的孝德不仅包含尊仁、安义的个体德性自我完善,而且能实现广施恩德于民、备天下之物以致用的广大德业。②

　　孟子也论及这种大孝。他说:"孝子之至,莫大乎尊亲;尊亲之至,莫大乎以天下养。为天子父,尊之至也;以天下养,养之至也。"(《孟子·万章上》)有学者将"尊之至""以天下养"和"养之至"理解为,天子的父母获得无上的尊位与特权、天下财货奉养,甚至能为所欲为。其实不然。相对于权势,孟子更看重个体道德修养与人伦规范。他引用《尚书》指出,即便身为天子,舜仍然不改敬事父母,顽劣的父亲都受到感化而诚心向善。③ 并且,他预设了"窃负而逃"故事,④凸显法的权威性以及父子、君臣人伦关系及其伦理原则的严肃性与合理性。此外,《中庸》提到:"舜其大孝也与! 德为圣人,尊为天子,富有四海之内。宗庙飨之,子孙保之。故大德必得其位,必得其禄,必得其名,必得其寿。"舜的至尊、至养之孝固然使他父母享有尊贵的地位和天下百姓的供养。然而,这一切皆源于舜以自身完满的德性广施德教于百姓,百姓受其恩德与教化,皆爱戴与供奉他的缘故。并且,即便舜被尊为天子,受天下人的供奉与赞誉,但他仍然敬事父母,足以成为天下人的楷模。同时,舜的父母虽然由此获得尊贵的地位和天下人的供养以及死后配享祭天之礼,却不得胡作非为,反倒应该被他的孝心感化而向善。

　　儒家以尊亲、不匿论圣王的大孝,表达出内圣外王合一的圣王道德理想主义。对一般人而言,这种大孝几乎不可能实现。但是,儒家标榜圣王或人君的大孝,希望通过推崇圣王的大孝,一方面告诫人们,权势再大也不可动摇敬爱、孝养父母的人伦道德,彰显孝道伦理相对于政治权力的独立性;另一方面,要人们通过听闻圣王的种种孝亲事迹,学习与体会儒家对圣王大孝的种种描绘或评价,从而受到圣王的完满德性品质与理想人格典范的熏陶,产生敬仰与憧憬圣王德性与人格的崇高情感意识与自我价值认同。并且,儒家希望人们受圣王大孝的启迪与感染,在孝亲过程中超越个人中心主义

① 　(清)孙希旦撰:《礼记集解》,第 1226 页。
② 　杨立华也指出,儒家的"大孝"更多着眼于行孝者自身的德业成就。(杨立华:《敬、慕之间:儒家论"孝"的心性基础》,《江苏社会科学》2017 年第 5 期。)
③ 　原文为:"祗载见瞽瞍,夔夔斋栗,瞽瞍亦允若。"(《孟子·万章上》)
④ 　故事大意为,面对父亲杀人,舜不能擅自使用天子权力替父亲开脱,亦不能阻止法官执法,只能放弃天子权位且偷偷背着父亲逃亡。(参见《孟子·尽心上》)

与家庭团体利益的局限。同时,儒家希望人们能自觉反思自身与圣王之间孝德的差距,以圣王的孝德为榜样不断提升自身的德性境界,尽力将孝德推及他人,做到仁爱与感化他人。

(二)弗辱之孝对子女德性实践品质的具体规定

通过弗辱之孝,儒家对子女的德性实践品质做了诸多具体规定。要理解何为弗辱之孝,人们必须弄清"弗辱"的基本含义。《孝经》载:"修身慎行,恐辱先也。"(《孝经·应感章》)弗辱之孝表面上是不让父母受辱,其实是要子女通过道德实践培养德性品质。弗辱之孝对子女德性品质的具体规定,展现出孝德的丰富德性意涵。

儒家似乎很少正面论述子女应该如何行事,才能不折辱父母。但是,《孟子》和《礼记》中论述了因子女的种种不孝行为而辱没甚至危及父母的事例。由此,人们可以反向推断弗辱之孝对子女德性实践品质的具体要求。

孟子说:

> 世俗所谓不孝者五:惰其四支,不顾父母之养,一不孝也;博奕,好饮酒,不顾父母之养,二不孝也;好货财,私妻子,不顾父母之养,三不孝也;从耳目之欲,以为父母戮,四不孝也;好勇斗狠,以危父母,五不孝也。(《孟子·离娄下》)

孟子论述了五种不孝的行为。人们可以推断,不使父母难堪甚至危及父母的孝行应该是:勤劳、克制自身不良嗜好和欲望、不偏爱妻子和儿女、不放纵、不鲁莽行事。这既有子女自制或束身寡过的自我德性规定,又要求子女对整个家庭成员合理地关照。这与亚里士多德对德性的基本规定——"既使得一个人好又使得他出色地完成他的活动的品质"[1]——相符合,包含谨慎、节制、温和、友善等德性实践品质要求。

《礼记》云:

> 身也者,父母之遗体也。行父母之遗体,敢不敬乎?居处不庄,非孝也;事君不忠,非孝也;莅官不敬,非孝也;朋友不信,非孝也;战陈无勇,非孝也。五者不遂,灾及于亲,敢不敬乎?(《礼记·祭义》)

《礼记》将子女的"身"与"父母之遗体"相关联,是说子女是父母亲生,亲子

---

① 〔古希腊〕亚里士多德:《尼各马可伦理学》,第 45 页。

之间是血脉相承、一体相关的。基于血亲一体相关的家庭共同体意识,子女的所做所为同父母息息相关。由此,子女必然自觉约束自身行为,使他们的行为合于社会的道德规范,方能不牵累或辱没父母。《礼记》指明,非孝或折辱父母的不孝行为包括:不恭敬、不忠于职守、不敬业、不讲诚信、作战不勇敢。子女在这五个方面有过失,便会折辱甚至祸害父母。可推知,《礼记》要求,为了不辱没父母,子女应该将恭敬、忠于职守、敬业、诚信和勇敢的个体德性品质作为自身行为的自我道德要求。因此,弗辱之孝既包含对个体德性修养的一般道德要求,又涉及职业道德乃至社会公德的诸多德性品质规定。

总之,以血亲共同体为前提,弗辱之孝禁止子女做不道德的行为,以免折辱父母的人身、生活、名誉及尊严。因此,它对子女的德性品质提出诸多规定。它要求子女本着亲子共同体意识,并结合具体情境,将他们对父母的爱敬之心(道德心)外化为温和、敬业、诚信、忠诚、友善和机智等德性实践品质。所以,孝德不仅是特殊的家庭美德,还包含职业道德甚至是社会公德的内容。

(三)劝谏之孝:道德感化中子女德性实践品质的运用

儒家还要求子女在孝事父母时,恰当运用自身的德性品质来劝谏或感化父母,让父母弃恶扬善。

《论语》和《礼记》皆提出:"事父母几谏,见志不从,又敬不违,劳而不怨。"(《论语·里仁》)"父母有过,下气怡色,柔声以谏。谏若不入,起敬起孝,说则复谏;不说,与其得罪于乡党州闾,宁熟谏。"(《礼记·内则》)并且,儒家极为注重子女劝谏父母时的"有隐而无犯"(《礼记·檀弓》)。

至于何为"有隐而无犯"?清人孙希旦指出:"几谏谓之隐,直谏谓之犯。父子主恩,犯则恐其责善而伤于恩,故有几谏而无犯颜。"[1]"隐"指不直白地规劝父母,应该"几谏"而不冒犯父母的颜面。进一步说,几谏要求子女以相对隐晦、柔和的方式规劝父母,不能直谏或直接厉声批评、责备,以免在纠正父母过错时表现出不尊重、随意批评甚至鄙薄的态度,乃至折损双亲的颜面或尊严,伤及亲子间的恩爱关系,结果适得其反。因此,当父母犯小过错时,几谏之孝是要子女在充分尊重与关爱父母的前提下,柔声下气地小心、反复规劝,既让双亲明是非而不陷于不仁不义的境地,又让双亲在受尊敬、受关爱与被感化中改过迁善,提升自身的道德品质。值得注意的是,谏亲之孝表面要求子女在孝事、规劝及感化父母的过程中,帮助父母培养道德

---

[1]　(清)孙希旦撰:《礼记集解》,第165页。

意识与道德品质,其实它对子女自身的德性修养提出了更高要求。因为子女只有拥有并综合运用温和、顺从、真诚、友善、机智等具体德性品质来孝事父母,才能做到恰当劝谏父母,在不折损其尊严的前提下让父母改过迁善。子女之所以能适度且灵活运用自身德性,不厌其烦地劝谏乃至感化父母,根源在于子女爱敬父母的道德情感以及血亲生活共同体的经验事实。

由此可见,儒家孝德内涵丰富,是个体德性品质的综合表达。儒家对孝德的多重理解,有助于人们深化对儒家"亲亲相隐"思想主张的理解。儒家之所以主张"亲亲相隐",不仅由于儒家重视亲情与家庭人伦,更是因为儒家希望通过"亲亲相隐"来弘扬孝德,帮助人们修养自身德性品质与善待亲人,同时养成亲子间相互劝善与修德的良好氛围。并且,儒家孝德为人们秉持爱敬之心,以自身道德理性、道德责任与德性品质来妥善处理复杂的群己、公私矛盾,并养成真诚、正直的德性,有重要意义。

三、孝德的现代价值

随着传统社会宗族制度的瓦解、现代社会家庭原子化以及公私领域分界,家国同构意义上人伦规范与德性修养相统一的儒家孝道伦理文化,已不可复制。然而,儒家孝德中蕴含的爱敬伦理精神以及丰富的德性思想资源,却有着古今共适的普遍伦理价值。新时代条件下,人们将孝视为一种伦理德性来继承与弘扬,对现代人的个人品德修养、亲子代际伦理建构以及社会道德共识的达成,均有积极借鉴价值。

就个体层面而言,继承并弘扬儒家孝德,首先有助于提升个人品德。孝德以爱敬之心为伦理精神实质,能为个体德性修养提供内在道德情感动力与道德理性依据。基于此,人们继承与弘扬儒家孝德,一方面要主动关爱并重视父母,学会关怀与尊重亲人,同时突破情感任意、自我放纵及自私自利的局限,提升自身道德品质;另一方面,在孝亲过程中保持自我警醒、反思及自觉规约的理性意识,谨慎行事,从而养成独立自主的人格。人们继承与弘扬弗辱之孝,应当重视亲子共同体意识的培养与亲子间亲密关系的维护,时时反思自身言行是否有辱父母,并在孝事父母的实践活动中养成温和、顺从、真诚、友善、机智等诸多德性品质,学会恰当运用这些德性来孝事父母。通过继承与弘扬孝德,人们可以完善自身,成就个体的德性生命,同时提升为人处事的道德实践能力。

其次,继承并弘扬儒家孝德,有助于缓解现代社会变革与家庭结构变迁带来的种种问题,促进亲子代际伦理的建构。廖小平指出,市场经济致使家庭结构趋于核心化和非亲属化,并使得利益、法律及平等意识渗入家庭代际关系中,使得家庭教育中"重智轻德"倾向强化。① 随着家庭结构与亲子代际伦理的变迁,传统儒家尊卑等级意义上"父慈子孝"式的人伦规范难以广泛施行。同时,受现代文化多元化的影响,代际交往与沟通也面临一定挑战。加之中国社会人口老龄化、子女"啃老"以及代际流动等问题普遍存在,一味要求子女孝养与侍奉父母,未必能完全实现,甚至可能恶化亲子关系。

事实上,现代社会之所以出现种种亲子代际问题,不仅由于现代家庭结构转型与社会变迁带来的种种现实问题,原因还在于亲子间的爱敬意识出现偏颇。儒家在诠释子女的爱敬之心时就指出了,亲子之间极易出现过度亲昵、偏爱、轻慢等不合理或不对等的爱与敬意识。这不但容易导向不合理的亲子关系,而且妨害亲子双方道德品质的培养。不合理的亲子关系与亲子双方道德品质的败坏,又极易使亲子代际之间产生嫌隙或隔阂。

相较于简单要求子女孝养与侍奉父母的伦理规范,孝德十分注重子女对父母的爱敬之心。这意味着,子女可以不拘泥于固定不变的孝亲人伦规范与单向的物质供给或生活照料,而依据自身的实际情况灵活孝事父母,甚至容许亲子双方依据自身的具体情况适当相互帮衬甚至相互惠赠。代际间的相互援助,有益于培养患难与共的亲子共同体意识。同时,孝德要求子女秉持一颗亲爱、感恩及敬重之心孝事父母,能为子女形成道德责任意识奠定有力的道德情感与道德理性基础,有助于培养子女为人处事的能力。并且,爱敬之心与弗辱之孝要求子女养成并灵活运用诸种具体的德性实践品质,以各种方式积极与父母展开有效的沟通和互动。这有助于现代人缓解亲子代际间因年龄、思想、生活方式或代际流动与分隔等原因造成的种种亲子问题,从而有效缓和代沟甚至代际疏离。此外,孝德强调亲子双方荣辱与共的共同体意识,有助于营造亲子间相互关爱、相互劝慰与教导及彼此协调的良好氛围,促进亲子关系的和谐与稳定,共同提升亲子双方的德性品质,使代际之间维持在亲密而又适度的范围内,从而纠正现代家庭教育"重智轻德"的偏失。不仅如此,在现代社会继承与弘扬孝德,还能缓和利益至上以及凡事诉诸法律对亲子关系造成的一些消极影响,并有效避免法律、政治权力及功利因素对家庭私域可能造成的不恰当干预,从而维护个体家庭领域的道德自治与正当权益。

最后,继承并弘扬孝德有助于人们达成社会道德共识。千百年来,儒家孝道不但在个体德性修养与家庭伦理建构中发挥着重要作用,更是联系私

---

① 廖小平:《中国传统家庭代际伦理的现代转型和重构》,《东南学术》2005 年第 6 期。

域道德和社会道德的纽带。儒家主张："孝悌也者,其为仁之本与。"(《论语·学而》)"孝,仁之冕也。"(郭店竹简《唐虞之道》)"亲亲,仁也。"(《孟子·尽心上》)"夫孝,德之本也,教之所由生也。"(《孝经·开宗明义章》)梁启超也认为,孝是"私德上第一大义",不孝亦有违公德。① 这些都说明,孝德能够为普遍仁德的实现及社会道德教化奠定基础。当然,这个基础不是道德规范或道德推广机制上的基础,而是主体的道德意识与行为实践意义上的基础。

　　一般而言,社会道德建立在人们广泛的道德共识与价值认同基础上。继承与弘扬孝德,能帮助人们达成普遍社会道德共识。儒家孝德强调的圣王德性典范、家庭共同体意识、亲子间相亲近与信赖的情感意识、主体道德自觉,能为社会道德的形成提供价值认同基础。其中,圣王的大孝之德为人们提供了可效法的理想道德人格典范。宣扬圣王的大孝之德及其事迹,能让人们对圣王的完满德性人格产生崇高的敬意与深深的服膺,帮助人们自觉树立道德主体的人格认同,并在生活实践中自觉效法圣王,勉力做到仁爱他人、以礼待人。同时,孝德强调的亲人间相互亲近、关爱与尊重的情感意识,有益于个体培养爱敬的道德情感与道德责任意识。爱敬道德情感与道德责任意识的养成,又可以让个体在社会交往中基于主体的道德自觉,衍生出关爱与尊重他人的人际意识与社会道德责任感。并且,作为传统美德,孝德是温和、真诚、友爱、机智、节制守礼、敬重等德性实践品质的综合体现。这些稳定的德性品质不仅是子女孝事父母的专属德性,还能运用于人们的社会交往与处事方式,构成现代社会职业道德甚至社会公德的重要内容。

　　有人可能认为,孝德只是一种个体私德或家庭美德,很难将这种熟人道德推及现代社会的陌生人道德。孝德之所以能为普遍仁德奠基,原因在于,儒家强调个体孝德的一力外推,并重视孝德中蕴含的亲爱与信赖的共同体意识和人际互动与协商意识。因此,不同于西方建立在理性基础上的陌生人社会的普遍同一道德规范与(剥离情感的)抽象理性人,儒家孝德中蕴含的共同体意识、具体协商理性或契矩之道以及爱、敬重与信任的情感态度,可以驱使人们将社会中的他人类比于亲子或兄弟姊妹关系,促使人们彼此关爱与接纳,积极交流与互动,达成道德共识,最终形成有别于陌生人道德的"亲近型"社会道德。

　　同时,儒家孝德同仁德相一贯启示人们,亲亲、仁民、爱物虽有轻重、次

---

① 梁启超:《新民说》,第19页。

序之别,却不能为了亲亲而戕害民众,亲亲孝德与社会仁义道德是并行不悖、相济不害的。此外,孝德可以让人们通过亲子家庭的道德教化,将社会道德价值观内化为个体的自我道德要求。① 孝德要求亲子间基于个体德性而沟通与互动,形成相互亲爱、相互尊重的良好氛围。在这种氛围下,亲子双方更容易以家庭教育的方式灌输社会道德价值观,从而让人们潜移默化,更好地接受并认同社会的主流价值观念。历代家训文献中记载的大量对亲子双方的道德训示与教诫,为人们将社会道德注入家庭道德教育提供了丰富思想资源与积极示范。

第三节　儒家直德的德性意涵

儒家思想中"直"是一个十分重要的道德范畴。儒家推崇的"直"概念②与个人的道德品格密切相关。也就是说,儒家推崇的"直"概念可以被视为一种个体德性——直德或正直德性。但是,人们应当如何理解儒家直德的伦理意涵? 儒家"亲亲相隐"伦理争鸣中学者们对《论语》"父子互隐"章中"直躬者"之"直"的不同看法,就涉及这一问题。关于如何理解"直躬者"之"直",刘清平和邓晓芒将"直"理解为基于制度正义的诚实、正直,郭齐勇等学者将其理解为情理与法理的统一,梁涛则认为"直"兼顾率直与社会正义。③ 在笔者看来,《论语》"父子互隐"章中的"直"观念与"直躬者"的道德品格直接相关,应当被视为个体德性的直德或公正、正直,而非政治伦理层面的社会正义或制度正义。作为个体德性概念,儒家倡导的直德既与西方公正或正直德性有相通之处,又有自身的特质。因此,深入辨析儒家直德的思想意涵及其特点,不但有助于人们更好地把握孔子倡导的"父子互隐"之"直"的合理性,而且能让人们正确理解儒家公正或正直德性的基本涵义与伦理特征,对现代公民道德修养有积极启示意义。

------

① 如《论语·季氏》中专门记载了孔子教导儿子孔鲤学《诗》与礼,敦促孔鲤言谈与行事合宜的故事。

② 先秦儒家就对"直"多有倡导。如《尚书·洪范》多次提到"正直"之德,《尚书·虞夏书》和《尚书·皋陶谟》都提到"直而温"。孔子赞扬"举直错诸枉"(《论语·为政》)和"直道而行"(《论语·卫灵公》)。《郭店简·五行》第三十三简亦云:"中心辨然而正行之,直也。"荀子也倡导:"是谓是,非谓非,曰直。"(《荀子·修身》)这些都与个体美德相关。当然,儒家还提及不属于美德的"直",如"直而无礼则绞"(性格耿直)(《论语·泰伯》),"好直不好学"(《论语·阳货》),"木受绳则直"(引申为伦理规范)(《荀子·劝学》)。

③ 参见梁涛:《"亲亲相隐"与"隐而任之"》,《哲学研究》2012年第10期。

一、关于《论语》"父子互隐"章中"直"概念意涵的论争

儒家"亲亲相隐"伦理论战中学者们对《论语》"父子互隐"章中"直"（公正或正直）概念的意涵有三种理解：一是基于社会正义的诚实正直，二是亲情与是非统一的人心人情之直，三是兼顾亲情与社会道义的直道。① 辨析学者们理解的"直"观念的异同优劣，有助于人们更好地思考儒家究竟从何种层面倡导"父子互隐"之"直"。

在这场论战中，刘清平和邓晓芒立足于社会伦理规范来理解与评判"直"概念。刘清平指出"直"是诚实正直的普遍规范，他将"亲亲相隐"理解为徇情枉法的不正直，进而认为"父子相隐"将血亲规范置于"诚实正直"的普遍准则之上。② 刘清平将"直"理解为诚实正直。却又将诚实、正直理解为遵从法律规范。刘清平的观点较为片面。邓晓芒指出"父子互隐"章中有刑法之"直"和亲亲之"直"两种直道，批判儒家将亲亲之"直"高于刑法之"直"。③ 可事实上，《论语》"父子互隐"章中孔子未提及是否枉顾刑法。他只是说，面对父亲偷羊的不当行为，儿子采取了沉默不言的方式来维系情亲，未论及藐视法律权威，甚至践踏法律方面的内容。邓晓芒将"直"理解为刑法原则与亲情原则，并对二者作价值高低比较，存在抽象泛化的嫌疑。其实，刑法（或法律）与亲情对协调人们的社会生活实践，有各自的作用与地位，不能简单将它们抽象对立起来。更何况孔孟"亲亲相隐"观念始终强调刑法与亲情同等重要，而非只重亲情或将亲情置于刑法或公正之上。邓晓芒将亲情与刑法或公正进行价值高低比较与对立，无益于我们理解二者在生活实际中的应用，并彰显各自的价值。邓晓芒对"父子互隐"章中"直"观念的分析同样忽视了，孔子和叶公探讨的是直躬者的正直品德，而不是抽象价值原则。可见，刘清平和邓晓芒的阐述都有过度解读的嫌疑。

梁涛从情与理结合的角度理解《论语》"父子互隐"之"直"（道）。他指出，《论语》"亲亲相隐"章中孔子主张的"直"或直道兼顾情感与理性两个方面：从率真、真实的情感出发，肯定"父子互隐"的合理性，从而保护亲情；从公正、正义的理性出发，以"隐而任之"（替父担责）来回应父亲偷羊的违法

---

① 第一种观点以刘清平和邓晓芒为代表，第二种观点以郭齐勇为代表，第三种观点以梁涛为代表。

② 参见刘清平：《论儒家伦理的血亲团体性》，郭齐勇主编：《儒家伦理争鸣集——以"亲亲互隐"为中心》，第858—859页。

③ 参见邓晓芒：《儒家伦理新批判》，第33页。

行为,以维护社会道义。① 可以看出,梁涛理解的"理"不是是非之理或道德理性,而是遵从社会正义或社会道义,属于社会伦理规范之理,不能突显主体性与道德理性的特点。同时,梁涛说的社会正义或社会道义指他者的正义。然而,《论语》"父子互隐"之"直"能否被理解为(社会)正义,却值得商榷。即便从正义的角度理解"亲亲相隐"的直道,梁涛的解读仍然有不妥之处。梁涛以替父担责来补偿他者的损害,并实现他者的正义,虽然可以挽回他者的损失,实现他者的正义,然而,对于父亲与儿子两个人来说,却未必公正。一方面,父亲偷羊,有违法律规定,却未受到应得的惩罚;另一方面,儿子未曾偷羊和违法,却要替父亲受罚,虽然凸显父子亲情的可贵,但对儿子不公。因而,对父子双方而言,替父担责之说不符合正义原则,仅彰显父子亲情。此外,梁涛将"亲亲相隐"之"直"解读为父子、兄弟间率直、真实的自然感情。但是,亲情并非喜怒哀乐等纯主观的自然情感,而是一种基于自然血缘关系的特殊情感。亲情既是主观的,有自然、真实、率直的特点;又是关系性的,包含尊重、互爱的人际情感意识。故而,亲情应当被理解为自然、真实的人伦情感或人情,而非可善可恶或无道德价值指向的自然情感。

刘清平、邓晓芒和梁涛三位学者倾向于将"直"理解为社会规范意义上的遵纪守法或社会正义,属于近现代流行的西方规范伦理学的范式。西方规范伦理学的正义(或公正)观念的主要特点是,把"正当"从美德或"善"与具体情境中抽离出来,将个体的自由、平等制度化,从社会整体制度安排与社会成员公平分配角度,理解道德的正当性问题,从而形成重视制度正义的伦理主张。② 如此一来,公正便不是个体德性概念,而是普遍"正当"的社会规定或公正的社会规范。这种普遍的社会正义规范主要以法律和其他社会政治制度的形式呈现。从社会伦理层面而言,制度正义固然发挥着维护社会公正与秩序的重要作用;然而,制度正义将个体抽象化、非现实化,容易抹杀个体的正当情感需求以及个体的具体社会关系、伦理角色与伦理责任。若直接从社会伦理规范或制度正义出发,来理解与批判"父子互隐"之"直",不能规避制度正义自身的局限,也不契合孔子与叶公从个体道德论"直"的初衷。可见,从制度正义的角度来理解与批评"父子互隐"之"直",显然不合理。

相比之下,郭齐勇侧重从人情与是非之理的角度理解"父子互隐"之

① 梁涛:《"亲亲相隐"与"隐而任之"》,《哲学研究》2012 年第 10 期。

② 参见姚大志:《制度正义:政治哲学研究的核心议题》,《中国人民大学学报》2021 年第 2 期。

"直"。他指出,《论语》"父子互隐"章中的直德是人心人情之"直",能够维系亲情与正常伦理秩序。同时,直德中蕴含"隐",包含不称扬父母过失的隐没不言,是基于父亲偷羊的是非判断而劝谏父亲改过迁善。① 郭齐勇理解的"父子互隐"的直德是自然亲情、人伦道德责任和主体道德理性(是非之理)的统一。它展现出个体行为的边界意识与分寸感,是自制、友善、正直、温和与机智的诸多具体德性实践品质的综合运用与表达。因而,综合人心人情与是非之理的直德,不但重视亲情,更强调亲情的合宜表达以及具体人伦关系与社会事物的恰当处理,突出个体情感表达与行为选择的适度,以及个体运用自身道德理性合宜处事。其中情感与行为的适度需要个体在生活中不断践习而获得,道德理性的运用也必须在个体道德实践中呈现。这些都是个体德性品质的具体展现。所以,郭齐勇以人心人情与是非之理论"父子互隐"之"直",是一项个体德性概念,贴合孔子和叶公从个体道德品质的角度讨论"直"观念的原意。为此,我们需要进一步挖掘孔子倡导的直德的伦理意涵及其意义。

梳理学者们对《论语》"父子互隐"中直观念的不同解读,可以得出,从社会制度正义的角度理解"直"概念,将"直"理解为抽象社会正义原则,不契合《论语》"父子互隐"章中"直"概念的本意;相反,从正直或公正的个体德性的角度理解"直",符合孔子倡导的"父子互隐"之"直"的初衷,展现出道德主体妥善处理生活实践中具体伦理问题的道德智慧,彰显亲情与个体美德的重要性。对此,笔者认为,深入辨析孔子主张的直德的意涵,有助于人们理解孔子主张的"父子互隐"之"直"的深意及其合理性。

二、孔子倡导的直德的意涵

自先秦以来,儒家就明确将"直"或正直视为一项重要的个体德性品质而加以推崇。对此,先秦儒家典籍中对"直"有大量论述,较为完备。② 先秦儒家创始人孔子十分推崇直德,并对直德有详尽论述。孔子推崇的直德,涵盖了先秦儒家直德的绝大部分内容,③极有助于人们理解先秦儒家直德的意涵。孔子推崇的直德主要有四个方面的内容。

首先,孔子将直德理解为一种内心的道德品性而加以称道。他说:"孰

① 参见郭齐勇主编:《〈儒家伦理新批判〉之批判》,第 2、5—8 页。
② 在先秦儒家文献《尚书》《诗经》《周易》《春秋》《论语》《孟子》《荀子》《郭店楚墓竹简》中,对"直"有大量论述,并明确将"直"视为个体德性。
③ 除了《论语》之外,《尚书》《诗经》《周易》《春秋》《孟子》《荀子》对直德亦多有论述。除了《孟子》以义德论直德之外,其他儒家典籍对直德的论述,基本不超出《论语》中的直德的内容。

谓微生高直？或乞醯，乞诸其邻而与之。"（《论语·公冶长》）有人向微生高讨醋。但微生高家中无醋。于是，他向邻居家讨来再赠予讨醋的人。他固然是行善，但明知自家无醋，却不能如实回绝，反而借邻人家的醋来博取他人赞誉与感激，孔子批评微生高内心不坦诚、不直率，行事虚伪。这意味着，孔子赞许的直德是一种坦诚无欺、性情直率的内在道德品性。并且，孔子理解的坦诚、直率的品性不等于纯主观的率情、肆意而为，也不是遵守社会规范意义上的诚实，而是一种基于事实判断或一般的是非道德判断的诚实不欺、爽朗率真的内在道德品性，也是人的真实性情与纯朴品性的自然流露。

其次，孔子倡导的直德，展现出遵从礼义规范的良好道德品质。孔子意识到，现实生活中个体性情的流露存在偏颇，未必所有人都能表露出纯朴而率真的内在品性。对此，孔子指出"直而无礼则绞"（《论语·泰伯》），认为有些人的言行可能率真过头，出现尖刻的倾向，需要礼的规范与调适。同时，孔子说："质直而好义。"（《论语·颜渊》）他认为，拥有诚实、直率的内在道德品性的人，也会喜好义，能做到行事合宜，且行为符合各项基本的伦理规范与道德原则。因此，孔子倡导的直德，要求人们在行为上遵从各项礼义规范与道德原则，做到行事合宜。

再次，孔子以"直"称道个体无私曲的德性实践品质。上文提到的微生高借醋的典故中，"直"不仅可以理解为坦诚无欺、性情直率的内在道德品性，还包含德性实践品质的内容。孔安国注："乞之四邻以应求者用意委曲，非为直人。"[1]这说明，孔子认为，正直的人应该具备无私曲以及不曲意逢迎他人的德性实践品质。不曲意逢迎的正直德性实践品质，又发自行为者内在的真诚与直率品性。同时，他称道："直哉史鱼！邦有道如矢，邦无道如矢。"（《论语·卫灵公》）他认为，正直的人应该像史鱼那样。无论国家政治清明还是昏乱，史鱼都像箭一样坚定不移。因此，他赞赏的正直之人应当行事有原则，刚直不曲。他还称道："三代之所以直道而行也。"（《论语·卫灵公》）他向往古人的直道。关于直道，马融注"无所阿私"，刘宝楠正义"无所阿比"。[2]这里，"阿私"指偏私袒护，"阿比"指偏袒勾结。故而，孔子向往古人所行的正直之道，既处事公道，不偏私袒护少数人，又为人正直、高洁，不拉帮结派或相互勾结。所以，孔子不但称赞行事公正无私的直德，而且强调它对人们的社会政治生活的积极意义。

最后，孔子推崇的直德展现出言谈耿直、善良而真诚的面向。孔子说：

---

① （清）刘宝楠撰：《论语正义》，第 201 页。
② 同上，第 632—633 页。

"古之愚也直,今之愚也诈。"(《论语·阳货》)孔子将古人的直与今人的诈相对举,是说古代正直的人言语坦诚,不会轻易欺诈他人。他曾批评微生高刻意欺瞒他人、言语不耿直。荀子也说:"是谓是,非谓非,曰直。"(《荀子·修身》)同时,孔子说:"恶讦以为直者。"(《论语·阳货》)刘宝楠正义:"'阴私',人所讳言,而面相攻发,以为己直也。"①刘宝楠指出,孔子十分厌恶那些当面攻击与揭发他人阴私,并以此自许正直的人。因此,孔子赞许的正直之人应该为人善良,不会在言语上直接攻击与揭发他人的过失、短处与隐私,能充分尊重与自觉保护他人的过失、短处与隐私。

此外,孔子还认为,拥有正直德性品质的人能够以己正人。他说:"举直错诸枉,能使枉者直。"(《论语·颜渊》)他认为,拥有正直德性品质的人能够以自身的德行来纠正他人的邪曲,帮助他人培养正直的德性实践品质。这便是《春秋左传》记载的"正直为正,正曲为直"(《春秋左传》襄公七年)。因此,孔子倡导的正直德性品质不仅强调自我德性修养,还注重他人德性品质的提升,展现出成己与成人并重的德性修养特色。

孔子对直德的细致界说,有助于人们更好地理解他倡导的"父子互隐"之"直"的意涵与合理性。叶公以证父攘羊为"直",注重刚直不阿的行为表现,不涉及个体德性的正直予否。孔子则认为,"父子互隐"中包含直德。由上文可知,孔子推崇的直德意涵丰富。人们可以结合孔子对直德的理解,具体分析他倡导的"父子互隐"之"直"的意涵。孔子主张"恶讦以为直"(《论语·阳货》),要求人们尊重与爱护他人,不能揭发乃至攻击他人阴私。因而,孔子必然赞同,拥有直德的人应该讳言父亲或儿子的过失或隐私,展现父子双方的相互尊重与爱护。何况父子间还有亲情与人伦。但同时,孔子倡导的直德强调真诚、率直、不私曲的内在道德品性。故此,"父子互隐"之"直"蕴含基本的是非道德价值判断,绝不可能是一味维护亲情与亲亲伦常,更不可能是为了谄媚、逢迎父亲。并且,孔子倡导的直德包含以自身的德性品质来纠正他人的邪曲心的内容。所以,"父子互隐"之"直"必然包含是非之理,并能运用自身德性合宜地规劝亲人,力图让亲人改过迁善,也会对失主做出相应补偿。此外,孔子主张"父子互隐"之"直",也包含反思法律严惩偷盗的公正性,展现出正直德性包含又优于守法公正的特质。可见,孔子倡导的"父子互隐"之"直"是他理解的直德的综合运用,凸显个体德性品质的诸多方面内容,具有合理性。

总之,孔子推崇的直德内涵丰富,涉及心理意识、个体行为、人际交往意

---

① (清)刘宝楠撰:《论语正义》,第709页。

识、德性修养与言论诸方面。在心理意识上,直德体现出无私曲、真诚、率直的品格;在个体行为上,直德要人们遵从伦理原则与礼义规范,做到不曲意逢迎、公正不偏私;在人际交往中,直德指人们尊重与爱护他人,不揭发乃至攻击他人阴私,不毁誉与欺骗他人;在言论方面,直德指人们言谈耿直,为人诚实、善良;在德性修养方面,直德推崇人们推己及人,以自身的无私之心来纠正他人的邪曲心,帮助他人提升正直德性品质。据此,人们能更好地理解孔子倡导的"父子互隐"之"直"的丰富意涵与合理性。

小　结

在这场儒家"亲亲相隐"伦理论战中,学者们对儒家孝与直德概念的意涵及其伦理特质,有不同理解与评判。事实上,"孝"与"直"概念都属于儒家德性概念。从儒家德性理论出发,分析孝德与直德的德性思想意涵与伦理特质,有助于揭示儒家"亲亲相隐"伦理思想的合理性。

儒家伦理是不是一种德性伦理,是近年来学界热议的话题。对此,李明辉、安乐哲、萧阳等学者持否定态度,黄慧英、黄勇、陈来等学者则加以肯定。通过分析可知,李明辉等学者或者承认儒家伦理中包含德性理论,或者对德性概念有所误解,或者对儒家的基础性概念把握不准确。他们批判儒家伦理作为一种德性伦理的理由不充分。相反,陈来、黄慧英等学者意识到德性理论在儒家伦理中的重要性,指出儒家德性理论与西方德性伦理关切问题的高度相似性,并认为儒家德性理论有自身特色。这类观点较为合理。对比分析西方德性伦理关切的主要问题以及儒家伦理思想的主要内容,人们可以发现,二者都关心行为者的德性品质及其类型、社会生活的德化与和谐、人性善、德性实践、道德修养与理想道德人格。并且,儒家伦理大都围绕德性理论展开。故而,德性理论构成了儒家伦理的重要基础。所以,儒家伦理可以被视为一种德性伦理。但同时,儒家伦理注重心之德、他人德性的提升以及德性人格境界的完善,有自身的特色。

作为一种儒家德性概念,孝德以爱敬的心之德为伦理实质,是家庭共同体的价值认同、亲爱道德情感、主体道德责任意识以及自我道德规范的统一。同时,儒家倡导的孝德对子女的德性实践品质提出了诸多要求。首先,它以圣王的大孝之德来感染人们,启迪人们不断提升自身的德性境界。其次,弗辱之孝要求人们培养温和、恭敬、忠于职守、敬业、诚信、友善和勇敢的美德,以保全父母的人身、生活、名誉及尊严。再次,劝谏之孝要求人们培养并综合运用温和、顺从、真诚、友善、机智等具体德性品质来孝事父母,适时而恰当地劝谏父母,以免父母陷于不义。因此,作为一种传统美德,儒家倡导的孝德包含丰富的德性思想资源。现代社会中,继承与弘扬儒家孝德,有助于个体在亲子家庭生活中培养种种德性品质,成就德性生命。而且,继承与弘扬儒家孝德有助于亲子间的良性互动,帮助人们维持亲密而适度的亲子关系,纠正现代家庭教育"重智轻德"的偏失,并在一定程度上缓和功利、法律与政治权力对亲子关系的干扰。此外,继承与弘扬儒家孝德也是社会道德教化的基础,能帮助人们培养主体道德自觉、爱敬的人际意识与道德责任感,助益人们道德共识的达成。

孔子推崇的"父子互隐"之"直"不是指遵守社会制度正义或正义规范,而是一种个体德性品质。刘清平、邓晓芒和梁涛将"父子互隐"之"直"理解为基于守法与社会制度正义的诚实、正直,容易抹杀个体的正当情感需要、人伦责任与道德理性,不契合《论语》"父子互隐"章中孔子论"直"的本意。郭齐勇从正直或公正的个体德性的角度理解"直",符合"父子互隐"之"直"的初衷,展现出道德主体妥善处理生活实践中的具体伦理问题的德性智慧。对此,深入辨析儒家直德的德性思想意涵,人们能更好地理解"父子互隐"之"直"的深意及其合理性。

儒家直德有丰富的德性思想意涵。其中,孔子对直德的阐述最为详尽。梳理《论语》中孔子对直德的论述,可以发现,儒家直德大体有四个方面的内容。首先,直德是一种真诚与率直的内心品性的流露,是个体真实、纯朴性情的表达。其次,直德是个体诸多德性实践品质的具体表达。它不仅要求人们遵从伦理原则与礼义规范,做到不曲意逢迎、公正不偏私;而且要求人们尊重与爱护他人,不揭发乃至攻击他人阴私,不毁誉与欺骗他人。再次,直德强调言谈耿直,要求人们为人诚实、善良。最后,直德要求人们以自身的无私之心来纠正他人的邪曲心,帮助他人提升正直德性品质。

第六章　儒家"亲亲相隐"思想的
政治伦理意涵

儒家"亲亲相隐"思想的现实展开不仅关乎个体德性,而且涉及儒家政治伦理的价值理念、制度设计与实践应用。然而,儒家"亲亲相隐"思想中蕴含的政治伦理理念、政治伦理制度设计与政治伦理实践原则是正当的,还是是构成政治体制文化腐败的根源? 这一问题又与儒家的家国观、忠孝观和公私观密切相关。儒家"亲亲相隐"伦理争鸣中论争双方学者对上述问题的探讨存在笼统与化约倾向,不利于人们准确理解儒家"亲亲相隐"政治伦理思想及其合理性。

事实上,无论儒家家国观与忠孝观还是公私观,都是在特定的社会历史背景下提出来的,具有历史局限性。但同时,儒家通过阐发政治伦理思想来反思、批判与改造现实的君主权力政治,提出家国同构的政治伦理制度设计与忠孝政治伦理实践原则,具有道德理想主义色彩。并且,儒家的政治伦理思想不能被简单理解为家国同一、舍忠取孝或损公谋私。对此,需要结合具体的社会历史条件以及儒家政治伦理理念的基本旨趣,探讨儒家"亲亲相隐"思想中蕴含的家国观、忠孝观与公私观的具体内容及其伦理特征,进而说明儒家"亲亲相隐"政治伦理思想的正当性。与此同时,在现代视野下诠释儒家"亲亲相隐"政治伦理理念中,也可以借鉴现代西方政治哲学的思想框架和相关理论与范畴①,来阐释儒家"亲亲相隐"政治伦理思想的意涵、伦理特征与现代价值。

基于此,本章将结合现代西方政治哲学的相关概念,分析儒家"亲亲相隐"政治伦理思想的内涵、特征与意义,说明这一思想的正当性,并试图探讨

---

① 吴根友教授论及政治哲学与中国政治哲学关系时指出,政治哲学是现代西方学术界一门年轻的学科,其内容、对象、性质并没有比较公认的说法。但是,政治哲学又是很古老的思想形态之一,中国古代思想史中就有政治哲学的内容,可被纳入现代政治哲学的框架之内。(参见吴根友:《在道义论与正义论之间:比较政治哲学诸问题初探》,武汉,武汉大学出版社,2009年,第1—2页。)

这一政治伦理思想(包括政治理念与公私理念)的现代诠释与现代价值,澄清人们对儒家"亲亲相隐"政治伦理思想的一些误解。具体而言,本章将从儒家政治价值理念、政治伦理制度设计与政治伦理实践原则三个方面,探究儒家"亲亲相隐"政治伦理体制文化中德治理念、家国观、人治理念与忠孝观的主要内容及其特征,揭示儒家政治伦理体制文化的正当性与意义。进而,本章将集中探讨儒家阐发的"亲亲相隐"公私理论的内涵、特质与正当性,并试图探究儒家"亲亲相隐"公私理论对现代公共哲学建构的启示。

第一节　儒家"亲亲相隐"思想的政治伦理基础

儒家"亲亲相隐"伦理论争中论辩双方学者都认同,儒家政治伦理思想是在西周宗法伦理政治的基础上提出来的。但是,批判者将儒家政治伦理与古代君主权力专制政治相混同,从家国同构的家庭原则与政治权力等级制度的角度理解儒家孝、忠伦理原则,又以现代法制与现代政治公正来批判儒家"权力政治",进而得出儒家"亲亲相隐"政治伦理体制腐败倾向论。事实上,儒家政治伦理思想包含政治价值理念、政治伦理制度设想和政治伦理实践原则诸方面内容,虽然有一定的历史局限性,但却呈现出政治的伦理化或伦理的制度化特征。同时,儒家政治伦理制度设计以家国同构为现实基础,却不主张家国同一。儒家也不只主张舍忠取孝。相反,儒家对家与国、忠与孝的区别与联系都有具体论述,不可一概而论。并且,儒家伦理的道义论或超功利性倾向,使得它具有超越现实权力政治或功利政治的价值理想性。故此,人们不能仅从权力政治的角度来理解儒家政治伦理思想。

基于此,本节将梳理与辨析孔孟儒家政治伦理理念的基本内容与特点,并探讨儒家政治伦理理念的现代价值。同时,笔者将阐释儒家政治伦理制度设计的构成要素与伦理特征,揭示儒家对家国关系的辩证认识,并辨析儒家政治伦理对君主权力政治的规范与限制。此外,笔者将探讨儒家政治伦理实践中忠、孝原则的区别与联系,挖掘儒家处理忠孝冲突的伦理智慧。

一、儒家的德治价值理念

如徐复观先生所说:"儒家的政治思想,从其最高原则来说,我们不妨便称之为德治主义。"[①]德治是儒家政治伦理思想的根本价值理念。儒家德治

---

① 徐复观:《学术与政治之间》,第47页。

理念强调统治者的个体道德修养的重要性,倡导保民、爱民的民本思想,重视对民众的道德教化。并且,儒家将德治作为统治者政治权力的合法性来源,力图制约与规范君主政治权力的运用,致力于提升民众道德修养水平。

(一) 德治理念的主要内容及其特征

儒家德治理念的基本要点在于"敬德保民"。儒家"敬德保民"思想主张出自《尚书》。《尚书》强调:"小人难保,往尽乃心,无康好逸豫,乃其乂民。""若保赤子,惟民其康乂。""其惟王勿以小民淫用非彝,亦敢殄戮用乂民。"(《尚书·康诰》)"知小人之依,能保惠于庶民。""小人怨汝詈汝,则皇自敬德。"(《尚书·无逸》)这里的"小人"指民众。"敬德保民"思想强调保育民众的重要性与艰难,要求君王竭心尽力地保障民众安康。这一思想认为,对于犯过错的民众,君主不得随意杀戮,反而应该加以规范与教导。并且,它要求君主通过修养自身的德行,谨言慎行,以化解民众的不满与误解。儒家"敬德保民"思想揭示出儒家德治思想的两个方面的内容:一是敬德、修德,一是保民、爱民。

孔子将敬德、修德解释为"为政以德"。他说:"为政以德,譬如北辰,居其所,而众星拱之。"(《论语·为政》)"政者正也,子帅以正,孰敢不正。"(《论语·颜渊》)他指出,要用道德来治国,就像北极星处在它应该处的位置,众星都会围着它转。他将政治的本质视为君主自觉端正自身的品德,并以自身德行作为臣民行为实践的道德标准。

对于孔子的"为政以德"主张,朱子有精辟诠释:

> 为政以德,不是欲以德去为政,亦不是块然全无所作为,但德修于己而人自感化。然感化不在政事上,却在德上。盖政者,所以正人之不正,岂无所作为。但人所以归往,乃以其德耳。故不待作为,而天下归之,如众星之拱北极也。①

朱子强调,孔子倡导的"为政以德",不是说君主要以道德去从事政治,也不是君主完全无所作为,而是让君主专注于自身德性的修养,民众自然会受君主德性感化而向善。因此,君主能够让民众受感化而心悦诚服,不在于国家政务的施行与政治权力统治,而在于以德行服人。所以,政治的本质在于纠正人们的不道德行为,使人们变得有道德、有教养。类似的,《大学》也强调:"自天子以至于庶人,壹是皆以修身为本。"(《大学》)

---

① (宋) 黎靖德编:《朱子语类》第二十三卷,第533—534页。

徐复观先生说:"德治是一种内发的政治,于是人与人之间不重在外面的相互关系上去加以限制,而重在因人自性之所固有而加以诱导熏陶,使其能自反自觉,以尽人的义务。"①孔子将德治作为政治的根本,意味着儒家并未从外在政治权力统治与权力压迫的角度理解政治的根本属性,而是从个体道德修养与道德教化的角度理解政治的根本价值属性,注重个体(特别是统治者)在社会政治生活中道德自律与道德责任意识的培养。对此,徐复观认为,儒家政治理念"是以道德的责任感来消融政治的权力"②。孔子的"为政以德"主张奠定了儒家将政治伦理化的理论基石。

孔子的"为政以德"思想不仅要求统治者谨慎地修养自身德性,还突出统治者对臣民的道德示范作用。孔子反复强调这一点。他说:"上好礼则民莫敢不敬,上好义则民莫敢不服,上好信则民莫敢不用情。"(《论语·子路》)"临之以庄则敬,孝慈则忠,举善而教不能则劝。"(《论语·为政》)"君子之德风,小人之德草。草上之风,必偃。"(《论语·颜渊》)统治者修养自身德性,不但能提升自身的道德水平,而且能够借助其显赫的政治地位,以自身好礼义、信任、庄重、孝慈与向善的道德意识与道德行为来身先示范,对民众起到道德表率作用,有助于民众培养恭敬、温顺、真诚、忠厚、劝勉于善等优良的道德品质。

从"为政以德"的德治思想出发,孔子提出修己、安民的政治伦理主张。他倡导"修己以敬""修己以安百姓"(《论语·宪问》),要求统治者严肃、恭敬地修养自身德行,谨慎、负责地处理社会政治事务,这样才能让民众安乐。由此,他指出:"居敬而行简,以临其民。"(《论语·雍也》)他要求统治者谨言慎行,行事简易,不因主观意图或一己之欲随意侵扰民众。同时,他说:"敬事而信,节用而爱人,使民以时。"(《论语·学而》)他要求统治者谨慎、恭敬地对待政事,讲究信用,节约用度,爱护民众,合理役使民众。

孟子发挥了孔子的修己、安民思想,提出了行仁政的民本思想。他说:"先王有不忍人之心,斯有不忍人之政矣。"(《孟子·公孙丑上》)他认为,统治者将自身本具的仁心推行至国家治理当中,就能实现仁政。并且,他说:"明君制民之产,必使仰足以事父母,俯足以畜妻子;乐岁终身饱,凶年免于死亡。……五亩之宅,树之以桑,五十者可以衣帛矣;鸡豚狗彘之畜,无失其时,七十者可以食肉矣;百亩之田,勿夺其时,八口之家,可以无饥矣。""王如施仁政於民,省刑罚,薄税敛,深耕易耨。"(《孟子·梁惠王上》)他指出,有

① 徐复观:《学术与政治之间》,第50页。
② 同上,第57页。

修养的明君应该以养民、惠民为主要的政治责任,重视民众产业的分配,并施行俭省刑罚、减免税收以及不扰民众耕作的一系列政治举措,使民众安居乐业。孟子的民本思想同样强调统治者对民众生活的安乐负有高度的政治伦理责任。同时,他提出以仁心行仁政的主张,突出统治者的政治道德主体意识。

此外,儒家还极为强调社会层面的一般道德教化与民众的自我道德教化。孔子说:"道之以政,齐之以刑,民免而无耻;道之以德,齐之以礼,有耻而格。"(《论语·为政》)他认为,与其用政治权力与刑法等外在事物来统治与约束民众,不如以道德与礼义来引导与教化民众,培养民众耻于作恶的心理意识或道德自觉意识。这不但说明了社会生活中道德教化的重要性,而且蕴含国家和政府教化民众的政治道德责任。孟子也说:"契为司徒,教以人伦:父子有亲,君臣有义,夫妇有别,长幼有序,朋友有信。"(《孟子·滕文公上》)"谨庠序之教,申之以孝悌之义。"(《孟子·梁惠王上》)他指出,在社会伦理生活中,为政者有义务以正规学校教育的方式,对民众普及人伦道德教育。

并且,孟子说:"书云:'孝乎惟孝,友于兄弟,施于有政。'是亦为政,奚其为为政?"(《论语·为政》)"诗云:刑于寡妻,至于兄弟,以御家邦。……推恩足以保四海,不推恩无以保妻子。"(《孟子·梁惠王上》)他认为,道德教化不仅可以通过正规学校教育的方式展开,还可以在血亲家族的社会生活实践中展开。换言之,儒家十分鼓励血亲家族成员之间进行自我道德教化,并希望家族成员基于远近亲疏关系,自觉将伦理道德观念向外推扩,从而实现民间社会的道德自化与道德自新。

由此可见,儒家德治理念一方面要求君王自觉修养自身德性,并以此作为臣民的表率;另一方面,要求统治者以民为本,谨慎行事,不随意扰民、养民与爱民,对民众负有高度的政治伦理责任意识。同时,它要求为政者注重礼义教化、学校教养以及民众的自我道德教化,对民众的道德教育负责。故而,儒家德治理念通过敬德、保民与教民相结合,以道德主体意识来涵摄君主的政治主体意识,帮助统治者树立政治伦理责任意识,同时规范统治者的政治权力的运用。因此,儒家德治理念中君主与臣民既是治理者与被治理者的关系,也是监护人与被监护人、教化者与被教化者的关系,而不是权力压迫与被剥削的关系。

(二) 儒家德治理念的现代启示

儒家德治理念主张以德治国和以民为本,对当代中国的国家治理有重要借鉴意义。其中,以德治国思想能为官德建设提供丰富的思想资源与积极启示,儒家民本理念有助于落实与推进中国的民主政治建设。

在官德建设方面,传统儒家以德治国思想对提升干部的党性修养与执政能力建设有重要借鉴意义。孔子提出"为政以德"思想,不仅要求为政者自觉进行道德修养,而且揭示出德政的必要性。他认为,为政者自觉展开道德修养,妥善处理好各项社会政治事务,才能成为臣民的表率。这就要求干部克制一己私欲与情感任意,行事公正、忠于职守,以高度地道德自觉与道德自律来对抗种种不正当功名利禄的诱惑。同时,儒家注重以德服人,要求干部在日常的待人接物中保持谦虚、谨慎的态度与良好的作风,并注意培养良好的思想品德,友善、真诚待人,从而发挥干部的道德垂范与先锋模范作用,树立干部的良好形象。

与此同时,儒家以德治国思想对推进执政能力建设与治理水平有重要启示。儒家的德治理念倡导"修己以安百姓"(《论语·宪问》),"居敬行简"(《论语·雍也》),要求为政者对民众负有高度的政治社会责任,不随意侵扰民众与爱民。这符合干部全心全意为人民服务的基本宗旨,要求干部切实维护人民群众的根本利益,禁止干部脱离群众甚至侵害群众利益。同时,它要求干部进行自我监督,并要求党和国家完善监督体系,接受群众与相关权力机构的监督与约束。这对中国共产党更好地凝聚群众,实现从严治党,提高党治国理政的水平,有积极启示意义。

在治国理念方面,传统儒家民本理念可以与现代民主理念相接洽,对推进当代中国的民主政治有积极借鉴意义。现代中国的民主虽然借鉴了西方民主理念,但又有所不同。西方民主理念表达出西方自由主义者以自然法、社会契约和天赋人权等政治或法理理论来抗衡与制约政治权力,同时高扬个人自由与个人权利。西方民主政治依据自由主义的政治与法理理论和原则,建立起一套完备的政治制度和法律制度(法制)来保证人民的正当自由与权利,并强调公共政治权力的相互制衡。相比之下,中国的民主同样强调人民权利与民主参政。但同时,中国的民主结合了马克思主义基本原理与中国的具体实际,强调人民当家作主、民主协商与民主集中制,以发展依靠人民、为人民谋幸福为根本落脚点。因此,中国式的民主政治凸显人民与政府双重政治主体的良性互动,并以现实民众的根本利益为治理目标。

儒家民本理念强调"民惟邦本,本固邦宁"(《尚书·五子之歌》),将人民作为国家长治久安的根本。孟子认为得民心则得天下(见《孟子·离娄上》),强调民心是统治者政治治理的合法来源。《礼记》记载"大道之行也,天下为公"(《礼记·礼运》),揭示出政治的公共性与民众公共利益的重要性。基于此,儒家民本理念要求统治者关切民意、民生,并提出一系列制民恒产、轻徭薄赋的政治举措与经济分配方案,来实现民众生活的安乐,体现出高度的政治责任意识与忧患意识。并且,儒家民本理念十分注重民众的社会道德教化与自我道德教化。这些对完善中国式的民主治理有重要借鉴价值。

儒家民本理念告诫为政者,谋求广大人民群众的根本利益,让发展成果更多惠及全体人民,是国家治理的根本目标,也是党和国家政治权力的合法来源。它要求为政者以人民的忧乐为忧乐,将民生问题视为国家头等大事,在统筹全局的基础上推行一系列优化产业结构与扶持企事业单位发展的经济政策与政治举措,同时积极解决收入、住房、养老、医疗等关切民生的诸多问题,推进服务型政府的建设。同时,党和国家应该通过优化税收政策、提供社会保障与社会救济、提供人才政策、优化企事业单位的管理制度等方式,调节贫富差距,改善民众的待遇与福利,真正落实藏富于民,多方面提升人民美好生活的幸福感。总之,儒家民本理念启示党和国家,切实保障人民权利,为人民谋求幸福,才是民主政治的根本任务。

并且,民本理念高度重视民众的文化水平与道德素养的提升,突出民众的教育权,将教化民众视为政府应尽的职责。在党的十三大提出的"百年大计、教育为本"方针的指导下,中国的教育事业有很大的进步,民众普及教育的比例逐年升高。然而,相比于科学知识、专业教育与技术教育,道德教育在当前教育体系中的受重视程度还较低。借鉴儒家民本理念,党和政府应当在义务教育与高等学校教育阶段加强课程思政与道德实践教育,切实提升人民的文化水平与道德素养。同时,政府还应该通过大众传媒、网络媒体等渠道大力宣传社会核心价值理念,纯化社会风俗。此外,民本理念还重视民众的自我道德教化与民间自治。这启示党和政府在行政管理与依法治国的同时,给予人民一定的道德自新与群众自治的空间,充分尊重民间的风俗习惯、家风建设与群众自治传统,体现中国式民主的温情与民众自主。

综上所述,儒家德治理念强调以德治国与官德,要求干部提升道德自觉与道德自律,树立先锋模范的良好形象,更好地凝聚群众。而且,儒家德治理念主张民为邦本,对当下中国的民主政治有重要启示意义。一方面政府要以民生为本,推进服务型政府建设,切实保障民权,真正为人民谋幸福;另一方面政府有责任提升民众的文化水平与道德素养,同时尊重民众的风俗与道德传统。儒家德治理念注重政治权力运用的道德规范,重视人民的生存权、教育权与道德修养。因此,儒家德治理念非但不与自由、民主、人权相对立,反而有助于推进人民当家做主的中国式民主政治。

二、儒家政治伦理制度设计的基本要素

众所周知,儒家政治伦理制度设计以西周宗法伦理政治制度为原型。

这使得儒家政治伦理极为关注家、国以及二者的统一。但同时,孔子说:"周因于殷礼,所损益可知也;其或继周者,虽百世,可知也。"(《论语·为政》)儒家在继承西周宗法伦理政治的基础上进行了伦理化改造,使得儒家政治伦理制度设计展现出道德理想性与规范化的特征。

(一)儒家对家国关系的辩证认识

儒家政治制度设想借鉴了西周宗法伦理等级制度。关于宗法等级制度,钱玄说:"宗法即以氏族血缘为基础之嫡长子继承制度。""天子与诸侯,诸侯与卿大夫,虽多数有宗法关系,但他们同时有更重要之君臣关系。诸侯对天子,卿大夫对诸侯,应以君道事之,不能以兄弟之道事之。"①他指出,宗法政治既根源于血缘宗法关系,又展现出不同于宗法伦理的君臣政治内容。在《论宗法制度》一文中,金景芳既严格区分了血缘宗族内的族权(宗统)与政治权力统治(君统),又认为政治权力才是唯一、最高的,国君通过宗法、封分等形式才给予宗族血亲以政治权力,宗法并不能限制国君对族人行使政治兼族权。②这说明,西周宗法政治在政治成员与组织结构上来自于以"亲亲"为原则的血缘宗法关系。但它在组织形式上却以君臣为主要政治关系,并在管理模式上以君主政治权力统治为主,凸显"尊尊"的政治伦理原则。故而,西周宗法伦理等级制度就对政治治理与宗法伦理进行了严格区分。

儒家政治伦理制度设计以西周宗法伦理制度为基础,并对宗族治理与国家政治的关联与差异有辩证认识。《礼记》记载:"亲亲故尊祖,尊祖故敬宗,敬宗故收族,收族故宗庙严,宗庙严故重社稷,重社稷故爱百姓,爱百姓故刑罚中,刑罚中故庶民安,庶民安故财用足,财用足故百志成,百志成故礼俗刑。"(《礼记·大传》)意思是说,亲爱亲人才能尊敬祖先,进而尊敬宗子,进而团结族人,进而使宗庙庄严,因此社稷才得以保重,才爱护百姓。爱百姓,因而刑罚公平,才民众安定,财用充足并实现民众的各种欲求,从而实现礼俗教化。这里,从亲亲至宗庙属宗族治理(家),从社稷至庶民属君主的国家治理(国)。

这说明,宗族治理与国家治理既相互关联,又有严格分别。二者的关联表现为,(统治阶级)宗族成员的爱、敬与团结以及相应的宗族伦理规范,可以构成国家治理与君臣相忠爱的重要基础。国家政治是家族伦理的延伸。据此,宗子与其他宗族成员同时也是君臣关系,宗族治理和国家治理在成员组成与组织结构上具有统一性,即所谓家国同构。同时,《礼记》说的"宗庙

---

① 钱玄、钱兴奇编著:《三礼辞典》,南京,江苏古籍出版社,1998年,第469—470页。
② 金景芳:《金景芳儒学论集》,成都,四川大学出版社,2010年,第640—641页。

严故重社稷",是说宗族治理及其伦理规范构成国家秩序与稳定的重要载体。从这种意义上说,宗族治理具备有利于国家治理的公共价值。并且,宗族治理中的家族伦理关系以及伦理制度、伦理责任与共同体意识,可以为国家治理提供制度化、责任化的基础与借鉴,为政治共同体意识的形成奠定基础。宗族治理中道德教化、道德感化(包括道德劝谏与祖先崇拜)与自然亲情也极有益于个体将社会道德内化,并构成关爱、尊重他人的社会交往意识的基础,甚至可以成为政治情怀(国族情怀、爱国心、民族精神等)的情感与价值基础。这些都对国家治理有积极助益。宗族治理与国家治理的联系还表现在,前者在一定程度上受后者制约。因为亲亲与收族的宗族成员又是百姓与庶民。换言之,以"亲亲"为原则的宗族治理构成国家政治的重要组成部分,并受到以"尊尊"为原则的国家政治的制约。宗族成员的伦理实践不能违背国家政治的基本伦理原则及相应政治制度。所以,儒家倡导的宗法伦理政治制度不仅具有家国同构的特征,更显现出家国同旨①的公共价值诉求。这使得宗族治理既具有鲜明的伦理规范特征,又兼具政治之公、家庭之私双重伦理价值属性;国家治理具有制度与道义性质的客观政治之"公"的伦理价值特征,能统一规范和合理调节君臣政治之"公"与宗族伦理之"私"两种政治实体。

与此同时,儒家又区分了国家政治与宗族治理。《礼记》揭示出,国家政治不同于宗族治理的地方在于,它极为重视爱民、法治公平、安民、财物分配与社会伦理教化等具有公共政治意涵的要素。这使得儒家政治伦理制度突破了"亲亲"宗法伦理的限制,展现出"尊尊"政治统治之"公义"的客观政治形态,彰显国家政治独立于宗族治理,展现出公共政治伦理的形态。并且,刑法、为政治国、财物分配与礼俗安排都需要统治阶层政治权力的运用,才能得以施行。要实现重社稷、爱百姓、刑罚中、庶民安、财用足和礼俗刑,规范与优化为政者的政治权力运用显得尤为重要。

除此之外,儒家政治伦理制度设计还对父子与君臣作出不同伦理规范。比如:"君君,臣臣,父父,子子。"(《论语·颜渊》)"父子有亲,君臣有义,夫妇有别,长幼有序,朋友有信。"《孟子·滕文公上》"为人君,止于仁;为人臣,止于敬;为人子,止于孝;为人父,止于慈;与国人交,止于信。"(《中庸》)儒家认为,君臣、父子有各自的伦理责任。并且,儒家以仁、敬、孝、慈、信、义

---

① 刘九勇指出,家国同旨突出家和国不是组织结构或私人伦理关系,而是在公共性的价值目标上有共同的宗旨。(参见刘九勇:《儒家家国观的三个层次》,《哲学研究》2021年第6期。)

等德目作为君、臣、父、子及民众各方应当自觉遵从的相应伦理义务与道德实践品质,因此,儒家明确规定了,家庭成员与政治成员负有不同的伦理责任。儒家政治伦理制度设计以伦理原则与主体的伦理责任为基础,而非父权与君权的单向权力统治与压迫。

故而,儒家政治伦理制度设想以家国同构的宗法伦理政治制度为基础,却又清晰界定了宗族治理(家)与国家政治(国)的关联与区别。虽然,宗族伦理能够为国家政治提供组织结构、伦理规范、道德意识与政治情感基础,并受国家政治制约。但是,国家政治在存在形态、运作模式与伦理规范上又有别于宗族伦理,彰显出公共性与规范化色彩。因此,儒家的国家政治原则不单是宗族伦理的扩展。当然,在中国古代社会的政治伦理实践中,由于掺杂了身份、名誉、权势、欲望等现实因素,宗族治理与国家政治的关系变得错综复杂。

此外,需要指出的是,传统社会的君主政治统治不像邓晓芒所说,是君主通过儒家提倡的宗法制度(孝忠统一)和"天"的权威才获得绝对君权,① 而是靠成王败寇式的武力征服以及庞大的文武官僚系统。它意味着,传统社会的君主权力政治统治独立于宗法伦理政治,甚至可能否定后者,并表现为权力与利益争夺及制衡的政治事实。因此,皇权专制政治与儒家政治伦理之间存在张力,甚至可能相背离。这也使得儒家政治伦理在规范与约束现实皇权政治时,显得较为被动。同样,宗族权力不能对专制皇权构成实质性的分割与权力限制。汉唐时期确实存在一些与皇权政治相冲突且拥有军事实力的门阀士族大姓或豪强。可这只是中国社会历史发展中的特殊事实。而儒家政治伦理强调,只有遵照儒家经典所载的圣王之德政、民本、典章与王法等政治伦理理念与制度规范,专制皇权及其运用才具有合法性。这种合法性论证在一定程度上规范并限制了皇权的运用,并赋予家族伦理自治与民众的伦理生活一定的空间。由于儒家政治伦理制度与君主权力政治之间的关系十分复杂。并且,传统社会中儒家政治伦理思想的现实展开,往往掺杂政治权力、尊卑等级的内容,并存在政府行政管理与民间社会自治相互渗透亦或相分离的吊诡现象。对此,人们需要加以辨析,不能简单将儒家政治伦理思想混同于君主权力政治。

(二)儒家政治伦理制度中贤才的重要性

儒家的政治伦理制度构想不仅强调民生、法治公平与社会伦理教化等公共性要素以及统治者的政治伦理责任,还突出贤才在国家政治组织中的

---

① 参见邓晓芒:《儒家伦理新批判》,第76—77页。

重要地位。对此,《中庸》和《荀子》中记载:

> 文武之政,布在方策。为政在人,其人存,则其政举;其人亡,则其政息。……夫政也者,蒲卢也,故为政在人,取人以身,修身以道,修道以仁。仁者人也,亲亲为大;义者宜也,尊贤为大;亲亲之杀,尊贤之等,礼所生也。(《中庸》)
>
> 有乱君,无乱国;有治人,无治法。……故法不能独立,类不能自行;得其人则存,失其人则亡。(《荀子·君道》)

《中庸》指出,周文王、武王的善政都记载于方版与简策等典籍之上,但善政需要靠贤人的治理才能维系。没有好的治理者,就不会出现文王、武王那样好的礼法政治。荀子也认为,国家治理固然需要好的法律与政治制度,但是制度不能自我运行。贤才合理运用制度,才能治理好国家。因此,儒家强调,贤才是国家治理得的不好的关键。换言之,有了贤才,即便制度不够完善,也足以治国;若无贤才,即便制度再完善,国家也会陷入混乱。故而,贤才与制度是相辅相成的。并且,《中庸》指出,选取好的治理者(阶层)不仅要考察他们的治理能力,更重要的是考察与提升他们的道德水平。此外,孟子说:"尊贤使能,俊杰在位,则天下之士皆悦,而愿立于其朝矣。"(《孟子·公孙丑上》)他指出,尊重与选举贤才,让他们治理国家,不仅能让政治明清,还能吸引更多德才兼备之人为国效力。所以,在儒家看来,贤才是国家治理的关键,在国家政治组织中占重要地位。儒家对贤才的重视能够弥补西周宗法等级制度以及王族专政与贵族世袭制度的弊端,促进国家治理的专门化、规范化与公道化。

并且,儒家指出,国家政治组织依据"亲亲之杀"与"尊贤之等"而确立,人治是国家礼制与法度得以施行的根本。这意味着,儒家国家治理思想中国家政权组织主要来源于亲族与贤人。但无论亲族还是贤人都必须进行自我道德修养,并自觉遵从礼法制度的规范,从而确保治理者们政治权力分配与运用的合法化与规范化。这种观点在《孟子》"封象有庳"章中也有所表达。孟子说:"象不得有为于其国,天子使吏治其国而纳其贡税焉。"(《孟子·万章上》)他指出,天子舜封象为诸侯王,又让官吏(贤才)来治国,以确保民众权益与政治权力的合理运用。这说明,儒家的政治伦理制度对治理者们政治权力运用的合法化与规范化有严格要求。所以,儒家虽然认同政治权力组织可以来源于宗法等级秩序,却又对宗法成员政治权力的运用有严格限制。

由此可见,儒家政治伦理制度设计虽然发源于西周"亲亲""尊尊"并重的宗法伦理政治等级制度,但又在政治制度设计中加入了德治、民本、人伦道德规范、尊贤诸要素,从而使国家治理有别于血缘宗法伦理,在制度规范、组织形态与权力运作诸方面展现出专门化、合法化与公共性的特征。儒家政治伦理制度设计的伦理化与规范化取向,能在一定程度上制约政治权力专制的运用。

三、儒家忠孝观念的异同与处事智慧

儒家的家国观向个体社会伦理实践的落实,主要表现为慈孝友悌的家庭伦理原则以及忠义的君臣政治伦理原则,集中体现于忠孝观。儒家忠孝观涉及如何协调孝事父母与忠于君国的关系以及二者的冲突的问题。关于这一问题,儒家有不同论述。梳理儒家对个体社会伦理实践中处理家国关系的相关论述,我们可以辨析儒家看待忠孝关系的具体见解及其合理性。

(一)忠与孝的区别与关联

孝观念最初是宗族道德观念。经过孔子倡导和改造,孝才转化为事奉父母的家庭道德观念。忠观念产生于西周,一开始是人际关系中的普遍道德,到春秋战国时期才缩小为政治道德。儒家伦理思想中孝与忠分别代表个体对父母与君国(包括礼法制度)的道德责任及相关伦理实践。儒家对孝与忠的区别与关联有清晰的认识。

关于忠和孝的区别,儒家认为,它们首先是家庭伦理与国家政治的不同伦理原则。孟子说:"内则父子,外则君臣,人之大伦也。父子主恩,君臣主敬。"(《孟子·公孙丑下》)"父子有亲,君臣有义。"(《孟子·滕文公上》)郭齐勇指出:"儒家一贯强调私恩与公义的差别,区分了公共领域与私人领域空间,大小戴《礼记》与郭店楚简都有'门内之治恩掩义,门外之治义断恩'的论说或类似的论说。"①在社会伦理实践中,儒家分别遵从"私恩"或亲的原则与义的原则,来处理父子宗族与君臣政治伦理关系及相应事务。其中,事父以"恩掩义",遵从伦理亲疏等级的恩制原则,强调父子亲情与亲密关系。并且,孔子说:"子生三年,然后免于父母之怀。"(《论语·阳货》)孟子也说:"人少,则慕父母。……大孝终身慕父母。"(《孟子·万章上》)孔孟指出,人婴幼儿与年少时感受父母的养育之恩与情感互动,自然会形成爱戴、感恩、依恋与依赖的亲爱情感。它突出恩、亲原则的深厚、真挚与恒久性,说明亲情对个体精神生命与实践活动的重要性。相比之下,事君以"义断恩",

---

① 郭齐勇主编:《儒家伦理争鸣集——以"亲亲互隐"为中心》,第7页。

遵循君臣"贵贵尊尊"的政治爵位等级与相应公共政治制度之义制的原则，要求人们革除私情，秉公办事。

其次，在儒家看来，孝是子女的终身伦理义务，忠是臣子的政治职责。孔子指出，孝事父母应该"生，事之以礼；死，葬之以礼，祭之以礼"（《论语·为政》）。尽孝须终身按礼的规范事亲。换言之，孝是个体终身践行的家庭伦理规范与道德义务。关于忠于君国，儒家的理解有所不同。孔子说："不在其位，不谋其政。"（《论语·宪问》）"所谓大臣者：以道事君，不可则止。"（《论语·先进》）他认为，忠君是臣子才有的政治职责。并且，尽忠应该基于君臣道义，若不可行则不再为人臣，可自行选择离开。孟子也说："君之视臣如手足，则臣视君如腹心；君之视臣如犬马，则臣之视君如国人；君之视臣如土芥，则臣视君如寇仇。""无罪而杀士，则大夫可以去；无罪而戮民，则士可以徙。"（《孟子·离娄下》）他指出，臣子忠于君主的前提是，君主以仁义来对待臣子。反之，臣子可以自行离开，自由选择放弃臣子的职位，不再忠君。因此，儒家认为，尽忠虽然是臣子的政治职责，但是以君臣是否能道义相合为前提，臣子有去留的自由。基于此，儒家说："为父绝君，不为君绝父。"（《郭店简·六德》）儒家认识到，毕竟个人精力有限，人们可以为了履行孝事父亲的终身伦理义务，选择不接受或辞去君主任命的官职，放弃忠于君主的政治伦理责任。换言之，个体有优先选择尽孝的自由。

与此同时，儒家注意到，孝（私恩）与忠（公义）的关联。孔子说："事父母能竭其力，事君能致其身。"（《论语·学而》）他认为，孝父母和忠君首先要个体自觉将身心投入其中，主动承担对父母与君主的伦理责任。其次，《礼记》所说"资于事父以事君而敬同"（《礼记·丧服四制》），强调个体要以同样认真、严谨的态度与理性运思来孝事父母与忠于君国。再次，孝亲与忠君都渗透着为善去恶的道德教化。荀子说："从道不从君，从义不从父。"（《荀子·子道》）人们要以道、义来事奉父母与君主，而非一味顺从。基于此，先秦儒家提出劝谏父母与君主的具体方法。① 最后，先秦儒家以爱敬道德情感作为孝亲的基础，又以君臣道义作为忠君的前提，包含鲜明的人际意识，凸显尊重父母与君臣互敬的价值理性，以及亲子与君臣间的沟通精神。

---

① 关于谏亲，孔子说："事父母几谏，见志不从，又敬不违，劳而不怨。"（《论语·里仁》）《礼记》亦云："父母有过，下气怡色，柔声以谏。谏若不入，起敬起孝，说则复谏；不说，与其得罪于乡党州闾，宁熟谏。"（《礼记·内则》）关于劝君，孟子说："责难于君谓之恭，陈善闭邪谓之敬，吾君不能谓之贼。"（《孟子·离娄上》）荀子说："以德复君而化之，大忠也；以德调君而补之，次忠也；以谏非而怒之，下忠也。"（《荀子·臣道》）

可见,儒家对孝与忠的关系有辩证认识。儒家既注意到孝与忠在家庭生活与政治治理中各自不可替代的重要作用,又认识到二者有共同的责任意识、道德价值诉求、价值理性与沟通精神。因此,儒家并没有只肯定孝原则的道德价值,却贬低或否认忠原则的道德价值。有些人将孝与忠简单还原为抽象道德概念,进行价值高低比较,是不正确的。所谓孝与忠的矛盾,不是忠孝二者在伦理原则与道德价值层面的高低之分或矛盾对立,而是社会实践中个体面临的尽忠与尽孝的道德实践与行为选择问题。

(二) 儒家处理忠孝冲突的伦理智慧

关于儒家如何对待个体社会伦理实践中忠孝冲突或忠孝两难的问题,儒家有舍忠取孝和舍孝尽忠的不同说法。然而,舍忠取孝是否等于重孝轻忠? 舍孝尽忠是否意味着重忠轻孝? 对此,我们可以结合儒家的相关典故展开具体分析。

舍忠取孝以《孟子》"窃父而逃"章为经典案例。其中,涉及尽忠的行为选择包括,舜不禁止法官执法以及放弃天子的权位;涉及尽孝的行为选择有,舜偷偷背着父亲逃至荒无人烟的海滨,尽孝子之责,享天伦之乐。就行为选择而言,舜最终选择弃忠全孝。但这不意味着舜不认同或无视忠(义)的价值原则。上文已指明,儒家思想中尽忠并非个体的终生道德义务。并且,个体可以优先选择尽孝,并有放弃政治职务和相应职责的自由。同时,无论舜是否在天子位,都没有借助自身权力或私人关系来禁止法官执法或赦免父亲的罪行。就此而言,舜确实没有滥用职权或玩忽职守,不违背忠的伦理原则。故而,舜在行为选择上的舍忠取孝不等于说,他重视孝原则而轻视忠原则的道德价值。同时,这则故事表达出,在不公然蔑视法律或公然挑衅与滥用公共政治权力的前提下,个体有优先选择行孝的自由。因此,面对忠孝冲突,儒家虽然未倡导积极意义的尽忠,却表达出对忠原则和政治伦理原则及规范的尊重与维护。

《史记》中也记述了一则舍忠取孝的悲剧。故事大意为: 楚相石奢为人刚正廉直,在路上遇到杀人者,追过去发现是他父亲。出于孝道他放走了父亲,同时,他告诉楚王: 杀人的是他父亲。若依法捉拿父亲并邀功,不孝;但废弃国家法度,放纵父亲罪行,则不忠。他犯了死罪。因此,即便楚王赦免石奢的罪,石奢仍然不接受,而是选择了自杀。(《史记·循吏列传》)面对尽孝与尽忠的道德冲突与困境,石奢在行为上选择了尽孝,放弃了忠于国家法律。可是,他清醒认识到,身为人臣,他没有奉行国家法律,未做到忠于职守,只能伏罪而死。面对忠孝冲突,石奢既选择了尽孝并舍弃了尽忠,又意识到尽忠与法律公正的重要性,故选择以死谢罪,以补偿法律正义,并维护忠原则。这说明,儒家思想中行为选择上的舍忠取孝,不等于道德价值层面的重孝轻忠。

这两则舍忠取孝的典故共同揭示出,在舍忠取孝的行为选择背后,包含协调忠孝的行为实践以及忠孝两全的价值取向。因此,舍忠取孝的个体行为选择不意味着,人们要违背或否认忠的道德价值。人们不能将舍忠取孝化约为儒家视孝原则高于忠原则。儒家的忠与孝都是应然的道德原则与行为规范,具有超功利的道德属性。对此,人们绝不能从功利层面理解舍忠取孝,认为舍忠取孝是个体计较忠与孝的后果而做出的利于自身的行为选择。

与此同时,儒家记载了申鸣舍孝取忠的案例。《韩诗外传》记载,楚士申鸣以孝闻名。楚王让他当了左司马。适逢白公叛乱,申鸣带兵围剿。白公派人劫持了他父亲,并威胁他,若归顺则将楚国交给他,若不从则杀死他父亲。申鸣痛哭回应,初始是儿子,现在又是臣子,让父亲陷于危险已经不孝,不能不尽忠。于是他杀死白公,父亲也被杀害。楚王奖赏申鸣。申鸣说:"在国君危难时逃避,算不上忠臣。忠君而害死父亲,又非孝子。尽孝与尽忠两不全。"于是他自刎而死。(参见《韩诗外传》第二十四章)申鸣在行为选择上舍弃了尽孝,选择了尽忠。然而,他无法面对与认可自己的不孝行为,只能选择自杀。因此,申鸣舍孝取忠,更多是迫于情势的不得已选择。但同时,他在道德价值观上难以认同自己舍孝取忠的行为,因而,他并不重忠而轻孝。

总之,儒家对孝与忠的区别与关联有清晰的认识。儒家认为,孝指家庭伦理原则及行为实践,是儿女应当终生奉行的道德义务;忠属于国家政治伦理原则及行为实践,是臣子的政治伦理责任。而且,个体有接受或放弃政治职务及相应政治伦理责任的自由,并有选择尽孝而放弃政治职务及尽忠的自由。与此同时,儒家倡导"以孝论忠",说明孝与忠相统一,二者在道德价值上同样重要。但儒家又意识到,社会伦理实践中存在各种忠孝冲突,忠孝难两全。对此,儒家虽然提出舍忠取孝或舍孝取忠的不同行为选择,但表现出忠孝统一和忠孝同样重要的价值倾向。

第二节　儒家"亲亲相隐"公私理论的意涵

政治伦理视角下,儒家"亲亲相隐"思想是儒家家国观与忠孝观在社会政治实践中的具体体现。儒家"亲亲相隐"思想中呈现的家国冲突与忠孝冲突及相应的实践智慧,蕴含着儒家看待公私问题的独特视角。梳理与辨析儒家"亲亲相隐"思想中蕴含的公私理论,有助于人们更好地理解儒家"亲亲相隐"政治伦理思想的合理性,并澄清人们对儒家公私理论的一些误解。需要指出的是,儒家"亲亲相隐"公私理论不仅体现于"孟子论舜"两则典故,还在《春秋》①《尚书》的"隐亲"与"灭亲"典故及相关诠释著作中多有论述。同时,宋明儒者们诠释孔孟"亲亲相隐"思想时,阐发了他们对待公私问题的独道见解。此外,现代政治哲学视野下,儒家"亲亲相隐"公私理论可以被纳入公共哲学②的范围。故此,本节还将试图探究儒家"亲亲相隐"公私理论对人们看待公私关系与公私领域冲突的积极启示,揭示它对公共哲学建构的意义。

一、先秦"隐亲"与"灭亲"典故中的公私理论

除了《论语》《孟子》中的三段文本之外,先秦儒家还借助《左传》与《公羊传》等春秋类典籍和《尚书》来阐发"亲亲相隐"思想。这些典籍中先秦儒家评论"亲亲相隐"与"大义灭亲"政治伦理实践而阐发的微言大义,蕴含着先秦儒家对"亲亲相隐"公私理论的深刻认识。

首先,先秦儒家赞赏"全亲亲之道"。《左传》和《公羊传》均记载了,庄公之子季友处置其兄长叔牙、庆父(阴谋弑君、祸乱朝政)以维系鲁国国政的典故。大致内容为,季友察觉到叔牙欲图谋弑君,但未以谋逆罪公开诛杀叔牙,而是悄悄将叔牙酖杀,并宣称他以疾而死,不累及叔牙的声誉和他子孙的爵位,依君臣之义处置犯罪亲属的同时保全了亲亲之道。(《公羊传》庄公三十二年)庆父唆使鲁国世子(储君)子般的仆人荦(子般曾当众羞辱他)弑子般。在官方定罪于荦(本有杀人动机)的情况下,季友"不探其情而诛焉,亲亲之道也"(《公羊传》闵公元年)。这是说,季友明知仆人(主犯)未必有胆弑主,但未追究案情及暴露庆公怂恿(从犯)之罪,以全亲亲之道。同时,在庆父于闵公二年弑杀闵公罪行已定的情况下,季友遵君臣之义遏止庆父的恶行。对此,一方面,"既而不可及,缓追逸贼,亲亲之道也"(《公羊传》闵公二年),季友未立即追捕并诛杀庆父,而是让他逃逸于他国,以全亲亲之道;另一方面,当庆父逃往他国而屡次被驱逐,不得已向季友请求赦罪之时,

---

① "春秋"类典籍主要指《春秋左传》《春秋公羊传》与《春秋谷梁传》。

② 公共哲学是近年来发展的崭新学问。它主要关注人的整体性"共在""共生"和"共享"事实的"公共性"问题,以及公共生活与社会政治的合理性诉求,并表现出对广义社会"公共理性""公共价值"的多维价值思考,从而为恰当处理现代社会的种种现实矛盾与价值冲突提供价值理念。(参见袁祖社:《"公共哲学"与当代中国的公共性社会实践》,《中国社会科学》2007 年第 5 期。)

季友直言"公子不可以入，入则杀矣"（《公羊传》僖公元年），遵从君臣之义，以贼人视庆父，最终迫使其自杀。庆父自杀后，季友未诛连庆父的子孙，保留了他们应有的世袭爵位。可见，季友在处决兄长叔牙与庆父的弑君、乱国之罪时，既严格遵从君臣之义，对二人施以相应惩处，又不因君臣之义而废绝亲亲之道，充分展现出"恶恶止其身，善善及子孙"（《公羊传》昭公二十年）的政治伦理实践原则。

其次，先秦儒家"亲亲相隐"公私理论体现于儒者们评价春秋"灭亲"类典故而阐发的微言大义。春秋典籍记载的"灭亲"典故主要有叔向"不隐于亲"和石碏"大义灭亲"两则故事。

第一则故事中孔子评价：

> 叔向，古之遗直也。治国制刑，不隐于亲。三数叔鱼之恶，不为末减。曰义也夫，可谓直矣！平丘之会数其贿也，以宽卫国，晋不为暴。归鲁季孙称其诈也，以宽鲁国，晋不为虐。邢侯之狱，言其贪也，以正刑书，晋不为颇。三言而除三恶，加三利。杀亲益荣，犹义也夫！（《左传》昭公十四年）

孔子这段评语很值得玩味。对于孔子所评"曰义也夫，可谓直矣"，唐人孔颖达正义："言人皆曰叔向是义，妄也。于义未安，直则有之。"[1]他认为，叔向依国家政治不隐瞒叔鱼三大罪恶的行为并不是义，只能称得上"直"。对于孔子所评"杀亲益荣，犹义也夫"，孔颖达正义："言犹义也，言不是义也，故言以直伤义，谓叔向非是义也。……义者于事合宜，所为得理。直者，唯无阿曲，未能圆通。"[2]虽然，叔向就事论事、刚直不阿地细数弟弟叔鱼的罪恶，却不合宜，只能是"直"，而非"义"。宋代史学家洪迈也认为叔向"不隐于亲"有害理，并指出："其于兄弟之谊为弗笃矣，而托仲尼之语云：'杀亲益荣。'杜氏又谓：'荣名益己。'以弟陈尸为兄荣，尤为失也。"[3]清人邵晋涵亦怀疑孔子不赞成"杀亲益荣"。他认为："当是传者申言之。'杀亲益荣'必非夫子语以子产古之遗爱也。"[4]近人杨伯峻也注明，叔向公布其弟的罪恶，

---

① （晋）杜预注，（唐）孔颖达疏：《春秋左传正义》，《十三经注疏》，第 2076 页。
② 同上，第 2076—2077 页。
③ （宋）洪迈：《容斋三笔》卷十四，《容斋随笔》，上海，上海古籍出版社，1996 年，第 581 页。
④ （清）邵晋涵撰：《南江札记》卷一，《清人考订笔记：七种》（影印本），北京，中华书局，2004 年，第 42 页。

而使之死后陈尸于市,并使自己名声益显。① 可见,叔向依君臣之义陈述叔鱼三大罪恶,全然不顾亲亲之道,无异于杀叔鱼以博取"不隐于亲"或"大义灭亲"的声名。故而,孔子直言"杀亲益荣",说明叔向"不隐于亲",三数叔鱼之恶,并使之陈尸于市,不是义行。

第二则典故中,儒家评论:"君子曰:'石碏,纯臣也。恶州吁而厚与焉。"大义灭亲",其是之谓乎!'"(《左传》隐公四年)这句话同样值得玩味。这则典故的大致内容为:卫庄公之子州吁恃宠而骄,老臣石碏曾劝庄公不要过于宠禄州吁。同时,石碏之子石厚党同公子州吁。石碏曾禁止石厚与州吁交往,但石厚不听。庄公立子桓公后,州吁弑君篡位并挑起外战。石碏便设计让石厚劝州吁去陈国,然后派人去陈国将州吁与石厚一同杀掉。这当中,石厚虽未参与弑君作乱,但党同于弑君者,不遵君臣道义。石碏禁止石厚与州吁为党,以明君臣道义,并包含全亲亲之道的意味。但石碏让人诛杀州吁和石厚,展现出以君臣之义而断绝亲亲之道的鲜明态度。对此,汉经史学家应劭讲:"君子犹曰纯臣之道备矣,于恩未也。"②洪迈同样认为,《左传》与《公羊传》所讲"大义灭亲"误后世者不可胜数。③ 清人所编《全唐文》甚至认为,石碏"大义灭亲"实为"父子相欺","以残忍之性,乱君臣、父子之理,以安其身,以求其名","贪功而忘骨肉之痛"④,不能全父子、君臣之道。可见,在先秦儒家看来,石碏是纯臣;对于石碏的"大义灭亲"行为,先秦儒家只能以抒发感慨的方式,持保留甚至批判态度。可后人多不细究其中微言大义,又囿于专制皇权统治,竟屡屡引此以称赞臣子之忠义。

除了上述两则典故之外,《左传》中"郑伯克段于鄢"的典故也直接表达出,儒家提倡尊君臣之义而不废绝亲亲之道的微言大义。《公羊传》书:"克之者何? 杀之也。杀之,则曷为谓之克? 大郑伯之恶也。何为大郑伯之恶? 母欲立之,己杀之;如勿与而已矣。"(《公羊传》隐公元年)郑伯是郑国的国君,段是郑伯的同母亲弟。虽然郑伯之母想立段为君,但郑伯嫌恶其弟,欲擒故纵,待段叛乱而诛杀段。因而,《左传》与《公羊传》皆书"克",以示郑伯杀亲弟之残暴。可见,即便是为了治国或巩固政治统治,儒家还是不赞同因君臣之义而废绝亲亲之道。并且,先秦儒家对春秋"不隐于亲"与"大义灭

---

① 参见杨伯峻编注:《春秋左传注》,北京,中华书局,1990年,第1367页。
② (汉)应劭撰:《风俗通义》卷上,北京,中华书局,1985年,第118页。
③ 洪迈指出:"自《左氏》载石碏事,有'大义灭亲'之语,后世援以为说,杀子孙,害兄弟……不可胜数。"[(宋)洪迈:《容斋续笔》卷二,《容斋随笔》,第238页。]
④ 周绍良主编:《全唐文新编》(第4部第3册卷八百四十六),长春,吉林文史出版社,2000年,第10626页。

亲"诸典故的评论,展现出对春秋战国时期宣扬的"立公灭私"君主政治理念的一定程度的反思与批判。

可能有人会问,同样是臣弟叛国,何以儒家却称赞周公诛管叔、放蔡叔? 事实上,周公处置管蔡与上文中弑君和行贪腐的典故,情形有所不同。周公诛管蔡的典故出自《尚书》:"乃致辟管叔于商;囚蔡叔于郭邻,以车七乘;降霍叔于庶人,三年不齿。"(《尚书·周书·蔡仲之命》)管蔡二叔同武庚等殷旧族与东夷各族叛乱的严峻情势,周公东征三年才全面平定。① 这才有周公公开刑诛、囚禁、降贬三个弟弟的典故。对此,朱子十分切要地指出周公诛管蔡的合理性。他说:

> 盖管蔡与商之遗民谋危王室,此是得罪于天下,得罪于宗庙,盖不得不诛之也。②
>
> 看周公当初做这一事,也大段疏脱,他也看那兄弟不过。本是怕武庚叛,故遣管、蔡、霍叔去监他,为其至亲可恃,不知他反去与武庚同作一党。……他已叛,只得杀,如何调护得! 蔡叔、霍叔性较慢,罪较轻,所以只囚于郭邻,降为庶人。想见当时被管叔做出这事来,骚动许多百姓,想见也怕人。"鸱鸮鸱鸮,既取我子,毋毁我室!"当时也是被他害得猛。如《常棣》一诗是后来制礼作乐时作。③

管、蔡、霍三叔联合殷与东夷各族发动叛乱,既得罪周王室宗族,又得罪天下百姓。也就是说,管蔡霍三叔不仅乱国、叛君,有违君臣之义;而且背叛整个皇族宗室,有悖亲亲之道。对这种不忠、不孝的叛徒,周公只得依君臣之义和天下百姓的安危处决,且不得顾全亲亲之道。与此同时,朱子引《诗经》中抒发兄弟之情的《常棣》一诗说明,周公处决三叔时亦感伤于三人悖逆君臣之道与整个宗室,才迫使周公不得不断绝兄弟之情。

据上述典籍材料可知,儒者们对先秦政治实践中王室贵族处理犯罪亲属的不同评价,展现出儒家既严格依据君臣之义来除恶或止恶,强调不因亲属关系妨害个人做出公正的善恶、是非判断;又认为在除恶或止恶时要以相对隐讳或缓和的方式进行,顾全行为人或处决者(执法者)与作恶亲属之间的亲亲之道。这说明,在如何处理亲属犯罪的问题上,儒家能具体问题具体

---

① 参见杨宽:《西周史》,上海,上海人民出版社,2003 年,第 142、151 页。
② (宋) 黎靖德编:《朱子语类》卷三十七,第 991 页。
③ (宋) 黎靖德编:《朱子语类》卷五十四,第 1304 页。

分析。首先,儒家严格区分"门内之治恩掩义"与"门外之治义断恩"。儒家在处理宗族内部事务时以恩原则为主,从而维系家族成员间的相互亲爱、和睦关系;而处理宗族外部社会政治事务时不受亲情与恩制干扰,严格按照义原则做出公正的判断与处置,以维系社会道义与公共治安。但同时,儒家又认为,在亲属未背叛整个宗室及宗族伦理规范的情况下,行为人或处决者(执法者)在遵守公共政治道德规范或"义"原则时,不能废绝"亲亲"之道。因而,儒家要求个体在这一类政治伦理实践中既以"义断"事,又不废"亲亲"之道。但对于犯罪亲属既悖逆君臣之义、危害天下百姓,又背离整个宗室、有违"亲亲"之道的情况下,儒家则赞同依君臣、国家大义而灭亲,可以不顾及"亲亲"之道。

由此可见,儒家"亲亲相隐"政治伦理实践不能被简单归结为"门外"义治或"门内"恩治的公私二分,而应该被理解为恩义分明原则下,具体对待其中复杂的宗族私域事务与公共政治事务,以及在以"义断"事的同时维护"亲亲"之道的伦理实践智慧。只有这样,人们才能确切把握先秦儒家协调恩义和公私关系的伦理原则和行事方式。

二. 宋明儒家阐发的"亲亲相隐"公私理论

宋明儒家在诠释孔孟"亲亲相隐"思想时,对公私理论有进一步总结与阐发。本书第二章已指明,宋明儒家主要从两种价值维度阐发孔孟"亲亲相隐"思想中蕴含的公私理论。一种公私理论主张存圣贤之公心、去人欲之私,揭示出天理与人欲、义与利对立的公私观。另一种公私理论主张"不以公义废私恩,亦不以私恩害公义"①或"恩义兼行,公私两济"②,表达出公义(公法)与私恩两济而不相害的公私观。辨析两种公私理论中公和私的涵义与特性以及两种公私理论的关系,人们能更好地把握宋明儒家"亲亲相隐"公私理论的内涵与特质。

第一种理论是从普遍而合理的道德价值原则的角度,阐发孔孟"亲亲相隐"公私理论。其中,宋明儒家特别强调察识与存养圣贤的公心,注重从主体道德责任与道德动机的角度论证孔孟"亲亲相隐"思想。本书第二章指明,在宋明儒家看来,孝亲、爱亲、执法、守法意识、君臣之义皆属于正当、合理的公心,亦是"天理之极,人伦之至"③。故而,宋明儒家倡导的公心,不仅

---

① (宋)朱熹撰:《四书章句集注》,第305页。
② (宋)张九成撰:《孟子传》卷二十二,《四库全书》(一九六册),第450页。
③ (宋)朱熹撰:《四书章句集注》,第360页。

指遵从政治伦理制度或"公义",而且包括遵从各种伦理道德规范。关于宋明儒家倡导的公心的内容与特点,陈弱水有精准的理解。他说:"'公'直接代表'善'或世界的根本原理——如义、正、天理,'公'的内涵不必然是普遍的福祉或普遍平等的心态,只要是正确的道理,就可以是'公'。"①他指出,公心是普遍道德法则(天理)与道德行为准则(义、正)的具体体现,代表着正确、合宜的道理。因此,公心不以某种普遍同一的价值规定为标准,如社会群体的整体利益或普遍个人的权益;而以事理之宜为准绳,符合个体所处的不同伦理角色或伦理情境的合宜或正当道德价值诉求。故而,公心涵盖的范围极广,既可以指个体的内在道德准则、良心善性与道德情感意识,又包括自觉遵从社会人伦道德规范与公共礼法制度,以及对国家与民众生存或安危的责任意识与关切。与之相对,人欲与私利主要指不正当或无休止的个人欲望和一味自私自利之心,具有负面道德价值。宋明儒家倡导存公心、去私心,要求人们超出现实的利弊权衡与主观的私欲、私意的层面,充分发挥主体的道德理性或良心善性,自觉遵从与合理协调种种相关的一般道德原则与人伦道德规范。

　　第二种理论是从政治伦理实践原则的角度,阐发儒家"亲亲相隐"公私理论。其中,"公义"指王法、国家纲纪,或者说礼义法度与君臣道义的政治伦理原则与制度规范,以及由此申发的道德规范与职份,具有公共政治的性质与权威性;"私恩"指儒家严格规定的父子、兄弟、夫妇等家庭人伦关系与相应道德规范,具有相互亲爱与尽彼此相应道德义务的特点。宋明儒家对"公义"与"私恩"的共同肯定,展现出他们对家庭私事与政治公务及其伦理原则界限分明的清醒认识。这也是对春秋类典籍中既认可"门外"义制,又不废绝亲亲之道的政治伦理实践原则的进一步总结与阐发。并且,宋明儒家认为,公义与私恩皆是"天理中行"②。也就是说,公义与私恩分别代表国与家两种不同政治实体的一般道德价值诉求,是普遍道德法则(天理)的具体体现,是合宜或适中的道德原则。

　　基于此,宋明儒家主张,在对待与处理同近亲相关的公共社会政治事务时,既反对一味维护"亲亲"人伦关系与亲情而以"私恩害公义",主张依公义决断公共政治事务;又反对为了遵从公共政治制度或政治权力而"以公义废私恩",认为即便在政治伦理实践中个体仍然不可废弃"私恩"道德原则与相应的道德义务。可见,对于"门外"公共政治事务涉及近亲关系的特殊

---

①　陈弱水:《公共意识与中国文化》,第84页。
②　(宋)张九成撰:《孟子传》卷二十二,《四库全书》(一九六册),第450页。

情况,宋明儒家既明确区分了私恩与公义原则,又认为个人应该尽力协调公义与私恩的关系,尽量使二者互不侵害且两全。这意味着,处理政治公共事务中,人们更不得为了遵从政治公义原则而剥夺或废弃家庭私恩原则,当然也不能为了维护家庭私恩原则而侵害政治公义原则。但同时,宋儒朱熹指出,霍光之妻不得隐其夫弑国母罪,并认为周公、石碏大义灭亲是合理的。① 可见,在宋明儒家看来,君臣之义比父子之亲更合于天理之公,展现出伸君屈亲的色彩。这与春秋类典籍记载的先秦儒家的观点②存在一定差异。

不仅如此,宋明儒家还论及两种公私理论的关联。张栻指出,舜之所以能全"君臣、父子之义",关键在于"天理之所存"。③ 类似的,朱子说,舜能做到"仁之至,义之尽",关键在于他的"仁人之心"与"亲爱之心"。④ 他又说,舜和皋陶不以私害公以及舜不废父子人伦,蕴含"圣贤用心之所极","其所以为心者,莫非天理之极,人伦之至"。⑤ 在他们看来,舜之所以能做到公义与私恩两济而不相害,原因在于他能秉持公心来处理公义与私恩的关系。故而,宋明儒家认为,存公心、去私心的道德价值观,能为人们合理协调公义与私恩的关系提供普遍的道德价值标准与主体道德理性,并帮助人们排除个体情感、欲望以及具体伦理情境等主客观因素的干扰,做到灵活而不失道德原则地处理公义与私恩的关系,从而有效化解公义与私恩之间的矛盾与紧张。因此,从公心出发处理公义与私恩的关系,能有效防止人们偏袒人伦亲情而不顾公义,或一味忠于公义而废绝人伦亲情,并禁止人们以维护人伦亲情或公义为借口,谋求不正当的个人利益与欲求。

综上所述,宋明儒家通过诠释孔孟"亲亲相隐"思想,分别从道德价值与政治伦理维度阐发了存公心与去私和公义与私恩并济两种公私理论。这不但揭示出家庭领域与社会政治领域的道德原则的正当性,而且强调主体道德理性的发挥,有助于人们自觉遵从道德原则与伦理规范,从而促使人们恰当处理具体的伦理情境,并合理协调各项道德原则及规范的关系。故而,儒家"亲亲相隐"公私理论并非一些人认为的既提倡立公灭私,又缺乏公共意

① 朱杰人等主编:《四书或问》,《朱子全书》(6册),第818页。
② 上文已指明,儒家认为,先秦春秋类典籍中即便亲人(预谋)犯上弑君或滥用职权行腐败,个人在依公义、公法除恶时不能不顾及"亲亲"之道,而应采取相对缓和或私下处置的方式以除恶或止恶,不主张以公开惩罚等过于严苛的方式宣扬亲人之罪恶。只有在亲属严重违反公共政治(如通敌叛国、暴乱天下百姓),致使私与公发生严重冲突且不可调和的极个别情况下,儒家才主张以公义断私恩的"大义灭亲"。
③ (宋)张栻撰:《癸巳孟子说》,《四库全书》(一九九册),第525页。
④ (宋)朱熹撰:《四书章句集注》,第305页。
⑤ 同上,第359—360页。

识,反而体现出公私分明以及公私两济而不相害的公私理论特质。

三、儒家"亲亲相隐"公私理论的公共哲学意义

儒家"亲亲相隐"公私理论既严格区分"门内"恩制与"门外"义制,又力求实现私恩与公义两济而不相害。这对人们处理当前社会政治实践中公私领域的关系与冲突有积极借鉴意义,有益于当代中国的公共哲学理论建构。

笔者赞同陈乔见的观点,将"门内""门外"类比于西方传统以家庭、个人为对象的私人领域与家庭之外的政治公共领域,肯定二者有各自正当的政治功能与权益。① 笔者认为,儒家对"门内"私恩与"门外"公义的严格二分,不但明确区分了公共领域与私人领域的分界与正当诉求,而且捍卫了家庭与个人的私权(人权),有助于合理协调现代公共哲学中公私领域的关系,并保障公私各方的正当权益和诉求。对此,笔者将结合宋明儒家"亲亲相隐"公私理论展开进一步分析,澄清人们对儒家公私理论的深度误解,并揭示儒家公私理论的现代价值。

人们可能会怀疑,儒家既倡导不以私害公,又强调公私两济,二者之间存在矛盾。人们之所以有此疑惑,是因为他们不了解儒家公私观的不同伦理维度,便将公与私简单、平面地分割与对立起来。上文已指出,宋明儒家揭示出公私理论的双重伦理维度。其中,不以私害公,是从私利与公义(公心)的道德价值维度而言的。这里,私利主要指私人感情与个体私欲。公义或公心包含对政治公义原则的自觉遵从,是普遍道德法则(天理)规定的主体道德理性(公心)的发挥。儒家倡导私不害公,是说个体发挥自身的主体道德理性或良心善性,克服自身的私情与私欲,自觉遵从各项道德原则、政治伦理制度与人伦规范,从而确保私情与私欲不随意侵害各项道德原则及伦理规范,保障儒家伦理价值体系的贯彻落实。

与此同时,儒家倡导公私两济而不相害,侧重从君臣政治公义原则与家庭伦理私恩原则维度探讨公私问题。它首先强调,君臣政治与家庭都是独立存在的政治实体。二者的安定、有序,有利于整个社会的秩序与稳定。公义与私恩有各自的正当性。因而,人们处理政治公共领域事务时,不能为了遵从政治公义原则,废弃或轻视家庭私恩原则及其人伦道德规范。同样,人们不能为了维护家庭私恩原则与亲亲人伦关系,而违背政治公义原则,扰乱政治公共领域的秩序与安定。故此,儒家倡导公私两济而不相害,不但充分

---

① 参见陈乔见:《公私辨——历史衍化与现代诠释》,北京,生活·读书·新知三联书店,2013年,第249页。

肯定家庭领域与政治社会领域各自的正当性,以及公义与私恩原则在共同维系社会稳定与秩序中的积极价值,而且认识到公私领域相互侵害对社会秩序与社会正义的负面影响。所以,儒家倡导公私两济而不相害,既反对政治公共权力剥夺家庭或私人权利,又反对有些人以私权或"人民"权利的名义侵夺公权或行公权私用之实。

其次,儒家倡导公义与私恩两济而不相害,说明社会伦理实践中政治公共领域与私人领域并非截然二分,而往往是重叠的。一般而言,个人进入政治公共领域后必须遵守各项公共政治制度与规范。但这不意味着,他要抛弃原有的私人领域关系及相应的道德原则与伦理规范。所以,当亲属违反政治公共领域的政治伦理原则及规范时,当事人便面临私人领域与政治公共领域的伦理原则与规范相冲突的伦理困境。对此,儒家主张,当事人不能公然违背甚至践踏公共政治领域的各项伦理原则或规范。但同时,儒家认为,当事人要充分发挥自身的道德理性或良心善性,自觉遵从相关的具体道德原则与人伦规范,恰当应对具体而复杂的伦理情境,作出合宜而不失道德原则的道德价值判断与行为选择,以相对隐讳、缓和或曲折的方式灵活行事,力求实现私恩与公义两全。儒家对主体道德理性的重视还意味着,个体处理公私领域冲突的道德价值判断与行为选择,不能掺杂权势、利益、个人情感、欲望等种种现实考量与利弊权衡,从而确保个体道德价值判断与行为实践的合道德性。

再次,儒家"亲亲相隐"公私理论揭示出,个体在不违背基本的政治伦理原则的前提下,有优先选择尽家庭道德义务的自由。这意味着,儒家极为重视家庭私恩原则在社会政治伦理实践中的地位。事实上,儒家对私恩、孝或家庭伦理原则的道德化与规范化要求,本身具有政治治理的色彩①与为善去恶的积极道德价值。故此,私恩、孝或家庭伦理原则不是个体的私情或私欲,而是包含普遍善恶道德价值准则与道德教化,可以为公义、忠或政治伦理规范奠定道德基础。儒家公私理论对私恩原则与家庭私域关系的重视,表达出对政治权力统治下家庭与个体正当私权(人权或政治自由)的坚决捍卫,并彰显个体的良心善性或道德自由,对当今中国社会健全政治(法治)权利体系与维护公民私权(人权)有积极借鉴意义,符合现当代人权理论的基本要求与现代文明社会发展的方向。之所以有人认为儒家倡导的私恩与孝的家庭伦理原则会侵蚀政治公共权力,主要是由于他们不了解儒家家庭伦

---

① 孔子说:"书云:'孝乎维孝,友于兄弟,施于有政。'是亦为政,奚其为为政?"(《论语·为政》)

理的独立性、道德性与规范性,以及儒家公私观的双重价值维度。

儒家"亲亲相隐"思想蕴含的"门内"私恩、"门外"公义既相区别又协调共存的公私政治理论,与近年来政治哲学中兴起的公共哲学理论虽然存在一定差别,但也有契合之处,能为当代公共哲学建构提供理论支持。公共哲学集中体现了 21 世纪人们对当今时代公共生活危机的自觉意识,以及建构公共生活领域的总体人文与价值关怀。① 公共哲学立足于人类整体社会生存,并关注人类"共在""共生"和"共享"的社会经验事实,展现出对人们社会政治生活合理性与人类生存价值的普遍诉求,表现出对"公共性"的理性与价值的多维思考,能为恰当处理现代社会公共生活中的种种矛盾与冲突提供价值理念。② 当代公共生活领域包含政治公共领域,但不以政治生活秩序与政治权益诉求为中心,而是关注多元社会人类公共生活中人们的合理生存价值与主体自觉意识,包含人文与价值反思(关怀)的成份。

目前,公共哲学理论主要有罗尔斯的"公共理性"理论、哈贝马斯的社会交往理论、麦金太尔等社群主义的"道德共同体"理论,③以及日本兴起的"活私开公""公私共媒"的公共哲学理论。④ 相比之下,儒家倡导的公心强调合于事理之宜,肯定多元社会公共生活中不同事物的合理价值与正当诉求。并且,儒家公私理论承认存在协调公私的公共性实践原则与道德价值标准(公心)。同时,它不同于当代西方政治哲学家基于市民社会与个人权利,将公共性理解为统一"共识"的公共理性与基本政治原则,或将公共性理解为多元主体道德或德性共同体,而是郭齐勇说的基于行为主体的具体道德理性与中道智慧的"和而不同"的公共性。⑤ 它在一定程度上与日本学者开创的"活私开公""公私共媒"公共哲学理论构想相契合。并且,相比于日本学者的理论构想,儒家"亲亲相隐"公私理论对"和而不同"的公共性有具体规定。它明确以良心善性(主体道德理性)、外在社会人伦秩序和相应的

---

① 参见袁祖社:《"公共哲学"与当代中国的公共性社会实践》,《中国社会科学》2007 年第 5 期。

② 同上。

③ 罗尔斯的公共理性理论,强调合于理性的"重叠共识"达成的政治中立、自由、平等、正义等基本政治原则。哈贝马斯的公共理论则强调,公共空间内主体遵从自由、民主、正义原则,以及多元文化与多元理性的对话与协商达成的统一共识。(同上。)

④ 近年来日本兴起的公共哲学,强调以"公共性"存在取代原来"公的领域"与"私的领域"二元分开对待,同时融摄并承认"私"之内容的"公"的公共哲学视角,并以"活私开公"实践理念克服"灭私奉公"或"灭公奉私"的片面价值观。(参见〔日〕佐佐木毅、〔韩〕金泰昌主编,刘荣、钱昕怡译:《社会科学中的公私问题》,北京,人民出版社,2009 年,第 13 页。)

⑤ 参见郭齐勇:《中国儒学之精神》,上海,复旦大学出版社,2007 年,第 139—140 页。

道德原则,以及存天理之公、灭人欲之私的普遍道德价值原则及相应德性修养,作为公共性哲学的普遍道德价值依据,充分展现出主体道德实践理性的特质。故而,它既认同"门内"私恩与"门外"公义的不同政治实体及相应伦理道德规范的正当性,又以普遍道德价值原则(天理、人伦)与主体道德理性(良心善性),来灵活而合理地协调公私领域内不同主体的价值诉求,从而使人们和谐共存。

由此可见,儒家"亲亲相隐"公私理论超越了政治权力与利益分配的层面。它既强调私人领域与政治公共领域的严格二分,并规定了公私领域的不同人伦秩序与相应道德原则与规范,又强调主体道德理性的发挥能积极、合理地协调公私领域关系,力图实现公私领域互不侵害、相辅相成,展现出公私"和而不同"的公共性(不仅是国家形态的公共政治)实践哲学特质。儒家"亲亲相隐"公私理论能有效避免以"以公灭私"或"以私灭公"一元论造成公私领域的彼此压迫与侵害,以及公私二元分割造成公共领域与私人领域的相互分离与自我封闭,并突出主体道德理性的运用对当前公共哲学建构的重要启示。

小　结

受中国近现代社会历史与思想观念变革影响,很多人往往把儒家政治伦理思想与传统社会的君主权力政治统治混为一谈,并将二者简单理解为家国同构下的政治权力运作,甚至不加分辨地将儒家德治与人治(礼治)和现代民主与法治直接对立。论战中刘清平与邓晓芒两位学者所谓儒家"亲亲相隐"伦理腐败论或政治体制文化腐败倾向论,就体现出当前人们对儒家政治伦理思想的误解。

儒家"亲亲相隐"思想是儒家政治伦理理念、政治伦理制度及政治伦理实践原则的具体运用。因此,深入理解儒家政治伦理思想的基本内容及其特征,是人们正确把握儒家"亲亲相隐"思想的重要基础。不可否认,儒家政治伦理思想是在中国古代宗法伦理政治的现实土壤中延伸出来的,具有一定的历史局限性。但同时,儒家政治伦理思想又对宗法伦理政治进行了伦理化改造,展现出伦理规范性与道德理想性。

儒家政治伦理以"敬德保民"的德治理念为价值原则。首先,它倡导以德治国,要求统治者重视自身的道德修养与道德表率作用,以德服人。其次,它主张民为邦本,要求统治者对民众负有高度的政治伦理责任,谨慎处理社会政治事务,从而做到养民、惠民与爱民。同时,它注重社会道德教化与民众的自我道德教化,强调统治者教化民众的政治伦理职责。儒家德治理念对现代中国的国家治理有重要借鉴意义。以德治国理念有助于提升干部的党性修养自觉,能帮助干部树立先锋模范的良好形象,更好地凝聚群众。民本理念要求政府以民生为本,切实推进服务型政府建设,真正为人民谋幸福,同时对民众的文化水平与道德教育负责。这些都有助于落实与推进人民当家作主的中国式民主。

儒家政治伦理制度设计以西周宗法伦理等级制度为原型,是儒家家国观的集中体现。它一方面强调宗族伦理与国家政治在爱敬伦理规范、组织结构、责任与共同体意识与伦理情感上相统一,彰显家国同旨的公共政治诉求;另一方面凸显国家政治有别于宗族治理的公共政治意涵,表达出政治权力运用的规范化诉求,展现出国家政治独立的客观政治形态。同时,宗族伦理与国家政治分别对各类伦理角色提出不同伦理规范与道德要求。并且,儒家政治伦理制度重视贤才,突出人治的重要性。儒家家国观向个体社会伦理实践的落实,表现为忠孝伦理原则以及处理忠孝冲突的伦理智慧。儒家认为,孝和忠分别是家庭与国家的不同伦理实践原则。其中,孝是个体的终身道德义务;忠是臣子的政治伦理责任,以君臣道义为前提,意味着臣子有去留的自由。故此,个体有尽孝的优先性。同时,儒家强调,孝与忠有同等道德价值。面对忠孝伦理冲突,儒家虽然记述了舍忠取孝与舍孝取忠的不同案例,却表达出忠孝统一的共同价值诉求。

儒家政治伦理思想在"亲亲相隐"中主要表现为公私理论。《论语》《孟子》《春秋》《尚书》的"隐亲"与"灭亲"典故共同揭示出,儒家既严格区分"门外"义治与"门内"恩治,又遵从"义"治且不废"亲亲"之道的伦理实践智慧。同时,宋明儒家从政治伦理实践原则与道德价值原则的角度诠释"亲亲相隐"思想,阐发了存公去私与公私并济两种理论。它们揭示出家庭领域与社会政治领域既相分别又相重叠的事实,突出表明主体道德理性(公心)的发挥有助于人们自觉遵守道德原则及伦理规范,并恰当处理公私领域事务。因此,儒家"亲亲相隐"公私理论强调公共权力与家庭私人权利的正当性,并彰显个体的道德自由或良心善性,展现出多元社会生活中"和而不同"的公共性,对当前公共哲学的建构有积极借鉴意义。

第七章 儒家"亲亲相隐"制度的
合法性及现代重构

儒家"亲亲相隐"思想运用于中国古代政治实践,主要体现为亲亲相为隐的法制规定。人们也称之为亲属容隐制度。中国古代亲属容隐制度确立于汉朝,一直延续至清朝,受到社会各阶层认可。然而,在中国现代化进程中,这一制度最初却未能获得法律认可。在新时代中国法治建设初期,很多人对这一制度的正义性与合法性有很深的质疑。学界甚至发起了一场关于中国传统亲属容隐法制文化的学术论争。随着现代中国立法实践的发展,2012 年全国人大通过的《中华人民共和国刑事诉讼法修正案(草案)》增订条款规定,犯罪嫌疑人的亲属可以拒绝出庭作证。这说明,随着我国立法的修正与完善,传统亲属容隐制度开始获得中国现代法律认可。换言之,中国现代法律首次有限地承认了亲属容隐制度。故而,传统亲属容隐制度在现代中国社会依然有继承的必要,也面临着现代转型的艰巨任务。为此,深入论证中国古代亲属容隐制度的合法性,就显得十分必要了。同时,传统亲属容隐制度能如何更好地运用于现代立法实践,也是当前立法机关迫切需要思考的问题。

目前为止,学界对中国古代亲属容隐制度的内容、特点、法理依据、价值与法律重构有大量研究。① 这些研究成果极有益于人们深入了解中国古代亲属容隐制度的内涵、合法性与现代转型问题。但是,这些研究成果各有侧重,未系统、深入地辨析与探讨中国古代亲属容隐制度的特征、法理依据和现代重构。职是之故,本章将聚焦中国古代亲属容隐制度的合法性与现代重构,勾勒中国古代亲属容隐制度的主要特征,探讨这一制度的多重法理依据,揭示这一制度的立法思维特征。同时,本章将揭示中国古代亲属容隐制

---

① 目前,在中国知网搜到有关"亲亲相隐""法律"主题的期刊论文有近 500 篇,学位论文有108 篇,会议论文 12 篇,报纸 11 篇;关于"亲属容隐"主题的期刊论文有近 100 篇,学位论文 53 篇,会议论文 3 篇。

度重新回归中国法律的历史与现实意义,并结合理论与实践,思考传统亲属容隐制度的现代法律重构问题。

第一节 中国古代亲属容隐制度的主要特征

亲属容隐制度是中华法系中的一项重要制度。这一制度肇端于先秦,确立于汉代,历经了魏晋南北朝法律的发展,至唐朝形成了系统的亲属容隐制度,并被宋元明清历朝的法律所沿袭与补充。关于中国古代亲属容隐制度,学界已有大量论述。故此,本书不再细致梳理中国古代亲属容隐制度的历史源流问题。但是,分析中国古代亲属容隐制度的主要特征,从总体上揭示中国古代亲属容隐制度的发展规律与立法特征,仍然是必要的。大体而言,中国古代亲属容隐制度呈现出三个主要特征:一是容隐亲属的主体范围呈扩大趋势,二是亲属容隐制度的内容不断丰富,三是亲属容隐制度体现出鲜明的人情色彩。

一、容隐亲属的范围呈扩大趋势

中国古代亲属容隐制度萌芽于先秦,在汉朝以制度化的形式确立。尔后,在中国古代亲属容隐制度的演进历程中,容隐亲属的主体范围不断得到扩展。

秦汉时期的律法中,容隐亲属的范围由亲子扩展到其他直系亲属。睡虎地秦简规定:"子告父母,臣妾告主,非公室告,勿听。"[1]这就是不允许子女与妻子因家庭内部事务控告父母与丈夫。至汉武帝时期,"子为父隐"成为法定义务,但不允许"父为子隐"。[2] 汉宣帝地节四年颁布了一道"亲亲得相首匿"的诏令,规定:"自今子首匿父母,妻匿夫,孙匿大父母,皆勿坐。其父母匿子,夫匿妻,大父母匿孙,罪殊死,皆上请廷尉以闻。"[3]汉宣帝首次以诏书的形式,将"亲亲相隐"原则制度化,容许父母与子女、夫妻以及祖父母与孙子(直系亲隐)之间有相互容隐的权利。

---

① 睡虎地秦墓竹简整理小组编:《睡虎地秦墓竹简·法律问答》,北京,文物出版社,1978年,第196页。

② 如汉武帝时,衡山王太子刘爽告父,以不孝罪弃市;临汝侯灌贤因为藏匿犯伤人罪的儿子而被免爵。(参见任娇娇:《"亲亲相隐"制度在我国的命运——情理与法理的博弈》,《南昌航空大学学报:社会科学版》2013年第4期。)

③ (汉)班固:《汉书》,北京,中华书局,1962年,第251页。

南北朝时期,各国法律承袭了汉朝的容隐制度,又有所拓展。北朝魏大臣崔纂指出:"律期亲相隐之谓凡罪,况奸私之丑,岂得同气相证?"①这表明,容隐亲属的范围从直系亲属扩展到了兄弟姐妹的旁系亲属。

至唐代,容隐亲属的范围进一步扩大。《名例律》规定:"诸同居,若大功以上亲及外祖父母、外孙,若孙之妇、夫之兄弟及兄弟妻,有罪相为隐。部曲、奴婢为主隐,皆勿论……其小功以下相隐,减凡人三等。若犯谋叛以上者,不用此律。"②这条律法明确规定了同居相隐原则,将容隐的范围扩大到"大功以上"服制的亲属。其范围不仅包括汉代规定的直系亲属,而且涵盖同居共财的旁系亲属(亲近)。③ 并且,唐律将同居的部曲与奴婢视为拟制亲属关系,允许他们隐匿主人。此外,唐律还为小功以下关系较远的亲属相隐,④酌情减刑。但同时,唐律规定,谋反重罪不得亲属相隐。

元朝的《刑统赋疏》规定:"诸佣工及受雇之人……衣食皆仰给于主。除犯恶逆及损侵己身事理听从赴诉,其余事不干己,不许讦告,亦厚风俗之一端也。"⑤也就是说,除了雇主犯了殴打及谋杀祖父母、父母,或杀死伯叔父母、姑、兄、姊、外祖父母、夫、夫之祖父母,或奸恶叛乱的重罪,一般不允雇工告发主人。这就将不同居、花钱雇佣的工人纳入类似同居共财的拟制亲属的范围,要求雇工履行隐匿主人的义务,以维护家庭伦常道德规范与家长权威和社会风俗。

《明律》沿袭《唐律》,对容隐亲属的范围有进一步增补。《明律》的"亲属相为容隐"条规定:"凡同居,若大功以上亲,及外祖父、外孙、妻之父母、女婿、若孙之妇、夫之兄弟及兄弟妻,有罪相为容隐。……无服之亲减一等。"⑥《明律》增加了妻之父母、女婿相容隐的规定。同时,《明律》"亲属相为容隐"条规定中说的无服之亲指姑姊、妹夫等姻亲。后者虽然超出了父系宗族亲属的范围,却是情谊亲密的亲属关系。对于这类亲属,《明律》明确规定酌情减刑。因此,明朝以来,容隐亲属的主体范围扩展到了岳父母、女婿、

---

① "同气"指兄弟姐妹。(程树德:《九朝律考》,北京,中华书局,2003 年,第 353 页。)

② (唐)长孙无忌等撰,刘俊文注:《唐律疏议笺解》,北京,中华书局,1996 年,第 466—467 页。

③ 大功是中国古代五丧服中的一种。大功以上指斩衰、齐衰、大功三种丧服,亲属关系涉及父母、子女、夫妻、媳妇、公婆、祖孙、兄弟姊妹、伯叔父母、侄子女、堂兄弟及未嫁堂姊妹、玄孙子女、曾祖父母、重孙子女。

④ 小功以下包括小功和缌麻,亲属关系包括本宗的高祖父母、伯叔祖父母、曾伯叔祖父母、堂伯叔祖父母、族伯叔父母、未嫁祖姑、堂姑、已嫁堂姊妹、族兄弟及未嫁族姊妹、兄弟之妻、从堂兄弟及未嫁从堂姊妹,外亲为外祖父母、母舅、母姨、表兄弟、岳父母等。

⑤ 黄时鉴编:《元代法律资料辑存》,杭州,浙江古籍出版社,1988 年,第 208 页。

⑥ (明)雷梦麟:《解读琐言》,北京,法律出版社,2000 年,第 51—52 页。

姑姊、妹夫等姻亲。并且,自明律至清《现行刑律》,增加了妻之父母、女婿间义绝者许告发,得不容隐的规定。① 这说明,夫妻离异后,岳父母与女婿不得再被视为容隐的亲属关系。

总之,随着中国古代亲属容隐制度的发展与修善,容隐亲属的主体范围不断拓展,由最初的亲子之间扩展到直系亲属,再到旁系亲属,继而到五服以内的亲属,乃至拟制亲属以及姻亲。同时,中国古代容隐的亲属关系以父系宗族为重,给予家族自治与亲情以充足的空间。

二、亲属容隐制度的内容不断丰富

在中国古代亲属容隐制度的发展过程中,其中的具体规定也不断得到详实与完善。

秦汉时期,亲属容隐制度尚不完善。这一制度的具体规定也较为简略。由上文可知,秦简记载子女与妻妾不可因家庭矛盾告发父母与家主,对此只是作了简单的义务规定,且只针对卑亲属。汉宣帝诏令则规定了子女、妻、孙隐匿父母、父和祖父母而不被连坐,揭示出卑亲属有隐匿尊亲属的权利;相反,非死罪的一般情况下尊亲属隐匿卑亲属,则需上请政治机关。因此,汉宣帝诏令中容许隐匿的权利性质的条款更多指向卑亲属。

随着这一制度的发展,《唐律》对亲属容隐制度作了具体规定。《名例律》不但规定亲属有相互容隐的权利,而且指出"即漏其事及擿语消息亦不坐"②,明确规定为犯罪亲属泄露消息亦不连坐的权利。同时,在《唐律》的其他具体条款中对"亲亲相隐"作了细致规定。《唐律》同样规定了隐匿亲属的权利条款以及不得告发亲属,并认为告发尊亲属是"十恶"中的"不孝";它还规定泄露、通报捕摄消息不罚,不得逼亲属作证,不得捕缚与自己共犯的亲属自首,帮助父祖逃脱囚禁后不得因惧罚复捕送官。③ 并且,《唐律》规定:"诸告祖父母、父母者,绞。""诸告期亲尊长、外祖父母、夫、夫之祖父母,虽得实,徒二年。其告事重者,减所告罪一等。""告缌麻、小功卑幼,虽得实,杖八十。大功以上,递减一等。"④因此,《唐律》明确规定不得告发父母和祖父母以及一定范围内的其他尊亲属,并指明不遵守此规定的人要承担不同刑事后果。总之,《唐律》对容隐亲属的主体范围、容隐的具体方式及相关法律处罚诸方面,都有详细规定。

---

① （清）吉同钧辑:《大清现行刑律讲义》,宣统元年京师法政学堂印,第 190 页。
② （唐）长孙无忌等撰,刘俊文注:《唐律疏议笺解》,第 467 页。
③ 参见范忠信:《中西法律传统中的"亲亲相为隐"》,《中国社会科学》1997 年第 3 期。
④ （唐）长孙无忌等撰,刘俊文注:《唐律疏议笺解》,第 1623、1629、1633 页。

之后,宋、元、明、清朝代的亲属容隐制度基本上沿袭了《唐律》中的相关规定。此外,元代《诉讼律》首次规定告发亲属犯了"干名犯义"的罪名。这不但不许人们告发亲属,而且指出告发亲属有违伦理道德、大伤风化。① 这条规定为明清律法所沿袭。

三、亲属容隐制度体现出鲜明的人情色彩

中国古代亲属容隐制度还有一个重要特征。那就是,这一制度体现出鲜明的人情色彩。这里,人情并非个体间的私情,而是指血亲人伦道德规范及风俗教化、人伦关系的尊卑之别与亲疏远近和亲情。中国古代亲属容隐制度重人情的特点,主要体现在如下三个方面。

首先,亲属容隐制度有深厚人伦道德色彩。由上文可知,汉武帝时,司法机关就以"不孝"罪惩罚告父行为。《唐律》不但将告发祖父母、父母规定为"不孝",而且将其列为"十恶"之一。本书第五章已指明,儒家倡导的劝谏之孝是指,面对犯过错的父母,子女应该私下进行委婉、柔和与善意的劝告,而不能直接责备甚至鄙薄父母,冒犯父母的颜面。中国古代亲属容隐制度中不允许子孙辈告发父母与祖父母,显然是由于告发血亲关系极为亲密的长辈,严重折损了父母与祖父母的颜面或尊严,并损害亲子代际间的亲密与恩义关系。所以,中国古代亲属容隐制度以"不孝"的人伦道德为依据,不允许人们告发亲属,体现出依儒家伦理规范立法的特征,是儒家伦理法思想的典型表达。在此基础上,元代律法规定,告言祖父母、父母为"不孝",告言大功以上尊长为"不睦",入"十恶",并首次正式规定"干名犯义"的罪名。② 其中,"不睦"指宗族不和睦。"干名犯义"指侵犯儒家的伦理纲常规范与道义,有损社会风化。这一规定是儒家孝伦理思想向立法实践的延伸。它表达出,告发尊长损害不同辈分亲属间的恩情与和睦,甚至会严重伤害传统乡党或宗族社会的伦理道德规范与风俗教化。

其次,亲属容隐制度凸显尊卑、亲疏之别。上文秦简规定卑亲属不得因家庭矛盾告发尊亲属,体现出对尊亲属的家长权威的绝对维护。汉宣帝诏书充分肯定卑亲属容隐尊亲属,并酌情容许尊亲属容隐卑亲属,规定了卑亲属容隐以及一定限度的尊亲属容隐的权利,是对尊亲属的保护。《唐律》也明确规定不许卑亲属告发尊亲属。与此同时,《唐律》对"大功以上""大功

① 任娇娇:《"亲亲相隐"制度在我国的命运——情理与法理的博弈》,《南昌航空大学学报:社会科学版》2013年第4期。

② 同上。

以下"亲属的容隐权利的不同规定,以及对告发父母、祖父母和期亲的不同量刑规定,充分展现出远近亲疏有别的宗族伦理特点。需要指出的是,中国古代亲属容隐制度区分尊卑、亲疏的差别,不单单体现出尊卑、亲疏有别的宗法伦理等级特色,这与中国古代家族的经济收益、财产管理、家族结构、管理模式等方面以及相应的分工运作密切相关。因而,亲属容隐制度中尊卑、亲疏有别的不同规定虽然有历史局限性,却有助于维系中国古代家族生活秩序的稳定。对此,我们不能简单认为,中国古代亲属容隐制度仅仅维护尊亲属的家长权威与尊卑权力等级。其实,这一制度同时也能保障卑亲属的生活与权益,有益于维系亲属间的正常人伦关系与家族生活共同体的和谐、稳定。此外,亲属容隐制度中依亲疏而区别对待的规定,展现出中国古代人情社会的亲属角色关系的复杂性。

再次,亲属容隐制度以亲情为重。比如,汉宣帝的诏令作出直系亲属之间相互容隐的规定时,指出:"父子之亲,夫妇之道,天性也。虽有患祸,犹蒙死而存之。诚爱结于心,仁厚之至也,岂能违之哉?"①这表明,亲子与夫妇之间有真诚、深厚的亲爱情感。亲属之间之所以有相互隐匿的心理与行为倾向,其实是基于血亲之间的自然亲情。因此,汉宣帝的诏令容许人们为犯罪的直系亲属相互隐匿。同时,董仲舒在审判养父隐匿养子的案件中指出:"《诗》云:'螟蛉有子,蜾蠃负之。'《春秋》之义,父为子隐。甲宜匿乙而不当坐。"②董仲舒引用《诗经》,指出养父养活养子,二人长期共同生活,有恩义与情谊在,同样能培养人伦亲情,故而容许养父与养子相隐。此外,《唐律》规定:"诸同居,若大功以上亲及外祖父母、外孙,若孙之妇、夫之兄弟及兄弟妻,有罪相为隐……皆勿论。"③对此,《唐律议疏》疏:"'外祖父母、外孙,若孙之妇、夫之兄弟及兄弟妻',服虽轻,论情重,故有罪者并相为隐。"④这说明,外祖父母、外孙、孙媳妇、小叔子、(丈夫的)哥哥、妯娌等姻亲,虽然相对父系宗族的血亲关系而言较疏远,却是亲缘关系较近的姻亲,在日常家族生活中有更多交集,更容易在亲属往来中建立起亲密的姻亲情谊。《明律》还规定,容许姑姊、妹夫等无服亲属相互隐匿。因为他们虽然不在五服之内,却同样是亲缘关系较近的姻亲,能建立深厚的姻亲情谊。故而,中国古代的亲属容隐制度不但以亲情为重,而且这一制度涉及的亲情包括自然血缘与人伦亲情、养(或义)父子的拟人伦亲情与姻亲之情。

---

① （汉）班固:《汉书》,第251页。
② 程树德:《九朝律考》,北京,中华书局,2003年,第161页。
③ （明）雷梦麟:《解读琐言》,北京,法律出版社,2000年,第51—52页。
④ 同上,第51—52页。

综上,中国古代亲容隐制度综合了血亲人伦道德规范、宗族社会的人伦关系及组织结构和亲情诸方面因素的考量而确立,体现出依人情而立法的鲜明特征。这一制度契合传统宗族社会的实际情况,有利于维护与规范传统宗族社会的和谐与稳定。

第二节　中国古代亲属容隐制度的法理依据

中国古代亲属容隐制度是否合法,是这一制度否能被现代法律吸收与应用的重要前提,也是中国古代亲属容隐制度的进行现代转型面临的重要问题。与之相关的议题还有,中国古代亲属容隐制度属于权利条款还是义务条款? 其权利或义务条款是否具有合法性? 对此,本节将结合相关的法理学理论,剖析中国古代亲属容隐制度蕴含的立法思维的特征。并且,本节将基于现代西方法学理论中权利与义务的界说,来辨析中国古代亲属容隐制度的法律权利与法律义务归属问题,说明该制度中权利或义务规定的合法性。

一、情理法相融合的综合法思维

中国古代亲属容隐制度是否合法? 要解答这一问题,人们首先应该弄清楚,中国古代亲属容隐制度是否符合立法的一般原则,体现出什么样的立法思维。结合近现代西方法理学理论,深入分析中国古代亲属容隐制度的立法思维特征,人们能更好地理解中国古代亲属容隐制度的合法性及其价值。

关于立法的基本原则,西方法哲学家孟德斯鸠说:"从最广泛的意义上说,法是源于事物本性的必然关系。就此而言,一切存在物都各有其法。"①他指出,法律的创立应当体现存在物之间的(客观)必然关系。同样,中国古代亲属容隐法律制度必须依据古人的生存方式、思想观念、社会结构、社会关系以及相应的风俗而确立。这使得,中国古代亲属容隐法律制度体现出情理法相融合的综合法思维特质。

首先,中国古代亲属容隐制度体现出依血缘(或两性)亲情而立法的特点。汉宣帝诏书允许亲属相为隐的依据就是"父子之亲,夫妇之道,天性也。虽有患祸,犹蒙死而存。诚爱结于心,仁厚之至"②。也就是说,法律之所

---

① 〔法〕孟德斯鸠著,许明龙译:《论法的精神》,北京,商务印书馆,2009 年,第 9 页。
② (汉) 班固:《汉书》,第 251 页。

以允许亲属相互隐匿,是因为亲子、夫妇之间存在极为深厚的亲情关系。即便遭遇祸患甚至死亡,人们也会为了维系亲情而甘愿承受种种磨难乃至牺牲生命。换言之,亲子、夫妇之间的血缘(或两性)亲情能让人超越个体的功利计较与社会经验或人生际遇,展现出人类生存的自然本性的必然性或天性。孟德斯鸠提出了类似的观点。他说,男女两性间的相互亲近及其愉悦情感,以及相互结合与共同生活的愿望是第三、四条自然法。① 他认为,两性间的情爱与结合符合自然法的规定。黑格尔认为,家庭以我与他人统一的爱为规定,是自然的伦理精神。② 故而,在西方法哲学思想中两性与血亲之爱及其形成的亲情,是人的天性的体现,符合自然法原则。所以,中国古代亲属容隐制度依据人的血缘(或两性)亲情的天性而确立,符合自然法原则,具有自然且必然的合法性。

同时,孟德斯鸠指出,妻子告发丈夫和子女或丈夫控诉奸妇,是为了维护淳朴民风(风纪),但颠覆人性,需知人的本性是淳朴民风的根源。③ 孟德斯鸠例举亲属相互告发的案例,既指出亲子与夫妻相互告发违背人的天性和自然法原则,不具有合法性;又说明合于自然法的亲情与天性比维护社会风纪的公民法更为根本。因而,即便家庭成员违反伦理道德与公民法律规范,亲属也不应该告发。故此,血缘(或两性)亲情是人的天性的具体体现,是优先于其他人为法或公民法的自然法。

其次,中国古代亲属容隐制度体现出依家庭伦理立法的特征。中国古代社会的家庭伦理既依托于古代社会家族生活共同体的组织结构,又深受儒家家庭伦理思想影响。中国古代的家庭伦理具有四个方面特点。一,注重父子、夫妻、长幼的人伦关系,以及相应的慈孝、义顺、友悌的人伦道德规范,要求家庭成员承担应尽的伦理义务。二,重视父系宗族。它突出父权与尊长权威,并注重尊卑等级秩序与父族亲属远近亲疏的差序格局及其情感与伦理义务的杀减。三,重视亲情。中国古代社会的亲情不仅指血亲与男女两性间的深厚、自然情感,还涵盖了由宗族伦理关系、姻亲关系乃至拟血缘或家庭伦理关系而形成的亲情。四,突出家庭本位。它彰显家庭生活共同体与家庭集体意识,强调个体与其他家族成员的荣辱与共,维护家庭的整体利益。

中国古代亲属容隐制度体现出鲜明的家庭伦理特征。比如,该制度明

① 参见〔法〕孟德斯鸠著,许明龙译:《论法的精神》,第13页。
② 参见〔德〕黑格尔著,范杨、张企泰译:《法哲学原理:或自然法和国家学纲要》,北京,商务印书馆,2012年,第198—199页。
③ 参见〔法〕孟德斯鸠著,许明龙译:《论法的精神》,第565页。

确要求人们履行不告发亲属(尤其是尊亲属)的义务,并以"不孝""不睦"论罪。该制度指明亲情的重要性,并以此作为亲属容隐的法律依据。该制度还区分了尊卑亲属以及不同服制(亲疏)等级亲属相隐的容允程度,具体规定了各类尊卑、亲疏等级亲属告发或证罪亲属的相应处罚力度。此外,《唐律》明确以同居相隐为原则,彰显家庭本位。总之,中国古代亲属容隐法律制度,根源于中国古代家族生活共同体与家庭伦理为主的存在方式与运作模式,体现出中国古代社会以家族关系为重的客观事实。就此而言,中国古代亲属容隐制度贴合中国古代社会关系的必然要求,具有历史合理性与合法性。

当然,在现代人看来,中国古代亲属容隐制度依据宗法等级与家庭道德义务而创立,不够合理。笔者赞同这一观点。中国古代亲属容隐制度确实展现出中国古代家庭伦理的时代性与历史局限性。但不可否认的是,该制度有助于维系中国古代社会的生活秩序,并规范古人的行为实践,具有历史意义。并且,中国古代亲属容隐制度依据家庭伦理立法,能彰显家庭伦理的基本精神,具有直接现实性。黑格尔指出,家庭伦理的基本精神包括以爱为原则的家庭成员的伦理性统一、婚姻的伦理制约与责任化。① 中国古代亲属容隐制度依据古代家庭伦理而创立,能维护亲情之爱、家庭的伦理统一、家庭成员之间相互的伦理责任与伦理规范。这有助于克服孤立个体的不足,培养个人的整体意识、人际情感与对他人的责任意识。因此,中国古代亲属容隐制度及其所依据的家庭伦理精神,具有一定的合法性,对现代家庭伦理仍然有积极借鉴。

再次,中国古代亲属容隐制度体现出依事理立法的特点。这里的事理或道理不同于物理。物理指事物的客观属性与普遍必然规律。事理或道理则指民众待人接物遵从的常规思维方式,以及人们日常生活中养成的行为习惯、风俗与思想意识。中国古代社会以家族与乡土为重。民众在生活实践或风俗中形成的常规思维,往往与亲情和家庭伦理关系密切,是后两者在日常生活实践、风俗与民众心理意识中的延申。基于此,中国古代社会基于亲情和家庭伦理而形成的常情常理主要包括家庭生活的各种礼俗规范与人情事故,以及家庭集体意识与家庭荣辱观。

孟德斯鸠指出,只要民族精神(即便不完善的)不违背政体原则,就应该

---

① 参见〔德〕黑格尔著,范杨、张企泰译:《法哲学原理:或自然法和国家学纲要》,第 199、206—207 页。

受到立法者尊重,因为它体现了社会习俗与风尚和人们的美德。① 这说明,社会生活的习俗与风尚和人们的美德即便存在瑕疵,但它们体现出一个民族的普遍精神,因此,立法的时候应该加以尊重。中国古代亲属容隐制度就充分尊重与考量了古代社会的家庭生活礼俗与人们的家庭集体观念。也就是说,亲属容隐法律条款的创立,还缘于人们隐匿亲属有利于维系正常的家庭生活的礼俗与家庭成员相亲相爱的良好风气。告发亲属则破坏正常的家庭生活的礼俗,有损家庭成员相亲相爱的风气。

若法律允许人们告发亲属,虽然可以维护法律公正与惩恶扬善的良好社会风气,却会使家庭成员形成彼此防范与相互牵制的思维倾向,反倒严重损害家庭成员的亲爱、信任与责任意识。因此,允许告发亲属不利于民众良好风俗的养成。元明清三朝律法规定的"干名犯义"罪就表明,告发亲属的行为违背伦理道德,会破坏乡土社会人们正常的家庭生活礼俗,伤害社会的淳朴民风。并且,告发亲属即便可以让个体获得正义与守法的名誉,却使家丑外扬,会严重破坏家庭的集体声誉,让整个家庭的成员产生深深的耻辱感。虽然亲属犯罪本身就破坏家庭声誉并让家庭成员深受其辱,但是告发亲属,坐实亲属的犯罪行为,无疑是证实亲属犯罪及其对家庭声誉的损害,更加让家庭成员蒙羞。因此,无论是从古代家庭生活的礼俗还是古代家庭成员一体相关的羞耻感来说,都不可能期待人们去告发亲属的罪行。相反,不告发与隐匿亲属则符合古人的常情常理,合于礼俗、习惯与人们的思维倾向与情感意向,因而受到民众拥护,可以在立法与司法实践中得到较好地推行。所以,中国古代法律设立亲亲相为隐与不告发亲属的规定,是根据中国古人的经验事实制定的、行之有效的法律规范。

最后,中国古代亲属容隐法律制度体现出国法的权威性特点。中国古代亲属容隐既肯定人们可以隐匿犯罪亲属,要求人们不告发犯罪亲属,又表明不能枉曲国法,彰显国法的权威性。中国古代亲属容隐制度中,国法的权威性主要表现为如下方面。

其一,汉代推行亲属容隐法制的同时,坚决制裁犯罪的亲属。汉代《盐铁论》记载了贤良文学引征孔子"父子互隐"及《春秋》"亲亲相隐"观念时,就说明了了这一点。据贤良文学所说:

> 闻父母之于子,虽有罪犹匿之,岂不欲服罪尔。子为父隐,父为子隐,未闻父子相坐也。闻兄缓追以免贼,未闻兄弟相坐也。闻恶,恶止

---

① 参见〔法〕孟德斯鸠著,许明龙译:《论法的精神》,第356—357页。

其人,疾始而诛首恶,未闻什伍之相坐。(《盐铁论·周秦》)

一方面,贤良文学认为,亲子、兄弟间的血缘亲情与家庭伦理义务决定了人们不欲看到犯罪亲属受惩罚。因而,即使亲属犯罪,人们也会倾向于隐匿犯罪亲属。另一方面,他们强调"恶止其人"①原则,充分肯定刑法制裁作恶者的权威性与客观效力。他们指出,法律制裁应遵从谁作恶谁负责原则,不株连、审讯或迫害其亲属。故而,中国古代亲属容隐制度既准许人们以亲情为重,履行家庭道德义务,允许人们藏匿犯罪亲属;又强调法律惩处犯人的权威性与绝对效力。这意味着,人们可以隐匿犯罪亲属,却不能罔顾法律权威和以权谋私,赦免犯罪亲属罪行,不能让犯罪亲属免受法律制裁。

其二,中国古代亲属容隐制度对人们隐匿与不告发亲属有严格的法律规定。由上文可知,关于哪些亲属可以隐匿犯罪亲属以及各类亲属告发犯罪亲属的不同惩罚后果,中国古代亲属容隐制度都有明确规定。比如,汉宣帝诏书记载:"其父母匿子,夫匿妻,大父母匿孙,罪殊死,皆上请廷尉以闻。"②其中的"上请廷尉以闻"是说,对于尊亲属隐匿卑亲属的行为,必须严格依据司法机关的审议与裁夺,来断定尊亲属是否犯了隐匿罪与包庇罪。这说明,即便法律允许亲属隐匿,也需要经过司法机关的谨慎审议与裁定。因此,亲属容隐行为必须严格符合法律规定与司法程序。

与此同时,中国古代法律推行邻伍隐罪问责制度,禁止人们隐匿罪人,彰显国法制裁犯罪的权威性。邻伍隐罪问责制度出于《周礼》:"五家为比,十家为联;五人为伍,十人为联;四闾为族,八闾为联。使之相保相受,刑罚庆赏,相及相共,以受邦职,以役国事,以相葬埋。"(《周礼·地官·司徒》)郑玄释:"族师之职,周公新制礼,使民相共救之法。"③他指出,邻比"相保相受,刑罚庆赏,相及相共"之制是周公制定的,要求师族或邻里之间以师族职份相处的礼法,其目的在于,让乡民能够彼此以道义相告诫与劝勉。宋儒陈祥道诠释"父子互隐"章时说:"先王之法,父子之罪不相及则恕之,以其亲;邻比之罪相及则责之,以其友。恕之以其亲,为其可以相隐故也。责之以其友,为其不可以相隐故也。"④他指出,依照王法,父子因亲爱而隐匿罪人,可以宽恕处置;邻里依从朋友与义道,若隐匿罪人则应该问责与惩处。因而,

---

① 出自《春秋公羊传》昭公二十年。原文为:"君子之善善也长,恶恶也短,恶恶止其身,善善及子孙。"

② (汉)班固:《汉书》,第251页。

③ (汉)郑玄注,(唐)贾公彦疏:《周礼注疏》卷十二,《十三经注疏》,第719页。

④ (宋)陈祥道撰:《论语全解》卷七,《四库全书》(一九六册),第171页。

中华法系中亲属容隐制度与邻里隐罪问责制度并存,充分展现王法的权威性,并强制要求民众遵守法律义务。这两种制度相配合,既有利于维护亲情与家庭伦理义务,又有助于培养民众的守法意识与社会正义感,从而避免罪犯逍遥法外,能有效维系司法公正与社会道义。

由此可见,中国古代亲属容隐制度不仅仅是为了维护亲情与家庭伦理义务。相反,这一制度体现出中国古代法律综合考量亲情、家庭伦理、事理与国法的立法思维。因此,中国古代亲属容隐制度既保护亲情与家庭伦理,又突出法律权威,彰显人情与国法两尽、道德与法律相统一的法学特质。这对现代中国的法治建设与国家治理有积极借鉴意义。

二、法律权利与法律义务并重的法学实质

现代法理学视域下中国古代亲属容隐制度是否合法,涉及两个重要问题。即,这一制度是权利条款,还是义务条款? 这一制度中的法律义务规定是否正当? 这也是儒家"亲亲相隐"伦理论争的议题。对此,笔者认为,需要结合现代西方法学理论中关于权利与义务的理论,来考察中国古代亲属容隐制度究竟属于法律权利还是法律义务,亦或二者兼具,同时辨析其中权利或义务条款的正当性。

(一) 古代亲属容隐制度的权利与义务归属之争

关于中国古代亲属容隐制度属于权利条款还是义务条款,学界有两种不同的看法。

一种观点以范忠信与郭齐勇为代表。范忠信认为,容隐制是袒护自己亲属利益的权利,也是家庭自治权;古代亲属容隐制更体现出亲属间权利、义务、责任连带或一体化的强烈倾向,表现出财产一体、人格一体、权利一体、荣辱与共和情感或苦乐相通的特点。① 郭齐勇指出,中国传统"亲亲相隐"观念及隐亲制度既是人的天然权利,又是亲人间的义务,是个体不可让渡的基本权利,更符合人性,与现代人权、法治观念相契合,需要从历史主义维度具体分析。② 但是,他们没有说明,为何中国古代亲属容隐制度既是权利,又是义务。

以邓晓芒为代表的另一种观点认为:西方近代以来的法律允许亲属容隐,肯定家庭成员既有依据亲属关系相隐的权利,也有按照法律关系揭发亲属罪行的权利;(儒家)"亲亲相隐"制度则是依据家庭义务的义务条款,不

---

① 范忠信:《容隐制的本质与利弊:中外共同选择的意义》,《比较法研究》1997 年第 2 期。
② 参见郭齐勇主编:《〈儒家伦理新批判〉之批判》,第 11、13—18 页。

能解决家庭义务与国家义务、道德义务与法律公正之间的冲突,在没有完备容隐制度的情况下会导致徇情枉法的腐败。①

范忠信与郭齐勇都认为,中国古代亲属容隐制度体现出权利与义务相统一的法学实质。范忠信的观点突出古代社会家庭权利一体化以及权利与义务一体关联的特点,折射出社会结构、人际关系及其分工模式的古今差异。他的论证揭示出,家庭的现实性与整体性以及家庭成员权利与义务相统一的特点。但是,他对家庭道德义务与法律义务之间的关联,缺乏解说。邓晓芒的观点则立足于现代西方自由主义的抽象个体自由与人权理论。他认为,西方允许亲属容隐的法律规定表达出,个体拥有可以隐亲或告亲的权利与自由。但个体自由与个人权利理论,是近现代西方法哲学理论中对人(格)的最抽象的规定。同时,西方思想家倡导的自由与人的理性、道德紧密关联,而不是基于个体的主观随意隐亲或不隐亲以及告亲或不告亲。并且,如黑格尔所说,家庭关涉整体性原则,不能以个体自由与权利为原则,需要更复杂的伦理来维系。② 因此,个体自由不等于主观自由任意。并且,人们不能完全从个体自由概念出发,来理解亲属容隐的法律实质。

总之,对于中国古代亲属容隐制度究竟是权利条款还是义务条款,论辩双方学者分别从家庭伦理与个体自由角度加以论说。同时,论辩双方学者的相关论述存在笼统、泛化的思想倾向。笔者认为,要理解中国古代亲属容隐制度的权利与义务归属问题,不应该简单基于某种政治哲学或法理学理论,来断言这一制度究竟是权利条款还是义务条款。相反,人们应该结合现代法学理论中权利与义务的基本涵义,以及西方法哲学理论对权利与义务的界说,具体辨析中国古代亲属容隐制度中哪些规定属于义务条款,哪些规定属于权利条款,进而探讨这些义务或权利条款的合法性。

(二)法律权利与法律义务界说

在法学理论中,权利与义务是相对应的概念。当前的法学理论对权利与义务概念有较为成熟的界说。本书希望通过介绍法学理论对权利与义务概念的界定,说明法律权利与法律义务概念的基本涵义与特征,帮助人们更好地辨析中国古代亲属容隐制度的权利与义务归属问题。

法学中的权利与义务是一对紧密联系的概念。关于什么是法律权利与

①　参见邓晓芒:《儒家伦理新批判》,第56—58页。
②　转引自孙向晨:《论家:个体与亲亲》,上海,华东师范大学出版社,2019年,154—155页。

法律义务概念,《法学词典》有较为明确的界定。《法学词典》将法律权利界定为:"法律上关于权利主体具有一定作为或不作为的许可。"①《法学词典》将法律义务界定为:"'权利'的对称。(1)法律上关于权利主体应该作出或不作出一定行为的约束。(2)泛指根据一定社会规范应当从事一定行为或不从事一定行为的约束。"②可以看出,权利概念突出法律保障或允许的权利主体或个体作为或不作为的自由;义务概念强调法律强制规定的人们应该、必须或抑制作为或不作为的约束,又代表法律认可的权利主体或个体应该或必须作为或不作为的责任或自律。所以,权利概念突出法律允许的个体自由,义务概念凸显法律强制规定的约束或负担,限制个体行为自由。

那么,法律允许的个体行为自由究竟是何种意义上的自由?法律规定的负担或责任又有何价值特征?关于这两个问题,康德的法哲学理论有较为细致的论述,可以作为西方法哲学中权利、义务说的代表。

在法律条款中,法律权利大多表述为"可以""允许"或"有……的权利/自由""有权",法律义务一般以"应当/必须"(要求作为)和"不得/禁止/严禁"(不允许作为)的术语表述。康德对允许、不允许、权利和义务诸概念的含义与性质有具体界说。在《道德形而上学》一书中,他不但区分了日常生活和伦理或法权意义上的允许与不允许的差异,而且对允许、不允许和义务概念有明确阐述。康德认为,日常生活中"一个既不被要求也不被禁止的行动,就只是**允许的**,因为就这种行动而言,根本就不存在任何限制的自由(权限)法则,而且没有任何义务。这样一种行为叫作道德上无关紧要的"③。也就是说,一个不涉及自由法则(不管是内在道德法则,还是外在行为法则)限制或规定的允许行为,既不违背任何义务,也没有任何义务可言,也就与道德或正当性无关。比如说,日常生活中我们允许或不允许自己看电影,父母允许或不允许孩子出去玩,等等,这一类事情涉及的允许与不允许行为,就既不违背、也不包含任何与道德或正当性相关的义务,仅仅是个体意志的主观任意表达。

相比之下,道德和法权意义上的"允许"与"不允许"则有完全不同的价值特征,与法权或伦理意义上的权利和义务概念相关。康德说:

> 某此行为是**允许的**或是**不允许的**,即在道德上是可能的或不可能

---

① 《法学词典》编委会编:《法学词典》(增订版),上海,上海辞书出版社,1984年,第267页。
② 同上,第48页。
③ 〔德〕康德著,李秋零主编:《康德著作全集》(第6卷),第230页。

的,而这些行为中的一些,或者其对立面,则在道德上是必要的,亦即有责任的,由此对那些行为来说就产生了一种义务的概念。

允许的是一个并不违背责任的行为(licitum[被允许的东西]);而这种不受相反命令式限制的自由就叫作权限(facultas moralis[道德能力])。由此,什么是**不允许的**(illicitum),就不言而喻了。**义务**是某人有责任采取的行动。……责任不只包含实践的必然性(这类东西表示一个一般的法则),而且还包含**强制**,因此,上述命令式要么是要求的法则,要么是禁止的法则,根据做还是不做被表现为义务而定。

一般而言**正当的**或者**不正当的**(rectum aut minus rectum)是一个行为,如果它是合乎义务的或者不合乎义务的(factum lictum aut illicitum[允许的行为或不允许的行为]);义务本身可以在内容或者来源上随便是什么性质的。①

康德的这些论述表明,道德或法权意义上的允许或不允许都与义务密切相关。具体而言,允许意指该行为合于伦理法则或道德命令规定的自由或权限,在道德上是必要的,是合乎义务或责任的,有正当性;不允许则指该行为不合于道德命令规定的自由或权限,是不合乎义务或责任的,不具有正当性。同时,责任或义务基于某种一般的必然道德法则,具有强制性,表示要求或禁止。这种义务或责任的内容与来源可以有(道德或非道德的)不同性质。因此,道德或法权意义上的允许与不允许概念分别具有正当与不正当的道德属性。也就是说,允许是以法律权利(自由)的形式表达个人行为合乎道德法则("命令限制")的义务,或者说权利概念包含某种法权义务;不允许是以法律义务的形式说明,个体行为不合乎或违背道德法则的义务,没有相关行为的权限或自由。康德以权限或自由概念界定道德或法权意义上的允许,说明在合乎道德义务的范围内,法律赋予个体行为的自主性,且不受他人干涉和阻碍。对个体而言,他可以自主行使法律赋予的权利或自由,也可以不行使法律赋予的权利或自由。但无论如何,个体行为的权利或自由是法律允许的,且合乎相应的道德义务,具有正当性。

综上,法律权利指称法律允许的、合乎道德义务的,个体作为或不作为的权限或自由。法律义务指称法律要求或禁止(不允许)的、合乎或违背道德义务的,个体作为或不作为的责任与强制。因此,对个体而言,个体可以自主行使或不行使法律赋予的权利或自由。但是,个体必须行使

①　〔德〕康德著,李秋零主编:《康德著作全集》(第6卷),第228—229、230、231页。

法律规定的义务。同时,法律权利与法律义务都包含相应的道德义务,具有正当性。

(三) 中国古代亲属容隐制度的权利与义务归属再探

由上文可知,法律权利与法律义务既有各自鲜明的含义、表述与特征,又相互关联。因此,要判定中国古代亲属容隐制度是权利性质的条款还是义务性质的条款,人们应该结合法律权利与法律义务概念,具体辨析中国古代亲属容隐制度中法律条款的权利或义务归属问题。然后,人们才能理解,中国古代亲属容隐制度的法学实质及其合法性。

纵观中国古代亲属容隐制度的相关规定,人们可以得出,这一制度大体有两类表述。一类是带有肯定或默许性质的表述。比如:"子首匿父母,妻匿夫,孙匿大父母,皆勿坐。"①"诸同居,若大功以上亲及外祖父母、外孙,若孙之妇,夫之兄弟及兄弟妻,有罪相为隐。部曲、奴婢为主隐,皆勿论。即漏露其事及擿语消息,亦不坐。"②这类法律条款通过"勿坐""勿论""不坐"诸术语,表示上述隐匿与泄露消息的行为不受牵连与法律惩罚。或者说,这些行为被法律所默许或允许。上文已指明,法律权利是法律允许且合乎道德义务的个体作为或不作为的权限或自由。因此,隐匿亲属与泄露消息给亲属的行为受法律默许或允许,合乎家庭道德义务,属于法律权利性质的条款规定。这些权利条款意味着,人们有自主行使隐匿亲属与泄露消息给亲属的权利,且不受他人干涉或阻碍。当然,人们也可以不隐匿亲属或泄露消息给亲属。需要注意的是,人们不行使上述行为的权限或自由,只是消极地不隐匿或不泄露消息给亲属,不等于说人们可以告发亲属。并且,隐匿亲属与泄露消息给亲属合乎家庭道德义务,是法律允许的行为。

另一类是带有否定或禁令性质的表述。比如:"诸告祖父母、父母者,绞。""诸告期亲尊长、外祖父母、夫、夫之祖父母,虽得实,徒二年。其告事重者,减所告罪一等。""告缌麻、小功卑幼,虽得实,杖八十。大功以上,递减一等。"③"其于律得相容隐……皆不得令其为证。违者,减罪人罪三等。"④这类法律条款通过"徒二年""告罪""杖八十""递减一等""不得"诸术语表示,告言和证罪亲属的行为受法律处罚或强制禁止。换言之,法律不允许人们告发与证罪亲属。因此,告发与证罪亲属的行为不被法律允许,违背家庭道德义务,属于法律禁止的义务规定。

---

① (汉) 班固:《汉书》,第 251 页。
② (唐) 长孙无忌等撰,刘俊文注:《唐律疏议笺解》,第 466—467 页。
③ 同上,第 1623、1629、1633 页。
④ 同上,第 2030 页。

　　相较于近现代西方法律允许个体有拒绝证罪与不告发亲属的权利条款而言,不允许证罪与不告发亲属属于义务条款。结合康德对法律权利的界说,可以得出,近现代西方法律允许个体拒绝证罪与不告发亲属的权利条款,同样意味着拒绝证罪与不告发亲属合乎家庭道德义务,是法律允许的行为。与此同时,近现代西方法律未设立允许个体证罪与告发亲属的权利条款规定。这说明,证罪与告发亲属是不合乎(家庭道德)义务的行为,因而法律未明确规定个体相应行为的自由与权限。故而,不证罪与不告发亲属的法律权利条款彰显出,个体不证罪亲属或不告发亲属的自由与权限。因为该行为合乎道德义务,而不是邓晓芒理解的个体有告亲或不告亲的主观自由任意。故而,无论允许拒绝罪证与不告发亲属的权利条款,还是禁止告发与罪证亲属的义务条款,都表明不告发与不罪证亲属合乎家庭道德义务,具有正当性或合法性,因而受法律肯定与保护。

　　然而,人们往往质疑,拒绝证罪与不告发亲属的法律义务条款无法解决家庭义务与公民义务、道德义务与法律公正之间的冲突。关于义务冲突的问题,康德也有论说。他说:

　　　　种种义务的冲突(collisio officiorum s.obligationum[种种义务或者责任的冲突])就会是它们之间的关系,通过这种关系,其中一个(全部或者部分地)取消另一个。——但是,既然义务和责任一般而言都是表述某些行动的客观的和实践的**必然性**的概念,而且两条彼此对立的规则不能同时是必然的,而是如果根据其中一条法则去行动是义务,那么根据相反的规则去行动就不仅不是义务,而且甚至是有悖义务,所以,**义务**和责任的冲突就是根本无法想象的(obligationes non colliduntur[责任不能互相冲突])。但是,这很可能是责任的两个**根据**(rationes obligandi[责任的根据]),它们的这一个或者那一个不足以使人承担义务(rationes obligandi non obligantes[责任的根据不能使人承担责任]),它们在一个主体中或者在主体给自己制定的规则中结合起来,此时有一个不是义务。——如果这两个根据彼此冲突,那么,实践哲学所说的就不是:较强的责任占了上风(fortior obligatio vincit[较强的责任取胜]),而是较强的**使人承担义务的根据**保持着这位置(fortior obligandi ratio vincit[较强的使人承担责任的根据取胜])。①

————————

① 〔德〕康德著,李秋零主编:《康德著作全集》(第6卷),第231—232页。

康德认为,义务(或责任)与义务不能互相冲突。因为义务冲突论会使两种义务中的一个取消另一个,使被取消的义务不具有普遍必然性。但同时,康德指出,个体行动的义务或责任可能存在两个根据的冲突,其中较强的使人承担义务的根据占了上风。据此,亲属容隐制度允许或要求个体不证罪与不告发亲属,主要由于这一行为符合家庭道德义务。而法律让人们承认家庭道德义务的原因在于,对个体而言,相对于说真话与同情陌生人,亲情以及家庭伦理往往是较强的使个体承担义务的根据,后者将促使人们承担家庭道德义务。

需要指出的是,社会生活实践中关于亲属犯罪的问题,其实不存在道德义务与法律公正之间的冲突。因为法律可以通过其他诸多义务条款和司法手段来惩处犯罪行为,以维护法律公正。但同时,法律允许或要求人们不证罪或不告发亲属,说明该行为合乎家庭道德义务。因此,与其说亲属容隐制度违背法律公正,将家庭义务置于法律公正之上,不如说法律在捍卫社会公正的同时,也肯定与维护家庭道德义务。

由此可见,中国古代亲属容隐制度既有隐匿亲属的权利条款规定,又包含不证罪与不告发亲属的义务条款规定,展现出法律权利与法律义务双彰的特点。同时,中国古代亲属容隐的权利规定意味着,个体可以自主行使或不行使隐匿亲属的权利与自由,而不受他人干涉或阻碍。同时,个体必须履行不告发亲属的法律义务。并且,中国古代亲属容隐的权利条款与义务条款共同表明,亲属容隐行为合乎家庭道德义务,具有正当性,受法律肯定与保护。

第三节　中国古代亲属容隐制度的现代重构

由上文可知,中国古代亲属容隐制度肯定与维护了亲情与家庭伦理,符合立法的基本原则,体现出情理法相结合的立法思维特质,具有合法性。故此,这一制度及儒家"亲亲相隐"伦理精神,可以在当代中国的法律规范与司法实践中继续落实。2012年新修订的《中华人民共和国刑事诉讼法》(以下简称《刑诉法》)首次承认亲属拒绝出庭作证的法律条款,就充分说明了这一点。新修订的《刑诉法》对中国当代的立法与司法实践、公民道德修养和国家治理,都极具现实意义。当然,中国古代亲属容隐制度是在君主专制与宗法伦理政治背景下创立的法律制度,有历史局限性。故此,在当代中国立法实践中重构亲属容隐制度,立法者必须在吸收中国古代亲属容隐制度的基本伦理与法制精神的基础上,借鉴现代西方法理学的相关理论,并结合当前中国社会的国情,进一步完善亲属容隐制度的各项规定,从而保障基本人权,促进家庭与社会的和谐、有序。基于此,本节将试图探讨重构新中国的亲属容隐制度应该考量的主要问题,确立亲属容隐行为的范围与限制,希望能为国家立法与司法机关完善亲属容隐制度提供有益参考。

一、新修订《刑诉法》增订亲属容隐条款的意义

2012 年 3 月 14 日,第十一届全国人民代表大会第五次会议通过了《全国人民代表大会关于修改〈中华人民共和国刑事诉讼法〉的决定》。这一决定新增的第 188 条第 1 款规定:"经人民法院通知,证人没有正当理由不出庭作证的,人民法院可以强制其到庭,但是被告人的配偶、父母、子女除外。"它意味着,中国新修订的《刑诉法》允许亲属有拒绝出庭作证的权利。这条规定虽然极有限地承认亲属容隐行为,却是新时期立法实践的一大进步,对我国的立法及司法实践、道德教化与国家治理诸方面,均有重要意义。

在立法与司法实践方面,新修订的《刑诉法》首次承认个体拒绝出庭指证亲属的权利,开始将亲属容隐制度纳入国家的立法规定与司法实践中。1949 年以来的《刑事诉讼法》要求公民有作证的义务,并严禁公民隐匿犯人。对此,1979 年和 1997 年的刑法有明确规定。这意味着,国家法律严格要求公民履行法律义务,以维护法律公正与惩恶扬善的社会风气。然而,这些规定却忽视了,亲属犯罪的特殊情况下,国家法律一味要求公民(包括罪犯的亲属)履行法律义务,可能造成强制性的法律义务对人们的亲情与家庭伦理义务的倾轧,带来国家公共权力侵害家庭私人领域自治与个体人权的不良后果。

随着立法实践的发展,2012 年新修订的《刑诉法》承认人们有拒绝出庭指证犯罪亲属的权利。首先,这意味着传统亲属容隐法律精神重新回归到中国立法与司法实践中,使得一度中断的传统亲属容隐法律制度在我国的法律体系中得以接续。其次,新修订的《刑诉法》允许不出庭指证犯罪亲属的法律规定,是中国立法实践进步的表现。这项规定在要求公民履行法律义务的同时,允许公民拒绝出庭指证犯罪亲属,既强调法律义务的普遍而强制的约束力,又表明法律对人的自然亲情以及家庭伦理义务的认可。它充分彰显法律义务与家庭伦理义务的协调统一,能有效缓解之前刑法规定带来的法律义务与家庭伦理义务、国法与亲情的直接冲突,弥补之前刑法规定的不足。再次,新修订的《刑诉法》允许亲属不出庭作证的法律权利规定,体现了法律对个体人权的保障。这项法律规定表达出个体有不出庭指证亲属

的自由或权利,承认不指证亲属的行为合乎家庭道德义务,从而保障个体人权与家庭伦理。同时,这项法律规定承认,不指证亲属出于人的自然亲情,合于人的自然法权,具有自然的合法性。① 故而,新修订的《刑诉法》允许不指证亲属的权利规定,展现出法律对个体权利与家庭伦理的保障,以及立法依据人的道德义务、生存方式(家庭生活)和自然法权的普遍原则。

在道德教化方面,新修订的《刑诉法》允许个人有拒绝出庭指证亲属的权利,以法律规定的形式培护亲情与家庭伦理。相较于之前要求所有公民出庭作证的规定,这项新规定不因犯罪嫌疑人触犯法律,就要求犯人的亲属履行公民的法律义务并指证其罪行,而是允许犯罪嫌疑人的亲属拒绝出庭作证。这项规定不但通过强制法律约束的形式,帮助人们树立严格守法的法律责任意识;而且能有效防止因公开指证犯罪亲属,致使犯罪嫌疑人与其亲属产生隔阂,乃至亲情破裂、反目成仇,从而有效培护犯罪嫌疑人与亲属之间天然而深挚的亲情与信赖感。

并且,这项规定允许亲属可以拒绝公开指证犯罪嫌疑人,一方面能够避免亲属在公众面前坐实犯罪嫌疑人的罪行,而产生羞愤心理,进而公开责怪与怨恨犯罪嫌疑人,以至于出现相互怨怼、相互谩骂乃至相互揭短的难堪局面,可以在一定程度上维护犯罪嫌疑人与亲属的尊严,呵护家庭成员的敬爱情感意识和荣辱与共意识;另一方面能够有效避免法律强制近亲属出庭作证与近亲属不愿意作证的矛盾带来的近亲属出于亲情、家庭伦理和颜面而故意作伪证的情况,以及妨害司法公正与破坏公民守法意识的不良影响。此外,新修订《刑诉法》允许人们拒绝出庭指证犯罪亲属,也间接肯定了传统慈孝友悌的家庭伦理规范能有效维系家庭成员相互关爱与相互尊敬的良好氛围,并为家庭成员私下展开道德劝谏与道德感化开辟了空间。这对家庭道德教化以及家庭美德与个人品德的培养,均有积极助益。因此,新修订的《刑诉法》允许亲人拒绝指证犯罪嫌疑人,充分体现出法律对人性、亲情与家庭伦理的关怀与保障。

在国家治理方面,新修订的《刑诉法》允许人们拒绝出庭指证亲属,是法治与德治相结合理念的落实。依法治国是中国特色社会主义建设一直坚守的基本治国方针。科学立法、严格执法、公正司法、全民守法的"新十六字方针"表明,立法要有科学依据或符合法理学的基本理论原则,执法要严格、规范,司法实践要遵循社会公正原则,全体公民都要有法律规范与法律责任意识以及培养自觉守法的行为规范。中国特色社会主义的国家治理既需要以

① 参见本章第二节第一小节。

法治国，又离不开以德治国。德治既是中国的民族文化传统，又合于党和国家治理社会的需要。因此，中国特色社会主义的以德治国充分借鉴了中国古代德治理论，并依据中国社会发展与公民道德建设的基本要求，强调道德的柔性功能。德治注重人性关怀、社会伦理规范与道德教化，对培养人们的道德自律意识与行为规范以及维系社会的安定与秩序有重要作用。

新修订的《刑诉法》第 188 条规定，既强制要求公民出庭作证，又允许亲属拒绝出庭指证犯罪嫌疑人。这体现出法律严格执法、依法打击犯罪的基本精神。它要求一般公民遵守法律规范，履行法律义务。该项规定严格贯彻落实了依法治国的基本要求。同时，这项法律规定为犯罪嫌疑人与其亲属的亲情与家庭伦理留下空间，符合依人的天性与道德义务立法的原则。并且，这项规定符合中国特色社会主义以德治国方略中家庭美德与个人品德建设的基本要求。因而，这项法律规定考虑到人的自然亲情与家庭伦理的特殊性，并将中国传统文化注重家庭伦理的要素纳入立法与司法实践中，从而实现了法律的刚性要求与道德的柔性滋养相融合。所以，这项新的法律规定很好地体现了依法治国和以德治国在国家治理中的相互补充与相互促进。这不仅有益于人们恰当处理政治公共领域的法律义务与家庭私人领域的亲情与道德义务的关系，而且有助于实现科学立法、严格执法与全民守法的法治方针和以社会公德、家庭美德与个人品德为落脚点的德治理念的相互协调、相互促进，是中国特色社会主义国家治理理念的具体落实。

总之，新修订的《刑诉法》允许亲属有拒绝出庭作证的权利，是传统亲属容隐制度重新回归中国现代法律的标志性条款。这项法律条款的确立是中国立法实践进一步完善的表征，能帮助人们培养守法意识、道德教化意识、家庭美德与个人品德。并且，这项法律条款充分体现立法的科学性，符合中国特色社会主义法治与德治相融合的国家治理要求，是中国式善治理念的具体落实。受这项亲属容隐条款影响，中国现行司法解释的少数条款作出了亲属容隐的相关规定。① 这也为亲属容隐制度进一步回归中国现代立法与司法实践，提供了有力支持。

---

① 关于盗窃案件的第八条规定："偷拿家庭成员或近亲属的财物，获得谅解的，一般可不认为是犯罪；追究刑事责任的，应当酌情从宽。"（2015 年最高人民法院与最高人民检察院发布的《关于办理盗窃刑事案件适用法律若干问题的解释》）关于隐瞒犯罪所得的第二条规定："对亲属之间犯有隐瞒犯罪所得及其收益罪的可以免于刑事处罚。"（2015 年最高人民法院发布的《关于审理掩饰、隐瞒犯罪所得、犯罪所得收益刑事案件适用法律若干问题的解释》）关于毒品犯罪的第十二条规定，容留近亲属吸食、注射毒品的，若不具有严重主观恶性及社会危害性，可以不作犯罪处理。即便需要追究刑事责任，也可以从宽处理。（见 2016 年最高人民法院发布《关于审理毒品犯罪案件适用法律若干问题的解释》）

二、完善亲属容隐制度的可能思考

新修订的《刑诉法》允许亲属拒绝出庭作证,有限地承认亲属容隐的权利,表明亲属容隐制度开始回归到中国现代法律体系中。但是,中西方古代的亲属容隐制度内容丰富,对于容隐的范围、方式、后果等都有详细规定,符合法理学原则,并彰显民族文化特色。西方近现代法律以及中亚法律也都将亲属容隐制保存了下来。① 上文已指明,国家立法与司法机关将亲属容隐制度纳入当代中国法律体系,符合中国特色社会主义长治久安以及法治与德治相融合的基本要求。故此,进一步将亲属容隐的伦理精神与法制理念落实于立法与司法实践中,是十分必要且可行的。

但同时,当前中国法律体系重新吸纳亲属容隐制度,仍然需要从多方面加以考量与完善,任务艰巨。对此,国家立法机关需要结合中国现阶段社会发展的基本国情,依据相关法理学原则,批判地继承传统伦理文化与传统亲属容隐法律制度,同时借鉴西方亲属容隐制度,作出严谨而科学的立法规定。大体而言,国家司法机关可以从容隐亲属的范围、亲属隐匿行为的主观意图、法律许可亲属隐匿的行为类型以及禁止亲属隐匿的罪行范围诸方面,作出科学、合理的规定。

首先,法律应该明确容隐亲属主体的范围。中国现行法律给出了近亲属的定义。但是,不同法律文件的界说存在差异。刑诉法规定的近亲属有夫妻、父母、子女、同胞兄弟姐妹。② 民诉法关于近亲属规定的司法解释多了祖父母、外祖父母、孙子女和外孙子女,兄弟姐妹不再限于同胞。行政诉讼法的司法解释又比民诉法多了抚养和赡养关系的亲属。不同类型法律对近亲属规定的差异可能会对法律在司法中的应用造成一定困扰。因此,法律需要重新确定近亲属与亲属的主体范围。

笔者认为,容隐亲属的主体范围的确立,应该依据当前中国的家庭结构与民族文化特点。相较于中国古代社会家族式的大家庭结构,现代化的中国家庭以配偶组成的核心家庭为中心,并倡导男女平等。因此,家庭成员关系应该包括夫妻、双方父母、子女、兄弟姐妹、(外)祖父母和(外)孙子女。同时,现代社会推崇婚姻自由与个体自由,离婚与重组家庭较为普遍。社会生活中还存在收养孤儿的情况。由此,核心家庭成员还应该包括存在抚养与赡养关系的继父母、继子女以及同父异母或同母异父的兄弟姐妹。这些

---

① 参见郭齐勇主编:《〈儒家伦理新批判〉之批判》,第22页。
② 见《中华人民共和国刑事诉讼法》第108条第6款。

都可以被纳入允许容隐的近亲属范围。并且,中国有重视家族团结与亲属的远近亲疏关系的传统。虽然同居共财的大家族生活共同体瓦解了,但是不仅直系亲属,三代以内的旁系亲属以及姻亲之间仍然是亲缘较近的亲属,在日常生活中有所往来。故而,容隐亲属主体的范围也可以扩大到三代以内的旁系亲属以及姻亲,并参照中国古代依亲疏治罪的刑罚考量,酌情对这类亲属的隐匿行为予以减免处罚。

其次,法律应该根据亲属隐匿行为的主观意图,确立亲属的隐匿行为是否合法。由上文可知,法律之所以允许亲属容隐,主要依据亲情与家庭伦理义务。因此,若亲属隐匿犯罪嫌疑人只是出于亲情与家庭伦理责任,而非其他私人意图,并且,亲属隐匿犯罪嫌疑人时,也没有掺杂恶意报复社会、公然藐视法律权威以及恶意阻碍执法的意图,那么,亲属隐匿犯罪的行为应该受到法律的许可,可以免除或者酌情减轻对其的处罚。但如果亲属的隐匿行为掺杂了践踏法律权威、恶意为害法律公正和社会公正及秩序的意图,或者亲属的隐匿行为是为了谋求自身或他人的利益或非法利益以及其他不可告人的目的。那么,法律应该按照公民守法的要求,对隐匿犯罪嫌疑人的亲属予以相应的惩罚。

再次,法律应该明确规定,亲属的哪些隐匿行为是法律允许的容隐行为。由上文可知,我国刑诉法容许亲属有不出庭作证的权利。在有关偷盗、隐瞒犯罪所得和毒品犯罪的个别司法解释条款中,国家最高法院也承认"亲亲相隐"行为。这标志着我国立法开始认可与推行亲属容隐的法律规定。但是,无论中西方古代还是近现代西方与东亚国家,都有一套较为完备的亲属容隐法律制度。相比之下,我国现阶段的法律体系对"亲亲相隐"行为的承认与规范,还不够完善。因此,我国立法实践需要进一步将"亲亲相隐"的伦理与法制精神纳入国家法律体系的相关规定,以凸显科学立法的法治精神,同时更好地落实法治与德治相融合的治国方针。

国家立法实践继续将"亲亲相隐"精神入法的首要任务,是严格限定亲属容隐行为的法律许可范围与程度。国家立法机关应该依据"亲亲相隐"的基本伦理精神,并借鉴中国古代和西方与东亚近现代亲属容隐制度的具体法律规定,在不违背国家立法原则与程序的前提下,确定应该减免法律责任的亲属容隐行为。基于此,国家立法机关可以从如下五类行为出发,确立亲属容隐的法律规定。

1. 亲属窝藏犯罪嫌疑人的行为。包括:为犯罪分子提供藏匿住所或给予钱财、物资,以方便其藏身或逃匿的行为;向犯罪嫌疑人通报侦查或追捕动静或提供化装用具等帮助其逃匿的行为;帮助犯罪嫌疑人藏匿犯罪所得的钱财、物资,妨碍侦查取证的行为。

2. 亲属包庇犯罪嫌疑人的行为。包括:向司法机关作虚假证明,为其掩盖罪行的行为;帮助犯罪嫌疑人毁灭罪证、湮灭罪迹的行为,使其逃避法律制裁;为了保护犯罪嫌疑人免受法律制裁,顶替其自首的行为。

3. 亲属消极不作为的行为。除了拒绝出庭作证之外,这类行为还包括:明知犯罪嫌疑人触犯法律,但不举报,放纵其脱逃;隐瞒犯罪嫌疑人的活动轨迹、犯罪证据以及犯罪所得的钱财与物资①。对此,公安机关、检察机关不得强迫、威胁、引诱犯罪嫌疑人的亲属作证。

4. 亲属诬告被告人的行为。亲属因家庭矛盾而诬告被告人的行为,法律不以亲属诬告与诽谤定罪。

5. 亲属诈骗、敲诈受害人的行为。亲属单独使用欺骗手段以及恐吓、威胁或要挟的方法,侵犯受害人的私有财产或人身权利,但非恶意伙同他人②或频繁作案且数额不巨大、情节不严重的行为,或获得受害人谅解的行为,法律不以诈骗罪、敲诈勒索罪定罪。

这五类行为都可以纳入法律认可的亲属容隐行为的考量范围。需要注意的是,立法和司法机关在重新确立与推行亲属容隐制度时,应该考虑到上述行为的主观意图必须符合"亲亲相隐"的伦理精神。若亲属为了实现自身利益或其他不可告人的目的而采取上述行为,则不受法律认可,反而应该予以制裁。并且,法律应该考虑近亲属与其他亲属的量刑区分。对于近亲属做出上述行为,法律应该尽量免除刑事处罚;对于三代以内非近亲属的旁系亲属及姻亲,法律应该酌情减免其刑罚。此外,法律还应该结合不同司法案件的性质,对亲属容隐的程度与方式予以具体规定。

最后,法律应该严格规定,犯罪嫌疑人如犯严重危害国家、社会与家庭的罪行,禁止亲属隐匿犯人。法律固然应该依据"亲亲相隐"伦理精神,认可亲属容隐。但是,法律应该更以国家利益、社会稳定或国民大义为重。并且,亲属隐匿行为不能违背亲情与家庭伦理精神。基于此,法律应该严格限制亲属容隐行为的边界,规定隐亲行为的禁忌。大体而言,国家立法机关可以从如下四个方面考量禁止亲属隐匿行为的范围。

1. 危害国家安全与国家利益的罪行不容隐。中国古代亲属容隐制度曾规定,谋反、大逆及谋叛以上的重罪,不适用于亲属容隐。这类罪行严重危

---

① 隐瞒财产与物资的行为不仅包括拒绝报告或不如实报告犯罪所得的财产与物资,还包括帮助犯罪分子转移赃物、销售赃物、收购赃物等。

② 如恶意伙同他人对亲人和自己实施暴力绑架,或恶意伙同他人陷害亲人,并以此敲诈亲人。

害国家政治稳定与国家安全,损害国家利益,当代中国法律同样应该严禁这类隐匿罪人。因此,犯了谋反、伤害国家领导人和通敌叛国的严重危害国家安全与国家利益的罪行,应该禁止亲属隐匿罪人。此外,危害国家安全与发展和国家利益的罪行还应该包括袭击政府机构、侵占与挪用国有资产。这类罪行也应该禁止亲属隐匿。

2. 损害公共安全与公共秩序的罪行不容隐。随着中国社会公共领域的扩张,公共安全与公共秩序对社会的秩序与发展和公民合法权益的保障作用,在人们社会生活中日益重要。比如,公共食品和公共药品安全问题、以传染病为代表的公共卫生问题、黑社会性质的严重暴力性犯罪、聚众扰乱公共秩序等,受到国家与社会前所未有的关注。对于危害公共安全与扰乱公共秩序的罪行,法律应该禁止亲属隐匿。

3. 严禁公职人员利用职务之便,隐匿犯罪亲属。国家公职人员不仅代表国家和政府,而且有公共职责在身。同时,国家公职人员拥有公权力。倘若公职人员利用职务之便帮助亲属逃避抓捕、作伪证、甚至枉曲司法裁决,使罪人免于法律制裁,不仅严重损害国家和政府形象,而且妨害执法,损害法律权威与社会公正。故此,对于公职人员隐匿犯罪亲属的行为,法律应该严格彻查,禁止其利用自身权力和私人关系隐匿犯罪亲属。

4. 对家庭成员内部实施的犯罪,禁止亲属隐匿。作为社会的基本单元,家庭应该以相互关心、敬爱的亲情为重,家庭成员之间对彼此负有伦理责任。但是,在当代中国社会转型与发展的特殊时代背景下,受种种主客观因素影响,家庭成员之间的亲情较传统社会淡薄,家庭道德教育也有所欠缺。同时,传统家庭伦理规范与家庭美德教育,未能在大众层面得到很好的传承。于是,社会生活实践中,家庭成员内部会发生诸多因家庭矛盾而相侵害的犯罪现象,比如重婚罪、虐待罪、遗弃罪、故意杀人罪、恶意陷害罪等。这些罪行违背家庭人伦道德,严重损害亲情,也对被害亲属的心理与生理造成恶劣影响,极大偏离了亲属容隐制度的基本精神。并且,这类罪行发生在较为隐蔽的情形下,亲属若隐匿犯人的罪行,会使受害人的权益无法得到保障。对于这类罪行,法律应该禁止亲属隐匿,并倡导亲属举报。

总之,只有重新确立亲属的主体范围,充分考量亲属隐匿行为是否出于"亲亲相隐"伦理精神,明确法律许可的亲属隐匿行为的类型,并严格限制亲属隐匿的边界,才能确立起科学、合理且完备的亲属容隐法律制度,以更好地保障亲情、家庭伦理与人权,同时不枉曲法律权威与社会公正。当然,亲属容隐制度在现代中国立法与司法实践中的落实不是一蹴而就的,需要随着中国社会主义法治与道德建设和中国社会的发展而不断完善。同时,社会文明、科学与技术手段的进步也会推动亲属容隐制度日益完备。

小　结

中国古代亲属容隐制度是儒家"亲亲相隐"伦理精神运用于法律的典型表现。这一制度传承于古代,又在近现代一度中断。学界对该制度的合法性的论争以及众多学者的大力呼吁,使得亲属容隐制度的个别规定被新修订的《刑诉法》及少数案件的司法解释重新吸收。这意味着,亲属容隐制度开始回归中国现代法律。

为了更好地继承中国古代亲属容隐制度,以及科学、合理地重构中国现代亲属容隐制度,人们需要系统了解中国古代亲属容隐制度的主要特点与法理依据,从而深入理解这一制度的合法性与局限。中国古代亲属容隐主要有三大特征:一是容隐亲属的主体范围从汉代的直系亲属,扩展到唐代以后五服以内的亲属、姻亲及奴婢;二是亲属容隐制度由汉代直系亲属相互隐匿的笼统规定,发展到唐代以后的藏匿、不逼迫作证、不告发、泄露消息、帮助逃脱等十余种规定,并确定了相应的法律后果,内容不断详实与完善;三是亲属容隐制度彰显孝与家庭和睦、尊卑与亲疏之别和亲情,具有鲜明的人情色彩。中国古代亲属容隐制度能为国家立法与司法机关完善中国现代亲属容隐制度提供借鉴。

中国古代亲属容隐制度虽然植根于君主专制与宗法伦理,却符合法理学理论与原则。首先,它体现了情理法相融合的综合立法思维。中国古代亲属容隐制度呈现出依血缘(或两性)的亲情与天性立法的自然法原则,依家庭伦理与事理(民众心理、习惯与风俗)立法的特征,并彰显国法的权威性。其次,它表达出权利与义务并重的法学实质。法律权利指法律许可的个体自由与权利,是以法权形式表达个体履行道德义务的自由与权限。个体可以自主决定行使或不行使法律赋予的自由与权利。法律权利与法律义务都包含相应的道德(或法律)义务。只不过,前者表示法律允许个体履行相关道德义务,后者强调必须履行相关义务。据此,中国古代亲属容隐制度可以被划分为法律默许亲属隐匿和法律禁止亲属告发两大类。它们分别表示,隐匿亲属符合家庭道德义务,是法律允许的;告发亲属违背家庭道德义务,是法律禁止的。同时,个体可以决定自主行使或不行使隐匿亲属的权利或自由。但个体不行使隐匿亲属的权利,只是消极地不隐匿亲属,不等于可以告发亲属。当然,必须承认,中国古代亲属容隐制度包含宗法伦理与权力专制色彩,具有时代局限性。

中国古代亲属容隐制度沿袭至清朝,并在近代有所革新,但在 1949 年后的一段时期的立法实践中一度中断。2012 年新修订的《刑诉法》允许亲属拒绝出庭作证,有重要历史与现实意义。它意味着,传统亲属容隐制度重新回归到了中国的立法与司法实践中;法律更加重视与保障亲情与家庭伦理,以促进家庭美德与个人品德的培养;法治与德治相结合的国家治理理念具体落实于立法与司法实践,从而更好地协调社会矛盾,推动中国式善治。

随着中国现代法治建设的发展,亲属容隐制度应该被更好地纳入中国新法律体系中。为此,国家立法与司法机关可以在批判地继承中国传统法制文化的基础上,借鉴西方亲属容隐制度与法理学理论,并结合当前中国的国情与法治理念,科学、合理地完善亲属容隐制度。大体而言,国家立法与司法机关可以从四个方面考量亲属容隐制度的法律重构问题。第一,法律应该依据当前中国的家庭结构与民族文化特点,明确容隐亲属的主体范围,并区分近亲属与其他可以容隐的亲属。第二,法律应该根据亲属隐匿行为的主观意图,确立隐亲行为是否合法。第三,法律应该结合立法原则与中国现阶段的国情,并借鉴中西方亲属容隐制度,从亲属窝藏、包庇、消极不作为、诬告、诈骗或敲诈五类行为出发,确立允许亲属容隐的具体法律规定。第四,法律应该以国家、民族大义和家庭伦理精神为重,确立亲属容隐行为的边界。为此,法律应该明确规定,危害国家安全及国家利益、公共安全及公共秩序的罪行不容隐,严禁公职人员利用职务来隐匿犯罪亲属,并禁止亲属隐匿家庭内部的犯罪行为。

为了更好地重构与落实亲属容隐制度,实现法治与德治的深度结合,国家与社会还应该大力推进公民道德教育与民间自我道德教化,完善社会风俗与民间自治,加强公民的守法意识、社会公德、职业道德、家庭美德与个体品德的培养,以助力当今中国亲属容隐制度的落实与完善。

结　　语

　　鸦片战争以来,西方列强入侵,致使中国近现代社会发生了重大历史变革,并催生出一系列反思与批判传统儒家文化的浪潮。这使得传统儒家伦理文化遭到前所未有的冲击。随着中国现代化的展开与多元文化价值观相互激荡,人们应当如何冷静地反思近百年来的古今、中西文化之争,重估与发掘传统儒家文化,实现中华民族文化的现代化,是20世纪80年代"文化热"以来许多学人共同关注的重要问题。改革开放以来,中国社会暴露的种种社会、政治、经济、文化问题,又为人们批判地继承与创造性转化传统儒家伦理文化,以更好地指导人们的社会伦理政治生活,提供了新契机。在这一特殊时代背景下,如何批判地继承与创新发展传统儒家伦理文化,成为学者们思考的重大课题。

　　围绕儒家伦理文化的现代反思、现代诠释与价值转化这一主题,学界展开的儒家"亲亲相隐"伦理争鸣,充分彰显出学者们的问题意识与时代关怀。学者们就孔孟"亲亲相隐"思想及相关的伦理、政治、法律思想,广泛论争了儒家伦理的历史考察、价值评判与现代意义诸方面内容。经过十几年的学术论争,学者们厘清了儒家伦理的诸多理论与现实问题。但由于学者们论争的问题涉及古今与中西的复杂的理论与现实问题,再加上一些学者受全盘反传统、"以西释中"及"以今释古"文化价值观的负面影响,不仅对儒家伦理文化有隔阂,还以化约思想或笼统泛化的方式解读儒家"亲亲相隐"伦理思想,同时,学者们的思维方式与理论视角各异,也使得这场论争众说纷纭,难成共识。为此,有必要深入辨正儒家"亲亲相隐"伦理思想以及学者们论争的主要议题。

　　罗尔斯曾说:"一种道德观是原则、理想、准则的一个极其复杂的结构,而且涉及思想、行为和情感的所有因素。"①本书以"儒家'亲亲相隐'伦理观念辨正"为题,就是在总结与辨析这场儒家"亲亲相隐"伦理论争的基础上,

---

① 〔美〕约翰·罗尔斯著,何怀宏、何包钢、廖申白译:《正义论》,第463页。

由点到面地揭示儒家"亲亲相隐"伦理政治文化的丰富内涵、理论特质与意义;同时结合客观、辩证的古今、中西比较,探究传统儒家伦理文化的现代诠释与价值转化问题。

基于此,本书分别从经典诠释、理论基础、公德私德观、德性伦理、政治哲学和法伦理诸视角,综合辨析与探究儒家"亲亲相隐"伦理思想。全书共七章。第一章总结儒家"亲亲相隐"伦理争鸣,说明继续研究的必要性。第二章系统梳理儒家"亲亲相隐"思想的经典诠释脉络,辨析历代儒者诠释该思想的异同特色及其优劣。第三章探讨儒家"亲亲相隐"思想的理论基础,揭示儒家伦理的理情融贯思维、泛爱与差等之爱相统一的仁爱思想和原则性与灵活性相统一的权变智慧。第四章至第七章,分别从儒家道德与公德的关系、儒家德性理论、儒家政治伦理与儒家法思想维度,探究儒家的群己观及其理论基础、孝德与直德、德治理念、家国观、忠孝观、公私理念以及亲属容隐制度的法理依据及现代运用的深层意涵、伦理特质与意义。

笔者希望,这项研究能帮助人们系统了解儒家"亲亲相隐"伦理思想的基本意涵、理论形态、伦理特征及现代价值,以推进传统儒家伦理的现代诠释与创造性价值转化。笔者也希望,本书的研究能够为人们道德意识与思想品德的提升、社会公德建设、党的教育、中国的民主政治建设和法制建设,提供一些有益参考。

由于笔者的精力与学识有限,对具体问题特别是跨学科问题的探讨可能还不够深入。有不当之处,还请同行专家们多多批评指正。同时,本书得以撰写与修善,要诚挚地感谢各位师友与同行专家们的悉心指导,师友与专家们的热忱、严谨治学态度与宝贵意见,为本书增色添彩。

新时代背景下诠释与探究儒家"亲亲相隐"伦理思想,涉及传统与现代以及中西方伦理、政治(法制)思想与实践的多角度、多层面的问题。它们既有理论深度,又极具现实意义。如何继续发掘与弘扬儒家"亲亲相隐"伦理政治文化,以更好地引导和规范新时代人们的伦理价值观念与伦理政治实践,值得学界同仁们大力发掘与呼吁。故此,大家还可以继续展开细致、深入的探讨。

参 考 文 献

一、典籍文献

（一）四库类典籍文献

1. （汉）赵岐注，（宋）孙奭疏：《孟子注疏》，《四库全书》（一九五册），台北，台湾商务印书馆，1983 年。

2. （魏）何晏集解，（梁）皇侃义疏：《论语集解义疏》，《四库全书》（一九五册），台北，台湾商务印书馆，1983 年。

3. （魏）何晏集解，（宋）邢昺疏：《论语注疏》，《四库全书》（一九五册），台北，台湾商务印书馆，1983 年。

4. （宋）张九成撰：《孟子传》，《四库全书》（一九六册），台北，台湾商务印书馆，1983 年。

5. （宋）余允文：《尊孟辨》，《四库全书》（一九六册），台北，台湾商务印书馆，1983 年。

6. （宋）陈祥道撰：《论语全解》，《四库全书》（一九六册），台北，台湾商务印书馆，1983 年。

7. （宋）朱熹撰：《四书或问》，《四库全书》（一九七册），台北，台湾商务印书馆，1983 年。

8. （宋）朱熹撰：《论孟精义》，《四库全书》（一九八册），台北，台湾商务印书馆，1983 年。

9. （宋）张栻撰：《癸巳论语解》，《四库全书》（一九九册），台北，台湾商务印书馆，1983 年。

10. （宋）张栻：《癸巳孟子说》，《四库全书》（一九九册），台北，台湾商务印书馆，1983 年。

11. （宋）蔡节编：《论语集说》，《四库全书》（二〇〇册），台北，台湾商务印书馆，1983 年。

12. （宋）赵顺孙撰：《四书纂疏》，《四库全书》（二〇一册），台北，台湾商务印书馆,1983 年。

13.（元）胡炳文撰:《四书通》,《四库全书》(二〇三册),台北,台湾商务印书馆,1983 年。

14.（明）胡广等奉敕撰:《四书大全》,《四库全书》(二〇五册),台北,台湾商务印书馆,1983 年。

15.（明）蔡清撰:《四书蒙引》,《四库全书》(二〇六册),台北,台湾商务印书馆,1983 年。

16.（明）焦竑:《焦氏四书讲录》,《续修四库全书》(一六二册),上海,上海古籍出版社,2002 年。

17.（明）赦敬撰:《孟子说解》,《四库全书存目丛书》(经部,第一六一册),山东,齐鲁书社,1997 年。

18.（明）孙应鳌撰:《四书近语》,《续修四库全书》(160 册),上海,上海古籍出版社,2002 年。

19.（清）王夫之:《四书训义》,《四库未收书辑刊》(贰辑拾叁册),北京,北京出版社,1997 年。

20.（清）王夫之:《读四书大全说》,《续修四库全书》(一六四册),上海,上海古籍出版社,2002 年。

21.（清）陆陇其撰:《四书讲义困勉录》,《四库全书》(二〇九册),台北,台湾商务印书馆,1983 年。

22.（清）潘维城撰:《论语古注集笺》,《续修四库全书》(一五四册),上海,上海古籍出版社,2002 年。

23.（清）梁章矩撰:《论语旁证》,《续修四库全书》(一五五册),上海,上海古籍出版社,2002 年

24.（清）李沛霖、李祯撰:《朱子异同条辨》,《四库禁毁书丛刊》(经 4),北京,北京出版社,2005 年。

25.魏小虎编撰:《四库全书总目汇订》(经部二),上海,上海古籍出版社,2012 年。

（二）其他典籍文献

26.（汉）班固:《汉书》,北京,中华书局,1962 年。

27.（汉）许慎撰;（清）段玉裁注:《说文解字注》,上海,上海古籍出版社,1988 年。

28.（汉）应邵撰:《风俗通义》,北京,中华书局,1985 年

29.（唐）长孙无忌等撰:《隋书·经籍志》,北京,中华书局,1985 年。

30.（唐）长孙无忌等撰,刘俊文注:《唐律疏议笺解》,北京,中华书局,

1996 年。

31. （宋）张载：《张载集》，北京，中华书局，1978 年。

32. （宋）程颢、程颐，王孝鱼点校：《二程集》，北京，中华书局，1981 年。

33. （宋）朱熹著，朱杰人、严佐之、刘永翔主编：《朱子全书》（6 册、7 册、13 册、21 册、23 册、24 册）上海，上海古籍出版社，2002 年。

34. （宋）朱熹撰：《四书章句集注》，北京，中华书局，1983 年。

35. （宋）张栻：《张栻集》，北京，中华书局，2015 年。

36. （宋）黎靖德编，王星贤点校：《朱子语类》，北京，中华书局，1986 年。

37. （宋）陈淳：《北溪字义》卷上，北京，中华书局，1983 年。

38. （宋）洪迈：《容斋随笔》《容斋续笔》，上海，上海古籍出版社，1996 年。

39. （明）王守仁撰：《王阳明全集》，上海，上海古籍出版社，1992 年。

40. （明）刘宗周：《刘宗周全集》，杭州，浙江古籍出版社，2007 年。

41. （明）雷梦麟：《解读琐言》，北京，法律出版社，2000 年。

42. （清）王夫之：《周易外传》，《船山全书》（第一册），长沙，岳麓书社，1988 年。

43. （清）王夫之：《读四书大全说》卷八，北京，中华书局，1975 年。

44. （清）戴震：《孟子字义疏证》，北京，中华书局，1982 年。

45. （清）刘宝楠撰，高流水点校：《论语正义》，北京，中华书局，1990 年。

46. （清）焦循撰，沈文卓点校：《孟子正义》，北京，中华书局，1987 年。

47. （清）阮元校刻：《十三经注疏》，北京，中华书局，1980 年。

48. （清）孙希旦撰：《礼记集解》，北京，中华书局，1989 年。

49. （清）王先谦撰，沈啸寰、王星贤点校：《荀子集解》，北京，中华书局，1988 年。

50. （清）王先慎撰，钟哲点校：《韩非子集解》，北京，中华书局，1998 年。

51. （清）邵晋涵撰：《南江札记》，《清人考订笔记：七种》（影印本），北京，中华书局，2004 年。

52. （清）吉同钧辑：《大清现行刑律讲义》，宣统元年京师法政学堂印。

53. 程树德撰：《论语集释》，北京，中华书局，1990 年。

54. 杨伯峻编注：《春秋左传注》，北京，中华书局，1990 年。

55. 曾振宇，傅永聚注：《春秋繁露新注》，北京，商务印书馆，2010 年。

56. 周绍良主编：《全唐文新编》（第 4 部.第 3 册），长春，吉林文史出版社，2000 年。

57. 宗福邦等主编：《故训汇纂》，北京，商务印书馆，2003 年。

58. 睡虎地秦墓竹简整理小组编：《睡虎地秦墓竹简·法律问答》，北京，文物出版社,1978 年。

59. 黄时鉴编:《元代法律资料辑存》,杭州,浙江古籍出版社,1988 年。

60. 程树德:《九朝律考》,北京,中华书局,2003 年。

61. 陈奇猷校释:《吕氏春秋校释》,上海,学林出版社,1984 年。

62. 荆门市博物馆编:《郭店楚墓竹简》,北京,文物出版社,1998 年。

63. 王利器校:《盐铁论校注》,北京,中华书局,2017 年。

二、近现代中国学者著作

1. 梁启超:《新民说》,沈阳,辽宁人民出版社,1994 年。

2. 蔡元培:《中国人的修养》,成都,四川文艺出版社,2010 年。

3. 刘师培:《刘师培全集》(第四册),北京,中共中央党校出版社,1997 年。

4. 钱穆:《中国学术思想史论丛》(卷二),合肥,安徽教育出版社,2004 年。

5. 吕思勉:《先秦史》,上海,上海古籍出版社,1982 年。

6. 马宗霍:《中国经学史》(影印本),上海,上海书店,1984 年。

7. 程树德:《九朝律考》,北京,中华书局,2003 年。

8. 梁漱溟:《中国文化要义》,上海,上海人民出版社,2005 年。

9. 牟宗三:《心体与性体(一)》,《牟宗三先生全集5》,台北,经联出版事业股份有限公司,2003 年。

10. 徐复观:《学术与政治之间》,上海,华东师范大学出版社,2009 年。

11. 冯友兰:《中国哲学史新编》,北京,人民出版社,1982 年。

12. 鲁迅:《鲁迅全集》(第 1 卷、第 4 卷),北京,人民文学出版社,2005 年。

13. 萧公权:《中国政治思想史》,北京,商务印书馆,2011 年。

14. 童书业:《春秋史》,济南,山东大学出版社,1987 年。

15. 杨宽:《西周史》,上海,上海人民出版社,2003 年。

16. 费孝通:《乡土中国》,北京,北京出版社,2004 年。

17. 蒙培元:《情感与理性》,北京,中国人民大学出版社,2009 年。

18. 余英时:《现代儒学的回顾与展望》,北京,三联书店,2004 年。

19. 李泽厚:《历史本体论、己卯五说》(增订本),北京,三联书店,2006 年。

20. 陈来:《古代宗教与伦理——儒家思想的根源》,北京,三联书店,1996 年。

21. 陈来:《朱子哲学研究》,上海,华东师范大学出版社,2008 年。

22. 陈来:《儒家美德论》,北京,三联书店,2019 年。

23. 金景芳:《金景芳儒学论集》,成都,四川大学出版社,2010 年。

24. 朱贻庭主编:《中国传统伦理思想史》(增订本),上海,华东师范大学出版社,2003 年。

25. 郭齐勇:《中国儒学之精神》,上海,复旦大学出版社,2007 年。

26. 林毓生:《中国传统的创造性转化》(增订本),北京,三联书店,2011 年。

27. 刘笑敢:《诠释与定向——中国哲学研究方法之探究》,北京,商务印书馆,2009 年。

28. 朱维铮编:《周予同经学史论著选集》,上海,上海人民出版社,1983 年。

29. 姚新中著,赵艳霞译:《儒教与基督教——仁与爱的比较研究》,北京,中国社会科学出版社,2002 年。

30. 高平叔编:《蔡元培全集》(第二卷),北京,中华书局,1984 年。

31. 任建树主编:《陈独秀著作选编》(第一卷、第二卷),上海,上海人民出版社,2009 年。

32. 赵清、郑城编:《吴虞集》,成都,四川人民出版社,1985 年。

33. 陈真:《当代西方规范伦理学》,南京,南京师范大学出版社,2000 年。

34. 黄勇:《当代美德伦理:古代儒家的贡献》,上海,东方出版中心,2019 年。

35. 江畅:《德性论》,北京,人民出版社,2011 年。

36. 黄慧英:《儒家伦理:体与用》,上海,上海三联书店,2005 年。

37. 陈弱水:《公共意识与中国文化》,北京,新星出版社,2006 年。

38. 姜广辉主编:《中国经学思想史》,北京,中国社会科学出版社,2003 年。

39. 吴根友:《在道义论与正义论之间:比较政治哲学诸问题初探》,武汉,武汉大学出版社,2009 年。

40. 康学伟:《先秦孝道研究》,长春,吉林人民出版社,2000 年。

41. 陈壁生:《经学、制度与生活:〈论语〉父子相隐章疏证》,上海,华东师范大学出版社,2010 年。

42. 陈乔见:《公私辨——历史衍化与现代诠释》,北京,三联书店,2013 年。

43. 董小川:《儒家文化与美国基督新教文化》,北京,商务印书馆,1999 年。

44. 孙向晨:《论家:个体与亲亲》,上海,华东师范大学出版社,2019 年。

45. 黄时鉴编:《元代法律资料辑存》,杭州,浙江古籍出版社,1988 年。

三、国外学者著作

1. 〔德〕白舍客著,静也、常宏等译:《基督宗教伦理学》,上海,华东师范大学出版社,2010 年。

2. 〔德〕黑格尔著,贺麟译:《小逻辑》,北京,商务印书馆,2009 年。

3. 〔德〕黑格尔著,范扬、张企泰译:《法哲学原理:或自然法和国家学纲要》,北京,商务印书馆,2009 年。

4. 〔德〕康德著,苗力田译:《道德形而上学原理》,上海,上海人民出版社,1988 年。

5. 〔德〕康德著,李秋零主编:《道德形而上学》,《康德著作全集》(第 6 卷),北京,中国人民大学出版社,2007 年。

6. 〔德〕马克思、恩格斯著,中共中央马克思、恩格斯、列宁、斯大林著作编译局译:《马克思恩格斯全集》(第 3 卷),北京,人民出版社,1960 年。

7. 〔德〕马克思、恩格斯著,中共中央马克思、恩格斯、列宁、斯大林著作编译局译:《马克思恩格斯全集》(第 42 卷),北京,人民出版社,1979 年。

8. 〔法〕孟德斯鸠著,许明龙译:《论法的精神》,北京,商务印书馆,2009 年。

9. 〔英〕休谟著,关文运译:《人性论》,北京,商务印书馆,1980 年。

10. 〔古希腊〕亚里士多德著,廖申白译注:《尼各马可伦理学》,北京,商务印书馆,2003 年。

11. 〔古希腊〕亚里士多德著,吴寿彭译:《政治学》,北京,商务印书馆,1997 年。

12. 〔英〕约翰·穆勒著,徐大建译:《功利主义》,上海,上海人民出版社,2007 年。

13. 〔美〕约翰·罗尔斯著,何怀宏、何包钢、廖申白译:《正义论》,北京,中国社会科学出版社,1998 年。

14. 〔美〕麦金太尔著:《追寻美德:道德理论研究》,南京,译林出版社,2011 年。

15. 〔美〕安乐哲:《儒家角色伦理学:一套特色伦理学词汇》,济南,山东人民出版社,2017 年。

16. 〔日〕佐佐木毅、〔韩〕金泰昌主编,刘荣、钱昕怡译:《社会科学中的公私问题》,北京,人民出版社,2009 年。

17. 〔新西兰〕赫斯特豪斯:《美德伦理学》,南京,译林出版社,2016 年。

四、其他书籍

1. 中国孔子基金会编:《中国儒学百科全书》,北京,中国大百科全书出版社,1997 年。

2. 钱玄、钱兴奇编著:《三礼辞典》,南京,江苏古籍出版社,1998 年。

3. 《法学词典》编委会编:《法学词典》(增订版),上海,上海辞书出版社,1984 年。

4. 《中华人民共和国刑事诉讼法》(修正),北京,法律出版社,2012 年。

5.《圣经》,南京,基督教协会,1988 年。

五、论文集与论文

（一）论文集

1. 邓晓芒:《儒家伦理新批判》,重庆,重庆大学出版社,2010 年。

2. 郭齐勇主编:《儒家伦理争鸣集——以"亲亲互隐"为中心》,武汉,湖北教育出版社,2004 年。

3. 郭齐勇主编:《〈儒家伦理新批判〉之批判》,武汉,武汉大学出版社,2011 年。

4. 郭齐勇主编:《正本清源论中西:对某种中国文化观的病理学剖析》,上海,华东师范大学出版社,2014 年。

5. 林桂榛:《"亲亲相隐"问题研究及其他》,北京,中国政法大学出版社,2013 年。

（二）论文

6. 郭齐勇:《内在式批判与继承性创新》,《河北学刊》2009 年第 2 期。

7. 郭齐勇、肖时钧:《"门内"的儒家伦理——兼与廖名春先生商榷〈论语〉"父子互隐"章之理解》,《华南师范大学学报(社会科学版)》2014 年第 1 期。

8. 范忠信:《容隐制的本质与利弊:中外共同选择的意义》,《比较法研究》1997 年第 2 期。

9. 范忠信:《中西法律传统中的"亲亲相隐"》,《中国社会科学》1997 年第 3 期。

10. 景海峰:《2008 中国哲学研究的范式变化与前景》,《文史哲》2009 年第 5 期。

11. 李明辉:《儒家、康德与德行伦理学》,《哲学研究》2012 年第 10 期。

12. 李承贵:《"以西释中"衡论》,《天津社会科学》2016 年第 6 期。

13. 任剑涛:《古今之变与公私德行的现代理解》,《文史哲》2020 年第 4 期。

14. 廖申白:《公民伦理与儒家伦理》,《哲学研究》2001 年第 11 期。

15. 廖申白:《私人交往与公共交往》,《北京师范大学学报(社会科学版)》2005 年第 4 期。

16. 姚大志:《制度正义:政治哲学研究的核心议题》,《中国人民大学学报》2021 年第 2 期。

17. 袁祖社:《"公共哲学"与当代中国的公共性社会实践》,《中国社会科学》2007 年第 5 期。

18. 庄耀郎：《论语论直》，《教学与研究》1995 年第 17 期。

19. 梁涛：《"亲亲相隐"与"隐而任之"》，《哲学研究》2012 年第 10 期。

20. 梁涛、顾家宁：《超越立场，回归学理——再谈"亲亲相隐"及相关问题》，《学术月刊》2013 年 8 期。

21. 廖名春：《〈论语〉"父子互隐"章新证》，《湖南大学学报(社会科学版)》2013 年第 2 期。

22. 杨立华：《敬、慕之间：儒家论"孝"的心性基础》，《江苏社会科学》2017 年第 5 期。

23. 廖小平：《公德和私德的厘定与公民道德建设的任务》，《社会科学》2002 年第 2 期。

24. 廖小平：《中国传统家庭代际伦理的现代转型和重构》，《东南学术》2005 年第 6 期。

25. 刘增光：《汉宋经权观比较析论——兼谈程朱之辨》，《孔子研究》2011 年第 3 期。

26. 任中强：《先秦儒家经权论的涵义及历史价值》，《船山学刊》2007 年第 3 期。

27. 张志强、郭齐勇：《也谈"亲亲相隐"与"罟而任"——与梁涛先生商榷》，《哲学研究》2013 年第 4 期。

28. 张志强：《线性思维、化约主义与高台"说教"——评梁涛等学者对"亲亲相隐"及相关文本的误读》，《学术月刊》2014 年第 2 期。

29. 李若晖：《经典诠释视角下曾元对曾子孝论之调整》，《中州学刊》2019 年第 7 期。

30. 叶舒凤、韩璞庚：《在"互镜"中寻求"合作"——现代性视域中的规范伦理学与德性伦理学之争》，《伦理学研究》2019 年第 6 期。

31. 李海超：《儒家外推私德问题再检讨》，《哲学与文化》2019 年第 7 期。

32. 金小燕：《〈论语〉中孝的德性期许：道德感与行为的一致性——兼与安乐哲、罗思文商榷》，《孔子研究》2016 年第 3 期。

33. 金小燕：《德性伦理学视野下的儒家孝道研究》，山东大学博士学位论文。

34. 王珏：《孝何以是一种德性？——在德性伦理视角下重审亲亲之爱》，《文史哲》2015 年第 4 期。

35. 萧阳：《论"美德伦理学"何以不适用于儒家》，《华东师范大学学报(哲学社会科学版)》2020 年第 3 期。

36. 刘九勇：《儒家家国观的三个层次》，《哲学研究》2021 年第 6 期。

37. 宁志新、朱绍华：《门阀士族的衰落与衰亡原因》,《河北学刊》2002 年第 5 期。

38. 刘水静：《也谈"亲亲相隐"的法律实质、法理依据及其人性论根基——兼评邓晓芒先生的〈儒家伦理新批判〉》,《学海》2012 年 2 月。

39. 任娇娇：《"亲亲相隐"制度在我国的命运——情理与法理的博弈》,《南昌航空大学学报：社会科学版》2013 年第 4 期。

40. 丁为祥：《孔子"父子互隐"与孟子论舜三个案例的再辨析》,《学海》2007 年第 2 期。

六、报刊

1. 马君武：《论公德》,《政法学报》1903 年 4 月 27 日。

七、司法文件

1.《关于办理盗窃刑事案件适用法律若干问题的解释》,2015 年最高人民法院与最高人民检察院。

2.《关于审理掩饰、隐瞒犯罪所得、犯罪所得收益刑事案件适用法律若干问题的解释》,2015 年最高人民法院。

3.《关于审理毒品犯罪案件适用法律若干问题的解释》,2016 年最高人民法院。

后　记

　　本书是我的博士学位论文的拓展与更新，也是我前一阶段儒家思想研学历程的总结。拙著能够付梓，离不开师友们的细心栽培与指导，离不开专家学者们的认肯、提携与宝贵意见，也得益于国家社科基金项目的资助。为此，谨向儒家圣哲致敬，并向给予我帮助与支持的家人、师友、专家和相关单位表示诚挚的谢意。

　　拙著从开始构思到付梓有近十年的时间。这期间得到了很多师友的鼓励、支持与指导，不胜感激。其中，最应该感谢的是恩师郭齐勇教授。郭师为人温柔敦厚，待人和善，竭尽所能关怀与提携后辈，让人如沐春风。读博期间，他一直对弟子们谆谆教导，严谨治学。拙著的主题就是郭师结合我伦理学硕士的经历，和近些年学界论争儒家"亲亲相隐"伦理思想的热点议题，给出的建议。当时，郭师希望我能对这场儒家伦理争鸣作一个总结。他认为，这场论争涉及很多具体问题与理论视域，牵涉到不同学者的不同观点，却众说纷纭，几成公案。对此，还没有学者分领域地将其中的主要问题整理与总结出来，并加以辨析。这项工作可难可易，有一定挑战。接受郭老师的建议之后，我基于自己的专业知识与思考，觉得还可以在总结这场争鸣的基础上，对相关文献、理论和问题作更深入的回应、探讨与拓展。在郭师的肯定、鼓励与指导下，虽然经历了一些曲折与焦虑，但我最终比较顺利地完成了博士论文写作。除此之外，我还要感谢丁为祥、龚建平、胡治洪以及林桂榛和陈乔见五位老师对我论文提出的批评指导意见。他们是这场儒家"亲亲相隐"伦理论战的参与者，对其中的一些问题有切身的体会，给我提了许多中肯的意见和建议，也让我的博士论文更加完善。刘水静老师也对我的博士论文提出了一些质疑，让我能够深入思考一些细节问题。在开题、答辩的过程中，胡治洪、徐水生等诸位老师也提出了一些具体意见。总之，我的博士论文能够完成，与郭师及诸位老师的指导分不开。能得到郭师与诸位老师的指教和提点，是我莫大的荣幸，也让我感激在心。我一定会铭记师友们的这份恩情，并不断鞭策自己，努力工作、学习与研究，力求做一个真正的学者。

　　时光如梭，从博士毕业工作至今，转眼已七年。七年的工作生涯虽然有些许曲折与沮丧，我却未中断儒家思想的学习与研究。由于某些原因，我最初进了思想政治专业，头一两年几乎忙碌于讲授各种无关专业的课程与师范生教育实习，深感无力专业研究。幸而第三年我开始教授中哲史专业课，其他工作也步入正轨。同年，我有幸得到专家们提携，博士论文获得国家社科基金的资助。这让我有信心进一步修善博士论文，将原来博士论文的五章扩展成七章，更深入地探讨其中的一些问题。同时，让我感到幸运的是，在我工作的第五年，思政专业调整到马院，我有机会选择留在本院的哲学系，结束了许多琐碎的学生指导工作。此后的两年时间里，虽然因为身体原因休养了大半年，我却有更充裕的时间，安心从事专业教学与研究工作。回归哲学系，我深切感受到中国哲学教研团队的和谐、互助与友爱，也让我重拾了中国哲学的研学与思考的信念。拙作的重构、修改与完善，大部分工作也是这两年完成的。在修善博士论文的过程中，我时常感到自己学识有限，深深感到自己对其中的许多思想理论与哲学问题的理解还不够深入。比如，儒家的情理哲学、家国观、美德论、政治哲学理论及其现代诠释。这些问题要么需要结合其他理论展开细致的分析，要么隶属于较大的理论视角，涵盖诸多复杂的理论，还涉及中西哲学比较问题。当然，博士论文修善的过程，也是提升与磨练的过程。至此，拙著虽然修善完毕，但其中的诸多问题却值得深入思考与研究。所以，本书的付梓既是对我上一阶段研学之路的总结，又能为我进一步研究儒家思想带来很多问题意识与理论启示，可以为我未来的研究指引方向。

　　本书的出版还得到了国家社科办与我的单位的大力支持，是湖南师范大学哲学系老师们的友爱、领导们的关照和同事们的指点与帮扶，让拙著能够较顺利地面世。对此，我表示衷心感谢。此外，本书的出版也离不开中西书局编辑团队的辛勤付出，在此特别鸣谢！

彭　婷

2024 年 6 月

图书在版编目(CIP)数据

儒家"亲亲相隐"伦理观念辨正 / 彭婷著. -- 上海：
中西书局，2024. -- ISBN 978-7-5475-2282-0

Ⅰ. B82-092；B222.05

中国国家版本馆 CIP 数据核字第 202437Q1P7 号

RUJIA QINQINXIANGYIN LUNLI GUANNIAN BIANZHENG

儒家"亲亲相隐"伦理观念辨正

彭 婷 著

责任编辑	孙本初
装帧设计	王轶颀
责任印制	朱人杰

出版发行	上海世纪出版集团 ②®中西书局(www.zxpress.com.cn)
地　　址	上海市闵行区号景路 159 弄 B 座(邮政编码：201101)
印　　刷	浙江天地海印刷有限公司
开　　本	700 毫米×1000 毫米　1/16
印　　张	16.75
字　　数	292 000
版　　次	2024 年 6 月第 1 版　2024 年 6 月第 1 次印刷
书　　号	ISBN 978-7-5475-2282-0/B·138
定　　价	88.00 元

本书如有质量问题，请与承印厂联系。电话：0573-85509555